ATHLETIC TRAINING

运动防护理论基础

◎ 李志宏 陈 勇 周振华 主编

中国农业科学技术出版社

图书在版编目（CIP）数据

运动防护理论基础 / 李志宏，陈勇，周振华主编 . —北京：中国农业科学技术出版社，2016.11
 ISBN 978-7-5116-2873-2

Ⅰ.①运… Ⅱ.①李…②陈…③周… Ⅲ.①运动保护-研究 Ⅳ.①G819

中国版本图书馆 CIP 数据核字（2016）第 284158 号

责任编辑　贺可香
责任校对　李向荣

出 版 者	中国农业科学技术出版社
	北京市中关村南大街 12 号　邮编：100081
电　　话	（010）82106625（编辑室）　（010）82109702（发行部）
	（010）82109709（读者服务部）
传　　真	（010）82106625
网　　址	http://www.castp.cn
经 销 者	各地新华书店
印 刷 者	北京建宏印刷有限公司
开　　本	787mm×1 092mm　1/16
印　　张	17.75
字　　数	450 千字
版　　次	2016 年 11 月第 1 版　2021 年 1 月第 4 次印刷
定　　价	42.00 元

◆版权所有·翻印必究◆

《运动防护理论基础》编委会

主　编　李志宏　陈　勇　周振华
副主编　赵　丹　徐　哲
编写人员

　　　　周振华（湖南城市学院）　　　　李志宏（湖南城市学院）

　　　　赵　丹（湖南城市学院）　　　　徐　哲（湖南城市学院）

　　　　汤　华（湖南城市学院）　　　　胡　鹏（湖南城市学院）

　　　　陈　勇（长沙职业技术学院）　　张志辉（湖南城市学院）

　　　　郭　羽（湖南城市学院）

前　言

运动防护是指运动过程中采用的一切预防运动损伤、维护身体健康和运动能力的理论与方法的总称。防，即预防；护，即看护、护理、维护。近些年，随着健康促进理念的不断推广，积极投身运动健身的人群越来越大，适宜运动、伤病预防、运动康复、运动治疗等方法论体系越来越受到运动人群的青睐，并成为运动康复界的研究热点、重点。由此，我们综合多年的运动康复实际和运动训练实践，以运动防护为中心主题，建构运动防护理论体系，编写了《运动防护理论基础》一书。

运动防护涉及从事运动的安全教育、整个运动环境的安全评估、运动损伤预防、运动伤害后应急处理，以及运动损伤后的康复治疗和功能恢复等项目，目的是为提高运动者自身体质和运动水平，有效防止运动过程中发生伤害和促进伤害康复。所以，本书以"运动与健康"为编写的逻辑起点，在了解运动解剖、运动生理、运动生物化学、运动生物力学、运动营养学、运动心理学、运动训练学的基础上重点剖析中西医诊疗原理及常见运动损伤运动防护机理、原则与方法。

全书共9章。第一章，生物学基础，包括解剖学基础，介绍人体主要系统构成、功能及运动对它们的影响；生理学基础，介绍儿童少年、妇女和老年人生理特点以及运动健身与运动处方；运动生物化学基础，介绍运动训练中能量代谢、运动适应、运动疲劳及预防。第二章，运动力学基础，阐述人体动作结构与人体运动力学原理，着重运动系统结构及其力学特点与损伤机理。第三章，运动营养学基础，介绍营养素与运动以及合理营养、膳食对人体健康的影响。第四章，运动心理学基础，阐述身体训练、运动技战术训练的心理特点。第五章，训练学基础，介绍训练负荷、训练原则、训练计划、训练过程管理。第六章，中医学基础，介绍与运动防护有关的阴阳五行学说、脏腑理论、经络腧穴。第七章，诊疗学基础，阐述当前中西医最常用的运动损伤诊断与治疗。第八章，药学基础，介绍与运动相关的中西医药及合理用药。第九章，常见运动损伤康复基础，主要介绍常见运动损伤的诊断、治则与运动康复。

全书遵行理论联系实践原则，在理论知识介绍的同时采用了大量数据论证以及案例分析做支撑；遵行由易到难、由简到繁的内容选编原则，既适应于体育专业，也适合体育运动指导应用。

本书在编写过程中引用了部分专家学者的学术成果，在此深表谢意！

限于编者的水平，对于书中的不足之处，敬请同仁和广大读者不吝赐教。

编　者

2016年10月

目 录

第一章 生物学基础 (1)
第一节 运动解剖学基础 (1)
一、人体概述 (1)
二、运动系统 (3)
三、消化系统 (15)
四、呼吸系统 (17)
五、泌尿系统 (19)
六、神经系统 (20)
七、循环系统 (32)
八、淋巴系统 (35)
九、内分泌系统 (37)
十、感觉器 (39)

第二节 运动生理学基础 (40)
一、儿童少年生理特点与体育运动 (40)
二、女性的生理特点与体育运动 (46)
三、老年人的生理特点与运动 (49)
四、运动健身与运动处方 (52)

第三节 运动生物化学基础 (57)
一、运动训练的机体能量供应 (57)
二、机体对运动的适应与疲劳 (70)
三、体育锻炼的生化基础 (83)

第二章 运动力学基础 (86)
第一节 人体动作结构的生物力学基础 (86)
一、人体动作结构的基本形式 (86)
二、人体运动的复杂性 (89)

第二节 人体运动的生物力学原理 (91)
一、人体运动的时空特征分析 (91)
二、人体运动的平衡与稳定 (93)
三、人体运动的改变及其原因 (95)
四、人体运动的功能及其转化 (100)

第三节 运动系统的生物力学与损伤机理 ……………………………………… (102)
  一、骨的运动生物力学与损伤 ……………………………………………… (102)
  二、关节的运动生物力学与损伤 …………………………………………… (106)
  三、骨骼肌的生物力学与损伤 ……………………………………………… (113)

第三章 运动营养学基础 …………………………………………………… (120)
第一节 营养学概论 ………………………………………………………… (120)
  一、营养学的相关概念 ……………………………………………………… (120)
  二、营养对体育运动的影响 ………………………………………………… (121)
第二节 合理营养与膳食平衡 ……………………………………………… (122)
  一、合理营养 ………………………………………………………………… (122)
  二、平衡膳食 ………………………………………………………………… (122)
第三节 营养素与运动 ……………………………………………………… (126)
  一、糖与运动 ………………………………………………………………… (126)
  二、脂肪与运动 ……………………………………………………………… (129)
  三、蛋白质与运动 …………………………………………………………… (132)
  四、维生素与运动 …………………………………………………………… (135)
  五、矿物质与运动 …………………………………………………………… (137)
  六、水/电解质与运动 ……………………………………………………… (142)

第四章 运动心理学基础 …………………………………………………… (149)
第一节 身体训练的心理学基础 …………………………………………… (149)
  一、速度素质训练与心理 …………………………………………………… (149)
  二、力量素质训练与心理 …………………………………………………… (151)
  三、耐力素质训练与心理 …………………………………………………… (152)
  四、灵敏素质训练与心理 …………………………………………………… (153)
第二节 技术训练的心理学基础 …………………………………………… (154)
  一、运动知觉 ………………………………………………………………… (154)
  二、空间定向和时间判定 …………………………………………………… (155)
  三、反应 ……………………………………………………………………… (156)
  四、思维活动 ………………………………………………………………… (158)
第三节 战术训练的心理学基础 …………………………………………… (160)
  一、战术意识 ………………………………………………………………… (160)
  二、战术心理手段 …………………………………………………………… (161)
  三、战术意图的预见和战术行为的反射控制 ……………………………… (163)
  四、赛前的战术心理准备 …………………………………………………… (164)

第五章 训练学基础 ………………………………………………………… (167)
第一节 训练负荷 …………………………………………………………… (167)
  一、概述 ……………………………………………………………………… (167)
  二、训练负荷构成 …………………………………………………………… (167)

三、训练负荷控制 …………………………………………………… (169)
 第二节　训练基本原则 …………………………………………………… (170)
　　一、概述 ……………………………………………………………… (170)
　　二、种类 ……………………………………………………………… (171)
 第三节　训练计划与组织 ………………………………………………… (175)
　　一、训练的不同类型及要求 ………………………………………… (175)
　　二、训练课的结构 …………………………………………………… (177)
　　三、训练课的负荷量 ………………………………………………… (178)
 第四节　训练过程管理 …………………………………………………… (180)
　　一、概述 ……………………………………………………………… (180)
　　二、训练过程的组织实施 …………………………………………… (180)

第六章　中医学基础 ………………………………………………………… (183)
 第一节　阴阳五行学说 …………………………………………………… (183)
　　一、阴阳学说 ………………………………………………………… (183)
　　二、五行学说 ………………………………………………………… (184)
 第二节　脏腑理论 ………………………………………………………… (186)
　　一、五脏 ……………………………………………………………… (186)
　　二、六腑 ……………………………………………………………… (190)
　　三、奇恒之腑 ………………………………………………………… (191)
　　四、脏腑组织间的关系 ……………………………………………… (193)
　　五、脏腑功能活动的物质基础及其表现 …………………………… (195)
 第三节　经络腧穴 ………………………………………………………… (197)
　　一、经络概述 ………………………………………………………… (197)
　　二、腧穴概述 ………………………………………………………… (202)

第七章　诊疗学基础 ………………………………………………………… (219)
 第一节　诊断学基础 ……………………………………………………… (219)
　　一、部位损伤检查 …………………………………………………… (219)
　　二、肌力检查 ………………………………………………………… (230)
　　三、关节活动度测定 ………………………………………………… (232)
　　四、机能评定 ………………………………………………………… (236)
 第二节　损伤治疗学基础 ………………………………………………… (238)
　　一、中医内治法 ……………………………………………………… (238)
　　二、中医外治法 ……………………………………………………… (240)
　　三、西医急救 ………………………………………………………… (242)

第八章　药学基础 …………………………………………………………… (248)
 第一节　药物的种类 ……………………………………………………… (248)
　　一、中药种类 ………………………………………………………… (248)
　　二、西药种类 ………………………………………………………… (250)

第二节　合理用药 ·· (251)
　　　一、药物使用目的明确 ·· (251)
　　　二、药物用法正确 ·· (252)
　　　三、药理作用熟悉 ·· (252)
　　　四、遵医嘱用药 ··· (253)
　　　五、注意药品的有效期限和保管方法 ·· (253)
　　　六、不宜轻信广告或说明书选药 ··· (254)
第九章　常见运动损伤康复基础 ·· (255)
　　第一节　颈部损伤 ·· (255)
　　　一、损伤种类 ·· (255)
　　　二、运动康复 ·· (257)
　　第二节　肩部损伤 ·· (257)
　　　一、损伤种类 ·· (257)
　　　二、运动康复 ·· (259)
　　第三节　肘关节损伤 ··· (259)
　　　一、损伤种类 ·· (259)
　　　二、运动康复 ·· (260)
　　第四节　手腕部损伤 ··· (260)
　　　一、损伤种类 ·· (260)
　　　二、运动康复 ·· (262)
　　第五节　腰部损伤 ·· (262)
　　　一、损伤种类 ·· (262)
　　　二、运动康复 ·· (264)
　　第六节　髋部损伤 ·· (265)
　　　一、损伤种类 ·· (265)
　　　二、运动康复 ·· (266)
　　第七节　膝关节损伤 ··· (266)
　　　一、损伤种类 ·· (266)
　　　二、运动康复 ·· (268)
　　第八节　小腿损伤 ·· (269)
　　　一、损伤种类 ·· (269)
　　　二、运动康复 ·· (269)
　　第九节　脚部损伤 ·· (270)
　　　一、损伤种类 ·· (270)
　　　二、运动康复 ·· (271)
主要参考文献 ·· (272)

第一章 生物学基础

【导读】 人体作为运动的主体，其结构决定功能，对于运动防护实施者或参与者，了解人体运动生物学理论基础是一切健康促进工作的基础中的基础。本章依次介绍运动解剖学基础、运动生理学基础和运动生物化学基础。重点掌握人体主要系统的构成、功能及运动对它们的影响；儿童少年、妇女和老年人生理特点以及运动健身与运动处方；运动训练中能量代谢、运动适应、运动疲劳及预防。

第一节 运动解剖学基础

一、人体概述

（一）人体的形态结构

人体分为头、颈、躯干和四肢等四个部分，体表为皮肤所覆盖，皮肤下面有肌肉和骨骼，肌肉附着在骨骼上。头部和躯干部由皮肤、肌肉和骨骼围成两个大腔，即颅腔和体腔。颅腔内有脑，脑与脊柱椎管内的脊髓相连，脑与脊髓是指挥和调节人体各种活动的中枢。体腔由膈分为上、下两个腔，上面的称胸腔，内有心、肺等器官；下面的称腹腔，腹腔的最下部又称盆腔。腹腔内有胃、肠、肝、脾、肾等器官；盆腔内有膀胱和直肠，女子还有卵巢和子宫等器官。人体的结构很复杂，它是由一个严密的组织系统所构成。

1. 细胞

细胞是人体的结构和功能的基本单位。人体的细胞约有1 800亿个。细胞一般由细胞膜、细胞质和细胞核3个部分组成。细胞生活在液体的环境里，细胞与液体之间不断进行物质交换，吸取氧和养料，排出二氧化碳和废物。人体细胞也有一个生成、成长、衰老和死亡的过程。

2. 组织

组织是由许多形态和功能相似的细胞和细胞间质构成的。人体内的组织有四大类，即上皮组织、结缔组织、肌肉组织和神经组织。

3. 器官和系统

器官是由几种组织构成的能行使一定功能的结构。例如，心脏主要是由心肌组织构成,心肌细胞之间有少量结缔组织连接,心脏腔壁衬有上皮组织等。

系统是由几种功能相关的器官连接在一起,共同完成连续性的生理过程的结构。人体的器官组成九个系统,即运动、循环、呼吸、消化、泌尿、生殖、感觉、神经和内分泌系统。

(二) 人体各部位的名称

人体的不同部位,有着不同的名称(图1-1)。头颈部的名称:头、颈;躯干部的名称:胸、背、腹、脊椎;上肢部的名称:肩、上臂、前臂、手;下肢部的名称:臀、大腿、小腿、足。

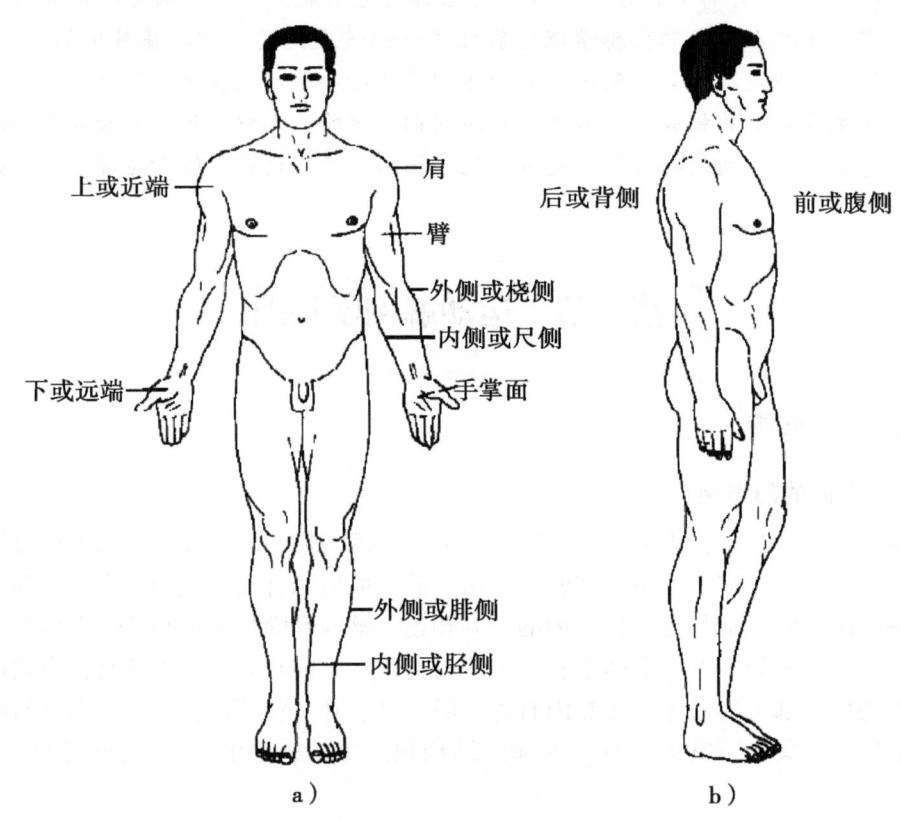

图1-1 解剖学姿势和方位

1. 人体常用的方位术语

为了便于学习和研究人体各部位及其结构的位置变化,规定以身体直立,两眼向正前方平视,两足跟靠拢,足尖向前,上肢自然下垂于躯干两侧,手掌向前为人体标准解剖姿势,并以上述姿势为依据,定出一些常用人体方位的术语:

上:接近头部称为上;

下:接近足底称为下;

前:接近腹侧的称为前;

后:接近背侧为后;

内侧：接近身体正中线的称为内侧；
外侧：远离身体正中线的称为外侧；
近侧：接近肢体根部的称为近侧；
远侧：远离肢体根部的称为远侧；
尺侧：前臂的内侧称为尺侧；
桡侧：前臂的外侧称为桡侧；
胫侧：小腿的内侧称为胫侧；
腓侧：小腿的外侧称为腓侧；
浅：接近皮肤表面的称为浅；
深：远离皮肤表面的称为深。

2. 人体的切面

（1）矢状面 沿人体的前后径与水平垂直所作的切面称矢状面。当矢状面位于正中而将人体分为左右两半，该切面称为正中矢状面。

（2）水平面（横切面） 当与地面平行，将人体分为上、下两部所作的切面称水平面。

（3）额状面（冠状面） 沿人体的左右径，将人体分为前后两部所作的切面称额状面。

(三) 人体骨骼的体表标志

1. 躯干部的骨骼标志

胸骨：胸骨柄、胸骨体、剑突；肋骨：第二到第十二肋骨、第一到第十肋软骨；椎骨：颈椎、胸椎、腰椎、骶骨、尾骨。

2. 上肢部的骨骼标志

肩胛骨：肩峰、肩胛冈、肩胛下角；锁骨：全长；肱骨：肱骨内上髁、肱骨外上髁；尺骨：尺骨鹰嘴、尺骨头、茎突；桡骨：桡骨头、茎突；手骨：腕骨、掌骨和指骨的背面。

3. 下肢部的骨骼标志

髋骨：髂嵴、髂前上棘、髂后上棘、耻骨联合、坐骨结节；股骨：大转子；髌骨：前面；胫骨：胫骨前缘；腓骨：腓骨头和外踝；足骨：跗骨、跖骨、趾骨。

二、运动系统

人体的运动系统是由骨、关节和骨骼肌组成的。人体的运动是在中枢神经的支配下，以骨为杠杆、关节为枢纽、骨骼肌收缩为动力而完成的。

(一) 骨骼

成年人骨骼共有206块，它构成了人体的支架（图1-2）。根据骨的形状不同，可分为长骨、短骨、扁骨和不规则骨。

1. 骨的构造

骨主要由骨质构成，外面包着骨膜，内部藏着骨髓。

（1）骨质　骨质是骨的主要部分。分为骨密质和骨松质，骨密质紧硬，位于骨的表面；骨松质位于骨深部。

（2）骨膜　骨膜是位于骨表面（关节面除外）紧贴骨密质的薄层结缔组织膜。它富有神经、血管和造骨细胞，故骨膜对骨质的营养和骨折的修复起着重要作用。

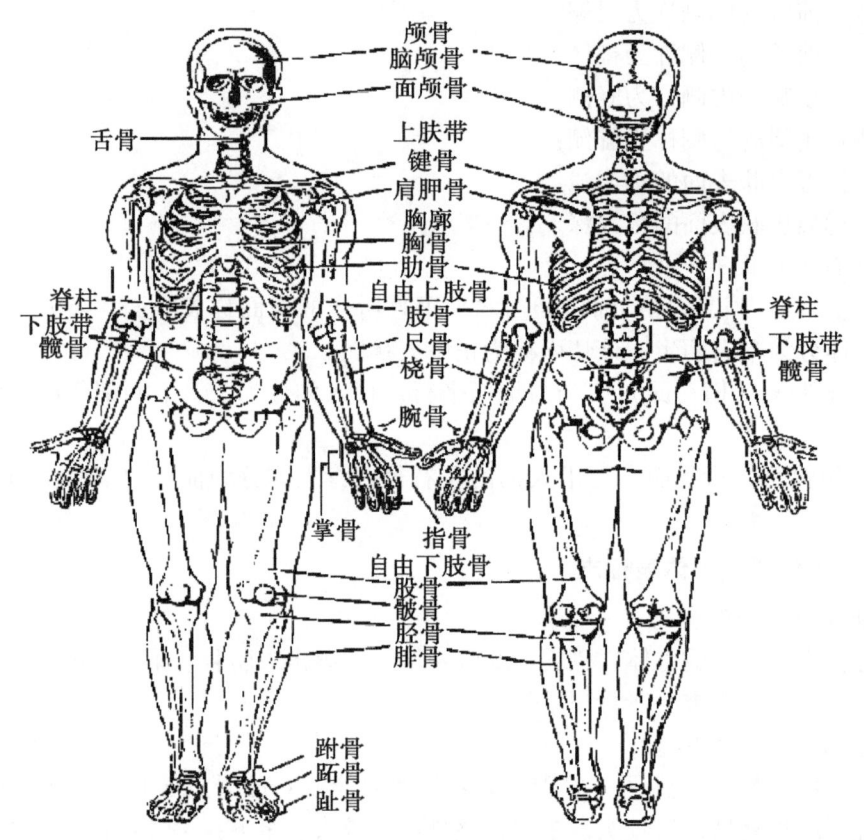

图1-2　人体骨骼

（3）骨髓　骨髓充满在骨松质的网眼中和骨髓腔内。胎儿、新生儿骨髓是红骨髓，具有造血功能。随着年龄的增长，骨髓腔内的红骨髓逐渐被脂肪组织代替，变成黄骨髓，失去造血功能。长骨的骨松质或扁骨的骨髓都是红骨髓，始终保持着造血功能。

2. 全身各部位的骨骼

全身的骨骼按部位可分为颅骨、躯干骨和四肢骨。四肢骨又分为上肢骨和下肢骨。

（1）颅骨　由23块组成。颅骨以眶上缘至外耳门下缘的连线为界，分成上下两部分，上部为脑颅，下部为面颅。

①脑颅骨：由8块骨（额骨1、顶骨2、枕骨1、蝶骨1、颞骨2、筛骨1）构成，围成一腔叫颅腔，脑位于腔中。

②面颅骨：由15块骨（犁骨1、下颌骨1、舌骨1、上颌骨2、泪骨2、颧骨2、鼻骨2、下鼻甲2、腭骨2）构成，形成了眶腔、鼻腔、口腔等面部轮廓。

（2）躯干骨　躯干骨是由24块椎骨、1块骶骨、1块尾骨、1块胸骨、12对肋骨构成的。

①椎骨：根据不同的部位而分为颈椎、胸椎、腰椎、骶椎（骶骨）和尾椎（尾骨）。

②胸骨：由胸骨柄、胸骨体、剑突三部分组成。胸骨柄上缘有一浅而宽的颈静脉切迹，两侧有锁骨切迹，胸骨和胸骨体两侧各有 7 个切迹。

③肋骨：共有 12 对。肋分前后端和体三部分。后端包括肋头、肋颈和肋结节等。肋的前端借助软骨和胸骨相连，后端与相应的胸椎构成关节。

(3) 四肢骨 由上肢骨和下肢骨构成。

①上肢骨：由肩带骨和游离上肢骨组成。

肩带骨 由锁骨和肩胛骨组成。锁骨位于颈根皮下，全长均可触及，水平位，内端粗大，与胸骨柄构成关节；外端扁平，与肩胛骨构成关节。肩胛骨前面凹陷，称肩胛下窝，后面隆起，称肩胛冈，并分成冈上窝与冈下窝。肩胛冈外端的增高与膨大部分称肩峰，锁骨与其相连。外侧角有一浅凹称关节盂，与肱骨头构成关节。关节盂的内侧上有一指状突起称喙突。

游离上肢骨 由肱骨、尺骨、桡骨和手骨组成。

肱骨是典型的长骨。肱骨上端的膨大称肱骨头。肱骨头前方粗糙的突起称小结节，外方的突起称大结节。肱骨体外侧粗糙的隆起称三角肌粗隆。肱骨远端后面的窝称鹰嘴窝，前面内侧的窝称冠突窝，外侧的窝称桡窝。冠突窝下方的突起称肱骨滑车。桡窝下方圆形的突起称肱骨小头，两者均有关节。在肱骨远侧端的内侧的突起称内上髁，外侧的突起称外上髁。

尺骨位于前臂内侧。上端前为冠突（喙突），后有鹰嘴。两者之间的深凹称滑车切迹（或称半月切迹）。冠突的外侧，有一凹陷的关节面，称桡切迹。冠突的下方有一粗糙的面，称尺骨粗隆。尺骨干上有一个锐利的外侧缘称骨间缘。尺骨远端呈圆盘状，称尺骨头。内侧小突起称尺骨茎突。

桡骨位于前臂外侧。上端呈圆盘状，称桡骨头。头的周围有环状关节面，头的上面有凹陷关节面，称桡骨头关节凹。头的内侧下方有桡骨粗隆。桡骨体有一个锐利缘称骨间缘，下端肥大，外侧有一向下的突起称桡骨茎突，内侧有尺切变，与尺骨头构成关节。

手骨由 8 块腕骨、5 块掌骨、14 块指骨组成。腕骨为小而不规则的短骨，其名称多标志各自的形状，分上下两排排列。上排从外向内为舟骨、月骨、三角骨和豌豆骨；下排从外向内有大多角骨、小多角骨、头状骨和钩骨。每一块掌骨没有特殊的名称，由拇指向小指方向分别冠以第一、第二、第三、第四、第五掌骨，掌骨近侧为底，中间为体，远侧为头。第一掌骨底呈鞍形为鞍状关节面，其余的是平面关节面。

②下肢骨：由下肢带骨和游离下肢骨组成。

下肢带骨 主要由髋骨组成。每侧髋骨均由位于上方的髂骨、后方的一块坐骨、前下方的耻骨组成。髂骨位于髋骨上外，骨的上部宽而扁薄，称髂骨翼，翼上缘变厚，称髂嵴，髂嵴前方突起部称髂前上棘，下方突起部称髂前下棘，髂骨内面的凹陷称髂窝，髂窝后部的两个粗糙面分别称耳状面和髂粗隆，髂骨内面稍显变曲的部分称弓状线。耻骨是髋骨的前下部分，有上支、下支和耻骨体3部分，耻骨体构成髋臼的前下部和小骨盆的侧壁，由耻骨体向前下内方伸出的骨条称耻骨上支，继而以锐角转折向下外方称耻骨下支。坐骨是髋骨的后下部分，分坐骨体、坐骨支两部分，其相接的外面，有一粗糙结节称坐骨结节。髋臼由髂、耻、坐三骨的骨体构成，深陷呈环状的窝。闭孔由坐骨与耻骨围成的卵圆形大孔。骨盆由前外侧的两块髋骨和后方的骶尾骨构成。

游离下肢骨 由股骨、胫骨、腓骨和足骨组成。

股骨 是人体骨骼中最大的长骨，分为上下端和中间的骨体。上端似球形称股骨头，头下方较细的部分称股骨颈。骨体上方较大隆起称大转子，在大转子后下方的小突起称小转子。股骨后面的骨的长轴上有一条股骨粗线。股骨下端膨大，其后面的两个隆起，分别称内、外侧髁。髁间的凹陷称髁间窝。两髁上各有一隆起，分别称内、外上髁。

髌骨 是人体内最大的籽骨。位于股四头肌腱内，在皮下可以触及。

胫骨是小腿内侧的粗大长骨，其上端膨大，由内、外侧髁组成。两髁的上面是光滑、稍凹的关节面，两关节面之间有一小突起称髁间隆起。胫骨上端前面有一大的突起称胫骨粗隆。胫骨下端的下面有一胫骨下关节面，其外侧有一三角形凹陷面称腓切迹。胫骨下端内侧有一突起称内踝。

腓骨位于胫骨的外侧，上端膨大的称腓骨头，下端较长，超过胫骨部分称外踝。

足骨分跗骨、跖骨和趾骨。跗骨共7块，分别是距骨、跟骨、足舟骨、骰骨和3块楔骨。跗骨位于足的后半部。跖骨共5块，近端与跗骨相关节，远端与趾骨相关节。趾骨共14块，拇趾有两节趾骨，其余均有3节趾骨。

(二) 关节

骨与骨之间的连接称为骨连结。

1. 骨连结的类型

根据骨连结的方式，可把全身的骨连结分为两大类。

(1) 无腔隙的骨连结 骨与骨之间没有任何间断和骨缝的连结，又称不动关节。根据连结的组织不同，分为韧带连结、软骨连结和骨性连结等。

(2) 有腔隙的骨连结 相连两骨之间有腔隙，两骨之间失去连续性。这种骨连结通常称为关节（即动关节），如肩关节、肘关节等。

2. 关节的结构

关节的结构包括基本结构和辅助结构两部分。

(1) 基本构造 包括关节面、关节囊和关节腔。

关节面：多有一凸一凹两个关节面，由光滑的关节软骨构成。

关节囊：附着于关节面周围及附近骨上，密封关节腔。分为两层，外层为纤维层，厚而紧韧，由致密的纤维结缔组织构成，有丰富的血管和神经。内层为滑膜层，薄而柔润，由疏松结缔组织构成。有的滑膜层形成滑膜皱襞，起到补充关节空隙和分泌润滑液的作用；有的向外膨出成为滑液囊。

关节腔：由关节囊和关节面所围成的腔隙称关节腔。腔内有滑液。腔内压力为负压，对稳定关节起着重要作用。

（2）辅助结构　有关节盘（或称关节骨软骨垫）、关节盂缘、滑膜皱襞和关节韧带等。

关节盘：由纤维软骨构成，常似圆盘状或半月状。中间薄周边厚，位于两关节面之间，周缘与关节囊愈合，具有减轻冲撞和震动的作用。

关节盂缘：是附着在关节窝周围的纤维软骨环。有增大关节面、加深关节窝，使关节更加稳固的作用。肩、髋关节均有之。

滑膜皱襞：起着补充关节空隙和分泌润滑液的作用。

关节韧带：分布在关节周围或关节内。具有连接两关节骨、限制关节运动的作用。

3. 各部位的关节结构

（1）下颌关节　下颌关节是由颞骨的下颌窝与下颌骨的髁状突构成，关节内有关节盘。下颌关节为联合关节，必须同时活动，完成张口、闭口、前伸、后缩及向侧方运动等。由于下颌关节囊的前壁较松，缺乏韧带加强，在过大张口时，下颌头滑到下颌窝前部而不甚稳定，故易发生下颌骨向前脱位。

（2）肩关节　肩关节由肩胛骨的关节盂和肱骨头构成。肩关节囊附着在关节盂缘和肱骨解剖颈上，极为松弛，可使两关节面分离达2.5cm。关节囊上有喙肱韧带，前有盂肱韧带加强。整个肩关节的上前方有喙突，正上方有肩峰和喙肩韧带保护。

（3）肘关节　肘关节是一个复合关节，由3个关节共同在同一关节囊内构成。

肱尺关节：是肘关节的主关节，由肱骨滑车与尺骨滑车切迹构成。

肱桡关节：由肱骨小头与桡骨的关节凹构成。

桡尺近侧关节：由桡骨环状关节面和尺骨上端的桡切迹构成。

伸肘时，前臂与上臂不在一条直线上，两者之间形成一个向外侧的角度，这个角称为提携角（男性约165°，女性约135°）。当处理肱骨下段骨折时，要注意恢复提携角。另外，伸肘时鹰嘴的尖端和肱骨内、外上髁三点成一直线；肘屈90°时，三点则变为一个等腰三角形，即鹰嘴朝下，内、外髁在上。这三点关系的改变有利于鉴别肘部骨折的部位：如鹰嘴骨折或肘关节脱位时，三点的关系变为异常；如三点关系正常，可以排除肘关节骨折，而应考虑肱骨髁上骨折。

（4）手关节　手关节由桡腕关节和腕骨间关节构成。

桡腕关节由桡骨腕关节面和尺骨下端关节盘的下面构成关节窝；舟骨、月骨和三角骨互以骨间韧带相连构成关节头。关节囊宽阔松弛，囊外有韧带增强。

腕舟间关节由近侧列腕骨的远侧面与远侧列腕骨的近侧面构成。

（5）腕掌关节　腕掌关节由远侧列4块腕骨与5块掌骨底的关节面构成。关节活动范围很小。拇指腕掌关节由大多角骨和第一掌骨构成，能做屈、伸、内收、外展及对掌运动。

（6）掌指关节　掌指关节由5块掌骨和第一节指骨底构成。

（7）指关节　指关节由各节指骨连结而成。

（8）骶髂关节　骶髂关节由骶骨耳状面和髂骨耳状面构成。有关节囊，但很小，囊壁很紧张。关节前面有骶髂前韧带；后面有骶髂后短韧带和骶髂后长韧带；后上方有连结髂骨、骶骨粗隆的骶髂骨间韧带。骶髂韧带关节有轻微活动，妇女比男子活动稍大。

（9）髋关节 髋关节由髋臼和股骨头构成。髋臼很深，它与髋臼盂缘和横韧带一起将股骨头包起来。关节囊很坚韧，不但包绕关节，还包绕股骨颈。关节囊前为髂股韧带，限制髋关节过伸；前下方为耻骨韧带，限制大腿外展；后面为坐骨囊韧带，限制大腿的内收。

（10）膝关节 膝关节是人体最复杂的一个关节。由股骨下端的关节、胫骨上端的关节面和髌骨关节面构成。

滑膜腔被两条交叉韧带分割。前、后两条交叉韧带有防止胫骨前、后移动的作用。膝关节有月牙状的关节盘称为半月板，其内侧大，外侧小，该板有润滑、缓冲和保护关节面的作用。膝关节囊坚韧，前、后有肌肉、肌腱、韧带保护。关节囊的前壁有髌骨和髌韧带，两侧有胫、腓侧副韧带，后方有腘斜韧带加强。

（11）踝关节 踝关节由胫骨下端及内踝、腓骨外踝与距骨构成。关节囊有韧带加强。内侧韧带（三角韧带）从内侧将内踝、足舟骨、距骨和跟骨连接起来；外侧有距腓前、后腓韧带和跟腓韧带骨、距骨和跟骨。

（三）肌肉

肌组织的肌细胞呈细丝状，称为肌纤维，其特征是将化学能转变为机械能，使肌纤维缩短，产生收缩，以保证机体的各种运动。

肌组织按其形态与功能，分为平滑肌（分布在内脏和血管壁上）、心肌（分布在心脏）、骨骼肌（分布在骨骼上）。肌细胞之间排列紧密，细胞之间有少量结缔组织、毛细血管和神经纤维。当肌肉损伤时，可引起出血损伤。

肌肉在人体内的分布极其广泛，全身肌肉约有500块，其重量约占体重的40%，而四肢肌肉约占肌肉总重量的80%。肌组织的基本特征是收缩和放松。收缩时肌肉缩短，横断面增大，松弛时则相反。由于中枢神经系统持续兴奋使肌肉经常保持持续性的轻微收缩状态，这种状态称肌紧张，肌紧张可使身体维持一定的姿势。实际上，人在静止时，肌肉仍然处于稍微收缩的状态中。

1. 肌肉的构造

每块肌肉都是由许多肌纤维集合起来组成一个肌束，再由许多小的肌束合并成一个大的肌束，最后由若干个大的肌束合并成整块肌肉。整块肌肉的外围都由结缔组织薄膜包裹着，称肌外衣，它向肌两端的延续部分称为肌腱。肌肉借肌腱附着于骨膜、筋膜和关节囊的表面。肌腱没有收缩能力，但有很大的抵抗力。

2. 肌肉分类

（1）按形状分类 以肌肉的外形轮廓可分为长肌、短肌、轮匝肌和阔肌。

（2）按肌头数目分类 有二头肌、三头肌、四头肌等。每个头各有一个起点，由两个头合成一个肌腹，为二头肌，其余依次类推。每块肌肉都有一个止点。

3. 肌肉的物理特性

（1）伸展性与弹性 肌肉受外力时长度增加，这种特性称为伸展性。当外力解除后，肌肉恢复到原来的长度，称为肌肉的弹性。

（2）黏滞性 肌肉收缩时，肌纤维之间摩擦产生阻力，是由肌肉的黏滞性引起的。

气候寒冷时，肌肉的黏滞性增大，所以在各项运动前要做准备活动，使体温升高，以减小肌肉的黏滞性。

4. 肌肉的辅助结构

（1）筋膜　筋膜有浅筋膜和深筋膜两种。浅筋膜位于皮下，是含脂肪成分的一层疏松结缔组织，通常所说的筋膜（或固有筋膜）位于浅筋膜的深层。深筋膜在四肢最发达，包被在每块肌肉的周围，并深入各群肌肉之间，形成肌间隔，最后连于骨膜上。

筋膜的作用是分隔肌群中肌肉，使深层肌肉在工作时具有同等的工作条件。在病理情况下，筋膜能够限制炎症的扩散。

（2）腱鞘　腱鞘是由两层结缔组织构成的长管，套在肌腱上，两层膜之间有滑液，运动时可减少肌腱和骨之间的摩擦。

5. 使上肢各关节运动的肌群

（1）斜方肌　位于背部和项部的皮下，一侧呈三角形，两侧相合呈斜方形，肌纤维分上、中、下三部分。

起点：枕外粗隆、项韧带、第七颈椎棘突、全部胸椎棘突。

止点：肩胛冈、肩峰、锁骨外1/3处。

功能：近固定，上行纤维使肩胛骨上提、上回旋后缩；横行纤维使肩胛骨后缩；下行纤维使肩胛骨下降和上回旋。远固定，一侧收缩，使头和颈向同侧屈和回旋，两侧收缩，使头和脊柱伸直。

（2）菱形肌　位于斜方肌深层，呈菱形。

起点：下位两个颈椎和上位四个胸椎的棘突。

止点：肩胛骨内侧缘。

功能：近固定，使肩胛骨下回旋、上提和后缩。远固定，两侧同时收缩，使脊柱伸直。

（3）肩胛提肌　位于斜方肌深层，细而长。

起点：上位四个颈椎横突。

止点：肩胛骨的内侧缘（内侧角至肩胛冈之间）。

功能：近固定，使肩胛骨上提。远固定，一侧收缩使颈和头向同侧倾斜和回旋，两侧同时收缩，使颈伸直。

（4）前锯肌　位于胸廓的外侧，上部为胸大肌和胸小肌所遮盖，是块扁肌。

起点：以8~9个肌齿起于上位8~9个肋骨的外侧面。

止点：肩胛骨的内缘和下角的前面。

功能：使肩胛骨前伸，上回旋。

（5）胸小肌　位于胸廓上部的前外侧，胸大肌深面。

起点：起于第三至第五肋的前面。

止点：肩胛骨的喙突。

功能：近固定，使肩胛骨前伸和下回旋。远固定，上提肋，辅助吸气。

（6）三角肌　呈三角形，遮盖肩关节。

起点：锁骨外端、肩胛骨肩峰、肩胛冈。

止点：肱骨三角肌粗隆。

功能：前部，使上臂屈和旋内。中部，使上臂外展。后部，使上臂伸和旋外。三部同时收缩使上臂外展。

（7）胸大肌　广阔而厚，覆盖胸廓前面的大部分。

起点：锁骨内侧面，第一至第六肋软骨和胸骨前面腹直肌鞘前壁。

止点：肱骨大结节嵴。

功能：近固定，使上臂屈，内收和内旋。远固定，拉躯干向臂侧，提肋，辅助吸气。

（8）喙肱肌　细长，在肱二头肌内侧及深面。

起点：肩胛骨喙突。

止点：肱骨内侧中部（与三角肌止点相对）。

功能：使上臂屈和内收。

（9）肱二头肌　有长短二头，位于上臂前面，呈梭形。

起点：长头，肩胛骨盂上粗隆。短头，肩胛骨喙突。

止点：桡骨粗隆，前臂筋膜。

功能：近固定，使上臂屈，前臂屈和旋外。远固定，使上臂向前臂靠拢，如做引体向上。

（10）背阔肌　背阔肌是全身中最宽大的肌肉，分布在背的下半部及胸侧部，部分被斜方肌所遮盖。

起点：第七胸椎至骶骨所有椎骨的棘突，髂嵴后1/3处，第十至第十二肋。

止点：肱骨小结节嵴。

功能：近固定，使小臂伸，旋内与内收。远固定，拉躯干向臂侧，使肋上提，辅助吸气。

（11）大圆肌　紧贴背阔肌的上方。

起点：肩胛骨下角的背面。

止点：肱骨小结节嵴。

功能：使上臂伸，旋内与内收。

（12）小圆肌　在冈下肌的下方。

起点：肩胛骨外侧缘。

止点：肱骨大结节。

功能：使上臂伸，内收与旋外。

（13）冈下肌　在小圆肌上方，肩胛骨的背面。

起点：冈下窝。

止点：肱骨大结节。

功能：使上臂伸，内收与旋外。

（14）冈上肌　呈圆锥形，位于肩胛骨的冈上窝内，为斜方肌所遮盖。

起点：冈上窝。

止点：肱骨大结节。

功能：使上臂外展。

（15）肩胛下肌　位于肩胛下窝内。

起点：肩胛下窝。

止点：肱骨小结节。

功能：使上臂伸，内收与旋内。

（16）肱桡肌　呈长扁形，位于前臂的最外侧。

起点：肱骨外侧髁的上方。

止点：桡骨茎突的基部。

功能：使前臂屈，并使前臂保持在中间位。

（17）旋前圆肌　位于前臂的上1/3部的前面。

起点：肱骨内上髁尺骨冠突。

止点：桡骨中1/3的外侧面。

功能：使前臂旋内并屈。

（18）肱三头肌　位于上臂后面，有长头、外侧头和内侧三个头。

起点：长头，肩胛骨盂下粗隆。外侧头，肱骨后面上部。内侧头，肱骨体内侧下方。三个头在肱骨中点合成一个坚韧的腱到止点。

止点：尺骨鹰嘴。

功能：使前臂和上臂伸。

（19）使手屈的肌群：桡侧腕屈肌、尺侧腕屈肌、指浅屈肌、指深屈肌，除了指浅屈肌以外，起点都在肱骨内上髁，多数止于掌骨和指骨。

（20）使手伸的肌群：桡侧腕长伸肌、桡侧腕短伸肌、指总伸肌、尺侧腕伸肌、拇短伸肌、示指固有伸肌。

起点：多起自肱骨外上髁或尺骨的背面。

止点：多止于掌骨的背侧。

6. 使下肢各关节运动的肌群

（1）髂腰肌　髂腰肌由腰大肌和髂肌构成。腰大肌强大，位于腰椎体侧方，髂肌宽阔，占全髂窝。

起点：自第十二胸椎体到第四腰椎体侧面、横突和髂窝全部表面。

止点：股骨小转子。

功能：近固定，大腿屈、旋外。远固定，于站立姿势中两侧同时作用时，使脊柱屈骨盆前倾。

（2）股直肌　位于大腿前表面，是股四头肌中的一块。

起点：髂前下棘。

止点：胫骨粗隆。

功能：近固定，大腿屈，小腿伸。远固定，保持人体站立姿势。

（3）缝匠肌　是大腿前细长的肌肉。

起点：髂前上棘。

止点：胫骨粗隆内侧。

功能：近固定，使大腿屈、旋外，小腿屈、旋内。远固定，使骨盆前倾。

（4）阔筋膜张肌　扁平呈长方形，位于髋关节外前方，夹在两层筋膜之间。

起点：髂前上棘。

止点：在大腿上中 1/3 交界处移行于髂胫束，止于胫骨外侧髁。

功能：使大腿骨阔筋膜紧张，起辅助支撑作用，使大腿屈、旋内。

（5）臀大肌　这块肌肉很发达，直接位于皮下。

起点：髂骨翼外面，骶骨、尾骨后面。

止点：臀肌粗隆。

功能：近固定，使大腿在髋关节处伸、旋外。上半部使大腿外展，下半部使大腿内收。远固定，保持站立姿势，使骨盆前倾。

（6）股二头肌　位于大腿后面外侧。有长、短二头。

起点：长头，坐骨结节。短头，股骨嵴外唇的下半。

止点：腓骨小头。

功能：近固定，使大腿在髋关节外伸，使小腿在膝关节处屈和旋外。远固定，使大腿在膝关节处屈，小腿伸直和固定时，使骨盆后倾。

（7）半膜肌　位于大腿后内侧的长肌。

起点：坐骨结节。

止点：胫骨粗隆内侧。

功能：近固定，使小腿屈和内旋，小腿伸直时，可使大腿后伸。远固定，与股二头肌相同。

（8）半腱肌　位于半膜肌的浅层。

起点：坐骨结节。

止点：胫骨粗隆内侧。

功能：近固定，使大腿在髋关节处伸，小腿在膝关节处屈和旋外。远固定，使大腿在膝关节处屈。小腿伸直与固定时，使骨盆后倾。

（9）大收肌　在短收肌及长收肌的深层。

起点：坐骨结节，坐骨下支，耻骨下支。

止点：股骨嵴内唇的全长，股骨内上髁。

功能：近固定，使大腿内收、旋外和伸。远固定，使骨盆后倾。

（10）臀中肌　臀大肌的深面。

起点：髂骨翼外面。

止点：股骨大转子。

功能：近固定，使大腿外展，前部使大腿屈和旋内，后部使大腿伸和旋外。远固定，一侧收缩时，使骨盆倾向本侧，两侧收缩时，前部使骨盆前倾，后部使骨盆后倾。

（11）臀小肌　臀中肌的深面。

起点：髂骨翼外面。

止点：股骨大转子。

功能：近固定，使大腿外展，前部使大腿屈和旋内，后部使大腿伸和旋外。远固定，一侧收缩使骨盆倾向本侧，两侧收缩时，前部使骨盆前倾，后部使骨盆后倾。

（12）梨状肌　位于小骨盆侧壁，呈三角形。

起点：第二至第五骶椎前侧面。

止点：股骨大转子尖端。

功能：近固定，使大腿外展和旋外。

（13）使大腿内收的肌群　大收肌、长收肌、短收肌、耻骨肌、股薄肌，起点多在耻骨上支、耻骨下支，多止于股骨嵴的中下部。

使小腿伸的肌群：股四头肌，位于大腿的前表面，多起于髂前上棘、股骨嵴外唇、内唇及体部。止于胫骨粗隆。使大腿屈、小腿伸。

使足跖屈的肌群：小腿三头肌、胫骨后肌、趾长屈肌、拇长屈肌，多起自股骨内侧髁与外侧髁及胫骨的后面。功能是使小腿屈和足屈。

（14）使足跖伸的肌群　胫骨前肌、趾长伸肌、拇长伸肌等，多起自胫骨的上部及外侧面。功能是使足伸。

7. 使脊柱屈的肌群

（1）胸锁乳突肌　在颈的前侧方突出的强有力肌肉。

起点：胸骨柄及锁骨的胸骨端。

止点：颞骨乳突。

功能：头部固定（远固定），上提胸廓，辅助吸气。锁骨与胸骨固定（近固定），一侧收缩时，头向同侧倾斜，并向对侧回旋。两侧同时收缩时，头前伸。

（2）腹直肌　位于腹白线两侧，扁长形，有三四条腱划。腱划是细的白色肌腱，横列在腹直肌上，把腹直肌分为四五段。

起点：第五至第七肋软骨前面和剑突。

止点：耻骨上缘。

功能：压缩腹腔。上固定时，两侧收缩，使骨盆保持较水平位置。下固定时，两侧收缩使脊柱屈，一侧收缩使脊柱向同侧侧屈、拉肋下降，辅助呼气。

（3）腹外斜肌　位于腹壁最浅层。

起点：第五至第十二肋的外面。

止点：腹白线、髂嵴。

功能：压缩腹腔。上固定时，两侧收缩，使骨盆处于较水平位置。下固定时，一侧收缩使脊柱向同侧侧屈，向对侧回旋。

（4）腹内斜肌　位于腹外斜肌的深面。

起点：腰背筋膜、髂嵴、腹股沟韧带外侧 1/3 处，第十至第十二肋、腹白线。

止点：胸腰筋膜、髂嵴、腹股沟韧带外侧 1/3 处。

功能：压缩腹腔。上固定时，两侧收缩，使骨盆保持较水平位置。下固定时，两侧收缩使脊柱屈，一侧收缩使脊柱向同侧侧屈，亦向同侧回旋。

8. 头肌

（1）表情肌　有颅顶的枕肌与额肌、眼周围的眼轮匝肌、口周围的口轮匝肌、鼻周围的鼻肌以及耳廓周围的耳肌等。

（2）咀嚼肌　咀嚼肌支配下颌骨的活动，所以咀嚼肌都附着于下颌骨上，主要有咬肌和颞肌等。

(四) 体育运动对运动系统的影响

1. 体育运动对骨的影响

人体长期坚持科学的体育锻炼和体力劳动，可以使骨密质增厚，骨面肌肉附着处突起明显，骨小梁按骨承受的压力和张力方向排列整齐和清晰。

儿童少年时期，骨的新陈代谢更加旺盛。这个时期进行合理的体育运动和体力劳动，更能促进骨的生长发育。

不同的体育项目对人体各部分骨的影响也不相同。经常从事走、跑、跳等以下肢运动为主的运动员，对下肢骨的影响较上肢骨的大。经常从事举重和体操等以上肢运动为主的运动员，上肢骨变化明显，骨密质增厚。

在同一个人身上，体育运动对骨的影响也不一样，如体操和游泳运动员，赛艇和皮艇运动员两侧骨的情况基本上相同。而投掷和击剑运动员，则一侧的上肢骨较另一侧上肢骨发达。

当体育锻炼停止后，骨所获得的这些良好变化，就会慢慢消退。因此体育锻炼应该经常化，锻炼的项目要尽可能多样化。从事专项训练的运动员，应该注意专项训练与全面训练相结合。

2. 体育运动对关节的影响

系统的体育锻炼，既可增强关节的稳固性，又可以提高关节的灵活性。

系统的体育锻炼可使关节骨密质增厚，从而承受较大的负荷。

经常参加体育运动增强了关节周围肌肉的力量，肌腱和韧带也得到了增强，关节面软骨适当增厚，从而加大了关节的牢固性。同时，系统的体育训练可以增强关节囊、肌腱和韧带的伸展性，从而使关节运动幅度增大，进一步加大了关节的灵活性。因此在进行力量练习的同时，还必须配合一些柔韧性练习，使力量素质和柔韧素质都得到相应的发展。

3. 体育运动对骨骼肌的影响

（1）肌肉体积的明显增大　通过系统的体育锻炼、训练，肌肉的体积明显增大。不同的运动项目对身体的不同部位影响各不相同。肌肉体积增大主要是由于肌纤维增粗的缘故，如肌纤维中的肌原纤维增粗、肌球蛋白增加、收缩物质增多。这在力量性训练的运动员表现最为明显。

（2）肌纤维中线粒体数目增多、体积增大　线粒体是肌细胞（称肌纤维）内的供能中心，是合成 ATP（三磷酸腺苷）的细胞器。ATP 主要是靠有氧代谢形成的，因此耐力性项目的运动员肌肉中的线粒体增大、增多。

（3）肌肉内的结缔组织增多　力量性的运动员肌肉中的结缔组织增加明显，肌内膜和肌束膜增厚，肌腱也增粗，因此肌肉抗张力能力增强。肌肉中的脂肪减少。

（4）肌肉中的化学成分发生变化　长期的体育锻炼和训练，肌肉中的肌红蛋白、ATP、CP（磷酸肌酸）和肌糖原都有明显增加。ATP 和 CP 是肌肉收缩的直接能源。

（5）肌肉中的毛细血管变化　毛细血管是由内皮组成，很薄、通透能力强，是组织内进行物质交换的重要场所。经常的体育锻炼和系统的体育训练，使肌肉中毛细血管的开放数量增加，并且毛细血管呈囊泡状，更有利于血液循环的改善，进一步提高了肌肉的工作能力。

三、消化系统

消化系统由消化管和消化腺组成。

（一）消化管

消化管自上而下依次为：口腔、咽、食管、胃、小肠（十二指肠、空肠、回肠）和大肠（盲肠、结肠、直肠）。通常把从口腔到十二指肠的一段称做上消化道，空肠以下的一段称为下消化道。

1. 口腔

口腔是由硬腭、软腭（腭垂、腭舌弓、腭咽弓、腭扁桃体）、咽峡（左右腭舌弓、腭垂和舌根围成）组成。

口腔以上、下牙弓和牙龈为界分为口腔前庭和固有口腔。口腔前庭为位于上下唇、颊和上下牙弓之间的狭窄空隙；固有口腔在其后内侧，较宽阔，位于牙弓与咽峡之间。口腔壁的腔面被覆以黏膜，由复层扁平上皮和固有层构成。

（1）牙；

（2）舌。

2. 咽

咽为肌性管道，位于颈椎前，上部通鼻腔，中部通口腔，下部通喉腔并向下与食管相连。咽全长12cm，上起颅底，下至第六颈椎下缘与食管相连，后壁与侧壁完整，前方分别与鼻腔、口腔和喉腔相通。

咽分为鼻咽部、口咽部、喉咽部三部分。

咽是食物和空气的交通要道。

3. 食管

食管是食物的通道，上端于第六颈椎高度接咽，下端穿过膈肌于第十一胸椎左侧续于胃的贲门，为全长22～25cm的肌性管道，有三处狭窄。第一个狭窄部位位于食管与咽交接处，距中切牙5cm；第二个狭窄部位位于食管与左支气管交叉处，距中切牙25cm；第三个狭窄部为膈的食管裂孔处，距中切牙40cm。

4. 胃

胃3/4位于左季肋部，1/4位于上腹部，其入口为贲门，出口为幽门，下续十二指肠。胃整体可分为贲门部、胃底、胃体、幽门部四部。右上缘称胃小弯，凹向上，最低点有一切迹，称角切迹；左下缘称胃大弯，起自贲门切迹，呈弧形凸向左下至第十肋软骨平面。

胃黏膜呈淡红色，在胃空虚时黏膜有许多皱襞，充盈时，则皱襞减少或展平。胃的肌层发达，由外纵、中环和内斜共三层平滑肌构成。在幽门处，胃的环行肌特别增厚形成幽门括约肌，黏膜在此处形成环形皱襞称为幽门瓣，具有防止肠内容物逆流入胃的作用。

胃可临时贮存食物，并磨碎和搅拌食物；能分泌胃液，分解食物中的蛋白质；还能分泌激素。

5. 小肠

小肠上起幽门，下续盲肠和结肠，全长 5~7m，分十二指肠、空肠和回肠三部分。

（1）十二指肠　十二指肠紧贴腹后壁，是小肠中长度最短、管腔最大的一段，呈"C"字形，包绕胰头，长约 25cm，分为上部、降部、水平部和升部四部分。

（2）空肠和回肠　除去十二指肠的小肠上 2/5 为空肠，下 3/5 为回肠。

小肠的黏膜层和黏膜下层形成许多环行、半环行的皱襞，称环状襞。环状襞上面有许多指状突起，称小肠绒毛，长约 1mm，覆以大量的单层柱状上皮细胞和少量杯状细胞，具有吸收功能。

小肠是消化食物和吸收营养物质的重要场所。

6. 大肠

大肠分为盲肠、结肠和直肠，全长约为 1.5m。大肠的外形主要特点：表面有三条纵形的结肠带，横沟分隔成的许多袋形凸形成结肠袋，还有脂肪垂。

（1）盲肠　盲肠为大肠起始的膨大盲端，长 6~8cm，位于右髂窝内，向上通升结肠，向左连回肠。回、盲肠的连通口称为回盲口，口处的黏膜折成上、下两个半月形的皱襞，称为回盲瓣，此瓣具有括约肌的作用，可防止大肠内容物逆流入小肠。在回盲瓣的下方约 2cm 处，有阑尾的开口。

（2）结肠　结肠为介于盲肠和直肠之间的部分，按其所在位置和形态又分为升结肠、横结肠、降结肠和乙状结肠四部分。

（3）直肠　直肠为大肠的末端，长 15~16cm，位于小骨盆内。上端平第三骶椎处接续乙状结肠，沿骶骨和尾骨的前面下行，穿过盆膈，下端以肛门而终。

大肠能吸收食物残渣中的水分和无机盐，并使食物残渣形成粪便，排出体外。

（二）消化腺

消化腺由大、小消化腺组成。大消化腺包括唾液腺、肝和胰；小消化腺分布于消化管各段的管壁内，如唇腺、舌腺、食管腺和胃腺等。

1. 肝

肝大部分位于右季肋区和腹上区，小部分位于左季肋区。肝上界：与膈穹窿一致，在锁骨中线右侧平第五肋，左侧平第五肋间隙，在前正中线位于胸骨体与剑突结合处。肝下界：成人与肋弓一致，在剑突下约 3cm，幼儿可低于肋弓，但不超出 2cm，7 岁以后与成人相同。肝分上、下两面，上面由镰状韧带分为左右两叶并联于膈下，下面有三条沟（左、右纵沟、横沟，横沟处又称肝门）。

肝由直径约 2mm 的呈多边形棱柱状的肝小叶组成。肝小叶主要由肝细胞组成，是肝的基本结构和功能单位，成人约 100 万个。在每个肝小叶内都有一条中央静脉和许多围绕中央静脉呈放射状排列的肝细胞索。肝细胞索里有毛细胆管。肝上皮细胞分泌胆汁，经毛细胆管出肝小叶排至小叶间胆管，再排到肝管。

肝外胆道包括胆囊和输胆管道。

肝的功能：①参与物质代谢；②分泌胆汁；③排泄、吞噬功能；④胚胎时期的肝能造血，是人体内血库之一。

2. 胰

胰是一条长扁形的腺体，位于十二指肠和脾之间，全长 14~20cm，横卧于腹后壁，约平第一腰椎，分为头、体、尾三部分，为混合腺体，有内、外分泌作用。

胰的外分泌部分泌胰液，内含有胰脂肪酶、胰蛋白酶和胰淀粉酶等物质，这些酶可促进三大营养物质的分解。

胰的内分泌部（即胰岛）分泌胰岛素，调节体内糖代谢，维持正常的血糖量。胰岛素分泌不足时，血糖会过高，导致糖尿病。

3. 唾液腺

唾液腺包括腮腺、舌下腺和下颌下腺三对。腮腺最大，位于耳前下方，其导管开口于上颌第二磨牙相对的黏膜处。下颌下腺位于颌骨体下缘内侧。舌下腺最小，位于口腔底前部。下颌下腺和舌下腺共同开口于舌下阜。

（三）体育运动对消化系统的影响

经常参加体育锻炼，可以提高胃肠的消化和吸收功能。

运动时呼吸加深加快，膈肌大幅度的升降活动以及腹肌的收缩和舒张活动，对胃肠起到按摩作用，消化系统的血液循环得到改善，也能增强胃、肠的消化功能。

体育锻炼可提高食欲，有益于疾病治疗。

如果运动安排不当，血液重新分配的改变对消化系统的消化和吸收可能产生不良影响。

四、呼吸系统

呼吸系统由气体传导部（呼吸道）和呼吸部（肺）组成。

（一）气体传导部——呼吸道

1. 鼻

鼻是呼吸道的起始，是气体进出人体的主要通道。它能净化空气，调节空气温度、湿度，并兼有嗅觉及发音共鸣等作用。鼻分为外鼻、鼻腔和鼻旁窦三部分。

（1）外鼻　外鼻以骨和软骨为支架，被覆皮肤和少量皮下组织，分为鼻根、鼻背、鼻尖和鼻翼。

（2）鼻腔　鼻腔以鼻中隔分为左右两腔，每腔分为鼻前庭和固有鼻腔两部分。鼻腔的外侧壁有上、中、下鼻甲，将鼻腔分为上、中、下鼻道。

（3）鼻旁窦　鼻旁窦有上颌窦、额窦、蝶窦及筛窦。

上颌窦：位于上颌骨体内，开口于中鼻道。

额窦：位于额骨眉弓深面，额骨内外板之间。开口于中鼻道。

蝶窦：位于蝶骨体内，开口于蝶筛隐窝。

筛窦：位于筛骨迷路内，分前、中、后三群。前群和中群开口于中鼻道，后群开口于上鼻道。

2. 咽

3. 喉

喉不仅是呼吸的通道，还是发音的器官。

喉位于颈前部，向上开口于咽部，向下与气管相通，其位置高低与年龄、性别有关。

喉由软骨、韧带和肌肉构成。喉软骨有甲状软骨、环状软骨、会厌软骨、杓状软骨等，其中甲状软骨最大，其前部向上突出称为喉结。会厌软骨借韧带位于甲状软骨中间部分上缘的后面，吞咽时可关闭喉口，防止食物误入气管。

喉的内腔称为喉腔。喉腔的上部称为喉口，喉腔的中部侧壁黏膜形成两对皱襞，上为前庭襞，又称假声带；下为声襞，又称声带。左右声带间的裂隙称声门裂。当气体通过时，声带产生振动而发声。当憋气或屏息时，声门裂关闭。

4. 气管和支气管

气管上起环状软骨，下至胸骨颈静脉切迹，由 16~20 个 "C" 形软骨环构成，后部由平滑肌和结缔组织膜构成膜壁，是气体的通道。气管位于食管前方，上与第六、七颈椎高度与环状软骨相连，下平胸骨角高度分叉，成左、右支气管。左支气管细、长、倾斜，入左肺；右支气管粗、短、较直，故异物易进入右支气管。

（二）呼吸部——肺

肺是呼吸系统的呼吸部，是人体进行气体交换的重要器官，且具有内分泌的作用。

肺位于胸腔内，左、右各一，分别居于纵隔两侧。

因心脏位置偏左，故左肺狭长，右肺略宽短。肺表面为脏胸膜被覆，较光滑。幼儿肺的颜色呈淡红色，随年龄增长，空气中的尘埃吸入肺内，逐渐变成灰色至黑紫色。

两肺均呈锥体形，斜裂（叶间裂）将左肺分为上、下两叶；水平裂（右肺副裂）将石肺分为上、中、下三叶。由于肺呈圆锥形，故有一尖、一底、两面和三缘。

肺尖：圆钝，伸向颈根部，高出锁骨内侧 1/3 上方 2.5cm。

肺底：又称膈面，稍向上凹。

两面：肋面（外侧面）圆凸，贴近肋和肋间肌。纵隔面（内侧面）中部有长圆形凹陷称肺门，此处有支气管、肺动脉、肺静脉、神经和淋巴管出入。

（三）胸膜、胸膜腔与纵隔

1. 胸膜、胸膜腔

胸膜是位于两肺外面封闭的双层浆膜囊，由壁胸膜和脏胸膜组成。

脏胸膜和壁胸膜在肺根下方相互移行，形成一个封闭的浆膜囊腔隙，内呈负压，有少量浆液，可减少呼吸时脏胸膜和壁胸膜之间的摩擦。

2. 纵隔

纵隔是纵隔胸膜之间的全部器官及结缔组织的总称。

（四）体育运动对呼吸系统的影响

经常参加体育运动能增进呼吸器官的机能，提高肺的有效通气效率，使人不致因呼吸机能差而在工作过程中很快产生疲劳。

注意体育运动与呼吸的配合原则：①除了游泳和运动中呼吸困难时可以用口吸气外，其他都要养成用鼻吸气的习惯；②要善于利用有利的身体姿势进行呼吸：一般在做两臂上举、外展、提肩、伸脊柱时进行吸气有利，在两臂下放、内收、塌肩、团身、脊柱屈时进行呼气比较有利；③运动中要善于变换呼吸形式，当胸廓需要固定时，则采用腹式呼吸；当做腹壁紧张的动作，则采用胸式呼吸；④在非周期性动作中，要保持均匀的深呼吸；⑤在呼吸困难时，如运动中发生腹痛时（暂时性的），呼后吸；⑥在周期性运动中，呼吸节奏要与动作的周期相配合，三步一呼，三步一吸，根据个人情况进行针对性训练；⑦在特殊的体育运动中，要进行特殊的呼吸。在射击扣扳机的瞬间、篮球投篮的瞬间进行屏息。在提拉杠铃前、上举杠铃前、投掷项目的最后用力、排球扣球前的起跳、完成吊环十字支撑时，均要用憋气。据研究憋气前最好吸半口气，效果最佳。

五、泌尿系统

（一）肾

1. 肾的位置与外形

肾是成对的实质器官，形似蚕豆，新鲜时呈红褐色，长约 10cm，宽约 5cm，厚约 4cm，男性大于女性。肾位于脊柱的两侧第十一胸椎至第三腰椎之间，女性低于男性，紧贴腹后壁，右肾略低，外侧缘隆凸，内侧缘中部凹陷称肾门，它是输尿管、肾动脉、肾静脉、淋巴管和神经出入的地方。肾窦是肾门向肾实质内伸入由肾实质围成的腔隙，内含肾动脉分支、肾静脉属支、肾小盏、肾大盏、肾盂和脂肪组织等。肾的被膜由内向外有纤维囊、脂肪囊和筋膜包裹，它们将肾固定在正常位置。

2. 肾的构造与尿的生成

（1）肾的结构　肾可视为由囊壁的肾实质和囊腔的肾窦组成。从肾的额状面可见，由肾门进入。肾内扩大的腔，称为肾窦。肾窦内有肾小盏、肾大盏、肾盂、肾血管、肾淋巴管和神经等结构。肾窦的周围是肾实质，可分为肾皮质和肾髓质两部分。肾皮质是肾实质的周围部分，肉眼可见小红的颗粒为肾小体。肾皮质突入肾髓质，构成肾柱。肾髓质是位于皮质深部的肾锥体（15~20个）。肾锥体的底朝外与皮质相连，尖向肾窦称为肾乳头，其上有 10~25 个乳头孔，肾形成的尿液由乳头孔流入肾小盏内。肾小盏呈漏斗状，有 7~8 个，包绕肾乳头。2~3 个肾小盏合成 1 个肾大盏。肾大盏汇合形成肾盂。肾盂呈前后扁平的漏斗状，出肾门后向下弯曲变细，移行为输尿管。

（2）肾单位与尿的生成

①肾单位：肾单位是肾的结构和功能单位，可分为肾小体和肾小管两部分。肾小体是肾单位的起始部分，位于皮质内，由肾小球和肾小囊组成。肾小球位于肾小囊内，它是入球小动脉进入肾小囊反复分支形成的毛细血管球，而后再汇合成一条出球小动脉，离开肾小球。入球小动脉口径大于出球小动脉的口径，造成肾小球内的血压较高。肾小囊是肾小管的起始部分膨大且凹陷形成杯状的双层结构，两层囊壁之间的腔隙称为肾小囊腔。肾小囊的内层是脏层，外层是壁层。脏层由多突起的足细胞组成，每个初级突起又分出大量的次级突起，次级突起之间的间隙覆盖有一层薄膜称为裂孔膜。当血液流经毛细血管球时，因其压力较高，促使血液中的血浆和小分子物质通过内皮细胞的小孔、基膜和足细胞突起间的裂孔膜滤过到肾小囊腔，称为原尿。小分子通过的这三层结构称为滤过膜或血尿屏障。原尿中不含大分子蛋白质、脂类和有形成分，其余成分与血浆相

同。正常成人每天生成原尿100~200L。

②肾小管：肾小管是与肾小囊壁层相连的细长管道，可分为近曲小管、直小管和远曲小管三部分。近曲小管是吸收原尿的主要场所，原尿中的水、钾、钠等离子大部分被重吸收，葡萄糖全部被重吸收。

集合小管可分为集合管和乳头管两段。集合管由远曲小管汇合而成，几条集合管汇合成乳头管，其开口通向肾小盏。

（二）输尿管、膀胱、尿道

1. 输尿管

输尿管为细长的肌性管道，长25~30cm，起于肾盂下端，止于膀胱。输尿管按行程分为三段（腹段、盆段和壁内段）。

2. 膀胱

膀胱位于盆腔内耻骨联合后方，空虚时其顶不超过耻骨联合上缘，分为底部、体部和尖部。底部膨大，向后下方，尖部细小，向前上方。膀胱是储存尿液的肌性囊状器官，其形状、大小和位置均随尿液充盈度而变化，其容量成人为300~500ml，最大容量可达800ml。膀胱空虚时呈三棱锥体形。

3. 尿道

尿道分为男性和女性两种，男性尿道有排尿和排精两种功能。女性尿道仅有排尿功能。

女性尿道的长度为3~4cm，起于尿道内口，与阴道前壁相邻，穿尿生殖膈止于尿道外口。在女性尿道穿尿生殖膈处，有尿道阴道括约肌环绕，属随意肌。

（三）体育运动对泌尿系统的影响

运动时，肾脏排泄代谢物增多，如尿素、尿肌酐等。为了保持身体内环境的恒定，肾脏能加速排泄影响机体内环境恒定的物质如乳酸、酮体等，从而保证运动能力。同时运动时汗量增加，身体内水分就会减少，为了保持体内水分，肾脏能增加对水分的重吸收，使排尿减少。排汗时大量丢失盐分，肾脏也增加对盐分的重吸收，以减轻体内缺盐的程度。

六、神经系统

（一）中枢神经系统

1. 脊髓

脊髓位于椎管内，上端平枕骨大孔处与延髓相连，下端成人平第1腰椎的下缘。下端尖细称脊髓圆锥，以下续以无神经组织的细丝称为终丝，附于尾骨的背面。脊髓全长有两处膨大，位于上部的称颈膨大，连结分布于上肢的神经；位于下部的称腰骶膨大，连结分布于下肢的神经。膨大的形成与四肢的发展有关。

脊髓的表面有6条纵贯全长的沟或裂。位于脊髓前正中线的称前正中裂，较深，位于脊髓后正中线的称后正中沟，较浅。在前正中裂两侧有一对前外侧沟，有脊神经前根的根丝穿出。在后正中沟两侧有一对后外侧沟，有脊神经后根的根丝穿入。由数条根丝组成一个神经根，脊髓全长有31对前根和后根。同一节段的前后根在椎间孔处合成一条脊神经。每条脊神经的后根上都有一个膨大的脊神经节。

脊髓两侧连有31对脊神经，每对脊神经所连的一段脊髓，称一个脊髓节段。脊髓全长划分为31节：8个颈节、12个胸节、5个腰节、5个骶节和1个尾节。

脊髓内部由灰质和白质构成。脊髓中央有纵行的细管称中央管，中央管周围是灰质，白质在灰质周围。

灰质在脊髓切面上，灰质呈蝶形，前端膨大称前角，后端窄细称后角，在胸髓和上腰髓，前后角之间有向外突出的侧角，前后角之间为中间带。灰质是由大量大小、形态不同的多极神经元组成。各种相同类型的神经元往往聚集成簇或成层。据20世纪50年代研究，脊髓灰质可分为10个板层，目前已被广泛用作对脊髓灰质构筑的描述。同时某些传统的脊髓核团名称还在使用，了解二者之间的关系有实用意义。灰质Ⅰ～Ⅵ层组成脊髓后角，由中间神经元组成，其轴突有的联系脊髓不同节段，有的越过对侧上升，传导皮肤或肌肉的感觉。Ⅶ层相当于中间带。占据T1～L2（L3）节段的侧角，是交感神经的节前神经元胞体所在的部位；骶副交感核见于S2～S4节段外侧部，是盆腔脏器的副交感节前神经元胞体所在的部位。Ⅷ和Ⅸ层位于前角，由支配骨骼肌的运动神经元组成。前角运动神经元有两种。其中大型细胞为α运动神经元，支配肌梭外骨骼肌；小型细胞为γ运动神经元，支配肌梭内骨骼肌，调节肌张力。Ⅹ层是围绕中央管周围的部位。

白质主要由纵行的神经纤维组成。根据脊髓表面的沟和裂将其每侧分为3个索：后正中沟和后外侧沟之间称后索；前后外侧沟之间为外侧索；前正中裂与前外侧沟之间称前索。每个索都是由上行或下行的纤维索组成。

脊髓内主要的上行和下行纤维束：上行纤维束——薄束和楔束、脊髓丘脑束、脊髓小脑后束和脊髓小脑前束。下行纤维束——皮质脊髓束，是脊髓内最大的下行纤维束，它是大脑皮质运动中枢的神经元发出的轴突，下降于延髓时，大部分纤维交叉到对侧，在脊髓外侧索下行，称为皮质脊髓侧束，与对侧前角细胞发生联系。在延髓没有交叉的少数纤维走在脊髓的前索，称皮质脊髓前束，与双侧脊髓前角细胞发生联系。皮质脊髓束主要是完成大脑皮质对脊髓的控制，管理骨骼肌的随意运动。

2. 脑

脑位于颅腔内，脑可分为端脑、间脑、中脑、脑桥、延髓和小脑等六部分。通常又把中脑、脑桥和延髓合称为脑干。脑是神经系统中最复杂的部分，人类的脑最发达。

（1）脑干　脑干是中枢神经系统中，脊髓与间脑之间的部分，自下而上由延髓、脑桥和中脑3部分组成。延髓和脑桥的背面与小脑相连，它们之间的腔为第4脑室。此室向下与延髓和脊髓的中央管相连，向上连通中脑的中脑水管。

脑干的外形：

腹侧面：延髓上部膨大，下部较细，表面有与脊髓相连续的同名沟和裂。在延髓上前正中裂两侧，各有一个纵行隆起，称锥体，主要由皮质脊髓束的纤维聚集而成，因此皮质脊髓束也可称为锥体束。锥体两侧的沟中有舌下神经根丝出脑，其后方的沟内由上而下有舌咽神经、迷走神经和副神经的根丝出入脑。脑桥以其腹面宽阔膨隆的基底部为特征，下缘借延髓脑桥沟与延髓为界。沟中有3对脑神经根出入脑，自内侧向外侧分别为展神经、面神经和前庭蜗神经。脑桥上缘与中脑的大脑脚相接。基底部向两侧逐渐变窄，移行于小脑中脚。两者分界处有三叉神经根出入。中脑腹侧面有一对粗大的柱状结构称为大脑脚，由大量来自大脑皮质的下行纤维组成。大脑脚之间的深窝称脚间窝，其内有动眼神经根出脑。

背侧面：延髓下部后正中沟的两侧，各有两个纵行隆起，内侧的称薄束结节，外侧的称楔束结节，其深层分别有薄束核和楔束核，它们是薄束和楔束的终止核。楔束结节的外上方有小脑下脚，是由进入小脑的纤维组成，且形成第4脑室侧壁的一部分。延髓上部构成菱形窝，即第4脑室的底的下半部分。脑桥的背侧面形成第4脑室的上半部分，菱形窝的上侧壁为小脑上脚。中脑的背侧面有两对圆形隆起，称四叠体。上一对为上丘，下一对为下丘，向两侧分别借上丘臂和下丘臂与间脑的外侧膝状体和内侧膝状体相接。下丘的下方有滑车神经根出脑。

脑干的内部结构：由灰质、白质和网状结构组成。

灰质：其配布与脊髓不同，不形成连续的灰质柱，而是分散成团块，称神经核。这些神经核可分为与脑神经相连的和与脑神经不相连的两类。脑神经中除嗅神经和视神经外，Ⅲ—Ⅻ对脑神经均与脑干相连。脑神经核可粗分为3大类：接受脑神经中感觉成分传入的核团，称为脑神经感觉核；发出传出纤维经脑神经支配骨骼肌活动的称脑神经交感核；发出传出纤维经脑神经支配平滑肌、心肌和腺体活动或分泌的称脑神经副交感核。脑神经核的名称有的与脑神经的名称一致，有的不一致。各脑神经核在脑干中的位置，多与该脑神经连脑部位相对应，即延髓内含有与舌咽神经、迷走神经、副神经和舌下神经相连的脑神经核；脑桥内含有与三叉神经、展神经、面神经和前庭蜗神经相连的脑神经核；中脑内含有与动眼神经和滑车神经相连的脑神经核。

白质：主要由经过脑干的纤维束组成，主要的纤维束有：内侧丘系——来自脊髓的薄束和楔束，终止于延髓的薄束核和楔束核，由此二核发出的纤维，在中央管腹侧交叉至对侧，形成内侧丘系交叉。交叉后的纤维，在中线两侧折而向上，形成内侧丘系，再穿过脑干终止于间脑的背侧后脑。脊髓丘脑束——是脊髓内的脊髓丘脑束向上穿过脑干，也止于背侧丘脑。锥体束——由大脑皮质运动中枢发出的下行纤维束而形成。锥体束可分为两部分：锥体束的部分纤维，在脑干内下降中，陆续终止于脑神经运动核，称皮质核束。锥体束的另一部分纤维不止于脑神经运动核，继续下降至延髓的腹侧，集中形成锥体。在锥体的下端，绝大部分纤维左右交叉至对侧，而形成锥体交叉。交叉后的纤维下行于脊髓的外侧索，即皮质脊髓侧束；小部分未交叉的纤维在脊髓的前索下降，即为皮质脊髓前束。

脑干网状结构：在脑干中，除了有脑神经核、边界明确的一些非脑神经核和长的上下行纤维束以外，还有分布很广，细胞体与纤维交错排列呈网状的区域，称脑干网状结构。其纤维联系甚广，可以接收几乎所有感觉系统的信息，其传出纤维可到达中枢神经系统的各个部位。

脑干的功能：传导、反射的低级中枢、网状结构的功能，具有维持大脑醒觉、引起睡眠、调节骨骼肌的张力和调节某些内脏活动等功能。

(2) 小脑 小脑的位置与外形：小脑位于颅后窝，在脑桥和延髓的后上方。小脑的两侧膨大，称半球。中间狭窄变细的部分称蚓。小脑借 3 对小脑脚与脑干背面相连接。

小脑的分叶：小脑表面有许多大致平行的横沟，其中有深沟将小脑分为三个叶。在小脑上面，原裂将小脑分为前叶和后叶，在小脑下面，借后外侧裂将后叶与绒球小结叶分开。绒球小结叶位于小脑下面的前部，体积最小，其纤维主要与前庭神经核联系；小脑上面的前部，主要接受来自脊髓的信息，其他部分主要接受来自大脑皮质的纤维。

小脑的内部结构：小脑总体积约占整个脑的 10%，然而它所含的神经元数量却占全脑神经元总数的一半以上。大量的神经元胞体集中于小脑的表层，形成小脑皮质。小脑的深层为白质，白质内还含有灰质团块，称小脑核。主要的核有顶核、球状核、栓状核和齿状核。小脑核是小脑向外发出传出纤维的部位。

小脑的功能：小脑主要是运动调节中枢，与平衡、调节肌张力和运动协调有关。第 4 脑室是位于延髓、脑桥和小脑之间的空腔，形如四棱锥形，底是菱形窝，顶向小脑。

第 4 脑室借一个正中孔（位于脑室顶后部的正中）和两个外侧孔（位于脑室外侧角），与蛛网膜下腔相通。

(3) 间脑 间脑位于脑干和端脑之间，其结构和功能较为复杂，仅次于大脑皮质。间脑的两侧和背面被高度发展的大脑皮质所掩盖。间脑的主要部分是背侧丘脑和下丘脑。

背侧丘脑：又称丘脑，是位居间脑背侧部分的一对卵圆形灰质块。背侧丘脑被 Y 形白质板分隔为 3 部分，即前核群、内侧核群和外侧核群。外侧核群后部的腹侧部分，称腹后核，全身各部的躯体性感觉冲动，都需经过此核中继，才能传到大脑皮质。背侧丘脑的功能是大脑皮质下感觉的最后中继站，并能粗略地感知痛觉。此外，背侧丘脑中有些核团，与大脑皮质、小脑、纹状体、黑质等结构相互间有着重要的联系，得以实现对躯体运动的调节。在背侧丘脑后端的外下方，各有一对隆起，位于内侧的称内侧膝状体，与听觉有关；位于外侧的称外侧膝状体，与视觉有关。

下丘脑：位于背侧丘脑的下方，构成第 3 脑室的下壁和侧壁的下部分。下丘脑包括视交叉、视束、灰结节、漏斗、垂体柄和乳头体等。下丘脑体积虽小，但结构比较复杂，含有许多核团，神经元与端脑、间脑、脑干和脊髓有广泛的联系。下丘脑主要的核团有位于视交叉的视上核和位于第 3 脑室侧壁的室旁核。此二核能分泌加压素和催产素，经神经元的轴突运输到垂体后叶，再释放到血液。下丘脑的功能是神经内分泌的中心，它将神经调节和体液调节融为一体，又是皮层下植物性神经中枢，对体温、摄食、情绪、生殖、水盐平衡和内分泌活动等进行广泛的调节。

第 3 脑室：间脑的内腔为正中矢状面的窄隙，称第 3 脑室，向后通中脑水管，上部两侧借室间孔与侧脑室相通。

(4) 端脑 端脑是脑的最高级部位，由两侧大脑半球借胼胝体连结而成。

端脑的外形与分叶：在两侧大脑半球之间有大脑纵裂将其分开，纵裂的底是连接两侧大脑半球白质板的胼胝体。大脑半球后部与小脑之间为大脑横裂。每侧大脑半球都可分为上外侧面、内侧面和下面。大脑半球表面各部位，由于发育不平衡，出现许多隆起的脑回和深陷的脑沟。每侧大脑半球借3个沟将其分为5个叶：外侧沟位于半球上外侧面，是自前下向后行的深裂；中央沟自半球上缘中点稍后方起，在半球上外侧面处前下斜行，其下端与外侧沟隔一脑回，上端可延伸至半球内侧面；顶枕沟位于半球内侧面的后部，自下向上。在外侧沟上方和中央沟以前的部分为额叶；外侧沟以下的部分为颞叶；顶枕沟以后的部分为枕叶；在外侧沟上方，顶枕沟和中央沟之间为顶叶；位于外侧沟的深处，被额、顶、颞叶所掩盖，呈三角形的为岛叶。在大脑半球上外侧面，中央沟的前方，有与之平行的中央前沟，两者之间为中央前回。中央前沟前部，被两条与半球上缘平行的沟分为额上回、额中回和额下回。在中央沟后方，有与之平行的中央后沟，两者之间为中央后回。中央后沟后方，有一条横沟为顶内沟，其下为顶下小叶，其中包绕外侧沟后端的为缘上回；围绕颞上沟末端的为角回。外侧沟的下方，有与之平行的颞上沟和颞下沟，将颞叶分为颞上回、颞中回和颞下回。在颞上回后部，外侧沟的下壁处，有几条斜行的短回为颞横回。在半球的内侧面，有中央前后回从上外侧面延伸到内侧面的部分称为中央旁小叶。在中部有前后方向呈弓形的胼胝体，其后方，有呈弓形的距状沟，向后至枕叶的后端，其中部与顶枕沟相连。胼胝体背侧的脑回为扣带回。扣带回向后移行于颞叶的海马旁回。其前端变成钩形弯曲称钩。扣带回、海马旁回、钩等脑回，因其位置处于大脑半球和间脑交界处的边缘，故合称边缘叶。在半球底面，额叶下方有一对椭圆形的嗅球，它的后端缩窄延为嗅束，它们与嗅觉的传导有关。

端脑的内部结构：大脑半球的表层是灰质，称大脑皮质。深层的白质为髓质。在半球的基底部，白质中藏有的灰质团块，称基底核。半球内的室腔称为侧脑室。

大脑皮质的结构及功能单位：大脑皮质是覆盖在大脑表面的灰质，也是人体的各种活动的高级中枢，它由大量的神经元、神经纤维和神经胶质组成。大量实验和资料表明，大脑皮质的发育和分化，不同的皮质区具有不同的功能。将这些具有一定功能的区域称为中枢。实际上，这些中枢只是管理某种功能的核心部分，皮质的相邻或其他部位也有类似的功能，因此大脑皮质机能定位只是相对的。具有比较重要的功能区有：躯体运动区、躯体感觉区、视区、听区、运动性语言中枢、视觉性语言中枢、听觉性语言中枢、书写中枢。

基底核：位于白质内，又因靠近脑底而得名，包括纹状体（尾状核和豆状核）、杏仁体、屏状核。

大脑半球的白质：也称髓质，位于皮质的深面，由大量神经纤维组成，得以实现皮质各部分之间以及皮质与皮质下诸结构间的联系。纤维可分为3类：投射纤维，是连接大脑皮质与皮质下结构的上下行纤维；连接纤维，是连接左右大脑半球的纤维；联络纤维，是联络同侧大脑半球各部分皮质间的纤维。这些纤维束中较重要的有：内囊、胼胝体。

侧脑室：位于两侧大脑半球内的腔隙，内含脑脊液，两侧脑室借室间孔与第3脑室相通，室腔内有脉络丛。

边缘系统：由边缘和有关的皮质及皮质下结构（如杏仁体、下丘脑、上丘脑、丘脑前核等）组成。其种系发生较早，神经联系较复杂。边缘系统与嗅觉和内脏活动有密切关系，并参与个体生存与种族繁衍功能（如觅食、防御、攻击、情绪和生殖等行为），海马与记忆有关。

3. 脑和脊髓的被膜、血管和脑脊液循环

（1）脑和脊髓的被膜　脑和脊髓的表面均包用3层膜，由外向内依次为硬膜、蛛网膜和软膜。

硬膜是一层厚而坚韧的结缔组织膜。硬脊膜包被脊髓和脊神经根，上端附于枕骨大孔边缘与硬脑膜相连续，下端包着终丝附于尾骨。硬脊膜与椎管内面的骨膜之间有一腔隙，称硬膜外隙，其内含有淋巴管、静脉丛以及大量脂肪。脊髓的硬膜外隙不与颅内相通，略呈负压。硬脑膜坚韧且有光泽，硬脑膜由两层构成，其外层自颅骨内骨膜，内层坚厚，两层之间夹有硬脑膜的血管神经。硬脑膜在某些部位，内层折叠形成不同的板状物深入各脑部之间，对脑起着保护、支持作用。硬脑膜在某些部位，两层分开形成静脉血窦。较大的静脉窦有位于大脑镰上缘的上矢状窦；位于小脑幕后缘的横窦和乙状窦，后者经颅底的颈静脉孔续于颈内静脉；位于蝶鞍周围的海绵窦。

蛛网膜为半透明的薄膜，缺乏血管和神经，位于硬膜和软膜之间，脊髓的蛛网膜与脑的蛛网膜上连接，蛛网膜与软膜之间隙称为蛛网膜下腔，腔内有脑脊液，此隙在脊髓末端以下扩大为终池，内有马尾，可在此抽取脑脊液。

软膜薄而透明，富有血管，分为软脊膜和软脑膜，分别紧贴于脊髓和脑的表面，深入其沟和裂。软脊膜自脊髓圆锥以下形成终丝。软脑膜的血管，在脑室形成毛细血管丛。这些毛细血管丛与覆盖其表面的软脑膜和室管膜上皮（即衬于脑室及脊髓中央管的一层上皮）共同突入脑室，形成脉络丛。脉络丛能产生脑脊液。

（2）脑和脊髓的血管

①脊髓的血管：脊髓动脉来源于椎动脉、肋间后动脉和腰动脉等，椎动脉经枕骨大孔入颅后，发出两条脊髓后动脉和一条脊髓前动脉，沿着脊髓表面下降。脊髓静脉收集脊髓内小的静脉，最后汇合而成的脊髓前后静脉，多数注入硬脊膜外隙的椎静脉丛。

②脑的血管：脑动脉来自颈内动脉和椎动脉。颈内动脉供应顶枕裂以前2/3的大脑半球和部分间脑。椎动脉供应后1/3的大脑半球、部分间脑、脑干和小脑。颈内动脉起自颈总动脉，在颈部上升入颅后，向前穿过海绵窦，再发分支，主要分支有眼动脉、大脑前动脉和大脑中动脉等。椎动脉起自锁骨下动脉，穿过第6至第1颈椎横突孔，再经枕骨大孔入颅。在脑桥下缘，左右椎动脉合成一条基底动脉，该动脉向前上到脑桥上缘，分为两条终末支为大脑后动脉。椎动脉和基底动脉沿途发分支营养延髓、脑桥和小脑。大脑后动脉借后交通动脉与颈内动脉相连。大脑动脉环在大脑半球底面，视交叉、漏斗、乳头体等周围，由前交通动脉、两侧大脑前动脉起始段、两侧颈内动脉末端、两侧后交通动脉和两侧大脑后动脉起始段共同形成。大脑动脉环在保证脑的血液供应中，具有重要作用。当动脉硬化和高血压时，供应内囊附近的大脑中动脉，容易破裂出血（即脑出血），可以引起较严重的症状和功能障碍。脑的静脉不与动脉伴行，可分为浅、深两组。浅静脉收集大脑皮质和皮质下髓质浅部的静脉血，注入邻近的硬脑膜血窦。深静脉收集大脑髓质的深部、基底核、内囊、间脑及脑室脉络丛的静脉血，最后汇合一条大脑大静脉，注入直窦。

（3）脑脊液及其循环　脑脊液是无色透明的液体，充满于脑室，脊髓中央管和蛛网膜上隙内。脑脊液处于不断产生、循环和回流的平衡状态，对脑和脊髓起保护、营养、缓冲、带走代谢产物以及维持正常颅内压的作用。其循环途径：脑脊液主要由侧脑室脉络丛产生，经室间孔流至第3脑室，与第3脑室脉络丛产生的脑脊液一起，经中脑水管流入第4脑室，再汇合第4脑室脉络丛产生的脑脊液，经第4脑室的正中孔和外侧孔流入蛛网膜下隙，最后经蛛网膜颗粒（蛛网膜突入硬脑膜形成的上矢状窦内的小颗粒）进入上矢状窦。如果脑脊液循环途径受阻，可引起脑积水和颅内压力增高。

(二) 周围神经系统

周围神经系统是指中枢神经系统以外的神经成分，包括脑神经、脊神经及内脏神经。

1. 脑神经

脑神经是指与脑相连的神经，共12对。按其出入脑的头尾侧顺序，通常用罗马字表示：Ⅰ为嗅神经；Ⅱ为视神经；Ⅲ动眼神经；Ⅳ为滑车神经；Ⅴ为三叉神经；Ⅵ为展神经；Ⅶ为面神经；Ⅷ为前庭蜗神经；Ⅸ为舌咽神经；Ⅹ为迷走神经；Ⅺ为副神经；Ⅻ为舌下神经。

脑神经的纤维成分可分为以下4种，即躯体感觉纤维、内脏感觉纤维、躯体运动纤维和内脏运动纤维。躯体感觉纤维将头面部皮肤、口腔与鼻腔黏膜、视器与位听器感受的神经冲动，传入脑内的躯体感觉核；内脏感觉纤维将头、颈、胸腹部的脏器以及味蕾、嗅器感受的神经冲动，传入脑内的内脏感觉核。躯体感觉和内脏感觉神经元大多为假单极神经元，它们的胞体在脑外聚集成神经节，其周围突与感受器相连，中枢突入脑终止于脑干感觉核。躯体运动纤维起自脑干内的躯体运动核，其轴突组成躯体运动纤维，分布于眼肌、舌肌、咽喉肌、面肌、咀嚼肌等。内脏运动纤维为副交感纤维，始于脑干内副交感核，由核发出节前纤维至副交感节内换神经元；节后纤维分布于头、颈、胸、腹部脏器，控制心肌、平滑肌和腺体的活动。节前神经元和节后神经元胞体分别位于副交感核和副交感神经节，其轴突分别称为节前纤维和节后纤维。

2. 脊神经

脊神经共31对，借前根和后根与脊髓相连。前根属运动性，由脊髓灰质前角和侧角及骶副交感核的运动神经元轴突组成。前角细胞的轴突分布于骨骼肌；侧角骶副交感核细胞的轴突分布于内脏、心血管及腺体。后根属感觉性，由位于脊神经节内假单极神经元的中枢突组成，周围突分布于皮肤、肌肉、肌腱、关节、内脏、心血管和腺体。

由前后根合并成的脊神经经椎间孔出椎管（第1颈神经经寰椎与枕骨大孔之间出椎管，骶神经和尾神经经骶前后孔及骶管裂孔出椎管）。在椎间孔附近，后根形成的膨大部分称脊神经节。在椎间孔，脊神经与其周围结构有着重要的毗邻关系。其前方与椎间盘和椎体相邻，后方有椎间关节。

脊神经包括8对颈神经、12对胸神经、5对腰神经、5对骶神经和1对尾神经。脊神经为混合性神经，含躯体感觉、躯体运动、内脏感觉和内脏运动四种纤维。脊神经出椎间孔后，立即分为前支、后支、脊膜支和交通支。

脊膜支较细，经椎间孔返回椎管后，分布于脊髓被膜、椎骨骨膜。

交通支是连接脊髓和交感干之间的细支。

后支较细，分为肌支和皮支。肌支分布于颈、背、腰、骶部深层肌肉；皮支分布于枕、颈、背、腰和骶部的皮肤。后支的分布具有明显的节段性。

前支粗大，分布于颈、胸、腹部及四肢的骨骼肌和皮肤。除胸神经的前支保持明显的节段性，其余前支分别交织成丛，由丛发出肌支和皮支。皮支大多穿过深筋膜达皮下，分布于相应区域内的皮肤；肌支支配所达的肌肉。不同的个体，肌支的数目存在差异，肌支数目越多，提示肌肉活动与神经中枢联系亦多，神经冲动传递能力愈强。此外，支配运动某一关节的肌支，通常也分支达该关节，称关节支。同一关节可接受不同神经丛或神经干发出的关节支，如腰丛的闭孔神经发出的关节支和骶丛坐骨神经干上发出的关节支，均分布于髋关节；股神经和胫神经的肌支都发出关节支，分布于膝关节。脊神经前支形成的神经丛有颈丛、臂丛、腰丛和骶丛。

颈丛：由第1～4颈神经的前支组成，位于颈椎两侧，胸锁乳突肌的深面。皮支位置表浅，分布于枕部、耳后部、颈部及肩部的皮肤；肌支分布于颈部深肌和膈。膈神经为混合性神经，其内的躯体运动纤维支配膈肌；内脏感觉纤维分布于胸膜和心包。膈神经受损时表现为膈肌瘫痪，腹式呼吸减弱，损伤严重时有窒息感。

臂丛：由第5～8颈神经前支和第1胸神经前支的大部分纤维组成，经锁骨后方进入腋窝，以内侧束、外侧束和后束围绕腋动脉。臂丛发出若干肌支，分别支配菱形肌、前锯肌、肩胛提肌、胸大肌、胸小肌、冈上肌、冈下肌和背阔肌等；关节支分布于肩关节。由各束发出较长的分支主要有：肌皮神经、正中神经、尺神经、桡神经、腋神经。

胸神经的前支：共12对，除第1对和第12对胸神经前支部分纤维分别纤维参加臂丛和腰丛外，其余胸神经的前支均不形成丛。第2第11对胸神经前支行于各自相应的肋间隙，称肋间神经。第12对胸神经的前支行于第12肋下方，称肋下神经。肋间神经和肋下神经的肌支，支配肋间内肌、肋间外肌、腹直肌、腹内外斜肌等。皮支分布于胸膜和腹膜的壁层、胸壁与腹壁的皮肤及乳房。

腰丛：由第12胸神经前支的一部分、第1～3腰神经前支和第4腰神经前支的一部分组成，位于腰椎两侧，腰大肌深面。由腰丛发出短的肌支，支配髂腰肌和腰方肌，较长的分支主要有：股神经、闭孔神经。

骶丛：由第4腰神经前支的一部分与第5腰神经合成腰干，向下与骶神经和尾神经前支共同组成。骶丛位于盆腔内，紧贴梨状肌的前面。由骶丛发出的肌支，分布于臀部、会阴、股后部、小腿及足部的皮肤。骶丛发出的肌支主要有：臀上神经、臀下神经、坐骨神经。

3. 内脏神经

内脏神经是指分布于内脏器官、心血管和腺体的神经，含有感觉纤维和运动纤维两种。其中内脏运动神经因其是调节内脏、心血管的运动和腺体的分泌，通常不受人的意志控制，故亦称自主神经。又因其不支配动物所特有的骨骼肌，主要是控制和调节动、植物所共有的新陈代谢，故又称植物性神经。与躯体神经相比，内脏感觉神经与躯体感觉神经在结构和功能上大致相同，但内脏感觉神经比较模糊。而内脏运动神经则有其特点，故叙述如下。

根据其结构和功能特点，内脏运动神经分为交感神经和副交感神经两种。

交感神经的结构：交感神经的低级中枢位于脊髓胸1～腰3节段的中间带外侧核（或侧角）内，所以交感神经亦在植物性神经的胸腰部。交感神经的周围部位包括交感神经节和神经丛。

交感神经节因位置不同，分为椎前节和椎旁节。椎前节位于脊柱前方，如腹腔神经节；椎旁节位于脊柱两旁，每侧椎旁借节间支连成左右两条交感干。交感干呈串珠样结构，上达颅底，下至尾骨。组成交感干的神经节（椎旁节）有19～24对：即颈部3对，分别是颈上、颈中、颈下节；胸部10～12对；腰部3～5对；骶部有2～3对；尾部是单节，左右交感干在尾骨前合并连于此节。

交感干神经节借交通支与邻近相应的脊神经相联系。交通支分白交通支和灰交通支。白交通支主要由具有髓鞘的节前纤维组成，呈白色，故称白交通支。其内含有胸1～腰3节段的脊髓侧角细胞发出的轴突，此轴突经前根、脊神经、白交通支进入神经节。白交通支进入交感干后有3种去向：终止于相应的交感干神经节；在交感干中上行或下行一段，然后终止于上方或下方的交感干神经节；穿过交感干神经节，终止于椎前节。到达上述神经节后便换神经元。换元前的神经纤维称节前纤维；换元后的神经纤维称节后纤维。灰交通支内含节后纤维，即从交感干神经节内的神经元发出的纤维因无髓鞘，色灰暗，称灰交通支。灰交能支返回邻近的脊神经，构成脊神经的内脏运动纤维。

神经丛由交感干神经节发出的节后纤维，也有3种去向：以灰交通支返回脊神经，支配皮肤的血管、立毛肌和汗腺；形成脏支，直接分布到所支配的脏器。脏支多在脏器附近与副交感神经的分支交织成丛，如颈上、颈中、颈下神经节发出的心上、中、下神经参加组成心丛，分布到心肌，上5对胸交感节发出许多小的脏支，参加心丛、肺丛和食管丛等，骶部交感节发出的脏支参加骶丛，分布到盆腔脏器；攀附于动脉周围形成相应的神经丛，并随动脉分支到达所支配的器官。

副交感神经结构：副交感神经的低级中枢位于脑干的副交感神经核和脊髓骶部第2～4节段灰质的骶副交感核，在此发出的节前纤维至器官附近的器官旁节和器官壁内的器官内节，换元后发出节后纤维到达所支配的器官。根据低级中枢所在部位不同，副交感神经又分颅部和盆部。

颅部的副交感神经：副交感神经的节前神经元胞体在脑干内聚成四对副交感核，即中脑的动眼神经副核、脑桥的上泌涎核、延髓的下泌涎核、迷走神经背核。自中脑的动眼神经核发出的节前纤维，随动眼神经入眶后，终止于睫状神经节，换元后节后纤维穿入眼球，支配瞳孔括约肌和睫状肌。自延髓的迷走神经背核发出的节前纤维，到达所支配器官的器官内节换元，换元后的节后纤维分布于胸腹腔脏器（除降结肠、乙状结肠及盆腔脏器外）的平滑肌、心肌和腺体。自脑桥上泌涎核和延髓下泌涎核分别发出的节前纤维随面神经和舌咽神经到达相应的副交感神经节，节后纤维分别分布于泪腺和唾液腺。

盆部副交感神经：其节前纤维起自骶髓2～4节段内的骶副交感核，随骶神经出骶前孔，加入盆丛，其分支到达所支配器官的器官旁节或器官内节，换元后节后纤维支配结肠左曲以下的消化管和盆腔脏器的平滑肌和腺体。

(三) 传导路

人体接受内外环境的各种传入信息，除作出简单的反射应答外，还有许多传入信息可上升到意识阶段，如某些感觉冲动由感受器发出经周围神经传入中枢，又几经神经元中继，最后传递到大脑皮质，引起一定的感觉。这种由感受器至大脑皮质有多次突触连接的神经元链称感觉传导路。大脑皮质经过分析综合，又发出神经冲动，经其下行纤维，直接或经过中继终止于脑干或脊髓的运动神经元，再经周围神经传到效应器，引起反应活动。这种由大脑皮质至效应器的神经元链称运动传导路。传导路实际上是复杂反射弧中的传入或传出部分。

1. 感觉传导路

亦称上行传导路，分本体感觉传导路、一般感觉传导路和特殊感觉传导路。

（1）本体感觉传导路　本体感觉传导路是指肌腹、肌腱、关节等结构在运动或静止时产生的感觉（如人体在闭眼时能感知身体各部的位置）。因其位置较深，亦称深部感觉。另外，此传导路还传导皮肤的精细触觉（如辨别两点距离和物体纹理粗细等）。

意识性本体感觉传导路由三级神经元组成。第1级神经元胞体在脊神经节内，其周围突分布于肌腹、肌腱、关节等处深部感受器和皮肤的精细触觉感受器。中枢突经脊神经入脊髓的后索直接上行。来自下肢和躯干下部的纤维组成薄束，来自上肢和躯干上部的纤维组成楔束，两束上行到延髓，分别止于薄束核和楔束核。第2级神经元的胞体在薄束核和楔束核内。由此二核发出的纤维向前绕过中央灰质的腹侧左右交叉，交叉后的纤维上行称内侧丘系，经脑桥、中脑，止于背侧丘脑外侧核。第3级神经元胞体在背侧丘脑外侧核，发出纤维经内囊，投射到大脑皮质中央后回中、上部和中央旁小叶后部。

若损伤脊髓中此通路，由表现为患者闭眼时不能确定同侧关节的位置和运动方向、身体摇晃易倾倒，同时还丧失精细触觉。

头面部的本体感觉传导路径尚不明了。

非意识性本体感觉传导路，此为传入小脑的本体感觉传导路，实际上是反射通路中的上行部分。由两级神经元组成。第1级神经元胞体在脊神经节内，其周围突分布于肌腹、肌腱、关节的本体感受器，中枢突经脊神经后根入脊髓，终止于脊髓第Ⅴ～Ⅶ层外侧部。第2级神经元胞体在脊髓第Ⅴ～Ⅶ层外侧部，其轴突组成脊髓小脑后束和脊髓小脑前束上行，分别经小脑下脚和小脑上脚进入小脑皮质。

（2）一般感觉传导路　一般感觉传导路是传导来自皮肤的痛觉、温度觉、压觉和粗略觉等神经冲动，故亦称浅感觉传导路。由3级神经元组成。

躯干和四肢的一般感觉传导路：第1级神经元胞体在脊神经节，其周围突分布于躯干、四肢皮肤内的感受器；中枢突经后根进入脊髓，终止于第2级神经元。第2级神经元主要位于第Ⅰ、Ⅳ、Ⅴ层（或后角），其轴突经中央管前方交叉到对侧，组成脊髓丘脑束，其分为脊髓丘脑侧束（传导痛、温度觉）和脊髓丘脑前束（传导触觉）。脊髓丘脑束上行经脑干，终止于背侧丘脑外侧核。第3级神经元胞体在背侧丘脑外侧核，其轴突经内囊，投射到中央后回中、上部和中央旁小叶的后部。若在脊髓损伤脊髓丘脑束，对侧伤面1～2节段以下痛、温度觉消失；若在脊髓以上损伤通路，将出现整个对侧躯干和上下肢感觉障碍。

头面部的一般感觉传导路：第1级神经元胞体在三叉神经节，其周围突经三叉神经分布于头面部皮肤及口、鼻腔黏膜的有关感受器；中枢突经三叉神经根入脑桥，传导痛、温度觉的纤维终止于三叉神经脊束核；传导触觉的纤维终止于三叉神经脑桥核。第2级神经元的胞体在三叉神经脊束核和脑桥核内，由此二核发出纤维交叉到对侧，组成三叉丘系，止于背侧丘脑外侧核。第3级神经元胞体在背侧丘脑外侧核，发出纤维经内囊，投射到中央后回下部。若损伤三叉丘系以上部分，则导致对侧头面部痛、温度觉和触觉障碍；若损伤三叉丘系以下部分，则表现为同侧头面部痛、温度觉和触觉发生障碍。

(3) 视觉传导路和瞳孔对光反射通路

①视觉传导路：此传导路由3级神经元组成。在眼球视网膜内的视锥细胞和视杆细胞为光感受器细胞。双极细胞为传导路中第1级神经元，其周围突同光感受器细胞发生联系，中枢突与节细胞形成突触。第2级神经元为节细胞，其轴突在视神经盘处集合穿出眼球壁形成视神经。视神经入颅腔，形成视交叉。在视交叉中，来自两眼视网膜鼻侧半的纤维交叉，交叉后加入对侧视束；来自视网膜颞侧半的纤维不交叉，进入同侧视束。视交叉后的纤维组成视束，左侧视束内含有来自两眼视网膜左侧半的纤维，右侧视束内含有来自两眼视网膜右侧半的纤维。视束绕大脑脚向后，主要终止于外侧膝状体核。第3级神经元胞体在外侧膝状体核，其轴突组成视辐射，经内囊，投射到枕叶距状沟两侧的视区。

②瞳孔对光反射通路：光照一侧瞳孔，引起双侧瞳孔缩小的反应称为瞳孔对光反射。其中光照一侧眼的反应称直接对光反射，未光照一侧也能发生反应称间接对光反射。对光反射通路是由视网膜起始，经视神经、视交叉和两则视束，再到达顶盖前区（位于上丘与间脑交界处的小区域灰质），此区发出的纤维止于两侧的动眼神经副核，动眼神经副核的轴突（副交感节前纤维）经动眼神经到睫状神经节更换神经元，节后纤维支配瞳孔括约肌，引起双侧瞳孔缩小。

③听觉传导路：由4级神经元组成。第1级神经元为内耳蜗神经节的双极细胞，其周围突分布于螺旋器，中枢突组成第Ⅷ对前庭蜗神经中的蜗神经根，在延髓脑桥沟入脑止于蜗神经核。第2级神经元胞体在蜗神经核，由此发出纤维大部分在脑桥内经斜方体交叉至对侧，然后折向上行，称外侧丘系。少数不交叉的纤维进入同侧的外侧丘系。外侧丘系的纤维大部分止于下丘（少数纤维可直接终止于内侧膝状体）。第3级神经元胞体在中脑下丘核，其纤维经下丘臂止于内侧膝状体核。第4级神经元胞体在内侧膝状体核，发出纤维组成听辐射，经内囊投射到大脑皮质颞横回的听区。由于外侧丘系传递左右两耳来的听觉信息，所以一侧外侧丘系及其以上的听觉传导通路受损，不会引起明显的听觉障碍；若损伤蜗神经或蜗神经核或内耳，则引起患侧听觉障碍。

平衡觉传导路：亦称前庭传导路，传导平衡觉的第1级神经元是前庭的双极细胞，其周围突分布于内耳半规管的壶腹嵴、球囊斑和椭圆囊斑；中枢突组成前庭神经，与蜗神经一道入脑桥，止于前庭神经核群。第2级神经元胞体在前庭神经诸核，由此发出纤维分布较广。有部分纤维止于动眼、滑车、展、副神经核和颈髓上段前角细胞，完成转眼、转头的协调运动。有部分纤维组成前庭脊髓束向下行，完成躯干、四肢的姿势反射。又有部分纤维经小脑下脚入小脑，参与平衡调节。还有部分纤维与脑干网状结构、迷走神经背核及疑核联系，故当平衡觉传导路或前庭器受刺激时，可引起眩晕、呕吐、恶心等症状。

2. 运动传导路

亦称下行传导路，是大脑皮质对躯体运动调节的传导路，分为锥体系和锥体外系两部分。虽锥体系和锥体外系功能有所不同，但两者是互相协调、互相配合的。两者共同作用，才能完成各项复杂的随意运动。

(1) 锥体系　锥体系是控制人体骨骼肌随意运动的主要传导路。由上下两级运动神经元组成。上神经元主要是位于大脑皮质躯体运动区的锥体细胞。这些细胞的轴突组成下行的锥体束，其中下行至脊髓的纤维称皮质脊髓束；止于脑神经运动核的纤维称皮质核束。下神经元胞体位于脑干或脊髓内，它们的轴突分别是经脑神经或脊神经支配头面部、躯干和四肢骨骼肌的随意运动。

①皮质脊髓束：由中央前回上、中部和中央旁小叶前部等处皮质的锥体细胞轴突集合而成，下行经内囊、大脑脚、脑桥和延髓，在延髓腹侧部纤维聚集为锥体。在锥体下端，75%~90%的纤维交叉至对侧，组成皮质脊髓侧束，在脊髓外侧索内下行，纤维陆续止于同侧前角神经元，支配四肢骨骼肌。小部分纤维不交叉，称皮质脊髓前束，在脊髓前索中下行，该束仅达胸节，其中部分纤维陆续交叉至对侧止于前角神经元，支配躯干和四肢骨骼肌的运动；前束中还有部分纤维始终不交叉而止于同侧脊髓前角细胞，支配躯干肌。所以躯干肌是受两侧大脑皮质支配的。一侧皮质脊髓束受损，主要引起对侧肢体瘫痪，躯干肌运动没有明显影响。

②皮质核束：主要由中央前回下部的锥体细胞的轴突集合而成，下行经内囊、脑干，沿途发出纤维止于脑干的脑神经运动核。脑神经运动核的细胞发出轴突构成脑神经的躯体运动纤维，分布于头面部的骨骼肌。除支配脸面下部肌肉的面神经核和舌下神经核为单侧支配外，其他脑神经运动核均接受双侧皮质核束的纤维。

(2) 锥体外系　锥体外与躯体运动有关的传导路统称为锥体外系，其结构十分复杂。主要功能是调节肌张力、协调肌肉活动、维持体态姿势和进行习惯性动作，如走路时双臂自然协调地摆动等。锥体外系主要包括皮质—纹状体系和皮质—脑桥—小脑系两个系统。

皮质—纹状体系：自大脑皮质（额叶和顶叶）发出纤维直接或间接地止于新纹状体（尾状核和壳核），由此发出纤维止于苍白球，由苍白球发出纤维分别止于红核、黑质和脑干网状结构等。再由红核和网状结构分别发出纤维组成红核脊髓束、网状脊髓束下行止于脊前角神经元，管理骨骼肌运动。

皮质—脑桥—小脑系：自大脑皮质额叶、颞叶发出的纤维组成额桥束和枕颞桥束，两束下行经内囊入脑桥，止于同侧脑桥核。由脑桥核发出纤维越过中线经对侧小脑中脚入小脑，止于小脑皮质。小脑皮质发出纤维至同侧齿状核，由齿状核发出纤维经小脑上脚到对侧的红核。红核发出纤维交叉下行组成红核脊髓束，最后止于脊髓前角神经元。

总之大脑皮质对躯体运动的管理是通过锥体系和锥体外系两种传导路而实现的，锥体系和锥体外系在运动功能上是密切联系，不可分割的。只有在锥系外系使肌张力保持适度稳定的前提下，锥体系才能做些精细的随间运动如传球、投篮等。而锥体外系也离不开锥体系。两者在机能上互相协调、相互依存共同完成各种复杂的随意运动。

（四）体育运动对神经系统的影响

人体在进行体育运动时，是各器官、系统相互协调地进行的功能活动的结果，而这种功能活动是受到神经系统支配和调节的。因此，体育运动要求各器官、系统的生理活动更加密切地配合，这样就会加强对神经系统的锻炼，促进神经系统的功能进一步完善。

经过长期体育锻炼的人，不仅肌肉发达、收缩有力，而且神经系统的功能也得到加强，因而使动作的速度、灵活性和对各种外界刺激的适应能力等都得到了明显的提高。体育运动对提高神经系统的耐久力有很大的促进作用，特别是中、长跑和足球等一些耐力性较强的运动项目。耐力好的人能够坚持较长时间的工作、学习，精力充沛、头脑清醒，并且效率高。

此外，参加体育运动还能促进新陈代谢，从而改善脑的营养，使脑的功能增强，思维和记忆能力都能得到发展。

七、循环系统

循环系统由心脏和血管组成，其作用是使血液在血管里不断循环流动，将消化器官吸取的营养物质和从肺部吸入的氧气供给全身各器官和组织细胞，进行新陈代谢，然后将组织细胞在代谢过程中产生的二氧化碳、水及代谢产物等从肺、肾、皮肤等排出体外，以维护人体生命功能的活力。血管分为动脉、静脉和毛细血管三类。心脏和这些血管构成一个封闭的管道，布满全身。整个循环系统包括体循环和肺循环两部分，使全身的血液无休止地流动。

体循环也称为大循环，是经过身体大部分的循环途径，心脏收缩时，左心室的血液被输送到主动脉，通过诸多的动脉，分布到全身各部直至微细动脉，最后至毛细血管，再流入全身各部的小静脉，渐渐合为大静脉，再逐步汇集到右心房。肺循环也称小循环，在心脏收缩时，右心室将血液射出到肺动脉，到达肺毛细管后，在肺内放出二氧化碳；肺同时吸入新鲜氧气，从而使静脉血变成动脉血，经肺静脉回到左心房、左心室。

（一）血管

1. 动脉

根据血管腔的大小，动脉可分为大、中、小三种动脉。根据管壁的结构根据血管腔的大小，动脉可分为大、中、小三种动脉。根据管壁的结构一般分为内、中、外膜三层。

（1）内膜 内膜是最薄的一层，主要是由单层扁平上皮细胞构成。表面光滑，利于血液运行。内皮下层为薄层的疏松结缔组织，具有缓冲与联系深层组织的功能，如遇内皮细胞损伤，该层有修补功能，在内膜分界处有一层弹性纤维，对血管的舒缩有较大作用。

（2）中膜 中膜是最厚的一层，主要由环行平滑肌组成。平滑肌细胞中间夹有弹性纤维。大动脉管壁内含弹力纤维较多,有弹性,故可缓解心脏射血时的压力;在心脏舒张时,由于弹性纤维的回缩,促进血液继续向前流动运行。小动脉壁内以平滑肌为主,当平滑肌收缩时,可改变小动脉的管径,从而影响、改变局部的血液流量和血流阻力。当其收缩时,管径变小,血液不易流到毛细血管中,从而使动脉中血液量增加;当其舒张时,血液就通畅地流到毛细血管内。

(3) 外膜 外膜主要由纤维结缔组织构成。大动脉外膜胶原纤维很多,有较大的抗张力功能,以防止血管过度扩张,使大动脉中的血压维持在一定范围。

动脉血里含有氧气多,血液鲜红。行走体表的动脉如桡、肱、股、足背等浅动脉其搏动可以摸到。其余在躯干、四肢深部行走。

2. 静脉

静脉的管壁比动脉管壁薄,管径较大。管壁也分内、中、外膜三层。外膜比较发达,中膜弹性纤维、平滑肌都比动脉少。管壁内有由内膜形成的静脉瓣,防止血液的逆流。当血液向心流动时,瓣膜被压而贴附于管壁内面,如血液逆流,瓣膜即被血充满而张开,使管腔暂时关闭,从而制止血液的逆流。

静脉分为深、浅静脉。浅静脉在皮肤下能够看到,即人们通常所说的"表筋"。上下肢的浅静脉在医疗时常用于抽血、静脉注射、输血、输液等。头颈部和上肢静脉血汇合到上腔静脉,躯干、下肢的静脉血汇集到下腔静脉。腹腔、胃、肠、胰、脾器官的静脉汇合成门静脉,入肝脏,通过肝静脉流出肝脏而进入下腔静脉,胃肠道吸收的营养物质经过门静脉,进入肝脏,在肝脏内对营养物质进行处理加工,由肝静脉流入下腔静脉,再经过心脏的搏动和动脉的输送而分布全身。

3. 毛细血管

毛细血管壁薄,由单层内皮细胞构成,分布全身各器官组织中。管径极小,故血流较慢,血液通过毛细血管壁与组织间进行物质交换。

(二) 肺循环

肺循环的血管包括肺动脉和肺静脉,是肺的功能血管,主要功能是完成气体交换。

肺动脉:肺动脉干自右心室发出,分为左、右肺动脉。左肺动脉分两支进入左肺上、下叶。右肺动脉分两支进入右肺。左、右肺动脉在肺里逐级分支,最后形成毛细血管网包绕肺泡。

肺静脉:肺毛细血管包绕肺泡后,又逐渐汇合成小静脉,最后集合成左右各二条肺静脉,进入左心房。

(三) 体循环

1. 体循环的动脉

主动脉及其分段:主动脉是体循环动脉的主干,起自左心室,全长分主动脉升部、主动脉弓和主动脉降部3段。

主动脉升部起于左心室,斜向右前上方至右侧第2胸肋关节的后方,延续为主动脉弓。在主动脉升部起始处发出左、右冠状动脉,营养心。

主动脉弓位于胸骨柄后方,呈弓形变向左后方至第4胸椎水平处,延续为主动脉降部。从主动脉弓发出三大分支，自右至左，为头臂干、左颈总动脉和左锁骨下动脉。头臂干很短，在右胸锁关节的后方又分为右颈总动脉和右锁骨下动脉。

主动脉降部在第4胸椎左侧沿脊柱下降至第12胸椎水平穿过膈肌主动脉裂孔入腹腔，下行至第4腰椎平面，分为左、右髂总动脉。其在胸腔一段称主动脉胸部，分支出肋间后动脉、支气管动脉，主要营养胸壁和胸腔器官。在腹腔一段称主动脉腹部，分支出腹腔干、肾动脉、肠系膜上动脉及肠系膜下动脉，主要营养腹壁和腹腔器官。

2. 全身各部位的动脉

（1）头颈部动脉　主干是颈总动脉和锁骨下动脉。

颈总动脉经胸廓上口至颈部，沿胸锁乳突肌的深面上行到甲状软骨上缘平齐处，分为颈内动脉和颈外动脉。

颈内动脉向上至颅底进入颅腔。分支主要营养脑和视器。颈外动脉主要分布于颅腔以外的头颈各器官和软组织，营养头面部颈部等。

在颈总动脉分叉处的后方有一个扁椭圆形的小体，称颈动脉球，它由特殊的细胞构成，是化学感受器，有丰富的血管和感觉神经末梢，能感受血液中化学成分的变化。当血液中二氧化碳浓度升高时，可反射性地调节呼吸运动，使呼吸加深、加快。

在颈总动脉末端和颈内动脉的起始处，管腔稍显膨大，称颈动脉窦。其管腔外膜增厚，富于弹性纤维并含有特殊的感觉神经末梢，它是压力感受器，能反射性地调节血压。当血压升高时，引起心跳减慢、末梢血管扩张，以降低血压。

锁骨下动脉是一对较粗大的动脉，其移行分支为腋动脉。锁骨下动脉主要分支有甲状颈干、椎动脉和胸廓内动脉等，主要营养脑、甲状腺、喉、气管、食道、心包、膈及乳房等。

（2）上肢动脉　主要有腋动脉、肱动脉、桡动脉和尺动脉等，营养上肢。

（3）盆部和下肢动脉　在第4腰椎平面由主动脉腹部分出左、右髂总动脉。髂总动脉向下斜行至骶髂关节处，分为髂内动脉和髂外动脉。

髂内动脉短粗，在盆腔内发出壁支和脏支，分布于全部盆壁和盆腔内的脏器，营养相应的器官。

髂外动脉是输送血液到下肢的主干，向下移行为股动脉、腘动脉、胫前动脉和胫后动脉等，分别营养下肢部。

3. 体循环的静脉

体循环的静脉分深浅两种。浅静脉分布于皮下组织内，又名皮下静脉；深静脉多与同名动脉伴行。有的动脉有两条同名深静脉伴行。

体循环的静脉包括心静脉、上腔静脉和下腔静脉，分别进入右心房。

上腔静脉由收集头颈部、脑及上肢静脉血的各静脉组成，主干是上腔静脉，最后注入右心房。

下腔静脉由收集胸腹部、盆部及下肢静脉血的各静脉组成，主干是下腔静脉，最后注入右心房。

（四）体育运动对循环系统的影响

经常运动的青少年，其心脏直径的平均尺寸比一般不参加体育锻炼的青少年的大。

心脏的运动性肥大是一种正常的生理现象，说明它有极大的潜在收缩力量。一般经过几个月以上的系统体育锻炼，心脏就逐渐出现肥大趋向，如果长时间地停止锻炼，心脏的运动性肥大也会逐渐消失。

运动员和非运动员在进行同种程度运动量不大的活动时，运动员心跳频率增加不多，而非运动员却显著增加。在进行最大强度运动时，运动员心跳频率每分钟能增加到200～220次，而缺乏锻炼的人，当心跳达到每分钟180次时，就已不能很好地耐受，会发生面色苍白、恶心、呕吐等。经常运动能增加心脏输血机能的潜在储备力量。

显然，运动员输血机能的储备力量比一般人要大得多。心脏每分钟最大输血量是影响肌肉活动获得氧气多少的主要因素，因此要保持心脏长久跳动有力，提高工作效率。

八、淋巴系统

淋巴系统由各级淋巴管道、淋巴器官和淋巴组织组成。

淋巴管道包括毛细淋巴管、淋巴管、淋巴干和淋巴导管。管内含有淋巴，淋巴产生于组织液。组织液与组织细胞进行物质交换后，大部分在毛细血管静脉端被吸收入静脉，少部分进入盲端的毛细淋巴管成为淋巴。淋巴沿淋巴管向心流动，沿途经淋巴结，最后归入静脉，故淋巴管是协助体液回流的路径，可视为静脉的辅助管道。

淋巴器官包括淋巴结、扁桃体、脾、胸腺等。淋巴器官具有产生淋巴细胞、浆细胞、滤过淋巴，参与免疫反应等功能，是身体重要的防御装置。

淋巴组织与邻近组织没有明显的界线，除了参与淋巴器官的构成外，在人体内广泛分布，如消化道、呼吸道及尿道等部位。

（一）淋巴管道的构造与分布

1. 毛细淋巴管

毛细淋巴管是淋巴管的起始部分，由稍膨大的盲端起于组织间隙内，并在组织中形成复杂的吻合，与毛细血管彼此相邻，但不相通，形态相似，管径较毛细血管粗，管壁由单层内皮细胞构成，内皮细胞外面没有基膜，因此比毛细血管通透性大，大分子物质（如细菌、异物等）更易进入。小肠绒毛内的毛细淋巴管可吸收脂肪微粒，管内淋巴液呈乳白色，特称乳糜管。

毛细淋巴管在体内分布很不平均，在身体的内外表层最丰富，而在肌肉、关节、骨内很少，在中枢神经系统、脑膜、角膜、晶状体、内耳、上皮、软骨、脾脏等处没有毛细淋巴管。

2. 淋巴管

淋巴管由毛细淋巴管汇合而成，随着淋巴管口径的逐渐增粗，管壁也逐渐增厚，并出现有结缔组织、弹性纤维和平滑肌，结构与静脉相似但较薄。在较大淋巴管内也有成对的瓣膜，瓣膜较静脉多，特别是在淋巴回流困难的部分。几瓣膜存在的部分，其壁多成球形扩大，使淋巴管出现念珠状的外观。

淋巴管分浅、深淋巴管两种。深层淋巴管与血管伴行，故淋巴的回流，除淋巴管本身具有一定的弹性外，还借助于邻近组织的挤压来维持。

3. 淋巴干

全身各部的浅、深淋巴管穿过相应的淋巴结，最后汇合成为一些较大的淋巴干，共有9条，即左腰干、右腰干收集下肢、骨盆、部分腹壁和腹腔内成对内脏器官的淋巴。肠干有一条，收集腹腔内胃、肠、肝、胰等消化器官的淋巴。左支气管纵隔干、右支气管纵隔干收集部分胸、腹腔及胸腔脏器的淋巴。左锁骨下干、右锁骨下干收集上肢、部分胸、腹壁、乳房、背部浅层的淋巴。左、右颈干收集头、颈的淋巴。

4. 淋巴导管

9条淋巴干汇入两条淋巴导管，分别称为右淋巴导管和胸导管。

（1）胸导管　胸导管是全身最大的淋巴管道，长30~40cm，起始于第一腰椎前面，由左、右腰干和单独的肠干汇合而成，此处呈囊状膨大，长5~7cm，称乳糜池。胸导管沿脊柱的前面上行穿膈肌进入胸腔，到第4、第5胸椎水平处转向左侧，经胸廓上口到颈根部，注入左静脉角。在注入静脉角之前，沿途收纳左颈干、左锁骨下干和左支气管纵隔干回流的淋巴。

（2）右淋巴导管　右淋巴导管末端汇入右静脉角，仅长1~2cm，由右颈淋巴干、右锁骨下淋巴干和右支气管纵隔干汇合而成，右淋巴导管收纳右侧上半身的淋巴。

（二）淋巴结和脾

1. 淋巴结

（1）淋巴结的结构　淋巴结新鲜时呈灰红色、质软、大小不，圆形或椭圆形。淋巴结一侧隆凸，另一侧凹陷，凹陷处称淋巴结门，为淋巴结的神经、脉管出入处。与凸侧相连的淋巴管称输入管，与凹侧相连的是输出管，输出管少于输入管，一淋巴结的输出管可为另一淋巴管的输入管。

淋巴结分为被膜和实质两部分，淋巴结外面包以薄层致密结缔组织被膜，从被膜发出许多中隔或小梁伸入淋巴结的实质内，把实质不完全地分割成许多部分。实质内靠近外周的部分称皮质，由淋巴窦和淋巴小结组成，淋巴小结的中央染色较浅，常见细胞分裂增殖现象，能产生淋巴细胞，故称生发中心。实质的中央为髓质，由淋巴窦和髓索组成。皮质和髓质之间无明显的界线。在淋巴结内，无论皮质或髓质，凡是淋巴循行的通道都称淋巴窦并深入整个淋巴结。在淋巴结的输入管口和输出管口处均有瓣膜，保证淋巴向一定的方向流动。

（2）淋巴结的分布　淋巴结大多成群分布，它是淋巴管行进途中所通过的淋巴器官，淋巴管可经过一个或数个淋巴结，然后注入淋巴干或淋巴导管。全身淋巴结群集在一定部位，收纳邻近器官或一定部位的淋巴回流。淋巴结群体内的分布很广泛并有一定的规律，一般浅部的常位于凹陷陷藏之处，深部的内脏淋巴结多位于器官附近。主要分布在脉管分叉、躯体和关节的凹陷处淋巴回流的通路上，大多根据其所在部位和器官命名，如腋下淋巴结、腹股沟淋巴结、腹腔淋巴结等。成人的淋巴结总数为300~500个，年龄与个体之间有差异。全身主要淋巴结群有：头颈部的淋巴结群、上肢的淋巴结群、胸部淋巴结群、腹部淋巴结群、盆部淋巴结群、下肢淋巴结群。

2. 脾

（1）脾的形态位置　脾是一个重要的淋巴器官，为卵圆形，长约12cm，呈紫红色，质软而易破损，大小视容量而异，成人100~200g。脾位于胃底与膈之间，长轴和第10肋一致，受第9~11肋的保护，位置相当于左肋区外侧。正常脾在肋弓下不能触及。脾的内侧面有脾门，在脾门处有血管出入。

（2）脾的功能　脾位于血流通路上，为脾动脉上的一个大的血液滤过器和贮藏所，与淋巴结功能有相似之处。脾能制造淋巴细胞和浆细胞，并产生抗体参与体内免疫反应；脾能吞噬死亡和衰老的红细胞、细菌，清除血液中的异物。此外，脾大量贮存红细胞，当机体需要时脾脏收缩，将它们排出，加入全身血液循环；胚胎时尚有造血功能。

九、内分泌系统

（一）概述

内分泌系统是人体内神经系统支配下的另一个重要的机能调节系统。内分泌腺又称为内分泌器官，位于人体的不同部位，它们之间在形态和结构上没有关联，但在功能上却是相互依存和相互制约的。

1. 内分泌腺的结构特点

（1）内分泌腺没有输出导管，故又称为无管腺，其分泌物为激素。激素直接进入淋巴和血液。

（2）内分泌腺的细胞均属于腺上皮细胞，它们大多数排列成索状或团块状，少数为囊泡状。内分泌腺散在分布于体内，相互间不相连接。

（3）内分泌腺细胞之间有丰富的毛细血管和毛细淋巴管，血供丰富。

2. 内分泌系统的主要功能

内分泌系统和神经系统均是在大脑统一指挥下的两个协同调节系统，共同调节人体的新陈代谢、生长、发育和生殖等生理功能活动，以保持机体内环境的平衡和稳定。但其作用方式却不同：神经系统靠神经传导，其特点是快速和灵敏；内分泌系统靠激素通过体液调节方式起作用，其特点是作用广泛和持久。

（二）内分泌腺与内分泌组织

内分泌系统可以分为内分泌腺和内分泌组织两部分。内分泌腺是指独立存在、肉眼可见的腺体，包括甲状腺、甲状旁腺、胸腺、肾上腺、松果体等。内分泌组织是指一些分散在其他器官组织中一些腺组织或腺细胞，如胰腺内的胰岛和睾丸内的间质细胞等。

内分泌腺是一种无管腺，分泌活性物质——激素。激素由腺细胞释放入毛细血管和毛细淋巴管。激素进入血液和淋巴后，随血液循环运送到全身各器官和组织，从而发挥其生理作用。

1. 脑垂体

脑垂体又称为垂体或脑下垂体，是人体内最重要的内分泌腺。它位于颅底中部蝶骨上面的垂体窝内，其上端借垂体柄与丘脑下部相连，为灰红色的椭圆或圆形小体，重约0.6g。它可分为前叶的腺垂体和后叶的神经垂体。腺垂体分泌多种激素，主要有生长素、催乳素和促黑素细胞激素等促激素。神经垂体无分泌功能，只是一个储存激素的场所，如丘脑下部分泌的抗利尿激素和催产素。

2. 松果体

松果体又称为脑上腺，位于丘脑后上方，为一松果状的小体，呈淡黄色，重约0.2g。它的大小与年龄有关，在儿童时较发达，以后逐渐萎缩并有钙盐沉着，通常可在X线片上见到。松果体分泌的激素调节代谢与其他一些内分泌腺的作用有关，特别是与抑制性腺的发育有关。如在儿童时期松果体遭到破坏，则可出现早熟的现象。

3. 甲状腺

甲状腺是人体内最大的内分泌腺，重为20~40g，呈"H"形，位于颈前甲状软骨中部和气管上端的前面及两侧，由左、右两个侧叶及中间连接的峡部组成。甲状腺分泌甲状腺素，能增进机体的物质代谢，促进机体的生长和发育。如甲状腺分泌功能低下时，小儿骨骼和脑的发育停滞，身材矮小，智力低下，一般称为"呆小症"；成人则可以出现黏液性水肿。若甲状腺分泌功能过于旺盛，可以引起突眼性甲状腺肿，简称为"甲亢"，表现为心跳过速、神经过敏、体重减轻和眼球突出等。

4. 甲状旁腺

甲状旁腺位于甲状腺两侧叶的后缘，是卵圆形小体，形似黄豆，呈黄棕色，重约0.3g，通常有两对，上下各一对。甲状旁腺分泌甲状旁腺素，主要功能为调节体内钙、磷代谢，维持血钙的正常水平。如甲状旁腺分泌功能低下时，表现为血钙下降，出现手足抽搐症。若功能亢进时，则会引起骨质过度的吸收，导致骨折的发生。

5. 胰岛

胰岛是胰的内分泌部，分散在胰腺腺泡之间，由大小不等、形状不定的细胞群组成。胰岛中主要有两种内分泌细胞。一种是A细胞，分泌胰高血糖素，促进糖原的分解，使血糖升高。另一种是B细胞，分泌胰岛素，促进糖原的合成和血糖的利用，维持正常的血糖水平。如果两种激素的分泌失调，则会导致糖代谢功能紊乱，产生糖尿病或低血糖症等。

6. 肾上腺

肾上腺位于肾的上方，左右各一，左侧近似半月形，右侧呈三角形，每个重约7g。肾上腺实质可分为内层的髓质和外层的皮质。皮质分泌的激素种类较多，主要有盐皮质激素，调节人体内水盐代谢；糖皮质激素，调节糖和蛋白质代谢；性激素，调节性机能和副性征。髓质主要分泌肾上腺素和去甲肾上腺素，作用和交感神经兴奋时的作用相似，如心跳较快、心收缩力加强和毛细血管平滑肌收缩等。因此，肾上腺髓质的机能状况对于运动员对体内、外环境的适应能力及运动技能的高低有重要的意义。

7. 性腺

性腺有男女之别。男性睾丸内的间质细胞分泌雄激素；女性卵巢内卵泡成熟过程中分泌雌激素，排卵后形成的黄体分泌孕激素。上述性激素都可刺激生殖器官发育，促进第二性征的出现。

（三）体育运动对内分泌系统的影响

影响儿童少年生长发育最突出的激素，是脑垂体分泌的生长激素。如果儿童少年时期生长激素分泌过多，可导致巨人症；分泌过少可导致侏儒症。睾酮也是一种与生长发育、身体运动密切相关的激素。

十、感觉器

（一）视器——眼

感受光线刺激并将之转变为神经冲动的器官即视器，也就是眼。这种冲动经视神经和脑内的视觉传导通路传到视觉中枢，产生视觉。视器由眼球和眼副器两部分组成。

1. 眼球

眼球是视器的主要组成部分，位于眼眶内，呈前部稍凸的球形，前有眼睑保护，周围借筋膜与眶壁相连，眶腔的后部充以眶脂体垫托眼球，后端借视神经连于间脑，周围有眼副器。眼球由眼球壁和屈光装置组成。

（1）眼球壁的构造 眼球壁分为三层：依次为外膜（纤维膜）、中膜（血管膜）、内膜（视网膜）。

（2）屈光装置 眼球的屈光装置是眼球内一系列的透明无血管的组织，光经过这些结构后，聚焦在视网膜上成为清晰的物像。这些结构包括角膜、房水、晶状体和玻璃体。

2. 眼副器

（1）眼睑；

（2）眼肌；

（3）泪腺。

（二）前庭蜗器——耳

前庭蜗器包括位觉（平衡）器和听觉器两部分，所以又称为位听器。虽然这两种感受器在机能上不同，但在结构位置上关系密切，总称为耳。耳包括外耳、中耳和内耳三部分。外耳和中耳是声波的传导装置，内耳是接受声波和位觉刺激的结构。

1. 外耳

外耳包括耳廓、外耳道和鼓膜三部分，具有收集和传导声波的功能。

2. 中耳

中耳位于颞骨岩部和颞骨乳突内，是传导声波的主要部分。它包括鼓室、咽鼓管和乳突小房三部分。

3. 内耳

内耳位于颞骨岩部，由骨密质构成的一系列复杂的曲管组成，又称迷路。迷路又可分为骨迷路和膜迷路两部分，骨迷路是颞骨岩部里的骨性弯曲隧道，膜迷路是位于骨迷路内的膜性小管和小囊。膜迷路是封闭的管和囊，内含内淋巴，膜迷路与骨迷路之间的间隙内有外淋巴。内、外淋巴互不相通。

骨迷路由骨密质构成，从前内向后外依次排列着耳蜗、前庭和骨半规管三部分。相应的膜迷路由前向后也分为三部分：即位于耳蜗内的蜗管，位于前庭内的球囊和椭圆囊，以及位于骨半规管内的膜半规管。

（三）体育运动对前庭器的影响

体育运动技术不断发展，可能提高机体平衡能力和判断能力。

人体在运动时本体感觉是形成各种运动技能的重要保证。长期从事球类运动的运动员，可以扩大人的视野和提高立体视觉的水平，眼肌抗疲劳能力较其他项目运动员强，晶状体较厚。

【思考题】
1. 人体基本结构构成及基本运动表述。
2. 运动对人体各组织器官具有何种影响？

第二节　运动生理学基础

一、儿童少年生理特点与体育运动

(一) 儿童少年生长发育

1. 生长发育及成熟的概念

一个人从出生到各组织器官完全发育成熟，成长为成人的过程称人体的成长过程。生长是指人体随着年龄的增长，机体内细胞繁殖、增大及细胞间质的增加，表现为组织、器官及身体形态和重量的变化，以及身体化学组成成分改变的过程。

发育是指各器官、组织、细胞形态的改变与功能逐渐完善的过程，包括心理、智力持续发展和运动技能不断获得和提高的过程。

成熟是指生长发育过程达到一个比较完备的阶段，标志着个体发育在形态、生理、心理方面全面达到成人阶段。例如，身高、体重达到一定水平，骨骼和牙齿的钙化基本完成，性发育也已成熟，性器官具备有繁殖后代的能力等。

在生长发育的过程中，不断需要养料来组成新的细胞，叫作同化作用，而老的细胞分解叫异化作用。儿童时期同化作用占优势，所以不断地生长和发育。成年时期同化和异化作用处于平衡状态。老年时期逐渐转变为异化作用占优势的状态，以致机体形态和功能逐渐衰退。

2. 儿童少年生长发育的一般规律

(1) 生长发育是由量变到质变的复杂过程　人体的生长发育是从婴儿、幼儿、少年、青年、成年到老年的完整过程。在生长过程中，不仅是身高、体重的增加，而且器官也在逐渐分化，功能也逐渐成熟。

儿童的生长发育由形态上的量变，构成整个身体的质变；在质变的过程中又发生量变，如肌肉体积的增大，使动作更加灵活，也增加了工作的速度与效率。但儿童不是成人的缩影，故在进行教育时，必须根据儿童少年生长发育的特点来考虑具体措施，不能脱离儿童的实际，以成人的标准来衡量与要求他们。

(2) 生长发育的连续性和阶段性　生长发育过程是连续的，而不是跳跃的。

在生长发育过程中，看不出朝夕的变化，但却表现出阶段性质的特点。生长发育在不同年龄阶段有不同特点，但各阶段间又是互相衔接、逐渐过渡的。

(3) 生长发育的不平衡性　儿童少年的生长发育，在不同时期发育的速度不一样，有时快、有时慢，呈波浪式发展。

在发育时期中，身体各部的生长并不是均等的，但又是互相联系与影响的。

(4) 身体各器官系统发育的不平衡　人体各器官系统的发育彼此也不平衡，有的早，有的晚。

3. 影响儿童少年生长发育的因素

(1) 营养　营养是生长发育的物质基础，儿童少年在迅速成长发育的阶段，必须由外界吸收足够的各种营养素，尤其是足够的热量和优质蛋白、足够的铁和钙、各种维生素，以及适宜的微量元素作为生长发育的物质基础。生长发育阶段要保证同化作用超过异化作用，必须有充分的营养物质供应。少年运动员处于生长发育阶段，体育锻炼、运动训练又要消耗较多的能量，因此，要特别注意营养物质的补充。除了要注意营养缺乏，营养过剩同样会影响身体的发育。

(2) 疾病。

(3) 气候和季节气温　一般说来，生活的热带和温带地区的儿童少年，性成熟期较早出现，身体发育水平略低一点；而生活在气温较低的寒冷地区的儿童少年，则性成熟期较晚一点，身体发育水平也略高一点。

在同一地区春、夏、秋、冬各个季节对发育也是有影响的。一般来说，春季身高增长最快，秋季体重增长最快。

(4) 社会因素　社会因素对儿童生长发育的影响是综合性的。其中，主要的决定因素是经济发展的情况，以及与之有关的营养、居住、医疗和体育等条件。在同样经济条件下，家庭中子女的多少对生长发育的影响很大。多子女的家庭，儿童的生长发育都会受到明显的影响。

环境污染也是影响儿童少年生长发育重要的社会因素，主要是噪声、中毒、感染和创伤等，尤以噪声危害严重，它使柯蒂氏器内听毛细胞受破坏，长期可致永久性损害。

家庭吸烟环境也严重影响儿童健康与发育。

食物污染及有害物质也会影响儿童少年的生长发育。

(5) 遗传因素　遗传对儿童少年生长发育的影响是肯定的。遗传不仅能预示子女的身高或体重，甚至在一定程度上决定着子女的体型等特性。当然，子女从父母那里得到的遗传素质各有不同，在生长发育上有很大的可塑性，无论在形态、功能、素质和心理方面也有所不同，这也说明后天因素促进生长发育的重要性。

(6) 体育锻炼

①运动对体格发育的影响；②运动对骨骼、肌肉系统发育的影响；③运动对呼吸系统的影响；④运动对肌力的影响；⑤运动对神经、内分泌和免疫机制的影响。

4. 生长发育年龄阶段的划分与青春发育期

(1) 年龄阶段的划分　根据生长发育的规律以及形态、生理和心理的特点，将儿童少年的年龄划分为以下几个时期。

婴儿期：从出生后 28 天至 1 岁；

幼儿期：2~3 岁；

学龄前儿童：4~6岁；

学龄儿童：7~12岁；

少年期：13~17岁；

青年期：18~25岁。

各年龄阶段之间并无明显界限，前一年龄段的发育为后一年龄段的发育奠定必要的基础。学龄儿童即通常所说的"儿童"，相当于小学时期。少年期相当于中学时期。从7岁到17岁总称为儿童少年时期，这是人体成长过程中的一个重要时期。

（2）青春发育期　青春发育期，即青春期，是由儿童少年时期过渡到成人的一个迅速发育的阶段，以生长突增为青春发育期开始的标志，以性成熟为结束。

①内分泌的变化：青春发育期的特征表现为一系列的形态、功能、内分泌及心理、智力和行为的突变，这一系列的变化是受人体内分泌腺活动的影响。

②形态、功能发育：形态指标包括身高、坐高、手长、上肢长、足长、小腿长、肩宽、盆宽、胸围、上臂围、大腿围、小腿围、体重。功能指标包括肺活量、拉力、握力、呼吸、脉搏、血压、红细胞、白细胞。

③性器官和性功能的发育：由于性的染色体不同决定性腺不同，因而有男女的性别，称为第一性征。在青春发育期以前，男女性腺都比较小。青春期开始后，性腺迅速增大，性腺增大是青春期发生的先期变化，它先于任何其他的正常青春期变化。

（二）儿童少年的生理特点和体育教学与训练

1. 骨骼与关节

（1）骨骼　儿童少年软骨成分较多，水分和有机物质（骨胶原）多，无机盐（磷酸钙、碳酸钙）少，骨密质较差，骨富于弹性而坚固不足，不易完全骨折而易于发生弯曲和变形。随着年龄增长，骨的无机盐增多、水分减少、坚固性增强而韧性减低，直到20~25岁骨化完成后，骨不再生长，身高也不再增长，但骨的内部构造仍在变化。下肢骨在十六七岁以后骨化迅速，而脊柱椎体到20~22岁才完成骨化。常用骨龄作为选材的指标，通常以腕骨的骨龄来预测身高，作为运动员选材根据之一（注：骨龄是骨骼发育的年龄，以骨化中心出现和干骺愈合时间作为骨龄评价标准）。

（2）关节　儿童关节面软骨相对较厚，关节囊及韧带的伸展性大，关节周围的肌肉细长，关节活动范围大于成人，牢固性相对较差，在外力作用下较易脱位。这些特点在体育教学与训练中应加以注意。

根据儿童少年骨骼和关节的特点，在体育教学或训练中，应注意下列问题：①养成正确的身体姿势和全面的身体锻炼；②力量训练时应注意负荷的重量；③应预防关节损伤的发生。

2. 肌肉

儿童少年的肌肉中水分多，蛋白质、脂肪和无机盐类少，收缩功能较弱，耐力差，易疲劳。随着年龄增长，肌肉中的有机物增多、水分减少，肌肉重量不断增加，肌力也相应增强。

儿童少年肌肉的生长发育不均衡，躯干肌先于四肢肌，屈肌先于伸肌，上肢肌先于下肢肌，大块肌肉先于小肌肉。肌力的逐年增长也是不均匀的，在生长加速期，肌肉主要向纵向发展，长度增加较快，但仍落后于骨骼增长，所以，肌肉收缩力量和耐力都较差。生长加速期结束后，身高的增长缓慢，肌肉横向发展较快，这时肌纤维明显增粗，肌力显著增加。女孩在 15～17 岁、男孩在 18～19 岁肌力增长最为明显。全身整体肌肉力量男子在 25 岁、女子在 20 岁左右达到峰值。肌力可保持到 30～35 岁才开始减退。

根据儿童少年肌肉发育的特点，在体育教学和运动训练中应注意：①根据年龄特点安排运动负荷；②根据肌力发展规律安排训练。

3. 血液循环

儿童少年的血液总量比成人少，但按体重的百分比来看，相对值则略高于成人。新生儿的红细胞为每立方毫米 550 万个，血红蛋白含量为每 100ml 血 15～23g，以后逐渐减少；儿童时期红细胞和血红蛋白一直保持较低水平，到了青春期逐渐上升而接近成年人水平。

新生儿白细胞是成人的 2 倍，数天后很快减少。随着年龄的增长，白细胞总数逐渐减少，各类细胞的比例也有改变，至 15 岁时接近常人水平。10 岁以前中性粒细胞比例较低，且发育不成熟。

儿童少年心肌纤维较细，心脏的容积和重量均小于成人，心肌收缩力弱、每搏输出量和每分输出量比成人少，但相对值（即按体重的比值）却大于成人。心脏的重量随年龄逐渐增大，到青春期时心脏已达到成人水平。

儿童心脏发育及神经调节还不够完善，而新陈代谢又比较旺盛，交感神经兴奋占优势，因而心率较快，随着年龄的增长心率逐渐减慢，20 岁左右趋于稳定。

儿童少年心脏收缩力弱，血管壁弹性好，血管口径相对较成人大，外周阻力较小，因此儿童的血压较低。青春发育期后，心脏发育速度增快，血管发育处于落后状态，同时由于性腺、甲状腺等分泌旺盛，血压明显升高，一些人甚至出现暂时偏高的现象，称为"青春期高血压"。

年龄不同，运动时心血管功能反应不同；心血管功能的发育不一样，对运动的反应也不相同。儿童少年时期交感神经调节占优势，心肌发育不十分完善，运动时主要靠加快心率来增加心输出量以适应需要。

根据儿童少年血液循环系统的特点，体育教学和锻炼时应注意：①合理安排运动负荷；②正确对待"青春期高血压"。

4. 呼吸系统

儿童少年胸廓狭小、呼吸肌力较弱且呼吸表浅，新陈代谢旺盛，因而呼吸频率快，肺活量、肺通气量较成人小。随年龄增大呼吸深度增大，呼吸频率逐渐减少而肺活量逐渐增大。儿童少年肺通气量绝对值小，但每公斤体重相对值较大。由于呼吸肌较弱、调节功能不完善，在运动时主要靠加快呼吸频率来增加肺通气量，而呼吸深度增加很少。

由于儿童少年氧运输系统的功能不如成人，在进行剧烈运动时，他们的最大通气量和最大摄氧量较低，有氧氧化能力和无氧分解能力都比成人低。因此他们对强度较大而持续时间较长的运动适应能力较低，容易疲劳。

根据儿童少年呼吸系统的特点，在体育运动中应该注意：

（1）呼吸道卫生；（2）呼吸与运动动作的配合；（3）多采用发展有氧代谢为主的

练习。

5. 神经系统

（1）神经系统的兴奋和抑制过程特点　儿童少年的神经系统的兴奋和抑制过程发展不均衡，神经活动过程不稳定，6～12岁兴奋过程明显占优势，兴奋容易扩散，表现为活泼好动，注意力不易集中，做动作时不协调、不准确，易出现多余动作。年龄越小，皮质抑制过程越弱，而且不完善，分化能力也就差。8岁以前精确分化能力很差，错误动作多；8岁以后皮质细胞的分化能力逐渐完善，并接近成人；13～14岁时皮质抑制调节机制达到一定强度，分析综合能力明显提高，能较快地建立各种条件反射，但由于分化能力尚不完善，又受到小肌肉群发育较晚的影响，所以掌握复杂精细的动作困难；14～16岁时，反应潜伏期缩短，分化能力显著提高。女孩的分化抑制发展较早，能够掌握复杂的高难动作，在体操、花样滑冰和技巧项目中表现较为突出。

儿童时期神经细胞工作耐力差，容易疲劳，但由于神经过程有较大的可塑性，疲劳消除较快，重新恢复也快。

（2）两个信号系统的特点　在儿童时期，神经活动中第一信号系统占主导地位，对形象具体的信号容易建立条件反射，而第二信号系统相对较弱，抽象的语言、思维能力差，分析综合能力发展还不完善；9～16岁时第二信号系统功能进一步发展，联想、推理、抽象概括的思维活动逐渐提高；16～18岁时第二信号系统功能已发展到相当的水平，两个信号系统的相互关系更加完善，分析综合能力显著提高。

根据儿童中枢神经系统的特点，在体育教学与训练时应注意：①体育课内容要生动、有趣，可穿插游戏和竞赛，尽量避免单调及静力性活动；②要注意安排短暂休息，使学生情绪饱满，精力旺盛，不易疲劳；③在教学中既要注意采用直观形象的教法（如示范动作、图表、模型等），又要注意培养和发展他们的思维能力。

（三）儿童少年身体素质的发展

身体素质是机体各器官和系统功能的综合表现。儿童少年随生长发育而身体素质得到发展，又由于从事体育锻炼和训练而得到提高。在体育教学和训练中，应根据儿童少年身体素质发展的年龄特点，采取科学的训练方法，促进身体素质的发展和运动技术水平的提高。

1. 身体素质的自然生长

儿童少年各项素质随年龄增加而增长的现象，称为身体素质的自然增长。在不同年龄段，各项身体素质的增长速度不同，即使在同一年龄阶段，不同的身体素质的发展变化也不一样。在青春发育期（男15岁、女12岁左右）身体素质自然增长的速度快且幅度大。在性成熟期结束时，身体素质增长的速度开始减慢，直到25岁左右身体素质的自然增长即已结束。若不进行训练，身体素质一般不再进一步提高。

2. 身体素质发展的阶段性

身体素质的发育有一定的阶段性。各种身体素质的自然增长包括增长阶段和稳定阶段。身体素质发育的增长阶段是身体素质随年龄增长而递增的年龄阶段，它包括快速增长阶段和缓慢增长阶段。在增长阶段后身体素质趋于稳定，称为身体素质发育的稳定阶段。稳定阶段表现为随着年龄的增长，身体素质增长的速度明显减慢或停滞，甚至有所下降。女生在身体素质发育过程中，其在快速增长阶段和缓慢增长阶段之间可能出现数年停滞的现象，称为身体素质发育的停滞阶段。儿童少年的各种身体素质的发展趋势是由增长阶段过渡到稳定阶段，但其年龄界限不完全一致，男女之间也有差别。男女身体素质发育的稳定阶段基本能保持到25岁左右。

身体素质由增长阶段过渡到稳定阶段有先后之别，在不受训练等因素影响的自然增长情况下，按先后顺序排列如下，男子的速度、速度耐力、腰腹肌力量的增长最先；其次是下肢的爆发力；臂肌静力力量、耐力较晚。女子各项素质的增长随年龄变化表现出不同的特点，7~12岁，与男子的增长是一致的；而在13~17岁，速度、速度耐力、下肢爆发力领先；其次是腰腹肌力量；臂肌静力性力量、耐力最晚，且出现不同程度的停滞和下降趋势。

3. 各项身体素质发展的敏感期

在不同的年龄阶段，各项素质增长的速度不同。把身体素质增长速度快的年龄阶段叫作身体素质增长敏感期。以年增长率的均值加一个标准差作为确定敏感期范围的标准。年增长率等于或大于标准值的年龄阶段为敏感期，小于标准值的为非敏感期。

4. 儿童少年主要身体素质发展特点

（1）力量素质　力量素质包括速度力量、力量耐力、绝对力量、相对力量。总的来说，儿童少年力量素质发展的敏感期是：女性从11~15岁，男性12~16岁。在青春发育期前期，由于肌肉主要是纵向发展，肌肉长度增加，此期如想使肌肉变粗，效果不是很明显；而在中后期肌肉开始横向发育，此时肌纤维逐渐增粗，肌力逐渐增加及时进行力量训练，效果会比较明显。

儿童少年的速度力量（如立定跳远）自然增长最快时期，男子在7~16岁，女子在7~13岁；男子16岁以后，女子13岁以后趋于稳定。

绝对肌力（如背力、握力）的自然增长，男子和女子都是15~17岁增长速度最快。

相对力量（如握力、背力指数）自然增长最快时期，男子和女子都在10~14岁，16~17岁趋向稳定。

力量耐力的自然增长，男孩从7~17岁，女孩7~13岁前是持续上升的，但女子在15岁后则开始产生停滞，甚至下降。

（2）速度素质　速度素质包括反应速度、动作速度和位移速度。目前认为，速度素质发展的敏感期是7~12岁，是提高短跑成绩的黄金时期，抓住这一有利阶段对儿童进行科学的教学和训练，对挖掘未来速度的潜力有较大的影响，如果在7~11岁时不予以训练，再提高步频几乎是不可能的。

反应速度（如反应时）作为速度素质的一种，其发展时期也较早，儿童少年8~12岁反应速度大幅度提高。

动作速度和位移速度主要是依靠后天训练来提高的。速度的发展与动作频率有着密切的联系。儿童从7岁起步频有较快的自然增长，13岁后下降。

（3）耐力素质　耐力素质包括有氧耐力和无氧耐力。目前认为，有氧耐力发展的敏感期，男孩10～17岁，女孩9～14岁及16～17岁。如果是以提高心肺功能和整体健康为目的的有氧练习，其强度较小，可以较早进行，特别在青春期给予着重发展。

儿童少年的无氧耐力发展的敏感期，男子10～20岁，女子9～18岁。由于儿童少年的糖无氧酵解能力和无氧代谢能量储备不及成人，限制了儿童少年速度耐力练习的适应能力。一般说来，儿童少年应在青春发育期以后进行无氧耐力训练更为合理。

二、女性的生理特点与体育运动

（一）女性生理特点

女性是一个特殊的群体，其体质潜能及运动能力虽然已经通过许多过去只有男性才能参加的运动项目（如马拉松跑等）得以充分证明。但由于女性机体的结构、功能及心理诸方面具有明显区别于男性的特点，使得女性在进行某些运动时，必须付出额外的能力。

1. 女性生理阶段划分

根据其性腺卵巢分泌机能的变化，划分为5个生理阶段。

（1）幼年期　幼年期指卵巢机能尚处幼稚状态的年龄阶段，一般为10～12岁。

（2）青春期　青春期指卵巢机能由幼稚向成熟状态过渡的年龄阶段。此阶段从10～12岁开始到17～18岁结束，以月经来潮为标志。该阶段的显著特点是卵巢及生殖器官明显发育。

（3）性成熟期　性成熟期指卵巢功能成熟的年龄阶段。

（4）更年期　更年期又称为绝经期，是女性从性成熟期进入老年期的过渡时期。更年期指卵巢功能由旺盛向衰退过渡直至萎缩的年龄阶段，为44～54岁。

（5）老年期　老年期指卵巢功能完全终止的年龄阶段，年龄约为60岁以上。在此阶段，人体各器官的机能能力均明显降低。

2. 生理特点

（1）身体发育特点　女性青春期的生长加速期比男性约提前2年出现，女孩从10～12岁开始，男孩从12～14岁开始。就我国儿童和青少年生长发育的调查结果来看，存在明显的性别差异。10岁之前，女孩的发育速度比男孩快；10岁以后，男孩的发育速度加快，并后来居上，身高显著超过女孩。

（2）氧运输系统特点　女性心脏较男性心脏重量轻10%～15%，体积小约18%，容量小150～200ml；安静状态女性心率较快，快于男性10次/min左右，每搏量少于男性10～15ml，收缩压平均低于男性10.5mmHg，舒张压约低5.1mmHg。所以，女性的心血管机能弱于男性，运动中必须依靠加快心率来保证足够的心输出量，运动后的恢复过程中，女性心率恢复速度较慢。

女性的胸廓较小，呼吸肌力量较弱，安静时呼吸频率较男性快4～6次/分，且呼吸深度浅；女性的肺活量约为男性的70%，最大摄氧量比男性少0.5～1L，因此，女性的呼吸机能亦较男性为低，从而制约了女性运动中机体氧的供应。

女性血量约占体重的7%，男性则达8%；女性的红细胞数量为每立方毫米380～460万，血红蛋白为110～150g/L，均低于男性，每千克体重的血红蛋白女性约为

8.3g，男性则可达 11.6g，全血中血红蛋白的总量女性仅为男性的 56%。因此，女性机体运输氧的能力较男性差。

（3）运动系统特点

①肌肉：在青春发育期，女孩的肌肉发育慢于男孩，肌肉体积及重量均低于男孩，这主要是由于雄性激素的同化作用所致。因而，女性肌肉占体重的 21%～35%，仅占男性肌肉重量的 80%～89%。女性的肌肉力量弱于男性。

②骨骼：女性骨骼重量占体重的 15%，较男性轻 10% 左右，抗弯能力较差，但韧性较佳。脊柱椎骨间软骨较厚，弹性和韧性优于男性，因此，柔韧性优于男性。女性脊椎骨较长，四肢骨细而短，形成上身长、下身短的特点。而且，女性的股骨、肱骨两侧上髁的直径、臂长、胸围及肩宽等指标均低于男性，髋部却大于男性，进而形成上体长而窄、下肢短而粗、肩窄盆宽的特殊体型。这种体型使身体重心低且稳定性高，有利于完成平衡动作，但奔跑速度及负重能力均受到一定限制。

随着机体的生长发育，女性的骨骼在青春期快速生长，并在青春期后期达到其个体的最高水平，称为峰值骨量。

女性在 30 岁以后，随着年龄的增长，骨量逐渐丢失。可能的原因是，随着年龄的增长，肾脏活性维生素 D 的产生量减少，影响食物中钙的摄取与吸收，致甲状旁腺素分泌增加，骨吸收增加。女性骨质的显著衰退由更年期开始。在更年期前，骨量流失率只有约 25%。在更年期，骨量的流失率显著增加。

（4）身体成分 女性适宜的体脂含量应占体重的 20% 左右，主要分布在胸、腹、臀和大腿等部位的皮下。皮下脂肪含量约为男性的 2 倍。

3. 运动能力特点

（1）力量和速度 女性的肌肉力量约为男性的 2/3，因此，在需要绝对力量及绝对速度的项目中，女性的运动能力明显弱于男性。而女性对静力性运动的适应能力则优于男性。

（2）耐力 女性的有氧能力弱于男性，这与女性最大摄氧量水平较低、运氧能力及耐酸能力较差等综合因素有关，限制了运动中氧的利用，使其耐力水平较低。

（3）柔韧和平衡 由于女性的肌肉和韧带弹性好，关节活动范围大，因而动作幅度大而稳定，具有较好的柔韧性。另外，由于女性特有的肩窄盆宽体型，决定了女性具有身体重心较低的特点，因此平衡能力强于男性。

（二）月经周期、妊娠与运动能力

月经周期和妊娠是女性特有的生理特征。在不同的月经周期和妊娠阶段，女性的运动能力将产生明显的变化。

1. 月经周期及其调节

月经周期是女性特有的生理现象，表现为卵泡的生长发育、排卵与黄体形成，周而复始。同时，在卵巢雌性激素的影响下，子宫内膜发生周期性剥落，产生流血现象，称为月经。故女性生殖周期称为月经周期。

（1）月经周期的时相划分 卵巢及子宫的周期性变化受制于女性性腺轴—下丘脑—垂体—卵巢轴的调控。卵巢的周期性变化是月经周期形成的基础，可以分为卵泡期、排卵期、黄体期、经前期和月经期。

（2）月经周期的反馈调节　在卵泡开始发育时，血中雌激素及孕激素浓度处于较低水平，对垂体卵泡刺激素和黄体生成素分泌的反馈抑制作用较弱，血中卵泡刺激素表现为逐渐增高的趋势，随后黄体生成素亦有所增加。随着卵泡渐趋成熟，雌激素的分泌逐渐增加，排卵前一周左右，卵泡分泌的雌激素明显增多，血中浓度迅速升高。与此同时，血中卵泡刺激素水平由于雌激素及卵泡抑制素的抑制作用，水平有所下降。于排卵前一天，血中雌激素浓度达到最大，形成第一个高峰。在其作用下，下丘脑增强促性腺激素分泌，进而刺激腺垂体与卵泡刺激素的分泌，特别是黄体生成素的分泌，形成黄体生成素高峰，雌激素这种促进黄体生成素大量分泌的作用称为雌激素的正反馈效应。黄体生成素峰值出现后导致排卵的发生。

在黄体期，在排卵后7~8天黄体成熟时，血中雌激素形成第二个高峰，但较第一个高峰的峰均值为低。同时，孕激素分泌量达到最高峰。孕激素及雌激素浓度的增加，将使下丘脑与腺垂体受到抑制，促性腺激素释放减少，卵泡刺激素与黄体生成素在血中浓度相应下降。至黄体退化时，雌激素及孕激素分泌减少，使腺垂体卵泡刺激素与黄体生成素的分泌又开始增加，重复另一个周期。

2. 月经周期中运动能力的变化

（1）不同时相中运动能力的变化　月经周期中由于雌性激素水平的规律性波动，导致机体的运动能力发生相应变化。在月经周期不同时相中，人体运动能力的变化具有明显的个体差异。但有研究证实，人体有氧工作能力及整体体能以黄体期为最强，卵泡期及排卵期其次，经前期及月经期最弱。因此，在女性运动员的训练和竞赛安排中，应充分注意其体能与月经周期的关系，根据各时相体能的变化规律合理安排训练负荷量，大负荷训练应与体能的高峰时期相吻合，以使负荷作用达到最佳状态，从而提高训练效果和比赛成绩。

（2）运动性月经失调　大多数运动项目对女性的月经周期没有太大的影响，但持续大强度、长时间、大负荷的剧烈运动则易引起运动性月经失调，表现为周期延长或缩短、月经过多或过少，甚至闭经。

运动性月经失调的发生与运动负荷、体脂含量、运动项目、饮食营养、应激等因素有关。而长期运动训练中，下丘脑—腺垂体—卵巢轴的功能状态对月经周期的影响具有重要作用。这条轴的任何一个环节出现障碍，均可能引起月经失调。

（3）女运动员"三联征"　女运动员"三联征"是指，在运动训练影响下，以连锁形式出现的一组综合征候群，表现为膳食紊乱、闭经和骨质疏松。

（4）月经期与健身运动　对于参加健身运动的女性来说，即使月经期亦可参加适当的体育活动。这是因为，适度的体育活动能改善人体机能状态，促进血液循环，改善盆腔生殖器官的血液供应，并可通过运动时腹肌、盆底肌收缩与舒张交替进行，对子宫起到一定的按摩作用，促进经血排出。

一般认为，经期运动负荷量应该适度，强度不宜过大。一些跳跃、速度和腹压增大的练习应该避免，以免造成经血量过多或子宫内膜移位。

3. 妊娠期运动能力

研究表明，妊娠期女性进行适当的、时间不长的中等强度有氧运动，可以增强机体各器官系统的适应能力，减缓体重的增长速度，并有助于减轻下肢浮肿，减轻机体由于负担加重而产生疲劳，保持良好的肌肉力量，既有利于胎儿的生长发育，亦有利于分娩过程。

三、老年人的生理特点与运动

（一）衰老的概念与机理

1. 衰老的概念及老年人划分标准

衰老又称老化，通常是指在正常状况下生物发育成熟后，随年龄增加，自身机能减退，内环境稳定能力与应激能力下降，结构、组分逐步退行性变化，趋向死亡，不可逆转的现象。

人类的衰老变化是循序渐进的，它受到先天遗传因素和后天环境因素等多方面的影响。因此每个老年人的个体差异很大，机体不同的器官其衰老的速度也不同。一个人的年龄或衰老程度主要受实际年龄、生理年龄、心理年龄等多方面的影响。实际年龄是一种不以人类意志为转移的客观现象，年复一年的增加；生理年龄、心理年龄会受到人体组织结构、生理功能、心理状态等因素的影响。因此，不能划定一个年龄作为所有器官衰老的起点。一般来说，现划定60岁以上为老年人。

2. 衰老机理

（1）代谢产物交联学说　代谢产物交联学说认为异常或过多的生物大分子交联是衰老的原因。过量的大分子交联，如DNA交联和胶原交联均可损害其功能，引起衰老。胶原与弹力蛋白等交联、脱水，使结缔组织与心肌僵硬，皮肤、肌腱、血管失去弹性。

（2）自由基学说　20世纪60年代中期由英国学者Harman首先提出自由基衰老学说，其后得到许多学者的共识。自由基在机体内有很强的氧化反应能力，且易产生连锁反应，对蛋白质、核酸、脂质等产生伤害作用，从而导致机体的衰老。环境中氧自由基也可损伤蛋白质、DNA、生物膜、线粒体等加快人体的衰老进程。

（3）线粒体DNA损伤　线粒体DNA是指一些位于线粒体内的DNA。实验证明，线粒体内的部分蛋白质成分是在线粒体本身的DNA支配下所合成的。如用于构成线粒体内膜的电子传递系及氧化磷酸化系机构有关的蛋白质，ATP酶的部分亚基、细胞色素氧化酶的亚基以及细胞色素的亚基等。

线粒体是细胞进行氧化磷酸化产生能量的主要场所，是细胞的"动力工厂"，产生生命活动的直接能源三磷酸腺苷。线粒体DNA损伤时，将影响细胞的能量供给，导致细胞、组织、器官功能的衰退；同时也使线粒体产生更多氧自由基。

（4）细胞有丝分裂学说。

（5）遗传控制学说。

（二）老年人生理特点与健身作用

1. 神经系统

随着年龄的增加，老年人神经系统生理机能也发生许多变化。这些变化包括感受器退化、中枢处理信息的能力降低、平衡能力和神经系统的工作能力下降。表现在视力、听力下降，记忆力减退，对刺激反应迟钝，容易疲劳，恢复速度减慢等。

2. 运动系统

（1）骨骼肌　在衰老过程中，骨骼肌发生显著的退行性变化。其特征是肌纤维的体积和数量减少，尤其是下肢肌的快肌衰退更明显。伴随着肌肉体积的减小，肌肉力量也下降。因而老人的动作灵活性、协调性及动作速度下降。

经常进行抗阻训练，能促进蛋白质的合成，保持肌肉体积及力量，降低其衰老的速度。老人进行步行或慢跑训练，可选择性地使Ⅰ类和Ⅱa类肌纤维横断面增大，毛细血管和肌纤维比值、毛细血管的数目、密度增加，线粒体增大、增多，琥珀酸脱氢酶活性增加。

（2）关节　关节龄增长，关节的稳定性和活动性逐渐变差。衰老常伴有胶原纤维降解，关节软骨厚度减小及钙化、弹性丧失，滑膜面纤维化、关节面退化。骨关节的变性会使关节僵硬，活动范围受限制。

体育锻炼可增加肌肉力量，防止肌肉萎缩的退行性变化，保持关节韧带的韧性和关节的灵活性，使老年人的动作保持一定的幅度和协调性。据研究表明，经常参加太极拳练习的老年人脊柱外形多保持正常，脊柱活动功能较一般人好，脊椎椎体唇样增生的发生率大大低于一般的老年人。

（3）骨骼　骨质疏松是老年人中较普遍发生的现象，尤其是绝经后的妇女更普遍。患有骨质疏松症的人极易发生骨折。

运动能有效地防止和治疗骨质疏松症。坚持经常负重运动不仅能阻止骨质的丢失，而且还能增加骨矿含量，增加骨矿密度，预防骨质疏松症的发生。此外，还可以达到矫正变形、改善关节功能、增加柔韧性、增强肌力和耐力、保证肌肉和运动器官的协调性、防止摔跤，从而减少骨质疏松和发生骨折的危险。

运动时骨密度的增加受负荷方式、骨骼局部应力及运动量等因素影响。负重运动能增加负重骨的骨质量，使骨骼变得粗壮；没有负荷应激时则骨质减少。

3. 心血管系统

（1）最大摄氧量　衰老使氧运输和氧摄取的能力都下降。最大摄氧量约在20多岁开始，以每年0.4~0.5ml（kg/min）的速率递减，到65岁时下降近30%~40%。有氧能力的下降受氧运输系统的中枢机制和外周机制功能下降的影响。研究发现，如果坚持体育活动，体成分又保持不变的话，最大摄氧量递减率为每年0.25ml（kg/min）。无训练者的最大摄氧量递减率是有训练者的两倍。

（2）心输出量　老年人的心脏容积仍保持不变，但静息时的每搏输出量减少，在力竭性工作时，老年人的每搏输出量比青年人少10%~20%。这反映了伴随衰老过程，老年人心肌细胞萎缩、冠状动脉出现粥样硬化、左室舒缩功能减弱、心肌灌血不足及收缩力下降。由于最大心率的降低和每搏输出量的减少，所以心输出量也随年龄的增长而降低。65岁老人的最大心输出量为17~20L/min，比25岁的青年人低30%~40%。

大血管和心脏弹性随年龄增长而减低。血管硬化增加了血流的外周阻力，增大了心脏的后负荷，使心肌的摄氧量增加。冠状动脉粥样硬化会引起心肌缺氧。外周阻力较高也使安静时和最大运动时的收缩压升高，但舒张压变化甚小。由于老年人心血管系统的生理功能明显减退，所以在剧烈运动时，老年人的心率和血压会急剧增加，成为心血管意外的重要诱因之一。

（3）动静脉氧差　最大动静脉氧差随年龄增长而趋向减少，65岁老人的动静脉氧差仍可达140~150ml/L。其减少的原因可能与体能水平下降、动脉氧饱和度下降、肌红蛋白的含量减少、外周血流分配不足、组织中氧化酶系统的活性减弱等因素有关。随着年龄增长，组织毛细血管数量下降及肌纤维萎缩，使毛细血管数量与肌纤维比值减小以及酶活性下降，所以氧利用率下降。

适宜的有氧运动能改善心血管机能。耐力训练可使老人的心脏机能和肌肉的有氧代谢能力提高。进行耐力训练后，老年男女的最大摄氧量分别增加了19%和22%，增加程度与年轻人相似。

4. 呼吸系统

衰老伴随着呼吸系统的结构和机能产生不良的变化。这些变化表现为肺泡壁变薄、肺泡增大、肺毛细血管数目减少、肺组织的弹性下降、呼吸肌无力等，从而导致肺泡扩散的有效面积减小，肺残气量增加和肺活量的下降。

静态和动态的肺功能指标随着年龄的增长而衰退。肺活量、最大通气量、时间肺活量等机能指标呈现进行性下降。

有氧训练可使老年人的肺功能能力提高，使最大通气量增加，其增长速度与心输出量的增长相适应。坚持体育锻炼能抑制与衰老相关的肺功能下降。

5. 免疫系统

随着年龄的增长，免疫系统的功能显著降低。表现在免疫细胞数量的减少和活性的下降、T细胞增殖反应、白细胞介素-2水平、受体表达、信号传送及细胞毒作用等下降。

适当的运动可使机体免疫系统的功能增强。运动引起免疫系统机能变化趋势因运动强度、方式、个体健康和训练水平而有所差异。

6. 抗氧化系统

衰老机理的"自由基学说"认为自由基在人机体衰老过程中起重要作用。通常认为，过氧化脂质含量表示自由基损伤的程度，而超氧化物歧化酶活性反映身体内自由基清除系统的功能状况。人体各组织中的过氧化脂质随年龄增长而升高，而细胞内的超氧化物歧化酶随年龄增长而逐渐下降。

长期健身运动均能不同程度地提高老年人抗氧化系统的功能。可阻止血清过氧化脂质的升高及减慢中老年人体内超氧化物歧化酶的下降速率，使机体自由基清除系统中的酶活性维持在较高的功能状态，减少对正常细胞组织的攻击作用。

7. 体成分和体重

随年龄增长，身体成分和身高有显著的变化。40岁左右身高开始下降，60岁时身高下降了6cm。60~80岁身高的下降速度加快，每10年降低2cm。人的体重通常在25~50岁处于上升阶段，其后开始逐步下降。体重增加伴有体脂增加和去脂体重下降。

有氧运动可有效地氧化体内脂肪而使体脂下降，而对去脂体重的影响较小。抗阻运动对减少体脂和增加瘦体重均有良好效果。老年人抗阻运动后，会引起骨骼肌产生适应性肥大、质量增加，而骨骼肌中约73%是水，所以表现为瘦体重增加。

8. 血脂代谢

血液中脂质水平增高称为高脂血症，它是动脉粥样硬化（CHD）的启动因素。动脉粥样硬化是常见的老年性疾病。体内的胆固醇（TC）、甘油三酯（TG）及载脂蛋白等的代谢与动脉粥样硬化密切相关。

中等强度有氧运动能有效地改善脂蛋白和载脂蛋白的代谢。长期坚持健身跑、太极拳、太极剑、步行、健身舞锻炼可有效提高高密度脂蛋白质—胆固醇水平，降低血清甘油三酯、低密度脂蛋白质—胆固醇、极低密度脂蛋白质—胆固醇及载脂蛋白水平。而抗阻练习对血中胆固醇、甘油三酯以及脂蛋白的水平影响不大。

（三）老年人健身运动原则

1. 适宜运动项目原则

老年人进行健身运动时，适宜从事耐力性项目，而不宜进行速度性项目。在耐力健身运动项目中常采用的有步行、健身跑、游泳、自行车、登山、跳健身舞等。有条件时还可打网球、门球、高尔夫球等。在我国传统体育项目中，可选择气功、太极拳、太极剑等。还有自然锻炼法（如日光浴、空气浴和冷水浴等）和医疗体育锻炼都可增进老年人的身心健康。在进行耐力性健身运动同时，还要适当进行一定程度的力量性锻炼，以减轻老年人肌力的减退。

2. 循序渐进原则

在进行健身运动的初期运动负荷和运动量要小，经过锻炼对运动负荷和运动量适应后再逐步增加和达到适宜的运动负荷和运动量。经过一段时间锻炼后，如运动时感到发热、微微出汗，运动后感到轻松、舒畅、食欲、睡眠均好，说明运动负荷和运动量恰当。锻炼的动作应由易到难，由简到繁，由慢到快，时间要逐渐增加。

3. 经常性原则

4. 个别对待原则

老年人在锻炼前应做一次全面的身体检查。通过检查可了解自己的健康状况和各脏器的功能水平。要根据老年人的年龄、性别、体力特点、健康状况、运动基础及运动习惯来选择最适宜运动项目，并制定合理的锻炼计划，要因人而异。

5. 自我监督原则

老年人参加体育锻炼要加强医务监督。要学会观察、记录自己的脉搏、血压及健康状况，以便进行自我监督，防止过度疲劳，避免发生运动损伤，提高锻炼效果和健康水平。运动时要注意适当安排短暂休息，运动前后要认真做好准备活动和整理活动。老年人锻炼时气氛应轻松愉快和活跃，应尽量避免做憋气的动作和参加精神过于紧张的比赛活动。遇有感冒或其他疾病、身体过度疲劳时，应暂停锻炼，并及时进行治疗或休息。

四、运动健身与运动处方

运动处方是指针对个人的身体状况而制定的一种科学的、定量化的、周期性的锻炼方案。具体地讲是根据锻炼者身体检查的资料，按其健康状况、体力情况及运动的目的，用处方的形式制定适当的运动种类、运动强度、运动时间及运动频度，进行有计划的周期性锻炼的指导性方案。

运动处方可根据锻炼者运动的目的、性质不同，分为健身运动处方、康复运动处方、减肥运动处方、竞技运动处方、健美运动处方等不同的种类。

（一）运动处方的基本要素

尽管运动处方有不同的种类，但都必须具备构成运动处方的基本要素，即一个完整、科学的运动处方必须有明确的运动目的，根据运动目的和身体机能状态选择适当的运动类型（种类）、运动强度、运动时间，以及在一天中何时运动，即运动的时间带、运动的频度等。

1. 运动目的

根据个体不同的身体状况和个人意愿而确定的运动目标即运动的目的。运动的目的是建立在需要的基础上的。根据需要的不同类型，运动处方中运动目的主要有以下方面：

（1）促进生长发育；（2）增强体质，防止疾病，促进健康；（3）保持健康，延缓衰老；（4）运动康复，治疗疾病；（5）缓解压力，提高工作效率；（6）丰富文化生活，调节心理状态，提高生活质量；（7）增强专项体能，提高竞技水平；（8）锻炼身体不同部位肌肉，塑造形体美。

2. 运动类型

运动类型（运动种类）是运动中采用哪种形式的运动，或选择运动项目等。运动种类是确定运动处方性质的重要因素，必须根据运动目的来选择运动的种类。

（1）运动类型的选择　为达到全面身体锻炼的效果，应包括以下三种主要运动类型：①有氧耐力性运动；②抗阻力性力量运动；③伸展柔韧性运动。

（2）运动类型选择的原则　①以有氧供能为主的有氧耐力性运动，兼顾个人运动习惯和爱好；②参与运动的主要大肌群的动力性运动与静力性运动结合，全身运动与局部运动结合，以全身动力性运动为主，局部静力性运动为辅；③对于不常运动的人，动作结构上选择以周期性运动为主，动作简单，强度易于控制。

3. 运动强度

人体运动中，运动强度（负荷强度）是指单位时间移动的距离或速度，或肌肉单位时间所做的功。运动强度是运动处方中决定运动量最主要的因素。运动强度分为绝对强度和相对强度两大类。

确定合理负荷强度的最好方法，是将靶心率和主观运动强度两种方法进行结合。即先按适宜的心率范围进行运动，然后在运动中结合主观运动强度评价表来掌握负荷强度。这样，在运动中不用停下来测心率便可知道自己的负荷强度是否合理。

健身运动处方中负荷强度的设定，以控制在人体有氧代谢工作的范围内为原则。即按肌肉工作相对强度分类中的大强度、中等强度以下的负荷强度；或按运动供能特点分类中有氧代谢供能为主的运动，青壮年可以进行个体乳酸阈强度以下的有氧运动，中老年则只适宜中等以下强度的有氧运动；若以心率为指标则达到有氧工作心率范围，一般人相当于本人最大心率的60%～85%，中老年人在本人最大心率的60%～75%较为适宜，即每分钟120～160次。

4. 运动时间

运动时间指每次运动持续的时间，是组成运动量的重要因素。在持续的周期性运动中，运动时间乘以负荷强度就是运动量。因此，运动时间依负荷强度而发生变化。在制定运动处方时，有时采取较低的负荷强度和较长的运动时间，而有时则采用短时间高强度的重复运动。负荷强度确定后，持续该强度的运动时间就成为影响锻炼效果的重要因素。运动时间过短，对机体不能产生作用，达不到应有的效果；运动时间过长，又可能超过机体的负担能力，造成疲劳积累而损害身体。因此，确定运动时间应根据运动目的及负荷强度来设定能引起机体产生最佳效果的运动时间，即必要的运动时间。

锻炼心血管功能的健身运动处方，必要的运动时间至少应在15min以上才有作用。原因有三：其一，在进行运动时，人体各器官系统的工作效率是在运动开始后一段时间内逐步提高的，人体开始运动20～60s后心率即可达到必要的水平，而心输出量、摄氧量和氧脉搏在开始运动后2～3min才急剧增加，其后逐渐增加到较高水平需4～7min。其次，人体通过一段时间的运动，从相对安静状态到进入适宜强度的运动状态，并非达到了运动目的，只是完成了克服生理惰性，激发和动员心脏储备力的工作。第三，在完成正式的运动以后，应逐渐降低负荷强度继续运动5min以上，使人体由较紧张的肌肉活动状态逐步过渡到相对放松状态，以利于身体的恢复，即进行整理活动。

5. 运动的时间带

运动的时间带是指一天中进行运动的时机（即在何时进行运动）。应根据人的生物节律周期及日节律来合理安排运动的时间带。

根据人体血液流变学的生理节奏变化和运动中的变化特点对它的影响，心血管病患者或中老年人运动的时间带应避免在清晨8时以前。当然清晨在空气清新的环境中做一些轻松的活动，如散步、练气功、打太极拳、做柔韧体操等，对于增进健康亦是非常有益的。

6. 运动频度

运动频度通常指每周运动的次数。健身运动的效果，是在每次运动对人体产生的良性作用的逐渐积累中显示出来的，是一个量变到质变的过程，所以要求经常锻炼，或根据不同的运动目的，实施一定周期的运动（运动处方）。而不能凭一时的兴趣，三天打鱼、两天晒网，也不能急于求成，运动频度过高。如果一次运动后，运动对机体的良性作用完全消退后再进行第二次运动，则前一次运动的效果不能被蓄积；如果一次运动后，运动对机体的良性作用还未出现（也就是前一次运动的疲劳尚未消除）就紧接着进行第二次运动，则会造成疲劳被蓄积。以上两种运动间隔形式都不能取得满意的效果。后一种形式如长期下去还将对机体造成过度疲劳。可见，运动频度在制定运动处方中的作用是非常重要的。正确地设定运动频度，要根据运动目的和身体情况的不同而区别对待。

以健身或康复为目的，一般人的运动频度应以每周三次以上为适宜，同时还应结合每次运动的强度、持续的时间、个人的身体恢复情况，以及对运动的适应能力等因素综合考虑。如果每次锻炼的运动量不大（但要达到锻炼效果的最低限度），也可增加运动频度，只要没有疲劳的积累，对身心健康是有益的。每天运动一次，甚至两次，使体育锻炼成为生活方式中的组成部分，作为每天生活中习惯性活动。

7. 注意事项

以治疗、康复为目的的运动处方中，应指出禁忌参加的运动项目、健身运动中自我观察指征和停止运动的指征，重视做好准备活动和整理活动等。同时要让参加健身运动的人掌握和了解一些必要的体育卫生知识，如运动后不要立即坐下或躺下，以免引起"重力性休克"或其他不适感觉，不能立即吃生冷食物，不能马上游泳或冷水浴等。

（二）运动处方的制定

制定运动处方时，首先，应按照一定的程序进行较系统的身体检查，对健康状况进行预检和评价。在此基础上选择运动试验方法进行运动试验，对身体机能进行评定。对于健身和康复运动处方尤其要对心血管机能进行评定，以发现潜在的心血管疾病，确定是否可进行运动锻炼。然后，再进行体力测试，以评定身体素质和体力等级，确定其进行运动的负荷范围。通过以上程序，获得为制定运动处方所必需的较全面的资料和信息，为运动处方的科学性提供依据。最后，在此基础上制定运动处方，并在实施过程中定期进行反馈和调整。

1. 运动处方制定步骤

（1）预检和健康评价。

（2）心血管运动试验。

（3）体质测试及生理年龄评定 ①体力测试；②生理年龄简便评定方法；③库珀有氧耐力测定法。

2. 运动处方的制定

通过以上几个步骤的工作，可以对受试者健康状况、体力水平和运动能力等有较全面的了解。根据以上检查结果便可制定运动处方。制定运动处方时要按照处方的内容逐项决定运动目的、运动类型、负荷强度、运动时间及时间带、运动频度和注意事项等。其中负荷强度应设定出安全界限和有效界限，运动时间应设定出必要的运动时间。

（三）运动处方的实施

按照运动处方规定的运动内容，如强度、时间和频度等进行体育锻炼即是运动处方种体育锻炼不同于学生的体育课，它更强调以个人的身体机能状况为依据，实行有针对性的、周期性的身体锻炼。这种健身运动处方也不同于运动员的竞技运动处方，它是以促进身体健康为目标，更注重身心健康，而不强调运动竞技水平的提高。执行运动处方时要在医生的指导下进行。

1. 实施过程的阶段性

任何一次有目的的锻炼，都应该由三个阶段组成，即准备阶段、正式锻炼阶段或动练阶段和整理阶段。

（1）准备阶段 通过做准备活动使身体机能由相对安静状态过渡到适宜强度的运动状态。该阶段的任务是：通过准备活动提高神经中枢和肌肉的兴奋性；动员和加强心脏活动和呼吸机能，增加肌肉的血流量和供氧量；使体温适当升高，提高酶系统的活性，加快生化反应过程，使肌肉黏滞性下降，弹性增强，防止受伤；加强体内物质代谢过程，为机体进行正式锻炼作好准备。

准备阶段的时间一般在10min以上，根据年龄、季节和运动水平等情况可适当增减。儿童少年神经系统灵活性高，准备活动时间可少些；寒冷季节准备活动时间可多些。运动水平低且体弱者，准备活动的运动强度和运动量不能过大，时间不可过长。高水平的耐力性项目运动员准备活动时间可多些，有的要达30~50min。

准备活动的量与强度应低于正式活动，活动的形式通常可先做一些伸展性的柔软体操，依次活动身体各部位关节，再做一些轻松的节律性运动，逐渐增大运动幅度和速度，使心血管、呼吸系统的机能逐渐动员，直至接近正式活动的强度。适宜准备活动的标志是身体发热，微微出汗，呼吸明显增加。

准备活动后应有一短时间的休息间歇，然后开始正式运动，间歇的时间不宜长，约3min为好。

（2）训练阶段　训练阶段是指通过实施运动处方中确定的运动项目，使身体维持在相对较高机能状态下持续运动锻炼的过程。健身运动处方中该阶段的主要任务是达到和保持适宜的负荷强度，使机体在真稳定状态下持续运动，取得促使心血管、呼吸系统和有氧代谢系统等持续高效率工作的效果，从而提高机能适应性。

适宜的负荷强度，即运动处方中设定的负荷强度，要在实际运用中通过一定时间的自我反复调试和校正，才能达到较准确的程度。持续运动所需要的时间，即运动处方中设定的时间，一般至少应在10min以上。若是采用间歇训练法，整个运动的时间可长些。

（3）整理阶段　整理阶段是指通过做整理活动，使身体机能由激烈的运动状态逐渐恢复到相对安静状态的过程。整理活动是在正式运动后，逐渐降低负荷强度，做一些较轻松的身体运动。其目的是使人体激烈的肌肉活动逐渐得到松弛，心血管和呼吸系统紧张的机能活动逐渐缓解，加强消除疲劳，促进体力恢复。

整理活动的内容和准备活动的内容相似，但安排的顺序要颠倒，动作应较缓和，尽量使肌肉放松。最后还可以做一些拉长肌肉的运动，有利于疲劳的消除。整理活动的时间一般应在5min以上。

2. 实施过程中的自我监控

在运动处方的实施过程中，除了按照运动处方中设定的运动类型、负荷强度、时间、间歇和重复次数等进行运动锻炼外，还应根据运动过程中和运动后身体的反应情况掌握运动量的自我监测和调节。

（1）心率自我监测　首先要学会计算自己的目标心率（靶心率），并能熟练地测定自己的脉搏。常在手腕桡动脉处或耳前方颞浅动脉处用手指触扪动脉搏动次数，亦可把手放在左胸部，直接测数心跳次数。但不可在颈总动脉处测定，因为触摸颈动脉的压力有时会引起心率明显减慢，并有可能出现心脏活动异常。通常用运动停止后即刻测得的10s脉搏数乘以6近似地作为运动时的每分钟心率。

（2）主观强度感觉　主观强度感觉判定法是已被广泛应用的一种简易而有效的评价运动量的方法，通常以主观体力感觉等级（RPE）表示，也是介于心理和生理之间的一种指标。可以说 RPE 的表现形式是心理的,但反映的却是生理机能的变化。

心率结合 RPE 值测试是最常用而简易的方法。将客观生理机能的变化与主观心理对运动的体验结合起来,可以避免单纯追求某一靶心率的盲目性。例如,某人的靶心率为 150 次/min 时,RPE 值为 13,而当患有轻度感染或工作劳累后,再以 150 次/min 心率强度运动时会感到非常困难和费力,RPE 值会增加,与以前的主观感觉相比较,这可能是一种前期病理症状,在这样的情况下勉强保持靶心率运动将是十分危险的。而通过 RPE 值的运用就正好避免了这种潜在危险的发生。由于体能承受运动负荷的能力具有可变性,所以在运动中通过主观感觉和客观生理指标相结合进行监控较适宜。

(3) 自我感觉与基础指标检查 观察每次运动后疲劳的消除情况,运动量适宜的标志是:睡眠良好,次日晨起疲劳感完全消除,感觉轻松愉快,体力充沛,有运动兴趣和欲望。

运动后次日基础状态测定基础心率,每分钟波动不超过 3~4 次;呼吸频率每分钟不超过 2~3 次;血压变化范围上下在 10mmHg;体重减少在 0.5kg 以内。如果数日内有脉搏、血压明显的持续上升,或肺活量、体重等明显的持续下降,则说明运动量偏大,有疲劳积累的征兆,应及时减少运动量。

【思考题】

1. 儿童少年、妇女、老年人的生理特点是什么?
2. 不同群体运动时应注意哪些方面?
3. 运动处方制定原则及其主要内容有哪些?

第三节 运动生物化学基础

一、运动训练的机体能量供应

(一) 运动时物质代谢和能量代谢的基本过程

机体运动时,负荷强度、负荷量、运动持续时间不同,以及海拔高度等地理环境的不同,人体动用的能源物质及其进行能量代谢的方式也会有所不同。当在短时间大强度运动时,由于身体可动用的 ATP、磷酸肌酸储备量少,糖随即通过糖酵解途径参与供能,故无氧代谢供能是短时间、高强度运动的主要供能方式,如举重、跳高、跳远等。在长时间低强度运动时,氧供应充足,人体主要通过糖、脂肪氧化供能,如越野跑、马拉松跑等。在较大强度较长持续时间运动时,无氧代谢和有氧代谢均参与供能,如 400m、800m、1 500m 跑、球类项目等。需要指出的是,无氧代谢和有氧代谢供能,在任何一种运动项目中都存在,只不过所占比例不同或以哪一种代谢类型为主而已。

根据机体在产生能量的过程中是否有氧的参与和能够维持供能时间的长短,机体的能量供给可以分成为两个基本过程和四个系统。

在实际的运动过程中,机体以什么方式、什么系统为主提供能量,主要取决于机体的主观和客观的条件，例如，运动训练水平、海拔高度、运动强度、运动时间等。与此同时，还可以通过测定最大摄氧量、乳酸阈值，进行 Wingate 无氧试验等方法，或者是结合呼吸商（RQ）计算来推断、评价机体参际情况。

（二）运动时能量连续释放过程与运动强度的关系

人体无论是处于安静状态还是运动状态，能量供给都是维持和保障人体所处状态的基础。而且，能量供给是一个连续释放的统一过程。不同类型的运动项目的能量供应途径之间，以及各供能系统之间，相互联系，形成一个能量连续释放的过程。不同供能系统的参与程度，主要取决于运动强度。

处于安静或轻度活动时，人体主要依靠游离脂肪酸氧化供能，当运动时能量需求大于游离脂肪酸氧化输出最大功率，即运动负荷超过 30%~50% VO_{2max} 时，糖氧化供能明显增加，这一转折点叫糖阈。糖阈之下时，部分脂肪和糖都能氧化供能，如慢跑、超长距离跑或长时间极限运动等，供能比例取决于负荷强度和肝、肌糖原水平及血液中的游离脂肪酸浓度。

当运动负荷强度达 55%~75% VO_{2max} 时，糖通过酵解生成乳酸途径参与供能比例迅速增加形成一个转折点，称为无氧阈或乳酸阈。这时运动肌肉糖原贮量减少，会影响机体维持某个运动强度的持续时间；另一方面当肌肉中提供能量生成乳酸时，乳酸浓度可比安静时升高 20~30 倍，肌肉中由乳酸释放的 H^+ 可使肌肉 pH 值下降 0.4~0.5 个单位，肌肉酸性化而影响肌肉本身的收缩过程，使运动能力下降，这种代谢过程只能提供 2~3min 最大强度的运动。科学的训练可以提高肌肉缓冲 H^+ 能力和增加糖贮量及糖酵解生成乳酸的能力。

当进行 80%~95% VO_{2max} 的运动时，乳酸生成大于其转运，使 H^+ 持续增加，肌肉中 H^+ 升高可以抑制磷酸果糖激酶活性，使糖酵解减弱，乳酸生成减少，来自糖酵解的供能会减少。然而，H^+ 升高直接影响肌酸激酶，有利于 H^+ + ADP + CP→ATP + C 反应进行。此时，肌肉中磷酸肌酸分解生产 ATP 供能会明显增加，以维持肌肉收缩和适应高强度运动时能量供应的量和功率的需求。

对于人体来讲，四个供能系统都有各自特定的最大输出功率和理想供能时间，并以此来保障运动中 ATP 再合成的需要。不同强度、时间的运动项目中，有氧代谢和无氧代谢的参与程度是不一样的，有明显的项目特征，如果以最大强度运动时，机体能够以最大输出功率和最短持续时间运动。

（三）不同运动项目的物质代谢和能量代谢

运动训练和体育锻炼的目的是不同的，但是物质代谢和能量代谢的途径与调控方式是一致的，不会因为是运动训练而不是体育锻炼就会造成糖的有氧氧化途径发生不一样的改变。两者导致机体适应性变化的差异主要是程度的不同，即机体能源储备数量、机体自身调节控制能力、机体耐受内环境的变化能力等，经过专业训练的人要高于一般参与锻炼的人。因此，在制定运动训练计划和体育锻炼方案时依据的物质代谢和能量代谢的基础是一样的，但在实施时需要遵循的原则是有差别的。

1. 运动项目的代谢类型的分类

根据运动时运动负荷和运动时间的特征，进一步把机体物质和能量代谢的类型细分，并且将运动项目与之对应，这是制定运动训练计划的重要依据。

2. 在运动训练过程中代谢规律应用的基本思路

运动训练的效果与内容的针对性紧密相关，在不同的运动中起主导作用的能量系统是不一样的，这是在了解运动项目与供能关系之后需要进一步了解的地方。与此同时，在发展既定供能系统能力的过程中，严格控制运动强度和运动时间是最为关键的手段，因为不同时间最大强度运动时供能代谢的分布是不一样的。

运动训练是提高运动能力的基本途径，因此，运动训练的方法从内容到方式都是随着训练实践的需求不断发生变化、完善和创新的。

了解运动项目特点和规律是制订训练计划的前提，了解运动项目与能量供给系统的关系是制订训练方式、方法的依据。不同运动项目供能系统参与比例具有明显的项目特征，我们通过控制运动训练的强度和运动时间，制定出符合项目特点的具体训练方法和手段，可以达到满足发展专项素质的供能系统能力。

在选定具体运动训练方法的基础上，根据既定目标，充分利用评价手段检查和修正运动训练方法的落实，是保障训练效果的重要环节。在实际的操作中，可以根据生理、生物化学指标和测试方法来判断、分析、评价训练的效果，制定训练方案和修订训练计划。

（四）能量物质储备与运动能力

1. 血糖

血糖是指存在于血液中的葡萄糖。血糖的基本来源是食物中的糖，饥饿状态下，肝脏释放的葡萄糖是血糖的又一来源。血糖可进入组织细胞用于合成糖原、氧化分解提供能量或转换成脂肪和氨基酸。

正常血糖浓度以空腹（进食12h之后）值为准，范围是4.4~6.6mmol/L。当血糖低于3.8mmol/L时，临床上称为低血糖；血糖高于7.1mmol/L，称为高血糖；血糖浓度高于8.8mmol/L时，肾小球滤过的葡萄糖在肾小管不能全部被重新吸收，糖将会由尿中排出，所以血糖8.8mmol/L称为肾糖阈。

（1）血糖的生物学功能　血糖是葡萄糖转运到外周组织的媒介物，其主要生物学功能为：

①中枢神经系统的主要供能物质：血糖用以维持神经中枢的正常机能。人脑仅占体重的2.5%左右，但是由于它在生命活动中所具有的重要地位，对全身各器官、系统机能有调节作用，因此对能量的需求极高。整个脑组织含糖原极少，只有2g左右，因此，脑组织几乎完全依赖摄取血糖进行能量代谢。脑组织的呼吸商大约为1，每分钟每100g脑组织需要消耗葡萄糖5mg，成人脑每分钟消耗葡萄糖75mg以上，一天消耗葡萄糖120~130g。在长时间的饥饿或人体活动时，血糖浓度低到3.3mmol/L时，会引起低血糖综合征反应，如皮肤苍白、心率加快、意识模糊，直至出现休克，其主要原因就是大脑缺乏葡萄糖提供能量。

②血糖是红细胞的唯一能源：成熟的红细胞中由于没有线粒体，因此不能通过有氧氧化获得能量。进入红细胞的葡萄糖90%~95%通过糖的无氧代谢—糖酵解被利用，其余经磷酸戊糖途径分解。循环系统中红细胞每天利用约25g葡萄糖。

③血糖是运动肌的燃料：处于静息状态的骨骼肌呼吸商为 0.7，主要是利用氧化脂肪酸供能。安静时，骨骼肌虽然也摄入一定的血糖，但量相对较少。人体骨骼肌占体重的 40% 左右，但每分钟只消耗葡萄糖 20~25mg，占肝脏输出葡萄糖的 10%~15%。

人体活动时，血糖仍然是工作肌群的重要能量代谢底物。血糖对人体活动肌群的供能作用，在低强度和中等强度的运动中显得较为重要。

低强度运动时，骨骼肌摄取血糖量的高峰时间出现在 90~180min。如果运动强度较大，血糖摄取高峰出现在 90~120min。因此，人体活动时骨骼肌的摄取和利用血糖量与运动强度大小、运动时间长短，以及人体活动过程的各个阶段均有密切关系。

（2）血糖浓度的调节　人体活动时，保持人体血糖浓度在正常的血糖水平以上，不仅对维持良好的人体活动能力十分重要，而且对维持人体的基本生命活动也是必要的。人体内调节血糖的机制是多方面的。

①神经调节：交感神经的作用可以促进肝糖原分解和糖异生作用加强，因此具有升高血糖浓度的作用。迷走神经的作用与交感神经相反，能促进肝糖原合成，抑制糖异生作用时血糖浓度降低。交感和副交感神经除了对肝脏机能的直接调节作用外，还可通过调节激素的分泌间接调节血糖浓度。

②激素调节：调节血糖浓度的激素可分为两大类：一类是升高血糖的激素，主要有肾上腺素、去甲肾上腺素、胰高血糖素、糖皮质激素及生长激素；另一类是降低血糖的激素，主要是胰岛素。肾上腺素能抑制肌肉摄取葡萄糖，促进肝糖原分解，促进机体内的非糖类物质（乳酸、丙酮酸、甘油、生糖氨基酸）转化为糖—糖异生作用，促进胰高血糖素的分泌，抑制胰岛素分泌。因此，肾上腺素的综合作用是使血糖浓度升高，具有维持运动时人体血糖浓度的重要作用。人体活动开始时，儿茶酚胺（肾上腺素、去甲肾上腺素、多巴胺）的浓度增高最早，调节作用也表现最快，所以交感—肾上腺系统对于人体活动早期血糖浓度升高起着决定性作用。胰高血糖素的直接作用是促进肝糖原分解及糖异生作用，以增加肝脏葡萄糖输出量，使血糖水平升高；间接作用还可以通过促进脂肪水解和脂肪动员作用，增加人体活动时脂肪供能而起到节省机体糖储备的作用。在长时间耐力运动的中期和后期，胰高血糖素对维持血糖水平有重要作用。人体内最重要的糖皮质激素是皮质醇，糖皮质激素在长时间人体活动的中期和后期对稳定血糖水平有重要意义。生长激素的作用是抑制组织细胞利用糖，使血糖浓度不易降低。胰岛素的作用与胰高血糖素相反，主要是促进肌肉和脂肪细胞膜上的葡萄糖载体转运，使葡萄糖进入细胞进一步参与代谢。胰岛素还可促进肝糖原和肌糖原制肝糖异生作用，促进糖转化为脂肪。此外，胰岛素还有促进糖的分解代谢，诱导葡萄糖激酶、磷酸果糖激酶和丙酮酸激酶的合成，以及激活丙酮酸脱氢酶系等作用，其综合作用是使血糖浓度降低。

③组织器官水平的调节组织器官调节：主要有肝脏、肾脏和骨骼肌等方面的调节。肝脏增加糖原分解和糖异生作用，使肝脏葡萄糖输出率根据人体活动的需要而有不同程度的增加。通常情况下，肝脏是糖异生作用的主要器官，但最新研究表明，人体处于长期饥饿和酸中毒时，肾脏的糖异生作用大大加强，由此认为在进行长时间人体活动的中后期，肾脏的糖异生作用对调节血糖有一定意义。人体活动时，骨骼肌对血糖的摄取利

用量与血糖浓度密切相关,也是调节人体活动时血糖浓度的重要因素。人体活动时未直接参加运动的组织器官,主要是内脏器官,对血糖的摄取减少,以保证供应较充足的葡萄糖给脑、骨骼肌和红细胞等。

2. 肌糖原

存在于人体骨骼肌中的糖原,称为肌糖原。人体肌糖原的储量约为 10~15g/kg 湿肌,肌糖原储量与肌肉部位、肌纤维类型、运动训练水平及饮食有关。

(1) 肌糖原的利用　人体活动时的肌糖原分解被快速激活。人体活动时肌糖原利用的速度和数量由多种因素决定,其中主要影响因素是运动强度、持续时间、运动方式、训练水平、饮食和环境因素等。

①运动强度:运动强度增大,肌糖原消耗速率相应增大。以 90%~95% VO_{2max} 以上强度运动时,肌糖原消耗速率最大;以 65%~85% VO_{2max} 强度长时间运动时,肌糖原消耗量最大;以 30% VO_{2max} 强度运动时,肌肉主要由脂肪酸氧化供能,肌糖原利用很少。

②持续时间:不同强度运动至力竭的时间不同,肌糖原消耗量也不同。以 90%~95% VO_{2max} 以上强度运动至力竭的持续时间最短,糖原消耗不到原储量的一半;以 65%~85% VO_{2max} 强度长时间运动时,运动时间能维持 45~200min。

③肌纤维类型:运动时,各类肌纤维内的糖原均能利用,但运动强度不同,各肌纤维内糖原的利用量是不均等的。在最大强度肌肉收缩时,Ⅱ$_b$ 型肌纤维全部募集,肌糖原迅速分解,糖原下降量最多。在 70%~90% VO_{2max} 强度运动中,随着运动强度的增大,首先募集的是Ⅱ$_a$ 型肌纤维,最后是Ⅱb 型肌纤维。在低于 70% VO_{2max} 以上强度运动时,Ⅰ型肌纤维内糖原下降最多。

④饮食:运动前 30min 或运动间歇,适量吃糖,可以减少肌糖原的消耗。运动前升高血浆游离脂肪酸的浓度,可以使运动时肌肉氧化脂肪酸的比例增大,减慢肌糖原的利用速率。

(2) 肌糖原的合成　由葡萄糖(包括少量果糖和半乳糖)合成糖原的过程称为糖原合成,反应在细胞质中进行,需要消耗 ATP 和 UTP,即葡萄糖在葡萄糖激酶的催化下,从 ATP 中获得磷酸,转变为 6-磷酸葡萄糖,6-磷酸葡萄糖再在葡萄糖变位酶的催化下,转变成为 1-磷酸葡萄糖,1-磷酸葡萄糖在糖原合成酶和分支酶协同催化下合成糖原。

(3) 肌糖原与运动能力　机体的肌糖原储量对于有氧运动和无氧运动能力的发挥都有重要意义。提高体内肌糖原储量、降低运动时糖原利用速率、加快运动后的糖原恢复,对运动能力的提高尤其重要。

①有氧运动能力:在长时间(45~200min)持续运动中,运动前肌糖原储量决定运动力竭出现的时间,直接影响耐力训练和比赛成绩。亚极量强度运动中,肌糖原消耗导致运动性疲劳的原因在于:糖原在不同肌纤维内数量不同,当运动肌内糖原耗尽时,难以从非运动肌内得到补充;肌糖原含量低者,在完成相同负荷运动时,肌肉要较多地吸取血糖供能,可能引起低血糖症,影响中枢神经系统的能量供应;肌糖原是脂肪氧化供能的代谢引物,缺糖将影响脂肪氧化供能的能力和供能量;肌糖原储量不足,脂肪酸供能比例增加,使运动能力下降。

②无氧运动能力：由于以 90%~95% VO_{2max} 以上强度运动致力竭时，糖原消耗不到原储量的一半。因此，在短时间或间歇性极量运动时，一般不会发生低血糖症。但是，当肌糖原储量过低时，糖无氧代谢的产物——乳酸的生成受到抑制，从而使糖的无氧代谢能力降低。因此，对于以无氧代谢供能为主的运动项目，比赛前机体有足够的肌糖原储备是必要的。

3. 肝糖原

肝糖原在静息状态下的含量波动较大，每 100g 肝组织含糖原 1.5~8.0g，平均为 4.4g。成人肝重 1.5kg 左右，肝糖原总量比肌糖原少，只占体内储存糖原总量的 20% 左右，但肝糖原对于维持血糖浓度的正常水平，保持良好的人体活动能力及健康有重要作用。

（1）肝糖原的利用　肝糖原的利用体现在肝糖原的分解和糖异生两个主要方面。安静状态下，由肝脏输出的葡萄糖中，有 70%~75% 来自肝糖原的分解，其余由糖异生作用产生。安静状态下，由肝脏进入血液的葡萄糖大约为每分钟 150mg。人体运动时，由肝脏进入血液的葡萄糖可增加到每分钟 360~480mg，受人体运动的持续时间、训练水平和营养状况等因素的影响。

糖异生作用是非糖类物质转变为葡萄糖和糖原的过程。在生理情况下，肝脏是糖异生的主要器官；饥饿和酸中毒时，肾脏也成为糖异生的重要器官。人体在进食 12~14h 后，糖异生作用生成的葡萄糖占肝脏输出葡萄糖总量的 25%~30%。在各种生糖氨基酸中，丙氨酸所起的作用最大，可以占糖异生作用生成葡萄糖的 20%~25%，占肝脏输出葡萄糖的 5%~8%。人体在进行短时间大强度运动时，糖异生作用占输出葡萄糖总量的 10%。在进行长时间持续运动时，运动的早期阶段糖异生速度没有明显提高，随着运动的持续，虽然肝糖原分解生成的葡萄糖逐渐减少，但是由于糖异生的底物增多，通过糖异生作用生成的葡萄糖逐渐增多。

糖异生的底物有乳酸、丙酮酸、甘油和生糖氨基酸。糖异生作用与运动的持续时间以及能源物质的消耗和补充情况有关。乳酸作为糖酵解的产物，是最重要的糖异生作用底物。人体运动的早期阶段（<40min），如果运动强度相对较大，以乳酸作为糖异生的底物较多。人体活动 40min 左右，生糖氨基酸经糖异生作用产生的葡萄糖达最大值，其中丙氨酸最为重要。甘油是脂肪分解的重要产物之一，大部分甘油运送到肝脏为糖异生作用的底物，尤其是在长时间人体活动的后期。进行长时间的耐力活动时，如果在运动中补充糖类饮料，则机体通过糖异生作用生成葡萄糖的量相对较少，表明糖异生除与底物浓度有关外，还与机体中可利用的糖数量有关。

（2）肝糖原的合成　肝糖原的合成途径与肌糖原大致相同。除合成部位不同之外，两者的主要不同之处还在于：

①体内含量不同：人体骨骼肌中肌糖原的储量为 10~15g/kg 湿肌，正常成人肝糖原含量约为 100g，占肝脏重量的 3%~5%。

②利用原料不同：肝细胞除利用葡萄糖合成糖原外，还可以通过糖异生作用将乳酸、丙酮酸、甘油和生糖氨基酸转变为糖原。这种作用增加了体内糖的来源。

③分解产物及功用不同：肝糖原的分解产物是葡萄糖，它除供给肝脏自身利用外，

还可以直接补充血糖,对维持血糖浓度的相对稳定起着重要作用。肌纤维中缺乏 6 - 磷酸葡萄糖脱氢酶,不能使肌糖原分解为葡萄糖以补充血糖,其分解产物是乳酸或彻底氧化为 H_2O 和 CO_2,只能供给肌肉本身利用。

④调节的激素不同:肝糖原和肌糖原的合成过程,受不同激素的调节,此合成还受 Ca^{2+} 的调节。

4. 脂肪

由于脂肪动员、转运和脂肪酸的分解步骤复杂,消耗氧较多,释放能量的输出功率比糖低,因此,不是短时间、极限强度运动的能源物质,只能作为长时间、中低强度运动时的主要能源物质。

运动时,可为骨骼肌细胞收缩提供能量的脂肪,来源于脂肪组织和骨骼肌细胞储备的脂肪。由于来源不同,供能过程和影响因素也有所不同。

(1) 脂肪组织的脂肪供能　脂肪组织中经常进行着两个方向相反的生物化学过程,一个是由脂肪酸与 α-磷酸甘油合成甘油三酯的酯化过程;另一个就是脂肪动员,由甘油三酯水解成为脂肪酸和甘油。这两个过程形成所谓的底物循环,循环的方向由机体是否需要脂肪供能来调节控制。在需要利用脂肪供能时,脂肪动员的速率加快,相反,进食后则酯化过程加快。脂肪动员和酯化过程受以下因素的影响。

①胰岛素和高浓度葡萄糖:都可以加速脂肪细胞中的再酯化作用,减少脂肪动员。

②运动时:因血液重新分配使脂肪组织的供血量减少或脂肪大量动员,造成血浆游离脂肪酸过高,与清蛋白结合运输时,清蛋白的浓度不能完全结合游离脂肪酸,血液运载脂肪酸的能力降低,从而增加酯化作用,抑制脂肪动员。

③乳酸对脂肪动员过程的抑制作用:已证明血液乳酸浓度 5mmol/L 时达阈值,10mmol/L 时对脂肪动员抑制达 70% 左右,对甘油释放无影响,可见其机制是促进脂肪细胞中的再酯化作用。

(2) 骨骼肌细胞内的脂肪供能　人体骨骼肌细胞内脂肪含量的差别很大,如一个 70kg 体重的人,体脂可达 9~15kg,肌肉内脂肪总量约为 0.2kg,与正常体重者的体脂含量相比是很少的,但肌肉内脂肪确实作为一种能源物质在运动中骨骼肌细胞收缩时发挥作用。

影响肌肉内脂肪供能的因素,主要包括运动强度、运动持续时间、饮食、训练水平、性别和年龄等。低强度 (<30% VO_{2max}) 和较大强度 (70% ~ 90% VO_{2max}) 运动时,肌肉内脂肪供能比例都不高,只有在中等强度运动 (40% ~ 65% VO_{2max}) 时,肌肉内脂肪可为骨骼肌收缩提供约 30% 的能量。而在运动持续时间超过 2h 以上时,由于血浆游离脂肪酸供能增加,抑制了肌肉内脂肪的分解供能。肌肉内脂肪的含量与膳食中脂肪含量密切相关。将膳食中脂肪比例增加到 40% ~ 65%,可以使肌肉内脂肪增加 50% ~ 100%,且高脂膳食后运动时肌肉内脂肪的净利用量也较高。不同训练水平对肌肉内脂肪的利用能力也有影响,耐力训练可通过提高肌肉内脂肪的储备量,进而提高中等强度运动中肌肉内脂肪的氧化量。女性安静时肌肉内脂肪储量约较男性高 25%,运动后下降近 40%,而男性则没有出现明显的下降。可以认为,女性由于脂肪含量与瘦体重的比值相对较高,脂肪的基础氧化率相对较低,因此其安静时肌肉内脂肪的储备也

较高，运动中分解氧化的量就相对较大。年龄与肌肉内脂肪储备量和利用能力的关系尚无法确定，由于骨骼肌细胞线粒体功能有增龄性的改变，因此，推测肌肉内脂肪氧化能力可能存在年龄差异。

（3）骨骼肌对血浆游离脂肪酸的摄取　血浆游离脂肪酸主要来自于脂肪动员，少量来自血浆中的脂蛋白，运动时骨骼肌也可能释放脂肪酸进入血液，与清蛋白结合成为血浆游离脂肪酸。血液中的脂肪酸主要是长链脂肪酸，如油酸、软脂酸和硬脂酸。由于脂肪酸的水溶性差，必须以清蛋白作为载体增加水溶性，以便于运输。人在静息状态时，血浆游离脂肪酸浓度较低，但其转运率快，半衰期约为4min，能较快地被组织器官摄取利用。人体运动时，血浆游离脂肪酸浓度显著升高，转运率也加快，而且与运动强度的大小关系密切，低强度运动时半衰期为2min，中等强度运动时可以减少到54s。运动3h，可使脂肪动员速率提高4倍以上，血浆游离脂肪酸浓度可由安静时的0.1mmol/L上升到接近2mmol/L，上升近20倍，并使肌细胞内脂肪酸含量增加，激活脂肪酸氧化。

骨骼肌细胞摄取血浆游离脂肪酸的速率与血浆游离脂肪酸的浓度有关，浓度越高摄取量也越多，这就是说，脂肪动员的速率会直接影响骨骼肌细胞摄取游离脂肪酸。脂肪酸进入骨骼肌细胞后，就可通过β-氧化途径进行氧化分解供能。

（4）影响脂肪供能的因素　运动中脂肪供能受很多因素的调控和影响，这些因素涉及从脂肪动员到脂肪分解氧化的各个环节。

①激素对脂肪动员速度的调节：人体运动时，交感神经兴奋，肾上腺素、去甲肾上腺素等分泌增加，脂肪动员加快，脂肪酸生成速率增加。同时，血浆肾上腺素和去甲肾上腺素浓度升高，可抑制胰岛素的分泌，使血浆胰岛素浓度降低，从而减弱它的抗脂解作用，增加脂肪动员。

②乳酸对脂肪动员速度的调节：乳酸可阻断或抑制肾上腺素加速脂肪动员的作用。运动训练可提高骨骼肌细胞有氧氧化的能力，如增加骨骼肌细胞内线粒体的体积和数量，提高有氧代谢酶的活性等，减少相同运动强度下乳酸的产生数量，削弱乳酸对脂肪动员的阻断或抑制作用。同时，训练还可提高机体对乳酸的耐受能力，即使在乳酸增加的情况下，也能保持较高的脂肪动员速度。因此，长期的有氧运动训练可提高人体脂肪动员的能力。

③运动中糖储量对脂肪利用的影响：糖和脂肪都是人体的重要能源物质，糖储量的变化会影响脂肪的分解程度。自行车运动员进行运动实验前8天控制膳食，第1天正常饮食，2~7天分为高糖膳食组和与高糖膳食组摄入能量相等的高脂膳食组，第8天都为高糖膳食，然后进行4h、65% VO_{2max} 强度的运动。测定他们在运动中脂肪利用数量的多少，结果发现：高糖膳食组的受试者更多地利用糖供能，而脂肪氧化量较少。说明运动前提高骨骼肌细胞内糖原储备，可以减少运动中对脂肪的分解利用。

④性别对脂肪利用的影响：不管训练水平如何，安静时，女性骨骼肌细胞内的脂肪储量显著高于男性；进行长时间、中低强度运动时，女性可较男性更多地利用脂肪供能。例如，进行90min、60% VO_{2max} 强度运动时，运动可使女性骨骼肌细胞脂肪含量下降25%，而对男性则没有这种影响。

(5) 脂肪代谢与运动能力　在运动强度低于70% VO_{2max}的中、低强度长时间运动中，体脂的储量是非常充足的。从理论上讲，它可以维持的运动时间是很长的，但人体却不能保持这种运动至无限长的时间，限制因素主要有以下几个方面。

①脂库动用甘油三酯时：首先由脂肪酶水解为甘油和脂肪酸，脂肪酸在转运过程中与血浆脂蛋白结合，长时间运动时，血浆脂蛋白复合体生成增多，当其浓度超过2mmol/L时，该复合体便形成微团，抑制许多酶的活性，导致线粒体ATP合成能力下降，同时使血液黏滞性增加，血流速度减慢，血小板凝集速率增加，机体出现供氧不足，运动能力下降。

②运动时：机体内肌肉组织利用脂肪酸的来源有两个，即肌细胞内的甘油三酯和血浆中的游离脂肪酸。长时间运动过程中，肌组织内甘油三酯供能占总耗能的25%，血浆游离脂肪酸供能占75%。所以，当血浆脂肪酸转运能力下降时，运动过程中所需的能量受到限制，运动能力下降。

当机体组织内糖储量下降到一定程度时，脂肪酸在线粒体中的氧化分解也会受到限制。同时肝脏中酮体生成量也增多，一方面，血酮体可直接抑制脂解作用；另一方面，血酮体也可使血浆胰岛素浓度升高，脂肪酸的分解供能受限，运动能力下降。另外，当运动时间不断延长，血浆游离脂肪酸尤其是不饱和脂肪酸浓度过高，又来不及氧化时，过高的血浆游离脂肪酸可能对骨骼肌细胞膜上的ATP酶产生抑制作用，酶分解ATP的能力减弱，进而影响骨骼肌细胞膜动作电位的形成，影响肌质网对Ca^{2+}的摄取，使肌肉收缩和放松过程都受到影响，这种改变是形成运动性疲劳的重要原因之一。肝脏和心肌中脂肪酸浓度升高，可能损害细胞的多种机能，如抑制线粒体氧化过程，抑制细胞膜K^+-Na^+-ATP酶（钠泵）的活性等。所以，脂肪酸动员与运动能力之间有着双重关系，脂肪酸动员不仅有供能作用，还能使细胞机能紊乱，引起运动性疲劳。

（五）运动训练监控

1. 运动训练监控的概念

运动训练监控就是将运动医学、运动生物力学、运动心理学、运动生理学、运动生物化学等学科的理论和方法应用于训练过程中，运用综合的方法和手段研究训练过程和训练效果，其最终目的就是为了帮助教练员不断调整训练计划，使运动员达到体能、心理和技术等最佳状态，从而最大限度地提高训练效果和运动能力。

运动训练的生物化学监控是训练监控的一个主要组成部分，它通过利用生物化学的原理和方法，测定运动训练过程中运动员体内的一些生物化学指标的变化，以评价运动员训练时的负荷强度和负荷量、训练方法和手段的合理性与效果，以及机体对运动训练产生的适应信息、恢复效果等，从而帮助教练员了解训练效果，正确评价和调整训练方案。运动训练的生物化学监控涵盖了运动训练前、中、后的过程，以及动态的和静态的全方位的监控。

2. 运动训练的生理生化监控基本原理

在训练中，运动员完成技术动作的过程，也是机体调动神经、内分泌、循环等系统和运动器官共同应对运动应激刺激的过程。在这个过程中，身体首先表现出能量生成和利用的适应性变化，随之，与能量代谢有关的调节系统、支持系统也会出现变化，这些有一定规律的变化就是开展训练的生理生化监控的理论依据。

训练中，负荷强度不同，机体能量产生的过程不尽相同，如大强度的运动，身体以无氧代谢供能（磷酸原供能系统、糖酵解供能系统）为主；较小强度的运动，身体则以有氧代谢供能（有氧氧化供能系统）为主。磷酸原供能就是利用ATP-CP供能过程，糖酵解供能是机体利用葡萄糖代谢为乳酸产生能量的过程，有氧氧化供能是机体以糖、脂肪、蛋白质为原料代谢产生能量的过程。

实际上在任何运动中，无氧代谢与有氧代谢两种供能方式均同时发生，训练负荷强度不同，两种供能方式所占比重不同。

3. 训练监控常用的生理生化指标

运动心率（HR）、安静心率（HR）、血压（BP）、血红蛋白（Hb）、红细胞系、血清睾酮（T）、血清皮质醇（C）、T/C、血清肌酸激酶（CK）、血乳酸（BLa）、血氨（BNH）、血尿素（BU）、尿蛋白（PRO）、尿酮体（KET）、尿潜血（BLD）、尿胆红素（BIL）、尿胆原（URO）、无氧功率、最大摄氧量（VO_{2max}）、无氧阈、白细胞、NK细胞、IgG/IgM/IgA等、反应时、两点辨别阈、闪光融合频率、主观体力感觉等级等。

4. 实施训练监控的基本原则

训练监控是一项有很强计划性、针对性和目的性的科学研究工作，它既有一般科研工作所要求的严谨、认真、求实和严格按实验计划操作的特点，又有随时根据运动员状态和训练计划变化调整测试计划的灵活机动的特点，这是由其为运动训练服务的最终目的所决定的。在具体操作中，需要注意以下原则。

（1）个体化原则 不同运动员在先天素质和后天训练方面存在明显的差异，体现为不同运动员的生理生化训练监控指标、个人平均水平与变化幅度的差异都可以很大，因此，在对优秀运动员进行监测的过程中，必须建立运动员的个体训练监控档案，确定运动员的个体评价标准。

（2）系统化原则 系统化原则包括以下两方面：第一，测试条件、测试指标、测试仪器方法与测试人员等，都应该尽量保持一致，这样才能尽可能多地排除非训练因素的干扰，使不同时间获得的测试结果具有可比性；第二，训练周期内的测试安排目的性、计划性、针对性要强。教练员要根据明确的目的制订出有层次有阶段的训练计划，科研人员则应该根据训练计划制定出相应的测试计划，来对每个阶段的动练效果进行评估，这样整个训练周期的训练监控才能体现出系统性。

（3）合理化原则 测试指标应合理化地选择符合"最小化测试，最大化有效信息"的原则。"最小化测试"是指将测试方法尽量简单化，兼顾测试的次数、规模和耗费都降低到最低水平，这不仅是出于经济方面的考虑和避免测试指标在功能上的重叠，更主要的是为了尽可能减少对运动员和训练过程的干扰。"最大化有效信息"即最大限度地获取信息，一方面应根据"能够有效和准确评价训练效果"的原则选择指标，另一方面应合理选择和搭配指标，使与评估目的相关的各个方面情况，都有尽可能全面的指标进行体现。另外，在进行训练监控测试的指标和方法选择上，尽量选择定量指标和测试方法，越是优秀运动员，越有必要采用定量指标进行训练信息的精确量化。

（4）规范化原则 规范化有两层含义，一是针对测试设备与方法的选择而言，主要指在本行业内对某一指标尽可能采用同样的设备和方法进行测试。二是针对测试过程、操作规范而言，主要指测试过程中仪器设备使用与操作的规范与合理。只有保证了测试过程中的规范化，尽量减少系统误差对测试结果带来的影响，才能使测试结果尽可能真实地反映训练效果，才能使运动员在不同时期、或到不同训练地点转训期间做的测试结果具有连续可比性，才能从长期监测的结果中总结出准确的规律。随着竞技体育水平的快速提高，竞争的日益激烈，运动员水平越来越接近，细微的差别也会影响到训练效果的最大化，因此，规范化的测试是保证科学化训练的根本要求。

（六）运动训练生化监控的应用

从上面叙述可见训练方法的监控是关键内容，物质和能量代谢的规律是运动训练理论的重要基础，因此，根据不同专项的物质和能量代谢的规律和特点，针对运动训练目的来选择发展不同的物质能量代谢系统的供能能力，是提高运动能力的基本方法。

1. 发展无氧代谢能力的训练方法——提高速度和爆发力的间歇训练

（1）提高磷酸原代谢能力的训练　100m跑的起跑、举重、跳高、跳远、游泳出发等，都是以磷酸原（ATP-cP）系统在无氧条件下进行代谢供能的。代谢过程中产生的乳酸很少，因此又称为非乳酸能代谢系统，但这种叫法不够准确，因为有氧代谢产生的乳酸很少，所以在运动生物化学中不用这个不确切的名词。提高磷酸原代谢能力的运动训练方法，称为无氧—低乳酸训练，不能称无氧—无乳酸训练。

提高磷酸原代谢能力运动训练方法的基本原则如下。

① 最大速度或最大力量的动作训练：练习时间以不超过10s为宜。

② 两次动作训练的间歇时间不短于30s；60~90s的休息间歇具有较好的训练效果。

③ 两组动作训练的间歇时间不短于3min；3~4min的组间休息间歇是磷酸原物质恢复的最短时间。

磷酸原系统的供能特点是维持运动时间短，常为5~8s，但输出功率在所有供能系统中是最大的。磷酸原系统的训练，可采用专项或专门的最大用力5~10s重复性练习。在5~10s大强度运动时，能量的供应几乎全部来源于磷酸原供能，在恢复间歇中仅有少量的乳酸生成。在短跑、举重、跳跃类和投掷类项目比赛中，运动员要在数秒内以最大功率完成既定任务，因此，这些项目进行时机体能量代谢主要由ATP和磷酸肌酸提供。磷酸肌酸向ATP转化的速率，取决于磷酸肌酸在机体内的储备量。

磷酸原供能系统训练最重要的是掌握休息间歇时间，如果间歇时间太短，磷酸原恢复量少，则重复运动时的部分能量由糖酵解提供，使血乳酸水平明显上升，这对发展磷酸原供能是不利的。反之，休息间歇时间过长，磷酸原虽能完全恢复，但是根据运动训练学的超量负荷原则，训练密度不足以刺激磷酸原，也不利于提高磷酸原系统的供能能力。磷酸原供能系统训练的间歇时间，应根据磷酸肌酸恢复的半时反应来决定。由于磷酸肌酸恢复的半时反应为20~30s，所以，其最适宜的休息间歇应为30s左右。但对于训练水平较低的或大运动量训练初期的运动员，休息间歇可适当延长，如60~90s休息，随着训练水平的提高，休息间歇时间可逐渐缩短。在足球短冲训练中，延长间歇休息时间至60s，可维持短冲10次的功率输出的能量。

（2）100m跑的训练　最高强度持续运动时，随着运动时间的不断延长，机体肌肉内磷酸肌酸含量逐渐下降，而血液中乳酸水平逐渐上升，提示磷酸原供能系统只能维持短时间高强度运动。

(3) 发展糖酵解代谢能力的训练—速度耐力的间歇训练　糖酵解代谢系统是由肌糖原在无氧或缺氧条件下所完成的，是无氧耐力的主要供能系统。糖酵解供能能力是高强度的、无氧耐力型运动的生物化学基础。提高糖酵解供能能力的运动训练时间一般处于 30s 至 15min 之间，根据不同项目通常应用最大乳酸训练和乳酸耐受能力训练两类。

① 最大乳酸训练法—最大强度间歇训练：最大乳酸训练法的目的是提高机体最大糖酵解供能能力。采用间歇训练为主要的训练方法，使机体的乳酸达到最大堆积，提高机体耐受最大乳酸能力的刺激，从而提高运动员最大糖酵解供能能力。最大乳酸训练法的运动时间为 1～2min/次、每组重复 4～6 次，组间间歇时间一般为运动时间的 2～4 倍，且可以调整间歇休息的时间和运动与休息的组数比例来提高乳酸生成量，即根据组间恢复情况，决定训练组数。训练的间歇主要用血乳酸指标监控。最大乳酸训练是 400m、800m、1 500m 跑和 100m、200m 游泳等项目。

进行最大乳酸训练时，机体在 30s 和 45s 最大强度运动中，ATP 变化不大，磷酸肌酸和肌糖原下降。

通过最大乳酸训练，可以使运动员在血乳酸水平达到最大时所对应的运动强度提高，或使运动员在最大强度间歇运动后的血乳酸水平进一步升高。

制订最大乳酸训练计划时，应当注意安排合理的运动强度和休息间歇时间。合适的间歇休息时间可能更有助于达到最大乳酸水平。选择适宜的运动强度和休息间歇时间是最大乳酸训练法的关键。

在间歇休息时，主动性休息（即高强度运动后进行小强度的运动）的乳酸消除速度比静止性休息（即高强度运动后不进行任何运动）快。5min 主动性休息，可以使极限强度负荷后血乳酸水平下降到 (6.73 ± 0.61) mmol/L，而 5min 静止性休息后，血乳酸水平为 (8.54 ± 0.89) mmol/L。因此，最大乳酸训练后，应当进行适当的低强度运动以加速乳酸消除，进而更快进入下一个训练计划。

② 乳酸耐受力训练法：乳酸耐受力训练法，是以提高机体耐受高乳酸能力为目的、以超负荷训练为主要手段的训练法。在第一次练习后使血乳酸达到较高水平（大约 12mmol/L），然后保持其水平以提高机体对高血乳酸水平的适应力和耐受力。实际运动训练常采用 1～1.5min 大强度运动和 4～5min 休息相结合的多次重复的间歇训练。乳酸耐受力训练可改善和调节不同类型肌纤维耐乳酸能力。乳酸耐受力训练常采用 1～1.5min 大强度运动和 4～5min 休息的多次重复性间歇训练手段，1～1.5min 运动可以使机体血乳酸水平达到 12mmol/L 左右，4～5min 休息间歇可以完成肌乳酸从骨骼肌向血液的有效转移和血乳酸通过血液循环消除的平衡。如果休息的间歇时间不足，会产生血乳酸积累过多，而导致运动能力的下降。经过乳酸耐受力训练后，运动员在血乳酸水平达到 12mmol/L 时所对应的运动强度提高，或者以训练前 12mmol/L 血乳酸水平的运动强度进行运动时，血乳酸水平下降，均说明运动员的乳酸耐受力提高，这种训练方法要十分注意掌握好负荷强度和休息间歇。强度过大、间歇时间过短，会导致骨骼肌因酸性增加，而不能维持完成既定的运动强度。

2. 发展有氧代谢能力的训练方法

提高有氧代谢能力的训练方法主要包括乳酸阈强度训练、最大乳酸稳态强度训练和高原训练。

(1) 乳酸阈强度训练法 有氧代谢为主的运动训练方法，采用小于或等于无氧阈强度的运动训练，可以有效地提高机体有氧代谢能力。

乳酸阈强度的运动训练，特别是个体乳酸阈强度运动，可以根据运动员的个体差异性，有效地刺激机体代偿性地升高有氧代谢能力。无氧阈（AT）是指在递增负荷工作时，机体由以有氧代谢供能为主转向无氧代谢供能迅速增加的临界点（转折点）。无氧阈常以血乳酸水平达到 4mmol/L 时所对应的强度（% VO_{2max}）或功率（W）、心率、通气阈和 CO_2% 的峰值来表示。目前一般将 4mmol/L 的血乳酸浓度所对应的运动强度称为无氧阈。由于机体在完成运动负荷时，每个人都具有不同的血乳酸动力学变化特点，所以不同运动项目和个体若一概以 4mmol/L 乳酸浓度及所对应的功率作为乳酸阈，必然忽略了机体的个体差异性。个体无氧阈更能准确地反映机体有氧代谢能力。个体无氧阈是以递增负荷运动时血乳酸的动态变化描记出曲线，经计算得出乳酸阈值对应的运动强度。个体无氧阈范围为机体血乳酸浓度为 1.4~7.5mmol/L。为了便于教练员和运动员能够根据运动生物化学的理论，科学制订乳酸阈强度运动训练，许多研究学者根据 4mmol/L 血乳酸浓度，评定出不同运动项目对应的专项运动强度。

乳酸阈强度的运动训练，可以有效地提高机体的有氧代谢能力，个体乳酸阈强度的运动训练，可以因人而宜地发展机体的有氧代谢能力。乳酸阈强度的训练常采用持续跑、游泳和划船等运动方式，个体乳酸阈强度的控制常采用分阶段测定乳酸阈心率，以心率作为运动强度的判定变量，另外，实际运动训练时，也可应用乳酸阈运动速度，以运动速度作为运动强度的判定变量。

(2) 最大乳酸稳态强度训练法 最大乳酸稳态指在 20min 内机体血乳酸水平的增长幅度不超过 1.0mmol/L。人体进行递增负荷运动时，血乳酸浓度维持在 3.5mmol/L 左右。经过最大乳酸稳态强度训练后，运动员达到最大乳酸稳态所对应的运动强度升高，表明其有氧代谢能力增强。

马拉松运动时能量供应以有氧代谢为主，训练和比赛过程中血乳酸浓度低于个体乳酸阈（4mmol/L），通常处于 3.5mmol/L 左右。

(3) 高原训练法 高原训练是指有目的、有计划地将运动员组织到具有适宜海拔高度的地区，进行定期的专项运动训练的方法。研究证实，高原训练可以有效地改善机体运载氧的能力。其提高机体运动能力的理论依据为：机体在高原低压缺氧环境下训练时，高原缺氧和运动的双重刺激，诱发机体产生强烈的应激反应，从而产生一系列有利于提高运动能力的抗缺氧生理反应。训练地点的海拔高度一般可以分为低海拔（1 000~1 200m）、中海拔（2 000m 左右）和高海拔（2 800m 以上）。目前，研究结果表明：中海拔高度的高原训练是提高机体有氧代谢能力的有效方式。低于 2 000m，低压缺氧刺激较小，不利于充分挖掘机体的潜力；高于 2 500m，机体难以承受较大的训练负荷，不利于高强度训练及训练后的恢复。

适宜的高原训练可以从红细胞相关指标、自由基、激素、骨骼肌酶活性、肌红蛋白指标和肌肉缓冲能力方面，改善机体的有氧代谢能力。

当机体进入高原后，RBC（红细胞）计数和Hb（血红蛋白）浓度随即表现出增加，上高原1周后RBC和Hb都有所升高，但升高的幅度有所不同；高原训练2周时RBC和Hb水平接近平原时的水平；3~4周时RBC和Hb水平表现出下降的趋势，甚至有时表现出低于平原时的水平；高原训练回平原后RBC和Hb水平表现出升高的特点。另外，与单纯的世居高原相比，高原训练似乎更能促进红细胞的生成。研究证实，中等海拔的高原训练组和世居高原安静组相比，前者的网织红细胞（较幼稚的红细胞）明显增加，表明缺氧与运动两种刺激是分别独立起作用的。在高原训练后返回平原训练的过程中，运动员通过高原训练提高的RBC和Hb是能够维持一段时间的。目前认为，高原训练所获得的RBC和Hb的增加在返回平原后能维持2~3周。

总之，高原训练对有氧代谢能力的提高有积极作用，其机制可能是高原训练改善心脏功能、提高RBC和Hb水平、提高RBC内2,3-二磷酸果糖（2,3-DPG）水平、增多骨骼肌内毛细血管数目、增加机体线粒体内酶活性。

（4）高住低训法（HiLo训练法） 高住低训是近年来提出的一种新的发展耐力的训练方法，是指运动员居住在高原或模拟的高原上（2 500m左右），而在1 000m以下的平原训练。高住低训提高运动员有氧代谢能力的机制是：运动员居住在模拟高海拔的低氧环境下，刺激运动员自身的促红细胞生成素分泌，提高机体的造血机能。促红细胞生成素分泌并维持在高水平，引起红细胞总量增加，随之最大摄氧量增加，因此，提高了运动员的有氧耐力。同时，平原训练又保证了运动员能够完成专项大强度负荷训练。

但是高住低训仍然存在许多问题。在实施高住低训时，居住的模拟高度、居住的时间、高住的次数、高住低训对机体的红细胞机能以及改善运动能力的确切机制等，都有待于进一步的研究。

二、机体对运动的适应与疲劳

（一）运动训练的超代偿规律

运动后机体适应过程是运动过程的一个部分，从生物化学变化来看，运动时主要是身体内能源物质的分解代谢、释放能量以维持运动的消耗过程，运动后主要是被消耗的能源物质重新合成和代谢产物消除，使身体重新恢复稳态和提高的过程。这两个过程实则是消耗和恢复过程的统一，讲述恢复过程不能脱离消耗过程，要想进行有效的恢复，必须科学地认识消耗过程，明确运动训练和体育锻炼的消耗是为了恢复过程的提高。

解释运动后恢复过程的假说，目前主要有下面两个：超代偿规律和应激学说。

1. 超代偿规律的提出

苏联雅可夫列夫的专著《运动生物化学概论》中，首次详细地论述了运动时消耗和恢复过程的关系。概括如下：

描述了运动引起机体消耗—恢复—超代偿现象。一定范围内，消耗越多，机能潜力恢复越大、超代偿表现越明显、效果持续时间越长。如果消耗继续发展，将导致恢复过程延缓。说明训练负荷量应当足够大，但不能过大。

从生物化学角度解释了重复性训练的原理。开始后的一次重复性训练，如果是在前一次训练后的超代偿期之后进行，运动能力不会改善；如果是在前一次训练后的超代偿期之前进行，机能水平反而下降；只有在前一次负荷后的超代偿期阶段进行，运动能力才会继续提高。

雅可夫列夫提出了超代偿规律，但并不意味着可以在训练中简单效仿，因为超代偿规律在不同运动员，甚至在同一个人的不同器官的疲劳、不同能源消耗和恢复过程都有不同特点，变化曲线也不尽相同。

2. 超代偿的应用

肌糖原超代偿—糖原填充法　Bergstrom 和 Huhanam 等的研究认为，人体运动时肌糖原消耗后的恢复过程中，会明显出现超代偿，他们提出和应用高糖饮食和运动训练相结合的糖负荷方法，在赛前使肌糖原超代偿增加 2~4 倍，从而提高了运动能力。

3. 在运动训练中的应用。

(二) 运动应激与神经—内分泌—免疫网络调节

1. 运动应激

人体在神经—内分泌—免疫系统的调节下，身体内环境处于相对稳定的状态，简称内稳态，如血糖、血 pH 值、血离子浓度、体温等。但当身体受到躯体、心理的各种强烈刺激时，内环境稳态被破坏，身体必然会动员内部力量来消除各种刺激所产生的影响。对运动员产生强烈刺激的因素主要有：环境温度过高或过低、高原氧分压下降、激烈运动、药物中毒、运动创伤、赛前心理过度紧张、赛期的激烈竞争、赛后失利的抑郁等。这些对身体有损伤性的强烈刺激，会引起机体进行一系列的动员，亦会产生刺激因素直接相关的特异性反应和不直接相关的全身性非特异性反应。这种对各种刺激的非特异性共同反应称为应激或应激反应，刺激的因素称为应激原，如激烈运动。

应激普遍存在于生活中，是生命赖以生存和发展的本能的保护机制。应激反应可提高机体的准备状态，以便对应激原进行战斗或逃避，过渡到在应激的状态下维持机体自稳态，增强机体的适应程度。运动训练也是机体对应激原不断适应的过程。

(1) 第一阶段——警觉期　这是身体对应激的最初反应，是身体对应激抵抗的全面动员阶段。运动时这种警觉反应表现为，交感肾上腺髓质分泌肾上腺素、去甲肾上腺素增加，肾上腺皮质激素（主要是皮质醇）增多，血糖上升，心率加快等，产生对运动的急性适应性反应，使机体处于最佳的动员状态。

(2) 第二阶段——抵抗　如果训练继续进行，训练应激原持续作用于机体，这时就进入抵抗或适应阶段。主要是交感肾上腺髓质分泌肾上腺素为主的警觉反应逐步消退，肾上腺皮质激素（皮质醇）分泌增多为主的适应性反应占主导，身体代谢率增加，炎症、免疫反应减弱，胸腺、淋巴组织缩小。身体出现对训练的适应，运动能力提高。

(3) 第三阶段——衰竭期　持续大运动量训练或过强的刺激，容易大大降低身体抵抗力，警觉期的症状可能再次出现，适应性反应可能消失，肾上腺皮质激素持续升高，但皮质醇的受体数量和亲和力下降。机体内环境明显失衡，如血睾酮下降、免疫紊乱、运动能力下降；应激的负面作用出现，如出现过度训练的早期症状，甚至出现应激的相关病症。

2. 运动的神经—内分泌—免疫网络调节

（1）运动应激时重要的内分泌活动　运动员长期处于激烈的运动训练或比赛的应激中，但内环境还能处于相对稳定。针对应激原对机体各种功能的影响，神经—内分泌系统不断进行准确、迅速的调节，使内环境不发生剧烈波动，逐渐过渡到适应。在神经、内分泌调节中，交感—肾上腺髓质系统和下丘脑—垂体—肾上腺皮质系统两个系统起着关键的作用。

在运动应激时，应激原的刺激深度取决于运动负荷的强度和量度，以及在训练周期中大、中、小运动量间的安排，而运动负荷的性质（大小及节奏）是决定神经、内分泌调节能否产生良性训练效果、避免消极作用的基本因素。

（2）运动应激时神经、内分泌对免疫的调控　在急性运动应激时，可见外周血吞噬细胞增多，活性增加，补体、C反应蛋白等非特异性抗感染的急性期蛋白增多。持续的剧烈运动应激，由于糖皮质激素和儿茶酚胺大量产生，会造成免疫抑制甚至功能失调，进而诱发免疫失调性疾病，如常见的感冒、低热等。

免疫细胞反过来也可以产生多种因子，使神经—内分泌系统感知这些非识别性的刺激。

（3）神经、内分泌和免疫调控之间的关系　运动时躯体应激和心理应激都会通过神经、内分泌反应而产生各种激素或应激免疫因子，对免疫系统和全身组织器官的功能进行调节。病毒、异体蛋白、运动应激等刺激作用于免疫系统，产生各种细胞因子和免疫反应性激素，作用于神经—内分泌系统，起激发或调节作用，动员全身各组织器官对运动生物化学应激作出反应。神经、内分泌和免疫系统之间功能和物质代谢间的协调统一和精细协调在生命活动过程中十分重要。

（三）骨骼肌蛋白质合成代谢的适应性变化

1. 运动时骨骼肌蛋白质净降解

正常情况下，成人体内蛋白质处于稳定状态，即蛋白质的合成速率等于分解数率。绝大多数蛋白质的数量保持相对不变。蛋白质降解的氨基酸可以作为运动中的能源物质。长时间运动时，5%~10%甚至更多的能量是来源于氨基酸和蛋白质，如在90min的高强度训练中，蛋白质能为肌肉提供高达20%的能量供应。在运动中肌肉组织的大部分蛋白质的合成受到抑制，而肝脏和肌肉内非收缩蛋白质的分解速率加快，收缩蛋白的分解代谢速率减慢，整体蛋白质代谢表现为分解代谢加强。

进行长时间运动，如果需要蛋白质参与供能代谢时，首先消耗机体细胞内氨基酸和少量的可变蛋白质，然后再进一步消耗组织细胞的结构蛋白质，尤其是骨骼肌的结构蛋白质。耐力运动刺激蛋白质的分解代谢，力量训练又能促进肌肉蛋白质合成，因此，研究运动训练对蛋白质代谢，尤其是骨骼肌蛋白质代谢的影响是十分重要的。

2. 运动后骨骼肌蛋白质的代谢适应

运动训练可以使氨基酸和蛋白质代谢产生适应性变化，运动后骨骼肌蛋白质合成速率加快，同时还可加速肌肉损伤后肌纤维的修复。因此，运动后机体对蛋白质、氨基酸需要量增加。

运动后蛋白质合成速率对运动应答是双向的。运动后蛋白质代谢恢复至净平衡的时间至少需要延续到运动后48h。因此，选择补充蛋白质的最佳时间，对于加强运动后蛋白质合成具有重要的意义。一般补充蛋白质的最佳时间是运动后2h以内，机体在这段时间内能够最有效地利用食物中的蛋白质，有利于肌纤维增粗和肌肉增大，从而达到最好的肌肉塑形效果。但是，训练方式不同，运动后骨骼肌蛋白质适应性变化特点不同。

力量训练的一个突出效果是促进蛋白质合成，使肌肉壮大。通过力量训练，肌肉可以从占体重40%增加到50%左右。肌肉变得粗壮的原因是肌纤维增粗和结缔组织细胞增生。例如，一般成人肌纤维最大横截面是75 000 μm^2，举重运动员可以达到90 000 μm^2。由于运动时主要募集快肌纤维进行收缩，使快肌纤维比例增大，经过力量训练和其他种类的快速爆发力训练后，快肌纤维比慢肌纤维容易变粗。

耐力训练使骨骼肌线粒体数目增多，体积变大。研究发现，耐力训练使鼠腓肠肌谷丙转氨酶的活性上升，其中细胞浆中升高50%，线粒体中升高80%。耐力训练使机体葡萄糖—丙氨酸循环加速，促进三羧酸循环中间代谢产物回补作用，提高了氨基酸氧化供能的潜在能力，从而保证运动时蛋白质代谢更积极、更有效地发挥作用。

3. 运动后骨骼肌蛋白质合成的基本过程

运动后机体对蛋白质合成适应的意义主要为：因运动机能需求增加，蛋白质消耗增多，运动后蛋白质修复增加，从而结构蛋白增加；酶蛋白适应性增加，从而使某些酶数量增多或活性增加，有助于相应的代谢过程顺利或加速进行。

运动后蛋白质合成速率加强与运动引起的代谢物积累（某些氨基酸）和激素的适应性变化，最终达到结构变化增大和酶分子数量增加。运动导致蛋白质合成增加，也与运动后骨骼肌某些基因转录水平增加有关。

（四）脂代谢的运动适应

运动，尤其是中低强度的运动，对人体脂代谢会产生影响，并引起体内脂代谢产生相应的适应性变化。这些变化涉及血脂代谢和体脂代谢。

1. 血脂代谢的运动适应

血脂是血浆脂蛋白的总称，其成分主要包括乳糜微粒、低密度脂蛋白、高密度脂蛋白、极低密度脂蛋白等，这些成分受运动的影响各有不同。

（1）运动对高密度脂蛋白的影响　多数研究都认为，耐力运动可提高血浆高密度脂蛋白的水平。运动使高密度脂蛋白水平增高的主要原因是：运动引起脂蛋白代谢关键酶脂蛋白脂酶（LPLa）和卵磷脂胆固醇酰基转移酶的活性提高，从而加速了富含甘油三酯的乳糜微粒和极低密度脂蛋白中的甘油三酯的降解。

（2）运动对低密度脂蛋白的影响　运动可使低密度脂蛋白水平下降。运动降低低密度脂蛋白浓度的机制可能是：低密度脂蛋白受体活性增高；运动引起载脂蛋白B水平降低；运动使富含甘油三酯的极低密度脂蛋白和低密度脂蛋白的分解加强；低密度脂蛋白的活性提高等因素综合作用的结果。

2. 体脂代谢的运动适应

体内脂肪的代谢与血脂代谢一样，也会对耐力运动和/或训练产生适应。这些适应性的变化主要体现在脂肪细胞对促脂肪动员激素的敏感性提高，其中的脂肪酶活性也提高。同时，骨骼肌细胞氧化分解脂肪酸的能力，也会在耐力运动的影响下得到提高。

(1) 耐力训练对脂肪细胞的影响　有研究表明：耐力训练可使大鼠脂肪细胞对肾上腺素的促脂解作用的敏感性显著提高，这种变化可能与蛋白激酶或激素敏感性脂肪酶功能的改变有关，而与β受体的数目关系不大。耐力训练还可提高脂肪细胞对胰岛素的敏感性，在同量胰岛素作用下，可使进入脂肪细胞的葡萄糖量增多，合成甘油三酯的量也增多，但未发现脂肪细胞膜上胰岛素受体数目的变化。可见，耐力训练对鼠脂肪细胞的影响有两个方面：提高其对肾上腺素作用的敏感性，增加脂肪动员能力；提高其对胰岛素的敏感性，同时增加对运动后甘油三酯的储存及恢复能力。

高水平马拉松运动员体脂百分率下降，脂肪细胞的平均直径比非运动员显著减小，以葡萄糖作为底物合成甘油三酯的能力增大；脂肪组织中脂蛋白脂肪酶活性增高，甘油三酯转运率加快。这说明耐力训练也可同时增强人体内脂肪水解和脂肪合成的能力，有利于运动时运动员的脂肪供能及运动后的恢复。

(2) 耐力训练对脂肪代谢的影响　在进行耐力运动时，耐力训练可使运动员的脂肪供能比非耐力运动员增加10%左右。这可能是由于耐力训练使肌细胞内线粒体的数目增多、体积增大；也使位于线粒体中的各种酶的活性增强、呼吸链中的细胞色素含量增加，与脂肪酸氧化直接有关的酶的活性都显著升高，从而促使骨骼肌在运动时更好地利用脂肪酸氧化供能。另外，耐力训练还能增加骨骼肌细胞浆中的脂滴数目。肌细胞中甘油三酯含量的增多与线粒体容积的增大成正比关系，所以耐力训练的结果使骨骼肌细胞储存甘油三酯含量增多，便于运动时就近利用。

运动训练还可使脂蛋白中脂肪分解代谢的能力提高。

(五) 核酸与运动

核酸包括 DNA（脱氧核糖核酸）和 RNA（核糖核酸）两类，是遗传的物质基础。生物的遗传性状最终由蛋白质来表现，而生物性状的遗传与变异则与基因有关。

1. 基因的概念

基因是遗传信息的基本单位，是指 DNA 双螺旋分子中含有特定遗传信息的一段核苷酸序列。从物理的角度来看，基因是位于 DNA 上的离散片段，它的碱基顺序决定了一个多肽的氨基酸顺序，基因的大小可以从少于 100 个碱基到几百万个碱基不等。

2. 基因与运动能力

基因与运动能力的关系是运动医学界研究的一个热点课题。人类遗传学的研究证实，人类运动能力受遗传基础影响。了解了基因与运动能力的关系，针对不同运动项目的体能要求进行个体化科学选材具有重要意义。

运动能力是由控制人体运动各方面性状的基因决定的。随着人类基因组计划的实施，有关运动能力相关基因的研究已经取得令人鼓舞的研究成果。由于性状的遗传性，使其能在人的一生中保持一定的稳定性，因此，在运动员的科学选材中，可依据遗传稳定性的特点，预测待选运动员将来可能达到的运动水平，为科学选材提供有力的依据。

(1) 血管紧张素转化酶基因　一般认为，血管紧张素转化酶基因主要影响人体的心肺功能，从而影响人体的有氧耐力素质。研究提示，血管紧张素转化酶基因是决定人体有氧耐力素质的重要因素，血管紧张素转化酶基因不但影响人体有氧耐力素质，还影响人体对耐力训练的敏感度。研究发现，那些体能素质超群者的血管紧张素转化酶基因存在某些共同特征。血管紧张素转化酶基因存在 I 和 D 两种等位基因形式，I 型等位基因使人体血液中的血管紧张素转化酶水平较低，D 型等位基因的作用相反。拥有至少一个 I 基因的人，其耐力比拥有两个 D 基因的人要强。由此推测，I 基因能增强肌肉吸收氧和营养成分的能力，有助于增强人的有氧耐力。有研究表明运动员的静态、动态肺活量和心脏功能参数与常人无显著性差异，推测血管紧张素转化酶基因对耐力运动的影响可能主要是由肌肉微观结构方面的改变引起的。

（2）肾上腺素能受体基因　肾上腺素受体分为两大类，分别为 α 型和 β 型，每一型又分为两类，α1 和 α2，β1 和 β2，β 型刺激腺苷酸环化酶，而 α 型则对之起抑制作用。B2 肾上腺素能受体基因定位于 5q 31～32，表达 β2 肾上腺素受体。α2 肾上腺素能受体包括 3 个高度同源的亚型 α2A、α2B 和 α2C。α2A 肾上腺素受体基因分别位于 10q 23～26，不含内含子，翻译表达 α2 肾上腺素受体。将 α2A 肾上腺素受体用限制性内切酶酶切消化，可以得到 6.7kb 和 6.3kb 两种片段。有研究报道，马拉松运动员对脂肪的利用率就显著高于常人和其他运动项目。脂肪水解供能是耐力运动的重要能量代谢途径，肾上腺素能受体基因可通过调控 α2A 肾上腺素受体和 β2 肾上腺素受体与儿茶酚胺的结合位点而发挥作用，因此有望成为杰出耐力的遗传标记。

（3）肌肉特异性肌酸激酶基因　肌肉特异性肌酸激酶基因位于 19q 13.2～q13.3 的染色体区域，其长度约有 17.5kb，包含 8 个外显子和 7 个内含子。肌肉特异性肌酸激酶基因表达的蛋白是一种胞质酶，催化高能磷酸键由 ATP 向其他位置的转移，参与能量动态平衡的维持。在肌肉中肌肉特异性肌酸激酶的功能在于生成肌球蛋白头部高浓度的 ATP。不同肌纤维类型中的肌肉特异性肌酸激酶活性亦有差异，I 型肌纤维中肌肉特异性肌酸激酶活性较 II 型纤维至少低 2 倍。研究认为，肌肉特异性肌酸激酶活性低是耐力运动员工作肌群的典型特征。有研究表明，遗传因素对肌纤维类型分布，以及肌肉组织中酶类活性的改变有调控作用。

（4）Na^+-K^+-ATP 酶 α2 基因　对于大多数哺乳动物，Na^+-K^+-ATP 酶对维持胞质膜内外的 Na^+-K^+ 浓度梯度是十分重要的。Na^+-K^+-ATP 酶含有 α 和 β 两个亚基，α 亚基含有 ATP 结合位点、磷酸化位点、乌本苷结合位点，它共有 3 种同工形式，α1、α2、α3，其中 α2 在心脏、神经组织和肌肉组织中占主要地位。Na^+-K^+-ATP 酶 α2 多肽基因定位于染色体 1q 21～23，有 23 个内含子。实验显示，有训练者股外侧肌的 Na^+-K^+-ATP 酶活性显著高于无训练者，且其活性变化独立于肌肉氧化代谢的变化。研究发现，Na^+-K^+-ATP 酶 α2 基因型与肌肉收缩、疲劳过程及运动能力有关。鉴于 Na^+-K^+-ATP 酶是恢复 Na^+-K^+ 电位梯度的关键酶，预测 Na^+-K^+-ATP 酶 α2 基因可成为评定运动能力和选材的候选基因。

（5）生长分化因子 8 基因　生长分化因子家族包含了很多生长和分化因子，在调节胚胎发育和维持组织内环境稳定方面起重要作用。生长分化因子 8 是生长分化因子家族中的一员，其基因定位于染色体 2q32.1，在控制和维持骨骼肌质量方面起作用，生长分化因子 8 的表达量与瘦体重成反比。

（6）睫状神经营养因子基因　睫状神经营养因子基因定位于染色体 11q12.2，属于脑源性神经营养（细胞诱导）因子，主要对副交感神经有营养作用，对交感神经和感觉神经元也有作用。睫状神经营养因子基因有一个突变，第6位碱基的G→A变化导致了新拼接位点的产生，使39位氨基酸后的可译框平移，正常200位氨基酸的睫状神经营养因子变为62位氨基酸的无活性蛋白。研究发现，基因型为G/A型的人在相对快速运动时比G/G型显示更强的肌肉力量和质量。

3. 运动对基因表达的影响

(1) 运动对蛋白质合成基因表达的影响　　运动训练对肌肉影响的明显效果就是使肌肉壮大，这说明运动可以促进肌肉蛋白质合成。运动导致蛋白质合成增加，同时RNA表达也增多，基因组活性增加。在力量训练中，基因组活性增加表现为DNA依赖性聚合酶和氨基乙酰核糖核酸合成酶的活性提高。在耐力训练中也有这样的效果。基因组活性增加的主要结果是对蛋白质合成转录阶段诱导作用的应答产生特殊的mRNA。mRNA在必须合成的蛋白质中有蛋白质结构信息，在运动训练中和训练后都发现有各种类型的mRNA产生，事实上，运动导致蛋白质合成增加的调控不单只在转录水平，亦发生在翻译水平和翻译后调控。转录调控可能使仅一肌动蛋白中RNA增加更显著，翻译调控由总RNA增加而实现，翻译后调控使蛋白质含量的增加少于mRNA的增加。

(2) 运动对糖代谢相关基因表达的影响　　运动对糖代谢相关基因的表达研究最多的是葡萄糖转运载体-4的基因表达。葡萄糖转运载体-4位于骨骼肌细胞内陷形成的横小管膜上，在运动或胰岛素刺激时会被激活，从细胞膜内转移到细胞膜上，然后将葡萄糖转运进细胞膜内。运动可使骨骼肌中葡萄糖转运载体-4含量增加，葡萄糖转运载体-4增加与转录和转录后调节有关，而一次训练后骨骼肌的葡萄糖转运载体-4 mRNA水平升高是骨骼肌对训练早期适应性应答的结果。另外，也有人研究与骨骼肌糖代谢有关的其他基因，如己糖激酶ⅡmRNA、糖原生成基因等，结果也证明一次运动即可促使骨骼肌中己糖激酶Ⅱ和糖原生成基因表达量的增加。

(3) 运动对脂代谢相关基因表达的影响　　运动训练，特别是耐力训练，将引起脂代谢产生适应性的变化，具体表现为有氧运动可以降低血浆甘油三酯、胆固醇、低密度脂蛋白和极低密度脂蛋白水平，而增加高密度脂蛋白和ApoAI水平。通过对参与脂蛋白代谢的已知蛋白候选基因编码的研究，发现运动可使骨骼肌脂蛋白脂肪酶基因表达以及脂蛋白脂肪酶活性增加，上调ApoAI mRNA水平，运动还可上调肝脏LDL-RmRNA的表达和蛋白的翻译，表明运动对低密度脂蛋白的内源性清除增加，动脉壁中沉积的低密度脂蛋白减少。

(4) 运动对肥胖相关基因表达的影响　　遗传是决定肥胖的一大因素，但肥胖与机体能量的消耗也有关系。儿茶酚胺的作用之一是刺激人体脂肪组织的水解，这是影响能量平衡的关键因素。参与调节儿茶酚胺的基因可能对肥胖的发生具有特殊的重要性。β2肾上腺素受体是人体脂肪细胞中一个重要的脂肪水解受体。在编码β2肾上腺素受体基因序列中有作用的Gln27Glu多态性与肥胖显著有关，研究表明，体力活动可与调控体重、体脂肪和肥胖增加的遗传因素抗衡。具有β2肾上腺素受体Gln27Glu基因型的肥胖个体可因体力活动（运动）获得体重减轻的效果。同时，肥胖与肥胖基因-ob基因的表达有关，而ob基因的表达不但受激素水平变化的调节而且也受运动因素调节的影响，一次运动或长期运动训练可显著下调obmRNA水平。运动引起代谢率和总能量消耗在运动后即刻增加,以及运动后较长时间内仍保持实质性的增加。运动后 ob 基因表达减少也提示机体出现能量负平衡,提示 ob 基因有负反馈作用,因其基因产物瘦素(1eptin)作为一个饱腹因子也可刺激能量的消耗。

(六) 酶的运动适应

运动时,人体物质代谢迅速增强。物质代谢速率的增强与酶的变化及适应有关。不同运动方式对酶活性的影响不同,同时不同组织器官中的酶的变化及适应也不一致。下面主要分析骨骼肌和血清中酶活性的变化及适应。

1. 骨骼肌酶活性对运动的反应及适应

(1) 骨骼肌酶活性对运动的反应 当进行大强度运动时,机体氧供应不足,运动肌以无氧代谢供能为主,可引起参与无氧代谢的许多酶活性发生变化,促进无氧代谢,满足机体对能量的需求。以 400m 为例,400m 跑主要由糖酵解系统供能,由于体温及组织细胞内离子浓度等变化,使葡萄糖磷酸化酶、磷酸果糖激酶、乳酸脱氢酶等一系列促进肌糖原分解的酶的活性在运动开始后明显升高。随着运动时间的延长,由于肌糖原消耗,使己糖激酶的抑制作用解除,己糖激酶活性提高。运动时间继续延长,体内能源物质的消耗,以及代谢产物的堆积,尤其是细胞内 H^+ 浓度增加、pH 值下降,导致磷酸果糖激酶等糖酵解关键酶活性下降。

当进行长时间小强度运动时,机体氧供应充足,这时运动肌以有氧代谢供能为主,可引起有氧代谢酶活性的增高。例如,在马拉松运动中,主要以糖和脂肪酸有氧氧化系统供能,琥珀酸脱氢酶、苹果酸脱氢酶、肉毒碱酰基转移酶和细胞色素酶等的活性在运动中明显提高。这是因为琥珀酸脱氢酶、苹果酸脱氢酶是糖有氧氧化过程中重要的脱氢酶,细胞色素酶是将物质代谢所脱下的氢进行氧化磷酸化合成 ATP 的重要酶类,肉毒碱酰基转移酶不仅能催化脂酰 CoA 的脂酰基进入线粒体,而且能催化线粒体的脂酰基重新合成脂酰 CoA,有利于脂肪酸的氧化。

(2) 骨骼肌酶活性对运动的适应 运动还会使骨骼肌中的酶发生适应性的变化。如无氧代谢运动者,在运动后安静时,测定其骨骼肌中的 LDH_5 与 LDH_1 活性,结果是 LDH_5 活性增强,而 LDH_1 相对减弱;反之,有氧代谢运动者,LDH_1 活性增强,而 LDH_5 相对减弱。在长时间耐力训练后,慢氧化和快氧化糖酵解型肌纤维中的肉毒碱软脂酸转移酶、细胞色素酶活性变化出现了升高的适应性变化,同时运动还可以增加线粒体中酶含量的适应性的提高,从而发展有氧耐力。

2. 血清酶活性对运动的反应及适应

(1) 血清酶的来源 人的血清中存在着多种功能性和非功能性酶类。血清功能性酶为血清特异性酶,指在血清中发挥重要催化功能的酶,如脂蛋白脂肪酶、卵磷脂胆固醇酰基转移酶、凝血酶原等。除脂蛋白脂肪酶来自肌肉等组织的毛细血管壁、肾素来自肾小球旁器外,其他几乎均由肝细胞合成分泌入血。血清非功能性酶为非特异性酶,它们活性较低,在血清中无重要催化作用,如胰脂肪酶、胰淀粉酶等。

正常情况下,组织细胞中的酶类随细胞不断的更新或破坏,少量释放入血液。这些酶类主要有谷草转氨酶、谷丙转氨酶、乳酸脱氢酶、肌酸激酶、醛缩酶等。其中谷草转氨酶主要来自心肌,谷丙转氨酶主要来自肝细胞,乳酸脱氢酶、肌酸激酶和醛缩酶主要来自骨骼肌。

（2）血清酶活性对运动的反应　人体内部的各种机能处于一种相对稳定的状态，因而血清酶的浓度也相对稳定。由于运动引起内环境的急剧变化，血清中的多种酶的活性表现出相对的提高。

安静时，运动员血清酶活性处于正常范围或正常范围的上限。肌酸激酶是人血清中的一种非功能性酶，在血液中不起催化作用，只能反映有关脏器细胞被破坏或细胞通透性变化的情况。但运动时由于理化因素改变，如组织细胞损伤、体温升高、pH值下降、离子浓度改变、细胞内ATP水平下降等，引起细胞膜通透性增大及酶老化，使肌酸激酶从细胞中逸出增加，因此，无论是无氧运动还是有氧运动，均可引起运动后或次日晨血清肌酸激酶活性的上升。血清中酶浓度升高多少与运动持续时间、强度和训练水平有关。运动员安静时血清酶活性升高是细胞机能下降的一种表现，但仍属生理性变化。

运动引起的血清酶活性升高属于正常的生理变化，在运动后的恢复期可以恢复到安静时的正常水平。骨骼肌损伤是暂时的、可修复的。训练可以减少或防止运动后血清酶的增加，减少肌肉损伤。

（3）血清酶活性对运动的适应　长时间的运动会引起某些血清酶活性产生适应性的变化。以血清肌酸激酶及同工酶为例，经过系统训练后，运动员血清肌酸激酶及同工酶活性在安静状态下比一般人高；定量运动后，上升幅度比一般人小；极限运动后，最大值比一般人高，且恢复较慢。运动引起肌酸激酶发生适应性变化，主要表现在以下两个方面。

①酶催化功能的适应：运动对机体是一种特异的刺激，通过神经激素的作用激活细胞内存在的酶分子，使酶活性增强，从而促进物质代谢适应于运动的需要。但这种适应性变化维持时间较短。

②运动训练：可刺激或诱导酶合成量增加，提高参与代谢的酶量，从而促进物质和能量代谢增强。

另外，长时间大运动量训练后，血清酶活性均明显升高，上升的峰值常出现在运动后24~36h。其中醛缩酶和肌酸激酶恢复最快，谷草转氨酶等次之，而谷丙转氨酶恢复最慢。因此，肌酸激酶是评定训练机体的敏感指标，在运动训练中有较高的应用价值。谷草转氨酶升高可作为判断运动员心肌疲劳程度的参考指标。

（七）激素的运动适应

1. 激素对运动的应答基本规律

（1）应激激素水平　在急性运动过程中会升高，且升高幅度与运动强度和运动持续时间相关。

（2）对主要应激激素而言　运动要引起激素水平升高，需要一个激活激素升高的运动强度阈值，而且，引起不同激素水平升高的运动强度阈值不尽相同。

（3）长期运动训练后　激素水平会发生某种程度的"去补偿"现象，表现为：反应幅度更加精确，机能更加节省化。

（4）经过长期训练后　不同激素变化的综合结果，总是朝着有利于运动的趋势发展。

激素对一次性运动的反应可表现为升高、降低和不确定。而长期的运动则可以引起内分泌系统功能的适应性变化，并且从激素水平的变化上反映出来。

2. 激素与代谢变化之间的关系

（1）运动开始时　血浆皮质醇明显上升，促使脂肪酸分解，使机体适应运动1h的物质代谢需要。

（2）血浆胰岛素水平　在1h的运动中平缓下降，运动后上升。胰岛素等促合成代谢的激素，在运动后明显升高，以加速合成代谢。胰岛素在运动中的变化属慢反应型。

（3）血浆生长激素　随运动进行而上升，属滞后型反应类型。生长激素在运动中的滞后反应，有助于减少肌肉蛋白质分解为氨基酸，而促进脂肪分解为甘油和脂肪酸，以增加脂肪供能。

（八）运动与酸碱平衡

稳定的酸碱平衡，是保持细胞正常代谢的重要条件之一。机体在生命活动过程中，虽不断产生酸性和/或碱性物质，同时又不断从食物中摄取酸碱物质，但正常血浆pH值却维持在7.35~7.45，机体这种使体液酸碱度维持在相对恒定的范围内的过程，称为酸碱平衡。体液pH值之所以能够维持相对恒定，主要取决于三方面的调节作用：即体液自身的缓冲作用、肺对CO_2呼出的调节以及肾脏对酸性或碱性物质排出的调节。这三方面的作用相互协调、制约，共同维持体液pH值的相对恒定。如果体内的酸碱物质超过了机体的调节范围，或三种调节作用中的某一方出现障碍，就有可能导致体液酸碱平衡紊乱，从而出现酸中毒或碱中毒。

1. 体内酸碱物质的来源

酸是指能释放出H^+的物质，是H^+的供体。体内的酸主要是物质代谢的产物，包括挥发性酸和非挥发性酸两大类。挥发性酸是指碳酸，由糖、脂肪和蛋白质氧化分解的最终代谢产物CO_2衍生而来，CO_2与H_2O作用生成H_2CO_3（$CO_2 + H_2O \rightarrow H_2CO_3$）。正常人每天约产生15 000mmol的$CO_2$。任何情况引起代谢速度的增加，都会导致$CO_2$产生增多。$H_2CO_3$可以通过呼吸作用变成气态的$CO_2$经肺部排出体外。非挥发性酸（又称固定酸）包括体内物质代谢过程中产生的乳酸、磷酸、硫酸、乙酰乙酸、p-羟丁酸、尿酸等，正常成人每日产生50~100mmol/L的固定酸，主要由肾脏排出体外。运动员在高强度运动时可产生大量的碳酸和乳酸，使体液偏酸，导致酸血症。

碱是指能接受H^+的物质，是H^+的受体。机体通过物质代谢产生的碱性物质较少，主要来自食物，而这些食物主要是蔬菜、水果等。蔬菜、水果含较多的有机酸及其盐，如柠檬酸及其钾盐和钠盐，这些有机酸在体内氧化后，所剩下的Na^+、K^+进入体液，引起碱性物质HCO_3^-增加，故蔬菜、水果类食物又称为碱性食物。

2. 酸碱平衡的调节

（1）血液的缓冲作用　一种弱酸和该弱酸盐所形成的、具有缓冲酸碱能力的混合溶液，称为缓冲溶液，共同形成一个缓冲系统。体内代谢产生的酸性和/或碱性物质，或是由体外进入体内的酸性和/或碱性物质，都要进入血液并被血液缓冲体系缓冲。血液中调节碱平衡的缓冲系统包括：碳酸氢盐缓冲系统、磷酸盐缓冲系统、蛋白质缓冲系统等。血浆中的缓冲系统有：$NaHCO_3/H_2CO_3$、Na_2HPO_4/NaH_2PO_4、Na-Pro/H-Pro（Pro 为血浆蛋白质）。红细胞中的缓冲系统有：$KHCO_3/H_2CO_3$、K_2HPO_4/KH_2PO_4、K-Hb/H-Hb 和 $K-HbO_2/H-HbO_2$（Hb 为血红蛋白；HbO_2 为氧合血红蛋白）。血浆中以 $NaHCO_3/H_2CO_3$ 缓冲系统最重要；红细胞中以 K-Hb/H-Hb 和 $K-HbO_2/H-HbO_2$ 缓冲系统最重要。血浆 $NaHCO_3/H_2CO_3$ 缓冲体系之所以重要，不仅是因为该体系缓冲能力强，还在于该体系易于调节，受肺的呼吸调节，H_2CO_3 浓度可通过体液中物理溶解的 CO_2 取得平衡，而 $NaHCO_3$ 浓度则可通过肾的调节作用维持相对恒定。

血浆的 pH 值主要取决于血浆中 $NaHCO_3$ 与 H_2CO_3 浓度的比值。在正常条件下，血浆 $NaHCO_3$ 的浓度约为 24mmol/L，H_2CO_3 的浓度约为 1.2mmol/L，两者比值为 24/1.2～20/1。当血浆 $NaHCO_3/H_2CO_3$ 维持在 20/1 时，血浆 pH 值维持在 7.4；如果两者之间的比值发生变化，则血浆 pH 值也随之改变。当其中任何一方的浓度发生变化时，机体只要对另一方做相应的调节，使两者的浓度之比仍维持 20/1，则血浆 pH 值仍为 7.4。由此可见，酸碱平衡调节的实质主要是调节 $NaHCO_3$ 与 H_2CO_3 浓度的比值来维持血浆 pH 值的相对恒定。进入血液的固定酸或碱性物质，主要由碳酸氢盐缓冲体系缓冲；挥发性酸主要由血红蛋白缓冲体系缓冲。

（2）肾脏对酸碱平衡的调节　肾脏对酸碱平衡的调节作用，主要是通过排出机体在代谢过程中产生的过多的酸或碱，调节血浆中 $NaHCO_3$ 浓度，以维持血浆 pH 值的恒定。当血浆中 $NaHCO_3$ 浓度降低时，肾则加强对酸的排泄及对 $NaHCO_3$ 的重吸收，以恢复血浆中 $NaHCO_3$ 的正常浓度；当血浆中 $NaHCO_3$ 浓度升高时，肾则减少对 $NaHCO_3$ 的重吸收并排出过多的碱性物质，使血浆中 $NaHCO_3$ 浓度仍维持在正常范围。可见肾对酸碱平衡的调节作用，实质上就是调节 $NaHCO_3$ 的浓度。肾的这种作用主要是通过肾小管细胞的泌氢、泌氨及泌钾作用，排出多余的酸性物质来实现的。

（3）肺对酸碱平衡的调节　肺主要以呼出 CO_2 来调节血浆中 CO_2 和 H_2CO_3 的浓度。肺呼出 CO_2 的作用受呼吸中枢的调节，而呼吸中枢的兴奋性又受血液中 CO_2 分压及 pH 值的影响。当体内产酸增多时，$NaHCO_3$ 减少而 H_2CO_3 增多，使血浆中 $NaHCO_3/H_2CO_3$ 比值变小。血中的 H_2CO_3 经碳酸酐酶催化分解为 CO_2 及 H_2O，使血浆 CO_2 分压增高，刺激延髓的呼吸中枢，呼吸加深加快，呼出更多的 CO_2，从而降低了血中的 H_2CO_3 浓度，使 $NaHCO_3/H_2CO_3$ 比值及 pH 值恢复正常。

（4）其他组织细胞对酸碱平衡的调节　体液的酸碱平衡的调节除上述三方面外，还有肌肉、骨骼等组织细胞的参与，这些组织细胞的调节作用主要是通过离子交换而实现的。当细胞外液［H^+］增加时，部分 H^+ 便会进入细胞内液与 K^+ 交换，因此细胞外 K^+ 浓度增加。相反，当细胞外［H^+］下降时，K^+ 则进入细胞内，这就是酸中毒引起高血钾，而碱中毒引起低血钾的原因之一。另外，当长期代谢性酸中毒时，骨细胞中钙盐溶解增加，$Ca_3(PO_4)_2$ 从骨细胞进入血浆，每释放出 1 分子 $Ca_3(PO_4)_2$，可缓冲 4 个 H^+，这是骨骼系统参与酸碱平衡的有效缓冲手段，但是由于大量的骨盐溶解，最终可能引起骨骼的严重软化。这可能是部分运动员长期超负荷训练，体内酸性代谢产物增加，体液偏酸，从而导致骨密度下降的原因之一。

3. 酸碱平衡与运动

当体内酸或碱的产生过多或不足，肾和肺的调节功能不健全，导致消耗过多的缓冲体系得不到及时的补充和维持时，就会发生酸碱平衡失调。表现为血浆 $NaHCO_3$ 与 H_2CO_3 的浓度异常。若因 CO_2 呼出过少，以致血浆 H_2CO_3 浓度原发性升高，使正常血浆 $NaHCO_3$ 与 H_2CO_3 的比值变小，pH 值降低，则称为呼吸性酸中毒；反之，若血浆 H_2CO_3 浓度原发性降低，使正常血浆 $NaHCO_3$ 与 H_2CO_3 的比值增大，pH 值升高，则称为呼吸性碱中毒。若血浆 $NaHCO_3$ 浓度原发性降低，使正常血浆 $NaHCO_3$ 与 H_2CO_3 的比值变小，pH 值降低，则称为代谢性酸中毒；反之，如果血浆 $NaHCO_3$ 浓度原发性升高，使正常血浆 $NaHCO_3$ 与 H_2CO_3 的比值增大，pH 值升高，则称为代谢性碱中毒。运动过程中产生的酸血症如不及时纠正，可发展为代谢性酸中毒。

机体不同组织各具有其代谢特点，各个部位的组织中，尤其是细胞内，pH 值可以不同，但是正常人血液的 pH 值总是维持在 7.35~7.45，而机体细胞维持生命运动极限的 pH 值为 6.8~7.8。但有报道认为，经长期高强度训练的运动员，骨骼肌细胞能耐受的 pH 值可低于 6.8。高强度运动骨骼肌细胞可产生大量乳酸，此时，细胞内的磷酸根离子和蛋白阴离子成为最强大的缓冲物质，丰富的线粒体可进行强大的代谢作用，迅速补充丢失的碱性物质；细胞器上的质子泵可将 H^+ 泵入细胞器，迅速降低细胞质的 $[H^+]$。另外，骨骼肌细胞内 $[H^+]$ 的变动，必然影响到细胞外的 $[H^+]$，当细胞内 H^+ 升高时，H^+ 可自细胞内进入细胞外，被细胞外的缓冲体系（主要为 HCO_3^-）所缓冲。但 H^+ 和 HCO_3^- 进出细胞的过程非常缓慢，当细胞内乳酸含量过高时，必然导致骨骼肌细胞的酸中毒，使代谢过程受到多方面的影响。

目前预防和纠正乳酸性酸中毒的措施主要有以下几方面：

（1）训练和比赛前多食用碱性食物，提高碱性电解质的储备；

（2）训练和比赛前服用碱性药物；

（3）可适量饮用含钠、钾的碱性运动饮料，其纠正酸中毒的机制与碱性药物基本一致；

（4）饮用碱性离子水

（九）运动性疲劳的生物化学基础

1. 运动疲劳的概念

运动疲劳是指身体机能的生理过程不能持续在特定水平和/或身体不能维持预定的运动强度。主要表现在：

（1）在研究运动疲劳时，要将身体各组织器官的机能水平和运动能力结合起来分析疲劳发生和发展的规律；

（2）评定运动疲劳要将生理、生物化学指标——心率、最大摄氧量、血乳酸、血尿素、血红蛋白等，以及运动能力指标——在功率计上的输出功率、在运动场上的成绩结合起来；

（3）运动疲劳应注意其专项特点。

2. 运动疲劳时身体的生物化学变化

（1）能源物质储备与运动疲劳　如短时间（<20s）运动疲劳的能源物质消耗以磷

酸肌酸为主，下降可达在长时间运动（1~2h）时，以肌糖原消耗为主，消耗可达储量的90%以上。脂肪在运动时消耗增多，但体脂的储量减少，不是引起疲劳的原因。蛋白质在运动时的消耗较慢，引起疲劳的原因主要是血浆和肌细胞内液中的氨基酸被利用，它们下降至一定程度时会引起血尿素上升，导致机能水平下降。

(2) 运动和能量代谢过程紊乱　运动时，血液和组织中的氨生成影响肌肉工作能力，在脑组织中氨生成增多，会出现氨中毒症状，表现为运动平衡失调，严重时引起肌肉痉挛，血氨升高也加重肝、肾的负担。乳酸的生成使肌肉内pH值下降。抑制糖代谢中的关键酶——磷酸果糖激酶活性，使糖酵解供能受阻。肌糖原消耗和细胞内K^+外流而使血钾上升，高血钾会出现肌无力。肌细胞内K^+下降，细胞外Na^+往细胞内转移，细胞内Na^+上升，造成膜电位改变，导致神经—肌肉传导受碍。细胞内Ca^{2+}变化，引起线粒体聚钙，影响肌肉收缩过程等，这些都是运动疲劳的因素。

(3) 中枢疲劳的主要生物化学因素

①兴奋抑制失调：在运动中，当出现ATP减少，γ-氨基丁酸、儿茶酚胺增加，血糖下降等都会引起兴奋抑制失调。

②脑异常症候群：运动疲劳时，色氨酸进入脑中过多，生成5-羟色胺，造成困倦、嗜睡、食欲减退；还有γ-氨基丁酸上升，血糖下降；ATP大量消耗，导致ADP过多，使2分子ADP转变为ATP和AMP，以保证ATP再合成，AMP则脱氨生成次黄嘌呤核苷酸，氨会引起脑中毒症状，如运动平衡失调等，这些都是近年来的主要成果。

(4) 内分泌调节紊乱　运动应激引起疲劳时，内分泌调节受影响。目前研究较多的是：下丘脑—垂体—肾上腺轴，下丘脑—垂体—性腺轴。

运动应激的一般规律是：首先引起下丘脑—垂体—肾上腺轴活动加强，人体血中皮质醇明显上升，分解代谢加速，以适应运动的代谢需求，同时性腺分泌雄激素减少，合成代谢减弱；其次，运动后，皮质醇分泌减少，雄性激素分泌增多，合成代谢提高，身体恢复加速，从而提高运动能力。在长时间运动中，运动负荷强度和运动量过大时，使皮质醇分泌持续增加，对下丘脑—垂体—性腺轴有广泛的抑制作用，对免疫系统也有抑制效应。在运动训练和比赛时有专项的规律，短时间运动可引起血睾酮、皮质醇、催乳素、生长激素和肾上腺素明显升高。长期大强度训练，使血皮质醇持续超过正常水平，对睾丸间质细胞合成睾酮有抑制作用。连续高强度训练，导致血睾酮持续下降，主要原因是下丘脑功能障碍，加之雄性激素在肝中灭活增加，造成血睾酮下降，出现运动性低血睾酮。在一次长时间大负荷运动时，血睾酮比原水平下降25%~30%，维持一个阶段不回升，就会导致过度疲劳。过度训练是一种病理状态，血睾酮与皮质醇比值也随之下降，下丘脑—垂体—性腺轴和下丘脑—垂体—肾上腺皮质轴机能均会下降。近年来，对应激时去甲肾上腺素能神经元、交感—肾上腺髓质系统的研究增多，认为运动训练中的心理应激、情绪紧张等因素能影响竞技能力。

(5) 免疫功能下降和紊乱　主要表现在免疫球蛋白，T、B淋巴细胞，自然杀伤细胞，细胞因子和红细胞免疫等方面的变化。

在运动后恢复期3~72h内的免疫功能变化是复杂的，但免疫功能低下和运动疲劳肯定是激烈运动应激在不同方面同时存在的表现。Neiman和Pedersen称运动疲劳时的免疫功能低下为"开窗"现象。从大量的材料分析，Neiman等认为，运动强度和负荷时间、运动疲劳和免疫功能下降的关系如同"J"字形，运动负荷和时间适宜时如J字底部，免疫警戒能力高，不易受感染；当运动负荷和时间过长，身体疲劳时，免疫功能下降，便出现"开窗"现象，如J字体上部，上呼吸道感染发生率会随之增加。

3. 运动疲劳机理的生物化学

（1）外周疲劳——肌肉疲劳链 肌肉疲劳链中一个或几个因素的发生和发展，都可以影响肌肉功能而产生疲劳，如运动时肌肉中的乳酸、H雌积，血糖下降、肌糖原几乎耗竭等，都是运动疲劳链的重要因素。

（2）运动疲劳机理

①短时间高强度运动疲劳：主要从兴奋—收缩耦联、电荷活动期和不活跃期、收缩期、疲劳动因的代谢能力、疲劳和电刺激频率等方面，阐述肌肉在短时间高强度运动时的疲劳特点。

②长时间运动疲劳：长时间运动疲劳的主要因素包括肌糖原和肝糖原的消耗，血糖下降，脱水和体温上升，其中肌糖原的储存和代谢能力是决定耐力的重要因素。脂肪酸虽是耐力运动的能源，但储量很大，不是疲劳的能量因素。在长时间耐力运动时，体内糖储备和肌糖原大大减少是疲劳的原因。

③神经—内分泌—免疫—代谢物调节的运动疲劳网络。

三、体育锻炼的生化基础

（一）体育锻炼与体力活动

1. 概念

体育锻炼的方式多种多样，多以有氧代谢的活动为主，在一些竞赛性娱乐活动中，亦有无氧代谢性活动。以有氧运动为主的体育锻炼是增强体质和提高人体健康水平的最常用、最有效的方法，它可以提高心肺功能；促进生长发育、延缓衰老；提高机体的免疫功能；减肥和提高神经系统功能。

体育锻炼总的要求是运动强度适中、运动量不宜过大，故在运动中同样存在着科学指导的问题。

2. 体育锻炼中的物质代谢

大部分的体育锻炼都是以有氧代谢供能为主的运动，其目的就是促进机体脂肪分解、调节血脂代谢，从而达到降低体脂、提高身体健康水平。因此，绝大多数的体育锻炼通常采用中低强度、长时间的运动模式。对于体育锻炼来说，强度的把握十分关键，如果强度过大，机体出现缺氧时，将动员体内糖酵解供能系统参与供能，这与体育锻炼的目的不相符合。

3. 发展有氧代谢能力的锻炼方法

（1）发展有氧代谢能力的运动方式 有氧运动方式包括：慢跑、游泳、自行车、滑雪、太极拳、健身操、攀岩、爬山、郊游、气功、快步走、各种球类活动，以及现今最为流行的各式健身舞蹈和街舞等。有氧运动并不是指身体某一部分的运动，而是指全身肌肉进行有规律活动的运动。体育锻炼的基本目的是为了增强体质、提高抗病能力。

(2) 发展有氧代谢能力体育锻炼的原则

①运动方式：应选择大肌肉群参加的、长时间的、有一定强度的、以有氧代谢供能为主的体育锻炼方式，如跑步、游泳、骑自行车、跳舞等。

②运动强度：运动强度决定着运动时的耗氧量、能量需要和消耗，因此是提高有氧能力最重要的因素。我们通常用运动时的血乳酸来衡量运动强度，有氧体育锻炼要求血乳酸在 2~3mmol/L 水平。此外，运动中的心率也可作为控制有氧运动强度的简易指标。

③运动时间：每次锻炼的持续时间对锻炼效果有明显的影响，其长短取决于运动强度，可选择持续有氧活动 5~60min，一般每天活动的时间不要低于 0.5h，最好每天锻炼 1h 左右。

④运动频率：有氧运动需要控制必要的运动频率，通常为一周运动 3 次，基本上是隔日运动，不仅效果可充分累积，也不产生疲劳，如果增加频率为每周 4 次或 5 次，锻炼的效果也相应提高。确定运动频度应该以次日不感疲劳为宜，每周进行 3~4 次是比较适宜的。

⑤注意事项：每次锻炼前后都要做好充分的准备活动和整理活动。锻炼应因人而异，不同年龄、不同性别和不同体质的人，应根据自身的具体情况选择适宜的有氧代谢运动项目。中老年人进行体育锻炼时，应避免过多地进行憋气的体育项目。对于健康的成人来说，20 岁左右的人比较喜欢选择运动强度大，具有冲击性、对抗性、趣味性、刺激性的项目；40 岁阶段的人，由于身体各项功能的下降，运动的强度和难度均应下降；60 岁阶段的人，要进行一些轻松愉快、无拘无束、活动量不大的运动。代谢性疾病患者，如糖尿病、冠心病等，在进行体育锻炼时必须遵守医嘱。

(二) 体育锻炼的生化评价

体育锻炼的目的就是为了提高自身的健康水平。不同的体育锻炼方式，尤其是不同的体育锻炼强度、负荷量，对于进行体育锻炼者的身体状况影响不同。进行体育锻炼的并非只是年轻人或身体健康的人群，还有大量的身体健康程度相对较差、或具有一定的中老年性疾病的中老年人，因此在进行体育锻炼时，尤其要注意对体育锻炼效果的评价，以避免损害锻炼者的身体健康。

1. 血乳酸

乳酸是体内糖无氧酵解的产物。正常情况下，机体内的乳酸生成与消除处于动态平衡，血乳酸浓度维持在 1~2mmol/L，体育锻炼人群血乳酸安静值应该与常人无差异。运动时，血乳酸浓度上升，血乳酸浓度大小直接与运动强度有关，在一定强度范围内，随运动强度增大，乳酸生成增多。乳酸阈值是有氧代谢达到最大时的血乳酸值，进行体育锻炼时血乳酸值应控制在 4mmol/L 以下，保持较低的水平。尤其是中老年人群进行体育锻炼时血乳酸值应控制在 2~3mmol/L。对于长期进行体育锻炼且身体机能状况较好的人群，可以采用个体乳酸阈强度法来提高自己的最大有氧代谢能力。

2. 血红蛋白

血红蛋白在体内的主要功能是运输氧、转运一定的二氧化碳、参与体内酸碱，所以，血红蛋白浓度对运动能力影响很大。由于血红蛋白水平受体育锻炼、营养等多种因素的影响，且与人体身体机能水平、营养状况关系密切，因此，血红蛋白浓度也可以作为体育锻炼人群身体机能状况的评定指标。一般人血红蛋白浓度的正常范围：男性为 120~160g/L；女性为 115~150g/L。当体育锻炼者的血红蛋白浓度处于较高水平时，表明其身体机能状况较好，当体育锻炼者血红蛋白浓度大幅度降低时，表明其身体机能状况低下，这可能与体育锻炼强度和运动量过大、营养状况较差等有关，应该调整锻炼安排。当出现贫血症状时应停止锻炼，并及时到医院进行医学检查。

3. 血脂

血脂是血浆中的中性脂肪（甘油三酯）和类脂（磷脂、糖脂、固醇、类固醇）的总称，广泛存在于人体中。它们是生命细胞基础代谢的必需物质。一般说来，血脂中的主要成分是甘油三酯和胆固醇，其中甘油三酯参与人体能量代谢，而胆固醇则主要用于合成细胞浆膜、类固醇激素和胆汁酸。由于胆固醇和甘油三酯都不溶于水，在血液中不是以游离的形式存在，而是与特殊的蛋白质即载脂蛋白结合形成脂蛋白，这样血脂才能被运输至组织进行代谢。血脂检查是了解受试者身体机能状况和血脂代谢状况的重要指标。血脂检查一般包括总胆固醇、高密度脂蛋白—胆固醇、低密度脂蛋白—胆固醇、甘油三酯等。

4. 血糖

血糖是中枢神经系统最为重要的燃料，一旦血糖下降，首先影响的就是中枢神经系统的机能。血糖是骨骼肌糖的主要来源，长时间运动时肌糖原大量消耗，骨骼肌会大量吸收利用血糖，当血糖下降时，骨骼肌糖的来源受阻，影响骨骼肌的做功能力。在运动时，要注意预防因血糖浓度降低而出现低血糖症，它主要表现为明显的饥饿、极度疲乏、头晕、无力、面色苍白、出冷汗等；较重者可出现神志不清、语言混乱、精神错乱，甚至昏迷。因此，对体育锻炼者测定其安静空腹血糖，可了解其机体糖代谢状况，同时也反映其身体机能状况。正常人空腹血糖为 3.9~6.1mmol/L。

对于低血糖症人群进行体育锻炼时应注意：不要在空腹情况下参加长时间的体育锻炼；在进行体育锻炼前应摄入足够的含糖食品；体育锻炼过程中注意及时补充含糖饮料，以避免血糖降低对身体的不利影响。

【思考题】

1. 运动训练机体的能量代谢途径有哪些？体育锻炼对人体内环境有何影响？
2. 运动疲劳产生的机理及如何预防。

第二章 运动力学基础

【导读】运动即动作，动作即肌肉等组织参与下的关节活动。不同的关节结构与活动功能表现不同的力学特点。掌握合理的运动力学特征，有利于预防运动损伤和实施运动康复治疗。本章重点介绍人体动作结构与人体运动力学原理，以及运动系统结构功能与损伤机理。

第一节 人体动作结构的生物力学基础

一、人体动作结构的基本形式

(一) 人体动作结构和动作系统

人体的运动是复杂多层次的。运动生物力学所研究的人体运动主要指人体的机械运动，即在神经系统的调控下运动器系所完成的运动。

1. 动作结构及其特征

运动时所组成的各动作间相互联系、相互作用的方式或顺序称为动作结构，即为完成运动时各动作所表现出的时空及受力特征，每个动作都有各自的结构特征。因此，动作结构是借以区别不同动作，以及正确动作和错误动作的依据。

动作结构的特征主要表现在运动学和动力学两个方面。动作结构的运动学特征是指完成动作时的时间、空间和时空方面表现出来的形式或外貌上的特征，即完成动作过程中人体各关节、各环节随时间变化所表现出来的空间差异；动作结构的动力学特征则是决定动作形式的各种力（力矩）相互作用的形式和特点，包括力、惯性和能量特征3个方面。

(1) 运动学特征　区分不同的动作或区分正确动作和错误动作，首先要观察动作的形式，即动作的运动学特征或外貌特点。它包含时间特征、空间特征和时空特征。

时间特征反映的是人体运动动作与时间的关系，不同动作的开始时间与结束时间、动作的持续时间以及动作各阶段所占的时间比例不同。

空间特征是指人体完成运动动作时人体各环节随时间变化所产生的空间位置改变状况，不同的动作人体各部分的运动轨迹不同。在上述的两个动作中，下肢和躯干等的空间移动轨迹有明显的差别。

时空特征是指人体完成运动动作时人体位置变化的快慢情况，全面展示了动作的时间和空间特征，不同动作的时空特征不同，也就决定了动作形式外貌的差异。运动实践中经常用"快"和"慢"等词汇描述两个动作的不同。

（2）动力学特征　不同的动作结构具有不同的运动学特征，这是由于运动时各种力的作用结果，无论是在静止还是运动中，人体都处于很多力的作用下。力使人体和器械的运动状态发生变化，于是表现出形形色色的动力学特征。动力学特征包括力的特征、能量特征和惯性特征。

力的特征：人体运动是通过人体与环境的相互作用实现的，因此，制约动作的诸力相互作用及其相互关系是十分复杂的。人体动作的实现是内外力共同作用的结果，外力表现在外部介质的作用，制约动作的多种特征；内力接受大脑皮质的控制，保证正确的动作表现形式。内力主要是肌肉力，是人体完成动作时唯一可控的主动力，没有肌肉的适时收缩和舒张就不可能产生任何人体的主动动作。可以说，动作结构的力的特征决定了其他特征的表现方式。

能量特征：人体运动时完成的功、能和功率方面的表现形式。

惯性特征：人体运动中人的整体、环节以及运动器械的质量、转动惯量对运动动作所具有的影响。

概括而言，人体每个动作在空间和时间上都有自己的特征，诸力的相互作用特征又决定着动作的这种形式上的差异，从而构成了人体动作形式的千差万别。

每个完整的动作的各个阶段、各个细节都有固定的联系，诸力的相互作用都有固定的规律，这些因素构成了所谓的动作结构。

2. 动作系统及其分类

（1）动作系统的概念　不同运动项目的动作技术，都是由若干单一动作组成的。大量单一动作按一定规律组成为成套的动作技术，这些成套的动作技术叫做动作系统。动作系统构成了人体整体的运动行为。一方面，人所完成的运动不单纯是动作，而是有目的的运动行为；另一方面，为了达到最佳运动效果，又必须选择最合理的动作。因此，动作系统的合理性与运动行为的目的性是一致的。动作系统中的每个动作都在整体的运动行为中起着一定的作用，各自适应着运动行为的总目的。

动作系统的组成方式根据运动技术项目的不同而有严格的规定，并遵循着一定的原则。田径运动动作系统的组成是按照最合理的原则加以选择的。体操运动中的动作系统一般是按比赛要求所规定的。在具有对抗行为的球类运动中，动作系统通常是不固定的。

（2）动作系统的分类及特点　体育运动中的动作系统大体可分为4类：

周期性动作系统：是指以周期循环的规律出现的动作组合的成套连续动作。其动作系统结构特点如下：①动作具有的反复性和连贯性。动作周而复始多次反复进行，其中每个动作周期内所包括的动作数量、性质和排列顺序都是一样的，这表明了每个动作周期的空间特征相同。②动作具有节律性。动作系统中，每个动作周期所占的时间比较固定，同时每个动作周期中的各个动作阶段的时间比例也比较固定，这反映了周期性动作系统的时间特征。③动作具有交互性。交互性表现为对侧肢体动作的互换或上下肢体动作的互换，前者如赛跑、速度滑冰等，后者如蛙泳等。④动作具有惯性作用。除了生物运动摆的惯性作用以外，人体在获得一定速度后可保持一定的惯性运动，这是周期性动作系统中动作比较连贯而有节律的原因之一。

非周期性动作系统：是指由各不相同的单一动作组合成的成套连续动作。其动作系统结构特点如下：①动作具有相对的独立性。动作系统中的每一个动作都有明显的开始和终了，并且一般是在很短的时间内完成。②动作具有复杂性和稳定性。动作系统由许多性质不同的单一动作组成，体现了其复杂性，而动作系统中的动作以及动作阶段所包括的数量、性质、排列顺序和相隔时间都是固定的，显示了其稳定性。③各单一动作之间的联系性质具有明显差别，单一动作中的各动作阶段的联系一般以自然动作为主；而各个单一动作之间的联系，往往是人为的。因此，在单一动作的结合上容易出现错误。

混合性动作系统：如在动作系统中既有周期性动作成分，又有非周期性动作成分，这种动作组合称为混合性动作系统。其动作系统结构特点如下：①两种动作成分具有相互制约性。②两种动作的组合部分（也可称转换部分）是动作系统中的关键部分。混合性动作系统中两种动作的组合部分的完成比较困难并且容易出现错误。因为在组合的瞬间，不但要保持前驱动作获得的速度，而且还要为主要动作的肌肉爆发式工作做好准备。

不固定动作系统：不固定动作系统中既包含了周期性动作，又包含了非周期性动作，是一种复杂的组合。不固定动作系统与混合性动作系统不同的是，两种动作的组合是复杂多变的。其动作系统结构特点如下：①动作系统具有复杂多变性。②固定和不固定相结合。动作系统中的一些基本动作比较固定，而由基本动作组成的动作系统不固定。

（二）人体基本运动动作形式

1. 上肢的基本运动动作

上肢的各种基本运动动作形式是由上肢各环节共同参与完成的。上肢基本运动动作可归纳为3种。

（1）推　推是上肢活动的主要动作形式，是上肢各环节伸肌克服阻力，以及各关节由屈曲状态变为伸展状态的动作过程。在人体运动活动中，推的动作形式表现为单手推和双手推两种。体育运动中最常见的单手推动作形式是推铅球和单手投篮，双手推常见的动作形式是俯卧撑、上举杠铃、跳马推手、篮球传球和排球二传等。

（2）拉　拉是上肢屈肌克服阻力，以及各关节由伸展转变为屈曲状态的动作过程。在人体运动中动作形式表现为将器械拉近人体或人体拉近握点。例如攀岩、引体向上、撑竿跳高引体、游泳划水、划船和爬绳等动作。某些运动技术中，往往包含了上肢的拉与推相结合的运动形式，如撑竿跳高中的引体动作，以及随后支撑倒立推杆动作。

（3）鞭打动作　鞭打动作是指人体上肢开放运动链中各环节由近端至远端依次发力和制动，即像鞭子一样活动的动作过程。在人体运动中，鞭打动作形式主要目的是使末端环节（手或手持的器械）产生较大的速度或动量，如排球的大力跳发球及大力扣球、掷标枪、羽毛球扣杀等动作。

2. 下肢的基本运动动作

相对上肢，下肢主要完成支撑、移动身体的功能。下肢的基本运动动作形式是由下肢环节共同参与完成的。下肢基本运动动作可归纳为以下3种。

(1) 缓冲动作 缓冲动作是人体在与外界物体接触时,下肢各关节伸肌（踝关节屈肌）做离心收缩,完成退让工作的动作过程。例如,体操运动中的落地缓冲动作,跳远、跳高起跳前的踏跳动作等。

(2) 蹬伸动作 蹬伸动作是下肢的主要动作之一,是下肢各关节伸肌（踝关节屈肌）做向心收缩,完成下肢各关节伸展,同时对地面产生作用力的动作过程。如运动员跳远、跳高踏跳的蹬伸阶段。

(3) 鞭打动作 下肢的鞭打动作,如自由泳的打水动作、大力踢球动作和体操摆动的振浪动作等。下肢鞭打动作的运动形式类似于上肢,是下肢开放运动链从近端向远端的依次发力和制动。在运动技术中下肢鞭打动作往往也是由躯干开始用力,依次至踝关节活动结束。

3. 全身及躯干的运动动作形式

人体在完成运动动作时全身各部分的协调,必须有躯干的参与才能顺利地完成各项运动技术动作。全身及躯干的运动动作可分为以下3种。

(1) 摆动动作 摆动动作是通过上下肢和躯干向上的加速活动实现的,包括上肢绕肩关节的摆动和下肢、躯干绕髋关节的摆动3种形式。

(2) 扭转动作 扭转动作是躯干运动动作的主要表现形式。扭转是躯干的肩横轴与髋横轴绕身体纵轴（垂直轴）的转动,有时包括上下肢的同时运动。

(3) 相向运动动作 相向运动动作是指身体一部分向某一方向运动（转动）时,身体的另一部分会同时产生反方向的运动（转动）。人体完成相向运动动作时,身体的两个部分相互接近（或远离）,如仰卧起坐、跳水中的屈体。

二、人体运动的复杂性

人体是一个不连续的多界面、多细胞结构,具有多功能的复杂神经反馈作用,以及情感意识的复杂生物材料系统。人体运动是在内外因作用下由神经系统协调,通过运动器系（主要是骨、关节和骨骼肌）活动直接完成的各类运动动作。人的意识参与人体运动的控制,使人体运动动作成为自觉的、有目的、有意识的行为活动,通过人体神经系统的不断正、负反馈使动作达到准确、精细的程度。

(一) 人体运动器系的机能特征

1. 环节

相邻关节之间的部分称环节。人体运动器系是由若干可以相对运动的部分组合而成的整体。例如,整个人体可分为头部、颈部、躯干和四肢,如果进一步细致划分,躯干可分为上躯干和下躯干两部分;四肢可分为上肢和下肢;上肢又可分为上臂、前臂和手;下肢又可分为大腿、小腿和足;手还可以分为手掌、手指;手指还可继续细分为若干更小的节段。人体的运动器系就是由多个环节组成的多环节系统,这种多环节结构使得人体运动器系能够灵活而自如地运动。

人体的运动是由运动器系的机能特征所决定的,即以关节为支点,以骨为杠杆,在肌肉力的牵拉下绕支点转动,各肢体环节运动的不同组合使人完成千变万化的动作。

2. 生物运动链

单生物运动链：两个相邻骨环节及其之间的可动连接构成了单生物运动链，包括相邻的两个环节和连接在这两个环节之间的关节，如上肢的上臂、肘关节和前臂构成一个单生物运动链；下肢的大腿、膝关节和小腿也构成一个单生物运动链。

双生物运动链（多生物运动链）：双生物运动链（多生物运动链）是两个或两个以上生物运动链串联而成。例如，上肢多生物运动链由上臂、肘关节、前臂、腕关节和手构成，其中上臂、肘关节和前臂为一个单生物运动链，与腕关节和手构成了多生物运动链。

生物运动链根据其结构特点可以分为开放链和闭合链。末端为自由环节的生物运动链称为开放链，该自由环节又称终末环节。无自由环节的生物运动链称为闭合链。

关节的构造特点决定环节不能做单方向无限制的转动，而只能做往复转动或以关节为中心的圆锥形运动。生物运动链中各环节绕关节轴转动可使末端环节做圆弧运动或平动，平动是生物运动链中几个环节绕相应关节轴转动合成的结果。

物体在空间运动，描述物体运动状态的独立变量的个数称其为物体运动的自由度。自由刚体有6个自由度，即在空间直角坐标系中沿着3个坐标轴方向的直线运动和绕这3个轴的转动，如果物体的运动受到约束，自由度将减少。

3. 骨杠杆

骨骼是生物运动链的刚性环节，它们的可动连接构成了生物运动链的基础。在生物运动链中环节绕关节轴转动，其功能与杠杆相同，称作骨杠杆。同机械杠杆相同，骨杠杆也有支点和杠杆臂。关节转动瞬时中心（有时是地面支撑点）为骨杠杆的支点，肌肉力作用点到支点的距离为一个杠杆臂，环节重心到支点的距离为另一个杠杆臂（如有负荷时，阻力作用点到支点的距离为另一个杠杆臂）。生物运动链中的骨杠杆同机械杠杆一样也分为平衡杠杆、省力杠杆和速度杠杆。力矩是使杠杆产生运动的原因，力矩的大小等于力与力臂的乘积，力臂与杠杆臂不同，它是支点到力作用线的垂直距离。

（二）骨、关节、肌肉的相互作用

在生物运动链中骨骼是环节的基础，关节是运动的枢纽，肌肉收缩则为环节绕关节轴转动提供动力。

1. 生物运动链的动力学

肌肉跨越关节收缩时肌力作用线不通过关节点，肌力可分解为沿着环节纵轴方向的法向分力和垂直于环节纵轴方向的切向分力，法向分力起着加固关节的作用，而切向分力对关节点产生力矩。环节的重力矩和外界的阻力也对关节产生力矩，一般跨越同一关节的有多块肌肉，这些肌肉收缩时的力矩与环节的重力矩和阻力矩的合力矩决定着关节的运动状态，使环节转动的角速度发生变化，或保持一定的关节角度。

2. 生物运动链的运动能力

生物运动链的运动能力取决于关节的构造和肌肉的控制作用。在肌肉力的作用下，相邻两环节可绕关节轴转动。关节的构造以及生物运动链的连接方式基本决定了生物运动链的运动能力，但是并不能完全决定其运动方向和运动幅度，因为肌肉参与对动作的控制从而构成了运动的多样性。

3. 生物运动链中肌群的工作

生物运动链中有的肌肉只作用于一个关节，有的肌肉可以作用于两个或两个以上的关节。每块肌肉并非单独作用，肌肉总是以肌群的形式参与运动。在肌群之内各块肌肉之间以及各肌群之间都存在着复杂的相互作用，这种相互作用既包含着相互协同，也包含着相互对抗。这种相互协同对抗的作用使生物运动链的运动更协调，更完善。

生物运动链中关节周围的肌肉共同组成功能群而发挥功能作用。肌肉对关节的固定和解除固定，使生物运动链中活动环节的数量发生变化。整个生物运动链有时可以固定成一个关节，有时运动可以发生于部分环节，乃至于生物运动链的所有环节。

肌群的协调工作可保证生物运动链中各环节的运动方向，控制运动速度，通过制动限制运动幅度，并在这个过程中实现了力学量的传递。

【思考题】

1. 人体动作结构的生物力学基础有哪些？
2. 人体运动时如何把握生物力学原则？

第二节　人体运动的生物力学原理

一、人体运动的时空特征分析

（一）人体运动的表现形式

1. 直线运动和曲线运动

（1）直线运动　是指人体或器械相对一定参照系，始终在一条直线上运动，即质点运动轨迹是一条直线。在人体运动中纯粹的直线运动较为少见，只有近似的直线运动。根据人体在运动过程中速度变化的不同，直线运动分为变速直线运动和匀变速直线运动。匀变速直线运动在人体运动中往往是表现不出来的。

变速直线运动：当人体或器械沿直线运动时，在任意相等的时间内通过的路程并不都相等，这种运动称为变速直线运动。变速运动中速度不断发生变化，可能是加速也可能是减速，变速直线运动的速度—时间图线是一条曲线。

匀变速直线运动：当人体沿直线运动时，在任意相等的时间内速度变化量都相等，这种运动称为匀变速直线运动。匀变速直线运动的速度—时间图线是一条倾斜直线，它的斜度表示加速度的大小。体育动作中在不计空气阻力的情况下，可把自由落体和竖直上抛运动看成近似是匀变速直线运动，如人体纵跳等。

（2）曲线运动　人体或器械简化为质点的运动轨迹相对选定的坐标系来说是一条曲线，这种运动称为曲线运动。曲线运动包括速度的大小变化和速度的方向变化，这时用来描述物体运动的速度、加速度等物理量都必须强调其矢量性。体育运动中人体或器械的曲线运动是常见的，如弯道跑、跳远起跳腾空后人体在空中的运动轨迹、背越式跳高弧线助跑等，均为曲线运动。

2. 平动、转动和复合运动

（1）平动　人体内任意两点的连线，在运动过程中始终保持平行，物体上的任何一点瞬时运动都具有相同的速度或加速度，这种运动称为平动。例如，冰上运动的滑行阶段的运动和高山滑雪飞行阶段的运动。作为平动物体上的各点运动轨迹都是相同的，只要肯定刚体做平动，刚体的运动也可归结为质点的运动。因此可以按照质点运动的轨迹，分为曲线平动和直线平动等。

（2）转动　转动运动指物体绕着一个固定点或固定转轴做旋转运动，如髋关节和肩关节的旋内、旋外、屈、伸，单杠大回环等。各种各样的体育动作，包括最简单的走、跑、跳等都是人体各环节绕关节轴转动而实现的，因此，人体各环节的转动是人体运动的基础。

（3）复合运动　人体的运动往往不是单纯的平动或转动，人体的运动绝大多数是既有平动又有转动的复合运动。如走、跑等四肢以相应关节为轴多级转动，同时与整个人体一起进行平动。体育运动中平动与转动的复合是极为多见的，在分析动作时根据需要可以对人体进行整体运动分析，也可以对局部肢体的运动进行分析。研究中通常将复合运动分解为平动和转动两部分分别进行讨论，然后再加以综合，以达到简化的目的。

（二）人体运动的时空特征

1. 时间特征

（1）时刻　时刻是物体在空间某一位置的时间度量，时刻指某一瞬时。时刻不仅用来表示运动的始末，更重要的是用来标识关键技术的时相，如与关键的身体姿位、特定的关节角度、某瞬时速度等相对应的时刻，特定时相是技术分析所需要采集的数据。

（2）时间　持续时间是运动的时间度量，指两时刻间的间隔。单位为：s（秒）。运动持续时间是评价动作技术优劣的重要参数，如投标枪最后用力时间、跳高的起跳时间，以及完成动作的时间节奏等。在田径的径赛项目中，完成规定距离的时间是评定运动能力的主要参数。

2. 空间特征

（1）位移、轨迹和路程　位移是用来描述物体位置变化的，是从物体初始点指向终点的矢量；轨迹是质点运动的路径；路程是物体运动轨迹的长度，路程为标量。位移和路程的单位为：m（米）。按照运动的轨迹是直线还是曲线，将质点的运动和刚体的平动划分为直线运动和曲线运动两大类。

（2）角位移　转动刚体上的各个质点在同一时间间隔内的线位移不同，但转过的角度是相同的。因此在描述转动时，一般采用物体转过的角度来描述，称为刚体转动的角位移，以逆时针方向为正。角位移的单位为：°（度）、rad（弧度），在人体运动的描述中亦用转动的周数表示。

3. 时空特征

（1）速度和加速度

①速度与速率：速度是描述物体运动快慢的时空物理量，在变速直线运动中，人体的位移和通过这段位移所需的时间之比，称为人体在这段时间内（或这段位移）的平均速度。人体在某一时刻或通过运动轨迹某一点时的速度，称为人体在这一时刻或这一

点的瞬时速度。瞬时速度等于时间趋于无限小时的平均速度极限值。速度单位是：m/s（米/秒）。人体或物体运动经过的路程与其所用的时间之比为速率，速率是标量，反映的是单位时间内物体路程改变的数量大小。

②加速度：加速度是描述物体速度变化快慢的物理量，人体运动的速度变化量与发生这种变化所用的时间之比为平均加速度。瞬时加速度是指人体运动在某一时刻或某一位置的加速度。运动实践中一般所说的加速度都是指瞬时加速度。运动速度在运动方向上增加，为正加速度（加速）；减小则为负加速度（减速）。加速度的单位是：m/s^2（米/秒^2）。

速度和加速度都是矢量，其合成与分解遵循平行四边形法则。

绝对速度、相对速度和牵连速度：将研究对象相对于惯性参照系的速度称为绝对速度，相对于非惯性参照系的速度称为相对速度。非惯性参照系相对于惯性参照系的运动速度称为牵连速度。因此，绝对速度等于相对速度与牵连速度的矢量和。运动实践中，手持各种器械助跑出手的运动（如掷标枪等），即是通过助跑使标枪获得牵连速度，通过最后用力使标枪获得较大相对速度，从而增加标枪飞行的绝对速度。

（2）角速度和角加速度　角速度是描述物体转动运动快慢的度量，以 rad/s（弧度/秒），或°/s（度/秒）、周/秒为单位。角加速度是描述角速度变化快慢的物理量，单位为：rad/s^2（弧度/秒^2），或$°/s^2$（度/秒^2）。

二、人体运动的平衡与稳定

（一）人体平衡的力学条件

人体或器械受到力的作用，一般运动状态会发生改变。但在有些情况下，几个力同时作用于人体或器械，人体或器械仍可以保持原来的状态不变，即受力作用的人体或器械处于平衡状态。这种同时作用在同一人体或器械上的许多力称为力系，人体或器械在力系作用下处于平衡状态，这种力系就被称为平衡力系。

在研究人体或器械平衡问题时，首先要画出研究对象的受力图，然后进行受力分析。受力图是设想把所研究的人体或器械从周围物体的联系中分离出来，单独画出来，并画出周围物体作用于它的全部外力。

（二）体育运动中的人体平衡

1. 人体平衡的类型

（1）根据人体重心和支撑点的位置关系，可将人体平衡分为：上支撑平衡、下支撑平衡和混合支撑平衡3种。支撑点在重心上方称为上支撑平衡，如单杠悬垂平衡；支撑点在重心的下方称为下支撑平衡，如手倒立平衡；人体重心位于上、下两支撑点之间的平衡称为混合支撑平衡，如肋木侧身平衡。

（2）根据平衡的稳定程度可将人体的平衡分为稳定平衡、有限稳定平衡、不稳定平衡和随遇稳定平衡4种。稳定平衡指人体的姿位不论有多大的偏离都能回复到原来姿位的平衡；有限稳定平衡指人体姿位的偏离仅在一定范围内能够回复到原来姿位的平衡；不稳定平衡指人体只要有极小的偏离就一定倾倒的平衡；随遇平衡指人体姿位无论怎样偏离，都能在新位置下重新建立平衡。

通常上支撑平衡，都是稳定平衡。下支撑中的面支撑平衡都是有限稳定平衡，这在体育运动中最为常见。

2. 影响人体稳定性的因素

体育运动中的人体平衡大多是下支撑平衡，影响下支撑平衡稳定度的主要因素有：

（1）支撑面大小　支撑面包括支撑点的接触面积和这些支撑点边缘所围成的面积。一般来说，支撑面大，稳定度就大；支撑面小，稳定度就小。例如，人体稍息姿势比立正姿势稳定，马步站桩比直立稳定，肩肘倒立比手倒立稳定。

（2）重心的高度　在支撑面不变的情况下，人体或物体的重心位置低，稳定度就大；重心位置高，稳定度就小。

（3）稳定角　稳定角是指重力作用线和重心至支撑面边缘相应点的连线间的夹角。稳定角综合地反映了支撑面积的大小、重心的高低及重力作用线在支撑面内的相对位置这3个因素对稳定性的影响。对于人体下支撑平衡而言，稳定角有无数个，运动实践中通常采用平衡角来确定人体某一方向总的稳定性。平衡角等于某方位（通常是前后、左右）上两个稳定角的总和，它表示人体在这一方位上总的稳定度。

（4）稳定系数　稳定系数是指稳定力矩与倾倒力矩之比值。即 K = 稳定力矩/倾倒力矩。稳定系数表明物体依靠重力抵抗平衡受破坏的能力，稳定系数大于1时，物体能抵抗外来倾倒力矩，平衡不被破坏；稳定系数小于1时，物体不能抵抗外来的倾倒力矩，平衡将遭到破坏，即物体会翻倒。

平衡与稳定性是两个不同的概念，人体平衡是人体在外力作用下的身体姿态，而稳定性是保持人体某种姿态或运动状态的能力。在体育运动中，人体的平衡往往在某一方向的稳定性较大，而在另一方向的稳定性较小。如运动员做手倒立时，人体在前后方向的稳定度小，而在左右方向的稳定度相对要大些，因此人体稳定性具有方向性。

3. 人体平衡的特点

人体是复杂的生物力学系统，在考虑平衡及评定其稳定性时需考虑以下生物学因素。

（1）人体不能绝对静止　一方面人体的呼吸、循环运动使得人体重心不是定点，而是波动的；另一方面人体肌肉的张力任何时候不能恒定，因而人的姿势不可能严格不变，肌肉疲劳时更明显。

（2）人体形状可变　由于人体支撑面边缘均为软组织，因此，人体的有效支撑面面积要小于"理论"支撑面的面积。同时由于人体不是形状不变的刚体，一方面在有翻倒趋势时，依靠人体自身的姿势自动调节系统（主要是小脑的身体姿势调节系统）反射性地改变身体姿势，可以保持原有平衡。一般是身体总重心向不适位移的相反方向移动（称为补偿动作或补偿运动），如右手提重物时身体自然向左倾斜以保持平衡。另一方面，在翻倒发生后，依靠人体肢体的移动可以建立新的支撑面来重新建立平衡，运动中的平衡控制大多属于这种情况。如体操运动员落地后，一旦平衡不能控制，则需要迅速向前（或向后）跨一步，建立新的支撑面来控制平衡，待稳定后，又通过并腿确定新的支撑面建立新的平衡来完成整个落地动作。

(3) 人体内力起重要作用　人体的内力，即运动系统各组织器官产生的力，不能改变人体整体的运动状态。但是内力可以通过对外界环境（人体或物体）的主动作用，使人体受到外界环境的反作用，从而影响人体的平衡。在体育运动中，人体可以通过增大或减小内力，特别是肌肉的用力大小，从而改变作用于人体的力或力矩来影响人体的稳定性。

(4) 心理因素的影响　在体育运动中，外环境的变化和人体内环境的变化均会对人体神经系统产生一定的影响，其表现为心理因素的改变。其中交感神经的兴奋表现的紧张心理反应对人体平衡稳定性的影响最为明显。一方面紧张会影响视觉在平衡调节中的积极作用，另一方面也会影响大脑及其下位中枢对肌紧张的调节能力，从而影响平衡。

三、人体运动的改变及其原因

(一) 人体运动中的内外力及其关系

1. 人体力学系统中的内力和外力

(1) 人体力学系统中的内力　在研究人体运动力学问题时，首先要确定研究对象，在力学中确定的研究对象称为力学系统。若将人体整体看做一个力学系统，则人体内部各部分相互作用的力称为人体内力。如肌肉张力、韧带张力、组织黏滞力、关节约束力等都属于人体内力，其中肌肉张力是人体内力中的主动力。在人体力学系统的内力中，肌肉力是最为主要的一种。当肌肉兴奋时，肌肉内大量肌纤维利用化学能收缩，肌肉收缩产生肌肉张力，在肌腱的附着点产生对骨的拉力，并与外界作用于人体的力共同作用，以保持人体姿势或使人体肢体产生运动。

由于内力是人体力学系统内各部分之间的相互作用，虽可引起人体力学系统各部分之间的相对运动，但不能引起物体或人体整体（以重心位置表示）运动状态的改变。正如我们所熟知的那样，人不能抓住自己的头发提起自己，举重运动员力量再大也无法举起自己。

(2) 人体力学系统中的外力　若将人体确定为研究对象—人体力学系统，那么，外界其他物体对人体的作用则称为人体外力。将人体由静止状态改变为运动状态的只能是人体外力。人体各环节的运动，只能是环节以外的力（外力）对环节作用的结果。用人体肌肉张力（人体内力）来说明直接引起人体位移是不确切的，应该说引起人体运动状态改变的直接原因是其他物体对人体的作用（外力）。肌肉张力对人体力学系统来说只能是内力，如果人体失去其他物体对人体的作用，人既不能走，也不能跑，即不能改变人体整体在空间的位置。人体自体位移如果缺乏肌肉张力主动的对外界环境的作用，那么人体自体位移也难以实现。

综上所述，物体只有在受到外力作用，并且外力作用的合力不为零时，物体的重心运动状态才会改变，这就是牛顿第一运动定律的基本内涵。即任何物体在不受外力作用（或所受合外力为零）时，物体将保持静止或匀速直线运动状态不变。

2. 体育运动中的主要外力

(1) 重力　物体的重力是指地球对物体的引力，质量为 m 的物体受到的重力（G）

为：$G=mg$，g 为重力加速度，一般取值为 $9.8m/s^2$。重力的方向指向地心，因此，人体或物体受到的重力与其质量成正比。

体育运动中人体每时每刻都受到重力的作用，但由于人体的运动形式不同，重力对人体运动所起的作用也不同。一般而言，当人体运动方向与重力同方向时，重力起动力作用，如下楼梯；而当人体运动方向与重力反方向时，重力起阻力作用，如引体向上的上拉。

（2）支撑反作用力　物体处于支撑状态时，力作用于支点（支撑面）上，支点又反作用于物体，这种反作用力称为支撑反作用力。物体由于受到重力对支点产生压力，支点则对物体产生一个反作用力，它是一种约束反力。当人体站立地面静止不动时，重力使人体压向地面（支点），地面的反作用力作用于人体，这种支撑反作用力称为静力性支撑反作用力。支撑反作用力（R）与人体所受重力（G）相等，因而保持着人体的平衡。当人体处于支撑状态，而人体局部环节做加速运动，其结果给支点以作用力，支点则给人体一个反作用力，这种支撑反作用力称为动力性支撑反作用力。局部环节加速度有两种情况，一是加速垂直离开支点，如人体垂直向上摆臂、蹬离地面等，这时支撑反作用力便大于人体所受重力，增大的值与运动环节质量及其加速度成正比。二是加速垂直朝向支点，如人体做下蹲动作时，支撑反作用力小于人体所受重力，减小的值也与运动环节的质量及其加速度成正比。

牛顿第三定律表明，两个物体相互作用时，物体甲对物体乙的作用力 F_1 与物体乙对物体甲的反作用力 F_2 大小相等，方向相反，沿同一直线，且分别作用于两个物体上产生各自的效应。因此，人体运动时参与加速的环节质量越大，环节加速度就越大，环节对支撑面（支撑点）的压力越大，则支撑面（支撑点）对人体产生反作用力就越大，从而可以加大人体整体运动的加速度。

（3）弹性力　弹性力产生在直接接触的物体之间，是因物体的形变而产生的。弹性力在体育运动中普遍存在，主要表现在运动器材变形产生弹性力作用于人体。如在人体运动时的跳水跳板的形变，撑竿跳高时撑竿的形变，体操中单杠、双杠、高低杠的形变等，都将产生恢复形变的弹性力作用于人体。一般情况下，弹性力的大小与变形量成正比，还与物体的弹性性质有关。如弹簧在弹性限度内，弹簧的弹性力 F 与弹簧的变形（伸长或缩短）X 成正比，即，$F=-kX$，k 为弹簧的弹性系数。

（4）摩擦力　摩擦力是两个相互接触的物体做相对运动或有相对运动趋势时产生的力，也是一种接触力。产生摩擦力的条件是：两个物体产生接触（有接触面），且有正压力，产生相对运动或运动趋势。摩擦力的方向永远沿着接触面的切线方向且与物体运动或运动趋势反向。

（5）流体作用力　运动员从事的运动项目或运动器械绝大多数在空气中进行，也有的在水中进行，人或器械在流体内进行运动，必然要与流体发生接触，并相互作用，这种作用常常是动态变化的。如铁饼、标枪出手后微逆风使器械获得升力，游泳时身体与水接触产生的各种阻力。这种流体对人体或器械的作用力称为流体作用力。

（6）向心力　运动中人体做圆周运动时还受到了向心力的作用。向心力的大小为：$F=mw^2R$ 即向心力与转动半径成反比，与转动物体的质量和线速度平方成正比。由于

运动物体线速度 v 与角速度 ω 的关系为：$v = \omega R$，则 $F = mm\omega R$，因此，向心力与转动物体质量、角速度平方以及转动半径都成正比。此表明物体做圆周运动时，如果线速度不变，向心力与转动半径成反比，如果角速度不变，则向心力与转动半径成正比。

向心力的反作用力为离心力，两者大小相等，方向相反，但分别作用在两个不同的物体上。

3. 人体运动中内外力的相对性及其相互关系

（1）内力和外力的区分是相对的　如何确定某个力是内力或是外力，取决于研究对象。由于研究对象的不同，同一个力既可看做内力又可看做外力。

（2）支撑情况下人体内力可以改变为外力　人体内力不能直接引起人体整体的运动，但可以通过人体内环节的运动产生作用于外界物体的力，外界物体则以相等的力反作用于人体，从而使人体发生整体运动。人体内力和人体外力是相互联系的，人体内力是人体整体运动的必要条件，但内力只有在支撑情况下才能形成作用于人体的各种外力，使人体产生整体运动。另外，人体在支撑情况下可以通过人体内力的产生减小人体外力的作用，如体操中的落地缓冲动作。

（3）外力是发展人体内力的主要手段　肌张力（人体内力）是肌肉紧张或收缩时的张力，其大小除与肌肉的解剖生理特点有关外，还与中枢神经系统对肌肉的协调控制等有关。因此，发展肌肉张力时必须不断给予肌肉各种负荷刺激。在运动训练中常见的方法是利用外界物体产生的各种阻力负荷来实现的。

（二）人体或器械运动状态的改变及其规律

1. 人体和器械的惯性

（1）惯性及其在运动中的体现　任何物体在不受外力作用时，保持其原有运动状态（包括静止状态或匀速直线运动状态）不变的性质称为惯性。惯性是物体固有的属性。

质量是量度平动物体惯性的物理量，质量越大，惯性越大，物体保持原来运动状态越不容易改变；反之质量越小，惯性越小，物体原来运动状态容易改变。

转动惯量则是量度转动物体惯性的物理量，转动惯量的大小除了与物体的质量大小成正比外，还与物体质点系到转轴距离的平方成正比。物体转动惯量越大，保持原有状态（静止或转动）的能力也越大，反之亦然。由于人体不是形状不变的刚体，在运动中人体可以运用身体在转动轴周围的质量分布来改变人体的转动惯量，从而加快或减慢人体的转动。

物体的质量越大，惯性越大，转动物体的惯性还与物体绕转动轴的质量分布有关，质量分布越靠近转轴，惯性越小，质量分布越远离转轴，惯性越大。

（2）运动中惯性的利用与克服　人体运动时合理利用惯性，对于提高人体运动效率，减小体能消耗提高运动能力有重要意义。在运动中"克服惯性"是指使运动物体的速度减小或使静止的物体产生运动。

2. 人体或器械平动运动状态的改变及其规律

（1）人体或器械的动量　动量是用以描述一定质量的物体在一定运动状态下"运动量"的物理量，与物体的质量和物体运动速度有关。质量再大的物体，如果其运动速度为零，则其动量为零，如静止在地面上的铅球；相反，质量很小的小石子，若从200m高空下落动量就极大。由此可知，相同质量的物体，运动速度越大，动量越大。

（2）运动中人体或器械动量的转换　在讨论运动中人体或器械某些问题时，往往需要把相互作用的两个或两个以上物体作为一个整体来考虑，这就是所谓的"系统"。系统内各物体所受到的互相作用力称"系统内力"，系统外物体对系统内物体的作用力称"系统外力"。由于内力不会改变系统的运动状态，因而系统的"运动量"不会改变，这样就使得问题的讨论得到了简化。如果系统不受外力或受外力的矢量和为零，系统的总动量（包括大小和方向）保持不变，这一结论称为动量守恒定律。

系统的总动量不变（守恒），而系统内物体相互作用过程中，系统内每个物体的动量各自改变着，是不守恒的。系统内每个物体的动量的变化，一定是甲物体动量的增加，必然引起乙物体动量的减小。如若要改变系统总动量，"系统"必然要受到外力的作用。实际上不受外力作用的系统是不存在的，只要在假定的时间内"系统"所受的外力远小于系统内力，则仍可近似地应用动量守恒定律。

（3）作用于人体或器械力的累积效应　牛顿第二定律只反映了物体受力和运动状态变化的瞬时关系，尚不能说明在受到外力连续作用的过程中物体运动状态的改变。事实上，无论是物体的运动，还是人体的运动，都是外力连续作用的结果。

（4）运动中的冲量与动量的关系及其在运动实践中的应用

①运动中增加冲量可增加人体或物体的运动速度：由冲量和动量的关系可知，为了使人体或器械获得较大的速度，通常需增大作用力并延长力的作用时间（一般是以加大施力工作距离来实现的），即增加对人体或物体的冲量来实现。其力学机制是：一方面使原动肌充分拉长，以提高肌肉的爆发式收缩力，另一方面可延长最后用力的工作距离，从而延力对人体或器械的作用时间，以达到增大冲量、提高人体起跳速度和器械出手速度的目的。

需要注意的是，在运动过程中增大作用力和延长力的作用时间常常是矛盾的，其原因是在于肌肉收缩的力量和速度呈非线性的反比关系，即力量的增大以速度的减小为代价。因此，在技术上通常采取的方法是，在保证发挥肌肉最大力量的同时，应尽量延长力的工作距离，当工作距离达到最大值时，应以最短的时间完成此工作距离，以获取最大的速度。

②运动中增加冲量可以减小人体或物体的运动速度：在体育运动中如果需要使运动的人体或物体停下来，即减小人体或物体的动量，通常采用的办法是延长力的作用时间增加冲量。

3. 人体或器械转动运动状态的改变及其规律

（1）体育运动中人体或物体转动的形式　一般可根据人体或器械转动时的转轴形式和有无支点将体育运动中的转动分为3种类型：

①有支点有实体轴的转动：如体操单杠上人体绕单杠轴的摆动、回环类动作；

②有支点无实体轴的转动：如花样滑冰运动员冰上旋转，掷铁饼和链球时人体的旋转动作，以及篮球、足球等运动中的各种转体动作；

③无支点无实体轴的转动：如人体或器械在空中的各种转动，这种转动又可以分为

单轴转动（如人体绕身体冠状轴的空翻动作）和多轴复合转动（如体操、技巧、跳水、武术等项目中的各种复杂空中翻转动作）。

（2）人体或器械转动的动量矩　与平动物体一样，转动惯量为 I 的物体以一定角速度（ω）转动时，也具有一定的"运动量"，称为动量矩或角动量，其大小为 $I\omega$。同样，当刚体所受的合外力矩为零时，其动量矩保持不变，称为动量矩守恒定律。即 $\sum M = 0$，$I\omega =$ 恒矢量。

当人体处于腾空无支撑状态时，重力作用于质心不对基本轴产生力矩，若不计空气阻力，则可将腾空的人体看做封闭的力学系统，满足动量矩守恒的条件。因此，腾空时人体的动量矩保持不变，即 $I\omega =$ 恒矢量。无论人体空中动作多么复杂，其总动量矩完全由腾空瞬间的初始条件所决定。人体可以借助空中姿态的变化和环节的相对运动，实现人体转动速度的变化或动量矩在基本轴间的转移。

①环节的相向运动：当人体以 $I\omega = 0$ 进入腾空状态时，若人体一部分环节以动量矩 $I_1\omega_1$ 绕某轴发生转动时，则必须由另一部分环节以动量矩 $I_2\omega_2$ 绕同一轴做反方向转动，且满足：$I_1\omega_1 + I_2\omega_2 = 0$，这种现象称为"相向运动"。

②空中角速度的改变：动量矩守恒定律表明，当刚体的动量矩一定时，转动惯量 I 与角速度 ω 在量值上成反比。因此，人体处于腾空状态时，通过改变人体对基本轴的转动惯量，可以达到控制人体转动角速度的目的。

③空中动量矩的轴间转移：

a. 力矩的累积效应：外力矩对物体转动的累积效应，即力矩和时间的乘积，在力学中称为冲量矩。而动量矩是转动惯量和角速度的乘积，是反映刚体的转动状态的物理量。不同时刻刚体动量矩的变化是外力矩引起冲量矩的作用结果。外力矩越大，作用时间越长，即刚体受到的冲量矩越大，刚体的转动状态的变化（动量矩）也越大。

b. 外力矩累积效应对人体环节转动的影响：人体的环节运动都以骨杠杆的转动为基础，而骨杠杆的转动及转动状态的变化，则是肌肉拉力矩和阻力矩相互作用的结果。对人体环节而言，肌力矩是外力矩，当肌力矩大于阻力矩时，环节做克制性工作；当肌力矩小于阻力矩时，环节做退让性工作；当肌力矩等于阻力矩时，环节完成静力性工作。

增大肌肉对环节的拉力矩，在其他条件不变的情况下，可以增加冲量矩，从而可以增大环节的转动速度。肌力矩等于肌肉收缩力与肌力臂的乘积，运动中通过肌肉的力量训练（或预先拉长肌肉）来增加完成动作的肌力矩，通过合理的运动技术来增加肌力臂。

在冲量矩不变的情况下，减小环节或环节系对某轴的转动惯量，可以增大环节的转动速度。因此，在要求环节绕关节轴快速转动的动作中，运动员通常采用将肢体尽可能靠近转轴的方法，以减小其对转轴的转动惯量，从而提高转动的速度。

c. 外力矩累积效应对人体整体转动的影响：平动运动中身体某点受到外力矩的持续作用（如制动），可以引起人体整体产生转动。平动运动的速度越快，制动点越远离重心，制动越突然，产生的制动冲量矩就越大，人体整体的转动状态改变越明显。

在其他条件不变的情况下，增大偏心力矩可以加快人体整体的转动速度。人体在支撑阶段，偏心力矩将形成冲量矩，可以使人体腾空后完成转动动作。

d. 外力矩累积效应对器械转动的影响：在体育运动中，器械的转动随处可见，如乒乓球的旋转、排球的旋转、铁饼的旋转等。如果作用于器械上的力通过器械重心（正心力），器械不会发生旋转，那么，使器械发生旋转的力必然是不通过器械的偏心力，偏心力作用于器械形成偏心力矩，偏心力矩形成的冲量矩改变着器械的旋转状态。

四、人体运动的功能及其转化

人体或器械有运动就有机械能，机械能包括平动动能、转动动能和势能。

（一）功与能

1. 功

体育运动中，举重运动员把沉重的杠铃举起或跳水运动员从10m高台跳下都存在做功的现象。这里不仅存在着力的作用，而且物体或人体在力的作用方向上均移动了一段距离。这种力对人体或物体作用的空间累积效应称为功。因此，功等于力与力作用方向上移动距离的乘积，即，功（w）＝力（F）·力方向上移动的距离（S）。

力的作用一般有三种情况。一种情况是力的方向和引起物体运动的方向一致，这时力全部用于做功，$W=F\cdot S$；另一种情况是力的作用方向与引起物体运动的方向成一定的角度，那么，所做的功与力以及力与运动方向所夹的角度有关，$W=F\cdot S$；上述两种情况中，力的作用方向与其引起的物体运动方向改变是一致的，因而对物体所做的功为正功。还有一种情况是，物体的运动方向与力的作用方向相反，这时力所做的功为负功，如人体下楼梯时，膝关节伸肌完成离心收缩克服人体重力，肌肉用力方向与移动方向相反，肌肉做负功。功的国际单位为焦［耳］（符号为"J"，1J就是1N的力使物体在力的方向上移动1m的路程所做的功，即，$1J=1N\cdot m$）。

通常讲肌肉做功，是指肌肉做的机械功。肌肉将其储存的化学能转化为机械能，克服阻力使环节及外界物体产生位移，在此过程中肌肉做了功。肌肉在做等长收缩运动中，环节不产生位移，肌肉没有做机械功，此时肌肉消耗的能量完成了"生理功"。

2. 功率

研究人体的运动仅仅知道做功的大小是不够的，还必须了解做功的快慢，即做功的效率。完成同样的功，不同的人所用的时间是不一样的，有的人快，有的人慢。单位时间内完成的功称为功率。即，$P=W/t=(F\cdot S)/t=F\cdot v$，可见功率的大小取决于力和用力的速度两个因素，要提高功率的关键是增大力或增加用力速度。同时表明在功率一定时，若所需要的力越小，则力做功的速度越快。反之，若所需的力越大则做功的速度越慢。例如，汽车在平地开时可以跑得很快，但上坡时需要较大的力，所以不能开快。功率的国际单位为瓦［特］（简称瓦，符号为W），在工程力学中也常用马力（HP）来表示（即，$1HP=735.499W$）。

体育运动中，体能类项目的成绩往往取决于完成动作过程中肌肉功率的大小，即人体肌肉中化学能转化为机械能的速度。

3. 动能

一切运动的物体都具有能量，能量具有做功的本领，这种因物体本身运动而具有的能量称为动能。

(1) 平动动能　人体运动时质量不变，速度越大则动能越大，速度不变时，质量越大，则动能越大。平动动能为 $E_k = 1/2mv^2$。这表明人体或器械的平动动能与自身的质量 m 及速度 v 平方成正比。

(2) 转动动能　人体与器械的转动动能与相对于转轴的转动惯量 I 和转动角速度 (I) 平方成正比，即转动动能为 $E_t = 1/2I\omega^2$。大多数情况下，人体的转动不是姿势不变的整体转动，而是各环节分别绕各自轴的转动。这种情况下，可以先在参考系上选定某一参考轴，然后分别计算各环节对该参考轴的转动惯量和转动动能，各环节的转动动能的代数和，即为整个人体对该轴的转动动能。

4. 势能

势能是指相互作用的物体的相互位置或者人体内部各部分的相对位置所决定的能。势能有两种形式，一种是重力势能，物体相对于地球位置产生的势能，质量为 m 的人体（或器械），距离地面的高度为 h，其重力势能为 $E_g = mgh$；另一种是弹性势能，物体形状改变产生的势能。弹性系数为 k 的物体，形变为 S 的弹性势能为 $E_e = 1/2ks^2$。

(二) 体育运动中的功能转换

1. 做功增加能量

在竞技运动中人们非常关注人体或器械的速度改变。速度改变即意味着动能的变化，也意味着对人体或器械做了功。如在投掷运动中，人体通过对器械施加作用力，并通过力的作用使器械在力的作用下移动一定的距离，即人体肌肉力对器械做正功。这样做可使器械的动能逐渐增加，在出手时尽可能达到最大值。在这一对器械做功增加动能的过程中，动能的增加量取决于作用力的大小和力作用的距离。为了达到这一目的，在投掷运动中最后用力时常常采用"超越器械"动作，这一方面有助于预选拉长肌肉增加肌肉收缩力，另一方面也增加了用力的距离，即增加了对器械做功的能力。

2. 做功减少（吸收）能量

体育运动中还有很多做负功以减少（吸收）能量的例子。如在抓住空中飞行的球时，肌肉做负功以减少（吸收）球具有的动能；又如运动中的落地缓冲动作，下肢肌肉通过积极收缩用力，完成大量的负功以减少（吸收）人体具有的能量。在这些运动过程中肌肉用力的大小，取决于可供缓冲吸收能量的距离。距离越小，则需要用的力越大，这样就容易产生运动器官系统的损伤，运动中的落地一般是落在海绵包上或沙坑中，目的就是增加缓冲吸收能量的距离。

3. 机械能转换

动能和势能相互转化的现象，在体育运动中大量存在。动能和势能是机械能的两种形式，在一定的条件下可互相转化，转化的条件是靠重力或弹力做功。

在仅有重力或弹力做功的情况下，物体的动能和势能之间可以互相转化，但它们的总和保持不变。在能量转化过程中机械能是保持不变的原理，称为机械能守恒定律。

弹性势能转化为动能的情况可以用篮球的反弹加以说明。当篮球与地板接触时，篮球发生形变（地板也有形变），产生了弹性势能，篮球恢复形状将弹性势能转化为篮球向上运动的动能，动能继续转化为重力势能，使篮球反弹至一定的高度。

在体育运动中，表现为机械能守恒的例子还有很多。例如，运动员在体操器械上的摆动、回环等，在这些运动中如果不计空气阻力，则人体在运动过程中的机械能是守恒的，即无论人体在什么位置，其动能和势能之和总是保持某一常量不变。

【思考题】

1. 人体运动的生物力学原理有哪些？
2. 试举例分析人体运动生物力学原理在运动防护中的应用。

第三节　运动系统的生物力学与损伤机理

运动系统由骨、关节、肌肉及其连接的结缔组织构成。骨提供了支架与杠杆作用，肌肉提供运动的动力，关节作为枢纽提供连接作用，在神经系统的控制下，三部分协同工作形成了人体千变万化的运动方式。运动系统的每一组织器官的力学特性与功能，都决定和影响着运动器系的整体功能；运动系统在实施功能的过程中也在影响着自身的结构和力学性能。运动系统每一结构功能、力学适应性的破坏，各组织器官力学性能上的不协同发展都会导致运动损伤的发生。

一、骨的运动生物力学与损伤

人体206块骨借骨连接形成人体的支架系统。人体中每一块骨都是个活的器官，同其他器官一样都有着活跃的生理活动，但不同的是，骨的这种生理活性对力的作用有着很强的依赖性，骨的结构性重塑、功能性适应与外力作用有关。如从事体力劳动或经常参加体育锻炼者，其骨比较强壮，骨矿物质含量相对较高；长期不运动、废用或长期定式的不良身体姿势会导致骨退化、萎缩或畸形。骨的年龄性变化，如骨的生长、老年性的骨质流失也与外力作用有关。适宜的负荷作用对骨有着积极的影响，但过载、过用或过度冲击性载荷可引起骨损伤甚至骨折发生。

（一）骨力学性能的结构基础

骨由外面的骨膜、中间的骨质、内部骨髓及分布的神经血管组织构成。骨质的多细胞功能活动决定了骨的生长与适应，不同的骨质结构与不同的排列影响着骨质的不同力学性质。

1. 骨组织

骨组织是由大量钙化的细胞间质及多种细胞组成。钙化的细胞间质称为骨基质。细胞主要有骨原细胞、成骨细胞、骨细胞及破骨细胞4种。骨细胞最多，位于骨基质内，其余3种细胞均位于骨组织的边缘。多种细胞的不同功能活动，维持着在体骨结构、功能上的相对稳定与适应。

骨基质的化学成分由有机质和无机质构成，有机质与无机质的构成比不同，决定着骨力学强度与刚度。有机质由成骨细胞分泌形成，包括大量胶原纤维（占有机成分的

95%）及少量无定形基质。胶原纤维的排列组合是骨基质有序结构的支架，使骨具有韧性、可承受一定的变形而不易骨折。无机质又称骨盐，使骨具有很大硬度，决定着骨组织的刚性。不同年龄阶段，由于两种成分比例不同而表现在骨的力学性能上有较大的差异性。如幼儿时期骨有机质和无机质各占一半，故其弹性较大，柔软而易变形。成年人骨的有机质与无机质比例约为3∶7，使骨具有很大的硬度和一定的弹性，骨的抗压、抗弯、抗屈扭的力学特性达到最优状态。老年人由于骨的无机质所占比例相对增大，表现出骨的力学性能脆性加大，易骨折。

2. 骨松质与骨密质

骨质根据结构排列不同分为骨松质与骨密质。二者在其分布及力学性能方面都表现出较大的差异。

（1）骨松质　骨松质呈海绵状，分布于长骨的骨骺和骨干的内部，是大量针状或片状骨小梁相互连接而成的多孔隙网架结构。骨小梁排列受多种因素的影响，如劳动、训练、疾病等，表现出很大的可塑性。跳远运动员下肢骨松质排列更有规律；长期卧床的患者，其下肢骨小梁压力曲线变得不明显等。人至老年骨质产生疏松骨皮质厚度会变薄，骨小梁变细、穿孔、断端变钝，骨小梁交叉点数减少、游离末端数增多、小梁间距扩大。这些表现，都是骨的力学适应性的结果。

（2）骨密质　骨密质分布于长骨的骨干、骨骺及其他类型骨的表面。骨质成板状有规律排列，称为骨板。根据骨板分布位置及排列方式可分为环骨板、骨单位和间骨板。骨密质的结构及骨板的排列方式决定了其力学强度优于松质骨。

（二）骨的生长及机械应力的影响

骨的生长是破坏和重建两个过程对立统一的结果。这一过程终生不止，而其重建的速度受年龄、营养、机械应力等多种因素的影响。

1. 骨的生长

骨的生长包括长度的增长和横向增粗两个方面。在儿童少年时期，长骨的骨骺与骨干之间存在骺软骨板，软骨板不断增生并不断骨化，骨的长度不断增加。在12～18岁期间，大部分的骺软骨生长速率快，四肢骨尤为明显。18岁以后人体各部骨生长逐渐停止。一般女子在22岁，男子在25岁之后，骺软骨全部骨化，骨干与骺结成一个整体，骨的长度不再增加，身高停止增长。骨的长度增加虽然停止，但是骨内的结构始终处于动态变化之中。

儿童少年时期骨膜较厚，骨外膜内的成骨细胞不断分泌骨基质，使骨增粗。同时骨内膜内破骨细胞不断地破坏与吸收骨质，髓腔扩大。成年后，这种活动趋缓并渐静息，但仍处于一动态的平衡状态，如经常承受负荷的骨其生长过程仍可在一定程度上被激活。

骨的生长与诸多因素有关，如遗传、激素分泌、营养的摄取、运动状态、维生素的摄取、运动性物理负荷等。生长发育期的少年儿童，适宜的负荷刺激可以促进骨的生长发育，而过载的负荷作用，则会影响骨的长长。因此，儿童少年发育期应避免过多的负重和静力负荷训练。

2. 机械应力对骨的生物学反应

骨的塑形与重建是通过适应性的作用而发生的，这种适应性是按沃尔夫定律进行的。德国学者沃尔夫提出：物理功能的改变引起骨的吸收和形成，因此，改变了骨的内部结构和外部的几何形状。鲁（Roux）扩展了沃尔夫定律，认为身体的组织和器官都有这种能力，使它们的结构适应于物理环境的变化，他称之为"功能适应性"。

塑形与重建是骨组织中对机械应力作用响应的两个主要生理过程。骨塑形主要存在于青少年和骨折愈合期，一定强度的机械刺激也会导致这一过程的发生，其主要作用是形成新骨质以塑骨形，增加骨强度。重建过程主要体现在骨组织的更新，如骨单位的重建与骨小梁的有序排列等，这是骨组织对机械刺激的响应通过骨的形成与吸收为表现形式的生理过程。重建过程对骨组织的动态平衡与微细损伤的修复有着重要的意义。

骨的塑形与重建过程，是以机械负荷刺激为前提条件的。也就是说，骨组织中存在"机械应力—生物学反应"的调控系统，这一系统中有3个基本的"最小有效阈值"力学参量：骨重建阈值、骨塑建阈值和疲劳损伤阈值，这些阈值参量影响着骨组织塑形与重建的进行方向。如人体的活动减少或肢体伤后固定；宇航员太空中失重状态，导致骨不再承受通常的机械应力，骨膜和骨膜下骨发生再吸收，强度与刚度减小。只有大于有效阈值的机械负荷作用，才能使骨的塑形与重建向正向发展。如运动员的骨骼的力学性能强于一般人的骨骼。

（三）骨损伤的运动生物力学原理

1. 骨的受载形式

骨骼系统是人体的支架结构，在完成人体各种随意性活动的同时，承受着来自于自身及外界的各种形式的载荷作用。骨的受载方式可归纳为如下几种：拉伸、压缩、弯曲、剪切、扭转和复合载荷（同时承受多种负荷形式）。

由于骨结构为多孔介质的夹层结构，且骨质密度也有着较大的差异（骨松质、骨密质），在承载时具有明显的异向性特征（不同方向上的力学性质不同）。这种异向性不仅表现在不同负荷形式下骨承载能力，如皮质骨所能承受的压应力大于拉应力，拉应力大于剪应力；即使同质结构在不同方向上受载，其力学性能也表现出较大的差异特征。

2. 骨的运动损伤

由于骨的受载形式的多样性，决定了骨折损伤发生的复杂性。根据导致骨折外力作用特点，骨折可划分为单纯的高能量外力作用所致的急性骨折；长期反复性低能量外力作用所致疲劳性骨折。

（1）急性骨折　高能量外力作用所致的急性骨折多发生于意外性的跌摔、暴力性撞击等情况。根据骨承载荷形式的不同所导致的骨折形式也不同，如从高处跌下时产生的腰椎压缩性骨折。运动性急性骨折主要表现在受到剪切、拉伸形式下的强外力作用，或复合载荷形式下的强外力作用所致。

骨的拉伸性骨折通常见于骨松质，如腓骨短肌腱附着处的第五跖骨骨折，以及跟腱附着处跟骨的撕拉性骨折。压缩性骨折常见于椎体，如跳伞运动员从高处坠落时臀部着地等不正确的动作，易致胸、腰椎压缩性骨折。

骨在不合理的扭转载荷作用下，形成很强的剪切应力，易导致螺旋线型的骨折。在投掷运动中不正确的上肢动作技术（如标枪投掷中，肘不过肩），极易使近端工作肌群收缩力与远端惯性负荷形成扭转载荷作用于肱骨，强大的剪应力至肱骨螺旋形斜行劈裂。

（2）疲劳性骨折　一定量的重复性负荷可导致骨组织的疲劳损伤或显微损伤。这一损伤可通过重建修复。若应变高于理论上的显微损伤阈值，将引起大量的显微损伤以致难以完全修复，长期的负荷积累导致骨强度减弱、骨脆性增加，可以发生特发性或应力性骨折。重复次数少的高载荷或重复次数多的正常载荷均可诱发这一过程。载荷与重复作用次数对材料损伤的影响，可以绘制疲劳曲线。

疲劳性骨折是运动训练中常见的骨损伤，一般多发生于持续的运动中。如竞走、长跑运动员胫骨的损伤，是由于运动过程中跟骨着地时地面的反作用力对胫骨的作用负荷，在胫骨前壁形成拉伸载荷作用，高频率的机械刺激产生胫骨的损伤。

肌肉疲劳或肌肉功能的缺陷，导致肌肉收缩能力减弱或肌力变化，改变了骨骼的应力分布，使骨骼受到异常的超载负荷导致疲劳骨折或骨的生长发生异常。

断裂可发生于骨的拉伸侧、压缩侧或两侧均有。压缩侧的疲劳骨折发生缓慢，疲劳损害的进展较难超过重建，因此一般不可能发展到完全骨折。另外，由于长期的低头工作，如伏案读书、电脑操作、缝纫工作……也会由于颈肩部肌肉工作条件的变化在产生肌肉劳损的同时，作用在颈椎骨的应力分布发生变化而产生骨刺（这也是骨的一种顺应性的塑形变化），骨刺导致压迫血管形成脑供血不足，这就是颈椎病产生的一个原因。

疲劳骨折的预防：首先要避免长时间高频率的单一训练，特别是长期在骨的力学性能差的负载形式下反复承载，这一点对青少年尤为重要。由于他们的骨骼尚未完成发育，正处在发育旺盛阶段，无机盐较少，骨的力学强度远不如成人，所以容易发生疲劳性骨折，如胫、腓骨骨膜炎，甚者导致胫、腓骨末端骨折。无论是青少年运动员还是成年运动员，都应尽量避免长期在水泥、柏油等较硬的路面反复跑跳。

肌肉长期超强度地收缩也会导致肌肉附着部位的骨产生损伤，如股四头肌强有力的肌腱附着于胫骨粗隆，小腿三头肌通过跟腱止于跟骨结节。在篮球、跨栏、跳远、三级跳这些项目中由于肌肉经常强烈地收缩，通过肌腱牵拉附着点的骨质而造成其疲劳性损伤，如髌腱末端病、跟腱周围炎，严重会产生附着部位的撕脱性骨折。

为了更有效地预防疲劳性骨折的发生，除了合理安排运动量外也要避免大运动量中对肌肉、骨骼过度使用而引起的骨钙流失，应增加运动员膳食中钙的摄入量。总之，适当的训练量，充足的钙、蛋白质等营养的摄入量和休息等，是预防疲劳性骨折的最好措施。

（3）骨质疏松　骨质疏松是以单位体积内骨量减少、骨的显微结构退化受损、骨密质变薄、骨小梁减少变疏、骨强度降低、易于骨折为特征的骨骼疾病。过去认为骨质疏松是年龄老化的自然结果，现在则认为是一种易引发骨折的骨损伤。

①影响骨质疏松症的因素：遗传因素；营养失衡；活动量不足；不良嗜好；服用某些药物。

②运动与骨质疏松：运动对骨生长阶段骨量的增长有着重要的影响。研究认为，青春期前是增加骨密度的黄金时期。库珀等纵向研究表明，儿童时期的身体运动是决定骨量增加值的重要因素。

运动对骨量稳定阶段有着积极的影响。研究认为适宜运动能增加稳定阶段骨密度，并且对预防骨质疏松具有良好的作用。

运动对老年期骨量保持有一定的意义。大量研究表明：运动对衰老阶段骨能产生良好影响，1~2年有规律的中等强度的承重练习可以增加绝经后的骨量。并且运动能有效防止年龄超过50岁的绝经女性第二至第四腰椎骨骨密度降低。

二、关节的运动生物力学与损伤

关节是骨与骨连接成"链"结构的枢纽，为骨的杠杆作用实施提供支点。是实现多环节联动，完成人体复杂运动表现的结构基础。关节的基本功能表现为"连接"与"运动"，因此，影响关节连接与运动功能的基本因素是关节基本结构、关节自由度、关节运动幅度、关节稳度及关节损伤等，这也是关节运动生物力学研究的主要内容。人类的直立行走，促进了上、下肢机能进一步分化，下肢更适应于人类的支撑、行走、跑、跳运动，而上肢更适宜于抓、握等精细的活动。运动机能的分工促进了结构上的适应，在运动特征及其结构稳定性方面上、下肢形成了较大的差异。因此，从机能学的角度研究各关节的力学特征，对提高运动机能，预防关节损伤有着重要的实际意义。

（一）关节结构的运动生物力学

关节包括基本结构及辅助结构。基本结构是指关节面及关节面软骨、关节囊及关节腔，关节的辅助结构包括关节韧带、关节盘、关节唇、滑膜襞和滑膜囊等结构。关节面结构决定着关节的运动自由度，而关节囊的松紧度、韧带强弱、关节负压以及关节周围的肌肉是影响关节稳定性与灵活性的基本因素。

1. 关节稳定性

（1）关节面形状　相应关节面的吻合及其差异程度，影响着关节的稳定性与灵活性。如髋关节的股骨头关节面与髋臼关节面的角度值均为180°左右，所以很稳定；而肩关节的肱骨头关节面角度值约为135°，关节盂的角度值仅有75°左右，故稳定程度相对于髋关节小，而运动的灵活性较之髋关节要高。

（2）韧带强弱　韧带不仅是骨与骨之间的连接结构，而且也是动态活动关节的重要稳定结构。韧带对关节在一定方向的加固与制约起着作用，对关节的活动保持在正常的生理范围内有着重要的意义。如髋关节伸时，髂股韧带紧张以防止其过伸；膝关节前、后交叉韧带防止胫骨平台的前、后移位；踝关节内（外）侧副韧带在距下关节处于充分外（内）翻时紧张，则是防止距下关节过度外（内）翻。韧带的限制作用在加固关节稳定性的同时，也影响着关节的灵活性，关节运动超出其限制的幅度，便导致了关节韧带的损伤。

（3）肌肉力量　肌肉既是运动关节的动力，同时又是运动中维持关节稳定的重要因素。肌肉收缩力在产生关节运动的同时，对关节也产生加固力量，以对抗外力对关节的牵拉作用。

(4) 关节负压　由于关节内压低于关节外的气压，关节内外的压差在维持关节的稳定性方面也有着重要意义。

2. 关节的力和力矩

关节的存在使骨的杠杆作用得以实现，而提供骨杠杆转动的力、力矩可来自多方面，如承载的负荷与环节重量、关节韧带牵拉、肌肉收缩力等。力的作用对关节所产生的运动效应不仅取决于施力的大小、方向和作用点，还取决于关节的运动方式与状态。因此，对关节的力和力矩的认识，一方面考虑环节运动的状态、姿位及与外力之间的相对关系，另一方面还要充分考虑肌肉拉力线的变化对肌力矩的影响及各功能群之间的相互的影响与作用。

从环节的受力分析可见，作用于骨杠杆上的重力也可对关节产生切向分力和法向分力，切向分力不通过关节转动中心产生力矩，可使骨杠杆绕关节产生转动，故又称为旋转分力。法向分力指向关节转动中心（或背离关节转动中心）对关节不产生转动力矩，可起加固作用（或分离作用），故也称为加固分力（亦反）。作用于骨杠杆的肌肉收缩力对关节的作用也是如此，也可产生切向分力和法向分力，切向分力产生力矩使骨杠杆绕关节转动，法向分力一般起着加固关节的作用。在这些力的作用下关节内关节骨面和另一关节骨面之间还存在关节支撑反作用力。

外力矩不仅来自环节本身重量，还有外界作用负荷等。外力矩对环节运动的影响主要取决于环节运动与外力方向之间的相对关系，同时影响着关节运动肌群的工作性质与状态。在大多数情况下，人体运动表现为对抗外界负荷或自体重量产生环节的转动（身体自由落体除外），而提供环节转动或控制的作用力主要是肌肉的收缩力。人体结构的特征使肌肉附着点都在关节附近，因此，肌肉都具有较小的力臂和较小的肌拉力角，一个小的外力（或负荷）作用，可能需要很大的肌力来平衡。肌群是一个三维空间结构，可用一条肌拉力线来表示，用肌拉力线的方位与关节运动轴的相对关系对肌肉进行功能性分析，虽然很有实效，但存在一定的局限性。因为人体多环节运动的复杂性、多变性及环节相对姿位的改变都会影响肌拉力线的相对位置关系，从而影响对其功能的有效分析。

3. 关节软骨及其损伤

关节软骨的结构、功能特点对关节力学有重要的影响。关节软骨可被看做充满液体的多孔介质，因此，关节软骨是固、液双相性结构材料。其力学性能与固体材料特性及其渗透性都有关。

(1) 关节软骨的力学特性　渗透性是指液体流过多孔固体基质时的摩擦阻力，是二相材料的重要参数。渗透性越低，在承受载荷时液体流动的阻力也越大。关节液在软骨中渗透是顺液体的压力梯度而行，关节液体在软骨中的流动不仅完成了软骨营养供给与代谢产物的排除，而且与关节面的润滑及承载时力学特点有着密切关联。关节软骨的渗透性很低，在快速加载与卸载时（如跳跃时），软骨类似于弹性材料，在承载时变形，卸载后立即复原。在持续性、缓慢负载作用时（持续长时间的站立），其内的液体被挤出，组织的变形将随时间持续而加强。消除载荷后，若有充足时间使其吸收液体，软骨组织可恢复原状。

(2) 关节软骨损伤　关节软骨损害、变性与关节承载负荷的频率和量级有关。关节的先天性发育不良以及关节损伤等因素，可以导致应力集中。过度的应力作用可降低关节面之间的液膜润滑，关节软骨面上凹凸不平的接触，可引起微观的应力集中造成表面磨损。

4. 韧带及其损伤

(1) 胶原纤维与弹性纤维的力学特性　韧带由致密的结缔组织构成，大多数韧带都是以胶原纤维为主，占韧带干重的70%~80%。只有项韧带和黄韧带是以弹性纤维为主。韧带中纤维排列的方向一致性较差，排列情况随韧带的功能不同而变化。不受载时纤维松弛呈波浪形，施加载荷时与载荷方向一致的纤维被拉紧，此时被拉直的纤维在生理允许范围内承受着载荷。

胶原纤维在拉伸试验中，一开始纤维有伸长，但随载荷的增加，它的强度迅速增加直至达到屈服点。过了屈服点后就产生非弹性变形直至破坏。

破坏变形的为6%~8%。以弹性纤维为主的韧带的变形与胶原纤维为主的韧带有着较大的差异，这种韧带在刚性增加之前，伸长变形就已达50%以上，当接近其最大伸长量时刚性迅速增加并使韧带突然破坏。

(2) 韧带力学特性的影响因素

①温度、负荷加载速度的影响：韧带是黏弹性的生物材料，温度对其伸展性、黏滞性产生较大的影响。温度升高，可提高其伸展能力，组织内摩擦可以降低。负荷施加的速度不同，其伸展性及承载最大能力也不同，加载速度越快，损伤的可能性也就越大。

②机械应力的影响：与骨一样，正常的韧带可以进行重建以适应其力学的需要。即机械应力增加时，韧带的强度和刚度也会增加；而机械应力刺激减少时，其强度和刚度也减小。

运动使韧带的机械应力增加，从而使其强度和刚度增加，并使韧带肥大。

关节制动使韧带承受应力减小，导致其材料力学性质的变化。

③年龄的影响：随着年龄的增长，韧带的强度和刚度明显下降。韧带力学性质的这种变化与许多因素有关，如随年龄增加韧带的老化变性，活动量减少所致的韧带机能的废退或患病等因素。随着年龄增长，前交叉韧带所能承受的最大破坏载荷、能量储存能力及刚度均下降2~3倍。

(二) 关节的生物力学与损伤

1. 肩关节

肩关节是指盂肱关节。盂肱关节的关节面是由肩胛骨的关节盂和肱骨的肱骨头构成，关节盂的周缘有关节盂唇具有加深关节窝的作用，由于关节面的吻合差异度较大，并且关节囊韧带松弛，因此，肩关节是全身活动度最大的关节。

关节运动中的稳定性，主要依靠三角肌和肩袖肌的作用维持。冈上肌拉肱骨头靠紧关节盂形成支点，同时三角肌起主要悬吊作用，以防止上肢的重力或因持重而造成肩关节脱臼。胸大肌上束及肩带肌群协助维持其稳定。喙肱韧带限制过伸及过屈，盂肱韧带限制外展及外旋。

肩关节通过肩带（肩胛骨、锁骨）的肩锁关节、胸锁关节与躯干相连结，锁骨将上肢撑向体外侧，使肩关节与胸廓之间保持一定距离，加大了上肢活动范围，肩带对肩关节的运动起着很重要的补充协同作用。

肩关节的特殊位置及其解剖结构特点决定了肩部运动形式及受力的复杂性。

上肢运动链所承载的负荷都要集中于肩部，导致肩关节承受着极大的机械负荷（如上肢鞭打、举重等）。负荷形式的多样性据运动形式和受力的不同而有所区别，如当剪切力过大，超过了肩关节的稳定性承受能力时，头、盂之间的异常滑动则可能造成关节的损伤与脱位，而高频重复陡负荷可导致慢性损伤。"过肩运动"是损伤肩关节的高频项目，这类项目一般技术特点是上臂外展并伴有外旋，之后是强力的前屈与内旋，在肩关节存在异常高的扭转力矩。这种异常高的力矩极易导致肩部的主动肌、关节韧带等结构的损伤。从技术特点来分析，完成这一动作中"肘部"过肩与否对肩部负荷产生重要的影响。低肘鞭打在肩部产生大的惯性阻力矩，易产生肩部的损伤。

2. 髋关节

髋关节由髋臼与股骨头构成，属于多轴的比较稳定的杵臼关节。髋臼的周缘附有纤维软骨构成的髋臼唇，以增加髋臼的深度。髋臼切迹被髋臼横韧带封闭，使半月形的髋臼关节面扩大为球形以紧抱股骨头。髋臼窝内充填脂肪组织。

髋关节的关节囊坚韧致密，向上附于髋臼周缘及横韧带，向下附于股骨颈，前面达转子间线，后面包罩股骨颈的内侧2/3。

髋关节有一系列的强有力的韧带加固，即髂股、耻股和坐股韧带。髂股韧带限制大腿过伸，坐股韧带限制大腿过度内收及内旋，耻股韧带限制外展及外旋。

（1）髋关节结构力学特征

①股骨颈：股骨颈连接股骨头与股骨体，形成颈干角，它是股骨颈与股骨体之间所形成的角度。成人其正常范围可在110°~140°，大多数在125°~135°。由于股骨颈及颈干角的存在，使粗隆部及股骨干远离髋臼，以加大了髋关节和下肢活动的范围。颈干角度正常时，股骨头的负荷与股骨颈所承受的应力之间达到生理平衡，当颈干角减小（髋内翻）时，股骨头负荷减小，但股骨颈所承受的应力大增；反之，当颈干角增大（髋外翻）时，股骨头负荷增加，但股骨颈所承受的应力则相应减少，可使剪应力完全变为压缩力。无论髋内翻还是髋外翻，均可引起股骨近端负荷及应力的改变，导致髋关节继发性结构异常和功能障碍。

②股骨近端内部结构：由于股骨颈的存在，改变了力传递的特点，使股骨近端的内部结构也存在对应力的适应性特征。正常情况下，股骨头主要承受压缩应力，骨小梁由股骨头周边沿压缩合力的方向下行，汇合至内侧骨皮质，形成最强大的一组骨小梁，称为主要抗压缩骨小梁。另外，由于股骨头和股骨颈亦承受剪应力，股骨颈上方产生张力，因而有一组骨小梁由外侧骨皮质沿张力方向延伸至内侧皮质，称为主要抗张力骨小梁。

髋外翻、内翻都将会改变股骨颈力的传递，引起骨小梁排列的改变。因而，可以由骨小梁结构的改变，反映出股骨近端负荷与应力的变化。

（2）髋关节的稳定　髋关节在额状面上的稳定，是外展肌与内收肌之间的平衡。臀中肌是主要的外展肌，大收肌是主要的内收肌，而阔筋膜张肌则主要是髋关节在额状面的稳定肌。

髋关节在矢状面上的稳定，是伸肌与屈肌之间的平衡，主要是伸肌——臀大肌。当重心线落于髋关节前方时，臀大肌张力以防止髋关节的屈曲。当重心线落于髋关节后方时，关节前方的髂股韧带被动紧张，起到限制髋关节过伸的作用，屈髋肌辅助维持平衡。

3. 膝关节

膝关节是人体结构最复杂的关节，可视为由两个包在同一关节囊内的关节组成，即：股—髌关节和股—胫关节，股—胫关节为椭圆关节；股—髌关节为滑车关节。由于股、胫两关节面差异较大，关节内软骨半月板使两关节面更好的适应。

此外，在关节的周围有一系列韧带加固关节，前面有髌韧带，内侧有胫侧副韧带。外侧有腓侧副韧带。关节内有前、后交叉韧带加固。

(1) 膝关节结构的力学特性

①股骨髁：股骨髁的前后径较其横径长，其前部呈椭圆形，后部呈球形，因此，其前部的曲率较后部小；外侧髁长轴与矢状面一致，内侧髁的长轴与矢状面大约呈22°角。股骨髁的这一结构特征，在直立时，较平的髁前部与胫骨平台接触，有利于力的传递与支持；在膝关节屈曲时，髁后部很好与平台接触，有利于关节的屈伸运动。

②股胫外侧角与α角：股骨解剖轴与胫骨纵轴相交形成的角度称股胫外侧角，约为174°，即膝关节大约有6°的外翻角。这是由股骨结构特点形成的。

α角是股四头肌力线和髌韧带力线的夹角，即从髂前上嵴到髌骨中点的连线为股四头肌力线，髌骨中点至胫骨粗隆最高点连线为髌韧带力线，两线所形成的夹角为α角，中国人正常α角在11°～18°。α角的大小主要受髌骨的影响，髌骨改变了股四头肌的拉力线方向，增加了肌力臂，可以使伸膝肌的力矩增加50%左右。

股、髌关节面软骨是人体中最厚的软骨，这一结构反映了它在增强伸肌功能方面的重要作用，股、髌关节软骨在整个关节活动范围内承受的压力相对不变，膝关节在完全伸直到屈曲过程中，股、髌关节的力量增加，但由于两关节面的接触的相对面积也增加，以致在关节面上的应力保持相对不变。

(2) 膝关节的稳定 膝关节为全身最大的关节，其前后交叉韧带及内、外侧副韧带在维持膝关节的稳定上起重要作用，关节囊也有一定的维护作用。前、后交叉韧带不仅有防止胫骨向前、后滑动的作用，而且也限制膝内、外翻及旋转。侧副韧带除防止内、外翻外，内侧副韧带尚可限制外旋。两组韧带在伸直位时均紧张。

半月板在维持关节的稳定与运动中有着重要作用。半月板是存在于股、胫关节面之间的关节内软骨。半月板内缘较薄，外侧缘较厚，可加深胫骨髁关节面，对膝关节有稳定作用。半月板的存在，可以使关节滑液均匀分布，对润滑关节起着重要作用。研究资料表明，切除半月板，膝关节内摩擦力增加20%。此外，半月板具有一定的弹性，能够吸收冲击性能量，以及减缓震荡的作用。

直立位时，人体重心线落在膝关节中心前方，有迫使膝关节被动伸直的趋势，此时韧带及后关节囊紧张以维持关节的稳定。

单足负重时，该侧膝关节趋向于更多地伸展，通过"扣锁机制"（膝自屈而伸的最后 10°，股骨在胫骨上内旋，使关节扣紧以维持关节的稳定）使膝关节更加稳定，此时股四头肌是松弛的。但在双足同时负重时，则膝关节往往处于轻度屈曲位，依赖股四头肌的作用以维持其稳定，从而避免在"扣锁机制"时的完全伸直所引起的不适。

行走过程中一侧足跟部着地，另一侧下肢进入"前摆期"，支撑肢体进入"负重期"时，身体重心落在膝关节中心之后，股四头肌即强力收缩，防止膝关节屈曲，直到身体重心移到膝关节前方为止，行走中股四头肌对膝关节的稳定作用远大于腘绳肌。

（3）膝关节损伤　膝关节是人体中最复杂的关节，且处于身体内最长的两个骨杠杆之间，是运动损伤高发的关节。膝关节损伤可分为急性损伤与慢性损伤。

急性损伤更多地发生在暴力作用、不正确的用力动作或突然失衡运动过程中。膝关节的姿位、作用力的方向、大小、作用点决定了损伤部位与程度。如散打运动员的低鞭腿打击到对方膝关节外侧，足球运动中铲球运动员蹬踹于带球运动员的膝外后方或内侧等，使伸直或接近伸直的承重膝关节外翻或内翻引起膝的内侧、外侧副韧带撕裂，也可能伴有前交叉韧带的损伤发生。

前后交叉韧带的损伤更多地发生于下肢承载中，胫骨近端在前后方位的外力作用下而引起胫骨前后移位的动作形式中。

半月板的损伤主要是由于关节内异常高的剪切与扭转力作用而引起结构性撕裂。从动作形式上来讲，主要是在膝关节伸、屈过程中同时出现旋转或内、外翻，半月板既要完成伸、屈时的移位，又要完成旋转时的移位运动，再加上正常运动中所不常有的侧向移动，使半月板挤于股骨髁和胫骨平台之间，使其在承受很大压力负荷的同时，又承受拉或剪切负荷，致使半月板撕裂。如足球运动中的踢空，造成膝的突然过伸；或在踢球过程中膝的伸、屈运动伴有小腿的内、外旋；举重起立时，两膝外翻同时并膝等动作，都会在半月板上产生异常高的扭转与剪切应力，而至半月板损伤膝关节的慢性损伤主要是过用性损伤，尤其一些大强度的承重、硬质地面的高频重复性跳跃、跑动（排球、田径跳跃、长距离跑）等项目的发病率较高，虽然每一次承载没达到最大损伤强度，但这种阈强度刺激所致膝关节诸结构的微细损伤累积，便形成过用性损伤，引起结构退行性病变，如髌骨劳损、骨性关节炎等。

4. 脊柱

脊柱是躯干的中轴，位于背部正中，由 24 块椎骨、1 块骶骨和 1 块尾骨，借椎间盘、韧带和关节连接而成。前面悬挂脏器并构成胸腔、腹腔和盆腔的后壁。为直立与行走需要，脊柱形成 4 个生理性弯曲。因此脊柱具有支持部分体重和维持重心，减缓冲击和保护脊髓及脏器的功能。

23 个椎间盘位于第 2 颈椎至第 1 骶骨之间，完成各椎骨椎体间的连接；在椎体和椎间盘的前面、后面分别有前纵韧带与后纵韧带加固。椎间盘在脊柱全长中占有相当大的比例（约占脊柱全长 1/4），椎弓间借关节突关节、弓间韧带、横突间韧带、棘间韧带、棘上韧带和项韧带完成弓间连接。

（1）脊柱结构力学特征

①生理弯曲：从侧面观察脊柱，可见 4 个生理弯曲，即颈、腰前曲和胸、骶后曲。脊柱的生理弯曲、椎间盘与一系列的韧带装置，使脊柱具有弹性，这样的结构不仅可减

缓震荡，有效地保护脏器，而且使人体能承受较大的负荷。另外，生理弯曲很好地调节了人体的重心使其力线落在人体的承载面内，是人体"抬头挺胸"直立行走姿势的需要。

②椎间盘：椎间盘是连结相邻两个椎体的纤维软骨。由于椎间盘的存在，相邻两椎体间存在潜性的间隙，使椎体可在各方位上产生运动。椎间盘具有承受来自相邻椎体的挤压与剪切、弯曲载荷的作用，因此，一定的硬度，同时具有较好的韧性是椎间盘所必需的。这一特殊的力学性能有赖于椎间盘独特的结构和组成。

椎间盘由纤维环、髓核和软骨终板3个部分构成。纤维环由10~20层的胶原纤维组成的板样结构，呈环形围绕椎间盘周围并紧密结合，能够承担较大的压力负荷。椎间盘中央是髓核，它是柔软而富有弹性的胶冻样物质。这种半液体状的物质当受到压缩时，就会向周围膨出，一方面这种放射状膨出被周围纤维环所约束；另一方面，这种膨出也从内侧支撑了纤维环，使其防止向内侧弯曲而降低刚度。纤维环与髓核的协作性结构维持了椎间盘的刚度以抵抗压力负荷，同时两者都有足够的顺应性以使椎体间存在一定的活动度。软骨终板是存在于椎间盘的上下面的软骨层，将椎间盘固定于各自的椎体上，完成上下位椎体间的软骨结合。

随着年龄增长及外载负荷的影响，椎间盘表现出老化与退变的特征，表现出椎间盘成分、结构和功能特异性的改变。这种结构与功能性的改变，导致椎间盘的承载能力及其传递能力的下降，继而产生脊柱的功能性退化与可能性的损伤。

腰椎是人体中间环节，由于位置、承载及运动的特殊性，因此体力劳动及运动训练中，腰部损伤风险较高。当腰椎间盘直接承受单一的压力负荷时，椎间盘突出损伤的可能性不大，更多的损伤发生于承载弯曲与压缩的负荷作用。如重复性前屈负荷或前屈位承受大强度负荷时，可能导致腰椎或椎间盘的损伤发生。

（2）脊柱的稳定　正常脊柱的稳定结构有内外两类。外在因素主要靠腹、腰、背等肌肉主动调节；内部结构主要靠骨关节、韧带进行控制。在内部稳定结构中除椎体和关节突的形状限制着脊柱的活动外，椎骨间韧带也维持着脊柱的稳定。如椎弓间韧带、棘间韧带和后纵韧带可限制脊柱的过度前屈；前纵韧带防止过伸；横突间韧带防止脊柱的过度侧屈。椎间盘也是连接椎体避免滑脱的内部重要结构。

（3）体位和负重对腰椎的影响　腰部是躯干的主要负重区。据研究，体重70kg的人体，第3腰椎间盘的内压力测量值是70kg，几乎等于第3腰椎间盘以上体重的2倍。当身体前屈加大转动力矩后，椎间盘的负荷也相应增加。前屈时椎间盘向压力侧突出，在张力侧凹陷。上体前屈位，腰背筋膜、椎弓韧带等结缔组织的被动张力起调节腰部负荷的作用；在承载大强度负荷如提拉重物时，腰背部浅、深肌群的收缩，不仅提供了背后伸的动力，而且对腰椎及椎间盘的承载负荷的调节有着重要影响。坐位时肌肉松弛腰部的负荷要比直立时大。坐位时腰部挺直骨盆前倾增加腰部前突，虽可以减少腰椎负荷，但仍比站立时大。坐位腰后垫枕挺胸斜靠时，腰部受力可显著减轻，因部分重量已被垫枕所吸收。仰卧位时腰椎间盘受力最小。

负重对腰椎的影响更大。椎体受到一定量的压力后可以造成骨折。据成人腰椎标本的实验研究，椎体的临界负荷为5 000~8 000N。年龄和椎间盘退变程度是影响椎间盘负荷量的重要因素。正常椎间盘的抗压强度大于椎体,因此,临床常见椎体骨折而椎间盘无恙的情况。举重或提重物时增加腰椎负荷与以下3个方面有关:

①物体的重心与脊柱运动中心的距离;

②脊柱的弯曲和旋转的程度;

③负重物体的性质、大小、形态、重量和密度。如把负重体由远移近身体,可以缩短重力臂减轻腰椎的负荷。搬重物时采用挺腰屈膝,然后伸膝的方法以减小重力矩可以减轻腰部负荷。据测试提起80kg重物时,腰椎间盘所受压力为10 000N,实际上已超过椎体骨折的临界值,但是举重运动员能举起数百公斤的杠铃而无骨折,其原因是由于憋气胸腹肌肉收缩,腹内压的增加减轻了脊柱所受的压力。

三、骨骼肌的生物力学与损伤

人体内有600多块肌肉,每一块肌肉都是一个器官。它包括中间的肌腹、两端的肌腱部分。肌肉的不同结构有着不同的力学特性,实施不同的力学机能。人体运动过程中肌肉在实施收缩过程的同时,也实施着牵拉功能;即使在以环节重力或外界负荷作用力为主动力的环节运动中,肌肉也在实施着力的传递、牵拉及能量吸收的功能。因此,收缩与抗牵拉是肌肉同一功能过程不可分割的两个方面,任一方面功能缺陷都会导致损伤的发生。

人体是一个多环节"链结构"力学系统,多环节联合运动形成了人体的复杂运动表现。人体运动链的有序运动不仅需要肌肉收缩提供力量,更需多功能肌群之间的协同、配合与有序控制。认识肌肉多功能群的协同、有序活动是学习肌肉运动生物力学的重要内容,也是防止运动损伤必备的基础知识。

(一) 骨骼肌的运动生物力学

骨骼肌收缩发力不仅受到结构、神经生理因素的制约,而且也受到肌肉收缩形式、身体姿位、收缩速度等因素的影响。另外肌肉不同工作状态下的"张力—长度"关系、"张力—速度"关系;肌肉不同工作状态的功率特征及人体运动过程中的"神经—肌肉"控制特点,也是骨骼肌运动生物力学的重要内容。

1. 骨骼肌的力学模型

肌肉的力学性质十分复杂,它与构成肌肉各成分的力学特性,以及肌肉的兴奋状态和疲劳有关。运动生物力学是通过模型来研究人体结构和机能特性的。肌肉结构力学模型是在已有肌肉力学性质研究基础之上结合肌肉的结构特征对肌肉进行抽象化的结构。

目前,人们普遍接受的是肌肉三元素模型。收缩元:代表肌节中的肌动蛋白微丝及肌球蛋白微丝。兴奋时可产生张力,是主动张力。并联弹性元:代表肌束膜及肌纤维膜等结缔组织。当被牵拉时产生弹力,是被动张力。串联弹性元:代表肌微丝、横桥闰盘及两端的腱结构。当收缩元兴奋后,使肌肉具有弹性。

整块肌肉可以认为是由许多这样的模型混联在一起构成的。模型的串联形成肌肉的长度,模型的并联形成肌肉的横向维度。整块肌肉的力学性质,就是由这些模型组成的系统来决定的。根据模型的混联关系可以理解为,肌肉长度的增加对其收缩速度有良好的影响,但不影响它的收缩力;肌肉的生理横断面的增加会导致肌肉收缩力的增加,但不会影响肌肉的收缩速度。对于这一点的认识，可以用一个形象的例子加以说明。一个弹簧在力 F 的作用下，伸长长度为 ΔX。当外力撤除而回缩时，弹簧表现的收缩力为 F，收缩速度为 $\Delta X/\Delta t$（设弹簧的收缩时间为 Δt）。若是两个弹簧串联，在同样的条件下，两个串联弹簧两端所测力值不会因弹簧数量的增加而增大，所表现的收缩力依然是 F，伸展长度为 $2\Delta X$，而收缩速度为 $2\Delta X/\Delta t$。由此可见，弹簧的串联没能增加收缩力，但收缩的速度增大了。若两个（或更多）弹簧并联，在同样的前提条件下，收缩力为 $2F$（或 nF），由于伸展长度没变收缩速度仍是 $\Delta x/\Delta t$，并联时是表现出力量的增加，而其收缩速度没有变化。

2. 骨骼肌的力学特性

（1）骨骼肌张力—长度特征　长度与肌肉收缩力量的关系，是指肌肉收缩前的初始长度对肌肉收缩时产生张力的影响。依据肌肉结构力学模型，肌肉收缩总张力是由收缩元产生的主动张力和并联弹性元、串联弹性元产生的被动张力叠加而成的。因此，肌肉张力—长度特性应是肌肉三元素张力—长度特性的综合表现。

①肌肉主动张力—长度特征：人体环节运动表明不同的关节角度下，肌肉产生的力量不同，所能克服的负荷不同。而关节角度的改变所引起肌肉力学参数的变化包括两个方面：即肌肉力臂和肌肉收缩的初长度。可见，肌肉收缩的长度与肌肉力的产生有着直接影响。

②肌肉被动张力—长度特征：肌肉的被动张力主要由肌肉结缔组织产生，即肌肉串联、并联弹性成分。肌肉处于平衡长度或小于平衡长度时，处于弹性张力为零的松弛状态。随着肌肉变长，弹性成分开始承载，产生张力（被动张力）。

由于结缔组织为黏弹性体，因此肌肉长度变化与产生的张力之间呈非线性的指数函数关系。

③肌肉总张力—长度特征：尽管不同的肌肉长度—总张力关系不完全一致，但都表现出共同的规律和特征，即肌肉的总张力是主动张力和被动张力的叠加。因此，将长度与主动张力和被动张力关系曲线叠加起来，就成为肌肉长度—总张力关系曲线。这条关系曲线描述了肌肉的长度变化对肌肉张力的影响。肌肉平衡长度的大小，对肌肉总张力曲线形状的影响较大。如果肌肉结构中结缔组织较多（如羽状肌），则肌肉被拉伸时，并联弹性成分的被动张力能较早地出现，因此此类肌肉的平衡长度较短。因其被动张力能较早地出现，对肌肉总张力贡献较大。肌肉的总张力—长度特征表明，肌肉力量训练从结构成分的角度上来分析，应包括主动收缩成分的训练与被动成分的训练。这两种成分的功能性发展影响着肌肉的总体功能性提高。目前力量训练中，人们更多地关注肌肉主动收缩功能的训练，而对被动抗牵拉能力的功能训练认识不足，导致肌肉大强度运动训练中出现拉伤的风险性较大。

（2）骨骼肌张力—速度特性

①肌肉向心收缩力—速度特性：著名的英国生理学家希尔依据热力学第一定律分析得出肌肉收缩的"力—速"关系方程，即希尔方程：$(a+T)(V+b)=b(T_o+a)$

希尔方程描述了骨骼肌收缩时的力—速度特征关系，方程中的 a、b 是实验参数，T_o 为最大等长收缩力。特征方程表明：张力越大，缩短速度越小。反之亦然。因此，

希尔方程可改写成如下形式:

$V = b(T_0-T)/(T+a)$ 或 $V = (bT_0-aV)/(b+V) = a(V_0-V)/(V+b)$

依据希尔方程,对肌肉收缩的力—速关系建立坐标系。肌肉收缩的力—速关系特征,对指导肌肉力量训练负荷安排有着重要的理论意义。

肌肉收缩速度为零时,即曲线与纵轴的交点,为肌肉等长收缩力量,体现了肌肉的绝对力值。曲线的左侧部分(肌肉收缩力量较大而速度较小),体现了肌肉收缩在克服较大负荷时所表现速度的能力。曲线的右侧(肌肉收缩力量较小而速度较大),体现了肌肉收缩保持较大收缩速度下发挥力量的能力,即肌肉的速度力量能力。肌肉力量发展的最基本原理就是负荷适应性,不同的力量训练负荷安排影响着肌肉力量特性的发展。大强度的负荷训练安排,主要体现为力量的提高,曲线向左上偏移明显;小强度负荷的快速运动训练,主要为速度力量优化,曲线向右上偏移明显(肌肉绝对速度的可训练性相对较小,肌肉收缩速度的提高主要体现为一定负荷下肌肉收缩速度的提高);当肌肉的力量与速度都产生适应性提高,则表现出肌肉做功能力的提高。肌肉力量训练的最终目标,应该是根据专项特点,使肌肉力—速度关系向最适宜的方向偏移,以提高肌肉工作能力。

②肌肉离心收缩力—速度特性:由于实验控制难度原因,至今对肌肉离心收缩张力—速度特性了解相对较少。肌肉离心收缩中,肌肉张力随着被拉伸速度的增加而增加。当达到一个临界速度时,力就变成为一个不随速度变化的常力,其大小约等于最适肌肉长度时的最大等长收缩力 F_0 的 1.5~2.0 倍。肌肉强直状态下进行拉伸,在收缩成分内要完成粗、细肌丝耦合的分离所需的力,要比保持等长收缩张力更大;拉伸速度越快,意味着这种能耗越高。其次,肌肉的黏滞性受拉伸速度的影响,拉伸速度越高黏滞性越大。上述两个方面决定着肌肉强直收缩后进一步拉伸需要更大力量。

需要说明的是,在此所讨论的肌肉离心收缩,与肌肉在外力作用下的"主动"退让性(离心)工作(如下肢缓冲、投掷动作中的原动肌的预拉伸等)还是有着较大的差异。缓冲类动作中的肌肉离心,是在部分纤维反射性激活状态下有控制的肌肉拉伸,是肌肉的主动退让;肌肉整体结构(串、并联成分)承载、能量的吸收主要依靠肌肉的黏弹性能。肌肉强直状态下的拉伸主要是对激活的收缩成分与串联弹性成分的拉伸。肌肉强直状态下的拉伸在运动过程中是很少见的,而且这种状态的拉伸表现为肌肉的僵硬。运动中的肌肉僵硬是导致肌肉的损伤发生的原因之一。

(3) 骨骼肌张力梯度特性 肌肉发力需要一定的时间过程,在许多运动中往往要求运动员在极短时间内发挥出最大力,以表现其运动能力。这种极短时间内肌肉发力的表现特征称为肌力变化梯度。其数学表达式是力对时间的一阶导数 dF/dt。

一般肌肉达到最大力值所需的时间 ($tFmax$) 为 300~400ms。在许多运动中力的发挥时间要比此时间短得多。例如,优秀短跑运动员蹬地持续时间少于 100ms,跳远运动员蹬地时间少于 180ms,跳高运动员蹬地时间少于 250ms,掷标枪的运动员最后用力时间约为 150ms 等。在这种情况下,运动员往往来不及发挥出最大力,因此运动员用力的效果很大程度上依赖于力的梯度。

力—速度关系曲线的特征还与肌肉中肌纤维类型有关。虽然慢肌纤维和快肌纤维的单位横断面积的力（应力）基本相同，但最大缩短速度相差约 2 倍。因此缩短速度一定，则快肌纤维为主的肌肉要比慢肌纤维为主的肌肉产生力量大；而同级负荷时，快肌纤维为主的肌肉要比慢肌纤维为主的肌肉收缩速度要高。

（4）骨骼肌收缩功率

①肌肉功率定义：功只能反映做功量的多少，而不能反映做功能力的大小。人体运动能力的大小，运动成绩的高低，主要取决于人体运动过程中完成动作的肌肉功率的大小。

也就是说取决于肌肉的化学能转化为机械能的速度与效率。由功率的定义：功率为单位时间内做功的多少，对于肌肉功率来讲，肌肉收缩的距离可用肌肉收缩速度与收缩时间来表达 S = vt。肌肉功率则为力与速度的乘积，即 P = FV。由此可知，肌肉功率大小可依据肌肉的"力—速"关系曲线计算。在曲线每一点上的功率等于该点至两坐标距离所围成的矩形面积。假定肌肉收缩时力和速度同时达到最大值，这时功率应是最大，但实际上对肌肉收缩来讲是不可能的。

依据希尔方程可知，功率最大值大约只有这种假想值的 1/6。即肌肉最大等长收缩力的 1/2 与最大收缩速度 1/3 的乘积。也就是说最大的动力性肌肉功率，只有在肌肉以最大肌力的 50% 工作时才能获得。

②肌肉收缩功率的专项适应性：从事不同专项的运动员，因其先天因素以及项目训练的适应性不同，在肌肉功率方面也表现出明显的专项特征。如对短跑、中长跑和长跑运动员伸膝功率进行比较显示，以短跑运动员的最大功率为 100%，则中距离选手为 80%，而长距离选手为 70%。

肌肉训练的专项适应性特点从肌肉力学的角度来分析，主要是肌肉收缩的力—速度曲线向右向上偏移，但每一专项又各有其肌肉功率特征。因此为获得最适宜的专项肌肉功率特性，在运动训练安排中应从以下几个方面考虑：动作的幅度与方向；运动的有效幅度及重点区；作用力（或肌力）的大小；最大作用力的发挥速率（或称力的梯度）；肌肉工作形式等于 0，如在田径运动训练中采用牵拉橡皮筋以发展运动员摆腿的力量，这种练习无论是动作工作特征，还是动作重点区域，都不符合跑、跳项目的技术要求。

3. 人体运动中骨骼肌的力学特性

（1）运动肌纤维预激活　肌肉收缩是神经冲动刺激下的肌纤维"兴奋—收缩"耦联，肌纤维缩短输出肌力的过程。这一过程中，收缩成分的耦联与肌力的输出存在时间上的不同步现象，人们把肌肉在神经冲动刺激下的收缩成分的耦联时相称为肌肉激活状态。

肌肉兴奋后能迅速地达到激活状态的高峰，但整块肌肉张力的发展过程要慢得多。依据肌肉结构力学模型的原理可知，这是由于肌肉进入激活状态后，收缩元兴奋产生的张力，首先被其串联的弹性成分的变形所吸收。当串联弹性元的变形及张力进一步发展，整块肌肉的张力达到一定的程度后，收缩元的主动张力才能直接对肌肉起止点施力，表现出肌肉收缩力输出。

肌肉的预激活，对人体的快速起动力量、爆发性力量都有着积极的意义。因为处于激活状态的肌肉，有一定的预张力，也就是在弹性成分中有一定的能量贮备，可以使收缩元的主动张力在更短时间内直接向外部表现出来。

（2）肌肉松弛与非代谢能的再利用　生活中有这样一种现象，在两木桩间系紧的尼龙绳或橡皮绳，随时间加长，在绳索上的张力会变小松弛下来。人体骨骼肌上也有类似的现象，被拉长的肌肉张力随时间延长而变小。人们把被拉长的肌肉张力随时间的延长而下降的特性称为肌肉松弛，这是由肌肉的黏弹特性所决定的。

在人体运动过程中，当被拉伸的肌肉出现松弛时肌肉的弹性力下降，导致肌肉收缩的力量降低。如纵跳练习时，下蹲之后有停顿和无停顿，运动员在两种情况下的起跳力量、弹跳高度有较大的差异。有停顿的起跳力量、纵跳高度上的下降，其原因是停顿时肌肉及肌腱中的弹性成分产生了松弛，非代谢能量的利用较低。如果停顿时间大于肌肉松弛出现的时间，则肌肉所产生的弹性势能，就会完全耗散掉，后继动作就只能单纯依靠肌肉收缩力来完成。由此可见，人体运动中有效地利用肌肉的非代谢能，减少肌肉松弛所致的能量耗散以增大肌力，或提高动作经济性的重要条件是：一方面是非代谢能的积极储备，另一方面是缩短肌肉拉伸与向心收缩的转换时间。肌肉的非代谢能贮备与拉伸—收缩转换时间是肌肉的运动机能，是对系统的、科学的训练的适应。因此肌肉非代谢能的再利用能力的提高，需要进行针对性力量训练，如肌肉超等长训练而获得。

（3）肌肉黏滞性　肌肉的黏滞性是肌肉的黏性特征表现，同时也是肌肉收缩或被拉长时肌纤维之间、肌肉之间发生摩擦所致。它使肌肉在收缩或被拉长时会产生阻力而额外消耗一定的能量，因此肌肉的黏滞性也是影响肌肉力学特性的重要因素之一。肌肉黏滞性的大小与温度有关，温度低时黏滞性大，反之则小。因此在进行训练与比赛前，必须先做好充分的准备活动，以增加体温，从而减小肌肉的黏滞性，提高肌肉收缩和放松的速度，并可避免肌肉拉伤，尤其在气温较低的季节这点显得更为重要。

（4）载荷对肌肉收缩力学特性的影响　在体肌肉工作时都是克服一定载荷进行的，这些负荷包括肢体的惯性阻力，或者是肢体与外界载荷的共同阻力。承受负载的肌肉收缩随外界负荷的变化表现出规律性变化。

①动作潜伏期延长：肌肉激活后收缩元的张力首先使串联弹性元形变张力发生变化，因此肌肉张力的发展需要一个过程，只有当肌肉张力发展到大于其起止点的阻力时，肌肉才开始进行向心收缩产生动作使载荷产生位移。肌肉张力发展过程的长短与载荷大小有关，载荷增大时张力发展所经历的时间长，肌肉收缩产生动作的潜伏期随着载荷的增大而延长。依据肌肉这一特性，在完成需要快速反应和位移动作时，如 $100m$ 的起跑，在"预备"时使伸下肢的各肌群产生"预张力"，这样可以提高反应速度和起跑能力。其原因实际上是在起跑前使肌肉处于预激活状态，预先提高了串联弹性元及肌肉的张力，当运动员听到"跑"的信号时，收缩元的主动张力"不再"被缓冲，而直接用于克服外界阻力了，因此提高肌肉的预张力可以缩短动作潜伏期。

②收缩幅度与收缩速度减小：肌肉承受较轻载荷时收缩速度较快，动作幅度也大；当载荷增加时由于肌肉内部张力的提高，其收缩的速度及其动作幅度减小。肌肉承载增加到一定量值，动作不能完成，肌肉只能做等长收缩，肌肉收缩速度与收缩位移为零。

(二) 骨骼肌损伤的运动生物力学

损伤是指身体组织遭受的损害（由身体以外伤害引起的），运动损伤则是指在体育运动中所发生的各种身体组织的损害。就肌肉的损伤而言，除肌肉挫伤外，体育运动中的肌肉损伤主要表现为肌肉的微细损伤、肌肉急性拉伤，以及由急性损伤转化或长期过用导致的肌肉慢性损伤。从生物力学分析肌肉的损伤不外乎两个方面：一是肌肉过载，二是肌肉过度性使用，但就其发生的具体诱因，而是一个多因素影响的复杂过程。

1. 肌肉急性拉伤

（1）肌肉损伤的结构—功能"缺陷"　当承受较大的外载负荷并进行大强度剧烈运动时，肌肉结构成分的承受牵拉能力的相对不足形成了肌肉结构—功能的"缺陷"。肌肉的抗牵拉能力与肌肉伸展性、弹性相关。肌组织的伸展性与弹性的不足也是功能"缺陷"的重要表现。

目前运动训练中，尤其是业余的基层训练中，人们更大程度上关心着负荷的应用，而在提高肌肉力量的同时，对于肌肉膜系统的训练的概念比较淡化，使肌肉的各结构成分之间在其机能上的不协调发展，导致运动员肌肉拉伤的风险增高。

纤维性修复是肌肉急性拉伤的主要修复方式。损伤肌肉的瘢痕组织与正常肌肉连接组织在承载能力上的差异，以及由于瘢痕的存在导致肌肉内部传递应力分布上不均衡，形成损伤肌肉功能恢复上的"缺陷"。这是肌肉损伤高频度复发的重要原因。对于损伤后的康复，应以提高肌肉的伸展性，加强肌肉的承载能力，软化肌内瘢痕组织作为肌肉损伤康复训练的重要内容与原则。

（2）肌肉的协调性与神经控制　运动的协调性主要表现为肌肉内部纤维的动员、肌群之间的协同以及精确的神经控制，肌肉的伸展性与弹性是肌肉协调工作的重要因素。肌肉的疲劳是导致肌肉僵硬、肌肉协调控制功能紊乱的主要诱因。

（3）过度的肌肉离心收缩　从肌肉收缩的力—速度特征上分析，肌肉最大收缩力发生在肌肉的离心收缩时相，这已在肌肉的离体实验和在体实验中得到证实，基于肌肉力学这一特点，认为肌肉拉伤易发于离心收缩期。一些实验研究证明，肌肉离心工作确实容易发生肌纤维运动性损伤与病变，但运动性肌损伤与肌肉拉伤在其性质上还是有着较大的差别。因此，"运动中肌肉拉伤易发生于肌肉离心收缩期"还只是理论分析与判断，尚无足够的实验依据，但这种分析已被人们普遍接受。

这一判断的理论依据是：首先，离心收缩运动中肌肉被动拉长，肌肉内积聚了大量的弹性能量，这一能量的再次利用，导致肌肉收缩力量的加大而超出肌肉承载能力；其次，在相同的运动强度下，离心收缩的能量耗氧量低于向心收缩的耗氧量，且随运动强度的增加，离心运动的耗氧量增加速率明显低于向心收缩，肌肉的耗氧量与参与收缩的肌纤维数量有关。依据肌肉向心与离心收缩的氧耗量判断，肌肉离心收缩中肌纤维激活数量少于向心收缩，致使同等强度下肌肉离心收缩中所激活肌纤维的承载大于向心收缩，这便导致了肌肉拉伤可能性的增加。

肌肉离心收缩包括了肌肉拉长和肌肉收缩两个方面。肌肉拉长又包括肌肉拉长的幅度与拉长的速度两个因素。肌肉在其关节活动范围内单纯的肌肉拉长不太可能导致肌肉拉伤，所以肌肉离心收缩中的拉伤主要取决于肌肉拉长的速度特性。肌肉拉长的速度快，肌肉内积蓄的能量高，肌肉拉伤的可能性大。肌肉的离心工作从其生理特点上分析可分为两种形式：①肌肉拉长后收缩；②肌肉收缩后拉长，这两种情况虽同为肌肉的离心收缩，但其生理特性，肌肉的工作特点有着较大的差异，对于这两种情况的肌肉拉伤还没有更详细的资料进一步说明。

（4）拮抗肌群间的肌力差异　一些研究资料表明，拮抗肌之间肌力不平衡是导致肌肉拉伤的原因。如短跑运动员股后肌群的拉伤，临床研究认为，股后肌群与股前肌群的肌力比不均衡，易导致股后肌群的拉伤。对拮抗肌进行有针对性的肌力训练和柔韧性训练，可以有效地预防肌肉拉伤。

2. 肌肉的慢性损伤

肌肉的慢性损伤一种情况是由于多次重复性肌损伤转化而来，如运动员肌肉拉伤后带伤训练，导致肌肉新旧损伤的累积形成慢性病变，这是由肌肉急性损伤所致。另一种情况是长期定式工作形成过用性疲劳导致肌肉发生慢性病变。如长期伏案工作人员颈背部肌肉劳损、搬运工人的腰部劳损等都属于过用性的慢性损伤。

【思考题】

1. 骨骼的生物力学特点是什么？骨骼运动损伤的力学机理是什么？
2. 关节的生物力学特点及其损伤的力学机理。
3. 骨骼肌的生物力学特点及其损伤的力学机理。

第三章 运动营养学基础

【导读】人体健康，营养为本。健康基石是合理营养。通过均衡膳食达到合理营养，促进人体健康，增强机体免疫力，减少各种疾病的发生，提高生活质量；补充营养素，为运动防护提供保障。本章重点介绍营养与运动以及合理营养、膳食对人体健康的影响，为运动防护奠定营养学基础。

第一节 营养学概论

一、营养学的相关概念

（一）营养

营养是指机体从外界摄入食物，在体内经过消化、吸收、代谢以满足自身生理功能和从事各种活动需要的必要生物学过程。

（二）食物

"民以食为天"，食物是维持生命和保证健康的物质基础。食物的定义很多，但基本上都包括以下几方面的含义：①供人类食用或饮用；②含有营养素；③不含有害物质；④不是治疗用的药物。

食物具有三大基本功能：①提供能量和营养素，维持生命与健康；②提供饱腹感和美好的色、香、味感，使人得到满足和享受；③具有社会功能。

（三）营养素

人需要食物，最重要的原因是食物中含有人体必需的营养素。营养素是食物中所含有的能维持人体正常生理功能、生命活动和生长发育的物质。目前已知有 40～45 种人体必需的营养素，存在于各类食品中。一般将营养素分为七大类，即蛋白质、脂肪、碳水化合物、矿物质、维生素、水和膳食纤维等。

中国营养学会提供的能量及营养素的分类方法和词汇如下：能量；宏量营养素，包括蛋白质、脂类、碳水化合物、（糖类）；微量营养素，包括矿物质（常量元素、微量元素）和维生素（水溶性维生素、脂溶性维生素）；其他膳食成分，包括膳食纤维、水和植物化学物等。

营养素有三大基本功能：①提供能量；②构建机体和修复组织；③调节代谢以维持

正常生理功能。同一种营养素可具有多种生理功能，如蛋白质既可构成机体组织，又可提供能量。不同营养素也可具有相同的生理功能，如蛋白质、脂肪和碳水化合物均属于产能营养素。某种营养素过多或不足都会影响人体正常代谢而损害健康。

（四）膳食

膳食即人们日常食用的饮食，由多种食物组成。食物可视为营养素的载体，膳食可视为含有多种营养素的多种食物的混合体。

（五）膳食营养素参考摄入量

膳食营养素参考摄入量是中国营养学会 2000 年在推荐膳食摄入量基础上发展起来的一组每日平均膳食营养素参考摄入量的参考值，是设计和评价膳食质量的标准，包括以下 4 项指标：

1. 平均需要量

平均需要量是某一特定性别、年龄及生理状况群体中 50% 个体对某营养素需要量的平均值。

2. 推荐摄入量

推荐摄入量可以满足某一特定群体中绝大多数（97%~98%）个体的需要，长期摄入量在推荐摄入量水平，可以维持组织中有适当储备。

3. 适宜摄入量

适宜摄入量是通过观察或实验获得的健康人群某种营养素的摄入量，其准确性不如推荐摄入量。

4. 可耐受最高摄入量

可耐受最高摄入量是平均每日可以摄入某营养素的最高限量。该量对一般人群中几乎所有个体都是安全的，当从食物、饮水及补充剂中摄入某营养素的总量超过可耐受最高摄入量值越多，损害人体健康的危险性就越大。

营养学就是研究合理利用食物以增进人体健康的科学。营养学是生物科学的一个分支，在预防医学、临床医学、康复医学和自我保健中占有重要地位。

二、营养对体育运动的影响

营养与体育运动都是维持人体健康和提高运动成绩的重要因素。营养物质是构成机体组织的物质基础，体育运动则促进人体对营养物质的消化吸收，增强人体功能。合理营养与科学训练相结合，可促进生长发育，提高健康水平和运动能力。体育运动要获得良好效果，必须有适当的营养保证。

人体运动时的代谢特点，决定了人体对营养素的特殊需要。因此，应根据不同运动项目的特点，科学地利用营养强力措施来提高运动成绩。近年来，随着体育科学的迅速发展、竞技比赛更加激烈，人们对一切可能影响运动成绩的因素都进行了深入研究。一些发达国家已将运动员营养与训练有机地结合在一起，合理营养成为运动训练中重要的一环。运动营养学在体育科学中的地位越来越重要。

在群众体育运动中，体育运动与合理营养的结合在增强体质和健康水平中的作用日益突出。合理营养和适量体育运动对防治一些严重威胁健康的疾病，如冠状动脉硬化、高血压、糖尿病、肥胖症、骨质疏松等效果明显。同时，只有在合理营养的前提下，体育锻炼才能达到增强体质和增进健康的目的。

【思考题】
1. 什么是营养？常见营养素有哪些？
2. 营养对运动的影响有哪些？

第二节 合理营养与膳食平衡

合理营养来自平衡的膳食，它是人体健康的物质基础。通常，合理的膳食是由含有不同营养素的食物构成，并保持一定的膳食平衡，而不同的膳食结构如富于蔬菜、水果的膳食与降低某些非传染性、慢性病的危险有关。尤其是近年来的研究表明，某些非营养素食品成分如黄酮类化合物和植物固醇等对防治心血管疾病和癌症有一定的关系。事实上，目前人们在进一步研究各营养素的重要作用及其在食品中所呈现的相互影响，以及避免在加工、烹调等过程中所造成的损失之外，已注意到膳食中某些非营养素的保健作用，并提出了并非简单以营养素为基础，而是以食品为基础的膳食指南。

一、合理营养

合理营养的目的是促进人体正常生长发育，确保各组织器官和机能的正常活动，提高人体对疾病的抵抗力，进而提高工作效率，延长寿命。其基本要求是：

第一，供给人体所需要的热能和营养素。

第二，膳食要具有良好的感官性状，色、香、味俱全，饭菜要多样化，能够引起食用者的食欲。

第三，食物要易于消化吸收和有一定的饱腹感。

第四，应有适合工作特点和生活特点的合理膳食制度及良好的进食环境。

第五，讲究膳食卫生，进餐食品应当新鲜、干净，腐败变质或含有致病微生物及有毒物质的食品一律不能食用。在食物的加工处理和烹调过程中，必须破坏或消灭食物中的微生物、寄生虫卵等有害物质，以达到无害化的要求。

合理营养主要是通过提供平衡膳食来实现的。

二、平衡膳食

平衡膳食，又称为健康膳食。平衡膳食是指膳食中所含营养素种类齐全，数量充足，比例适当，且与人体的需要保持平衡。

（一）平衡膳食的食物构成

根据目前我国一般人的膳食情况，平衡膳食包括的食物种类归纳为以下四类：粮谷类、动物性食物与豆类、蔬菜水果类、油脂类。

1. 粮谷类

粮谷类是热能、B族维生素的主要来源。我国人民以粮谷类为主食，在膳食中一般每天应提供粮谷类3个品种，占进食量的30%~40%。不要长期食用过于精细的大米、白面，应间断以食用杂粮，如糙米、小麦麸皮等。薯类食物的产热量与谷类相近，但蛋白质含量较低，不宜作为主食。

2. 动物性食物和豆类

这类食物包括肉类、蛋类、鱼类、大豆及其制品等，它们是优质蛋白质的主要来源，可与粮谷类蛋白质发生互补作用，提高混合膳食中蛋白质的生理价值。同时它们也是许多维生素和无机盐的重要来源。在一般人膳食中，占膳食总量的25%~30%为宜。在动物食物中，应多选择蛋白质含量较高、脂肪较低且耗粮较少的禽、蛋、奶鱼类及食草动物，而蛋白质含量较低、脂肪含量较高且耗粮较多的猪肉类比重应相对减少。

3. 蔬菜水果类

蔬菜水果的品种很多，是维生素、无机盐和膳食纤维的主要来源，也是日常膳食中主要的副食品。水果还能提供一些果胶和有机酸，利于食物消化。同时，因粮谷类和动物类食物都是酸性食物，应该补充足够的蔬菜水果类碱性食物才能保持饮食的酸碱平衡，防止发生饮食性酸中毒。蔬菜和水果在膳食中应占膳食总量的30%~40%，一般成年人每天应摄入500g左右的蔬菜和200g左右的水果。且品种要多样化，有色蔬菜和叶菜应占50%左右。

4. 油脂类

油脂类主要提供热能和必需脂肪酸，且能促进脂溶性维生素的吸收，在膳食中应占3%左右。每天应摄入15g以上的优质植物油，要严格控制动物性脂肪的摄入量，过多的饱和脂肪酸，将导致心血管系统疾病。

(二) 平衡膳食中各营养素的合理构成

平衡膳食中营养素合理构成必须能满足机体对各种营养素的需要，原则是有足够的热能、适当的蛋白质、充足的无机盐和微量元素、适当的食物纤维和充足的水分，同时还要具备下列条件。

1. 三大热能营养素平衡

蛋白质、脂肪和糖是人体三大能源物质，在膳食中含量最多，它们在人体的代谢过程中关系也最为密切，其中糖和脂肪对蛋白质具有节约作用，即足够的糖和脂肪可减少蛋白质作为能源的消耗。但如膳食中蛋白质供给量不足，单纯提高糖和脂肪的供给量，也不能维持正常的氮平衡。所以，只有蛋白质的供给量达到最低需要量以上，提高糖和脂肪的供给量，才能充分发挥它们对蛋白质的节约作用；同样，也只有在糖和脂肪的供给量达到最低需要量以上时，蛋白质才能充分发挥作用。

通常认为糖、脂肪和蛋白质三者之间供给量的比例分别占总热能量的60%~70%、20%~25%和10%~15%。

2. 蛋白质中氨基酸平衡

平衡膳食中蛋白质所含的人体必需的8种氨基酸，应种类齐全、数量充足、比例适当；而且还含有一定比例的非必需氨基酸。一般认为，必需氨基酸和非必需氨基酸的比值应为 4∶6。

3. 饱和脂肪酸和不饱和脂肪酸的平衡

人体的必需脂肪酸都是不饱和脂肪酸，在植物油中含量较高，所以平衡膳食除了维持脂肪供能的比例外，还应增加不饱和脂肪酸。通常认为必需脂肪酸应占总热量的 2%，每日脂肪摄入量中植物性脂肪应占 2/3，而且植物油的摄入量要大于 10g 才能维持不饱和脂肪酸和饱和脂肪酸的平衡。

4. 无机盐元素之间的平衡

钙、磷两类无机盐对人体的生长发育和体质健康影响较大，膳食中的钙、磷比例恰当才利于二者的吸收和利用。一般成年人膳食中钙、磷之比为 1∶1.5，儿童为 1∶1。过量的铜、钙和亚铁离子可抑制锌的吸收。铁与铜在造血过程中起协同作用，缺铜时，铁不能进入血红蛋白分子，因而即使铁量充分也会发生贫血。此外，脂肪过多可影响钙和铁的吸收等。

5. 维生素和其他营养素之间的平衡

硫胺素作为辅酶参与体内的糖代谢，故当膳食热能摄入量较高时，维生素 B 的摄入量也要相应增加，反之减少。核黄素和尼克酸在生物氧化过程中具有递氢作用，供给量也应随热能需要量的不同而变化。维生素 D 可促进钙、磷的吸收代谢和利用。维生素 C 能促进铁的吸收和利用等。动物实验还表明，维生素 E 能促进维生素 C 在肝内的储存，维生素 B_1、维生素 B_2 能促进维生素 C 的合成等。一种维生素的不足可影响其他维生素的代谢。

此外，缺乏膳食纤维会使某些生理机能失调，并成为导致一些疾病的原因，但膳食纤维过多则会影响其他营养素的吸收，故要适量。

（三）合理的膳食制度和进食环境

合理的膳食制度，即合理地安排一日的餐次、两餐之间的间隔时间、每餐的数量与质量，使进餐与日常作息制度及生理状况相适应，与消化规律相协调，从而提高对食物的消化、吸收和利用程度，提高劳动者的工作效率，并有利于人体健康。

1. 合理膳食制度的重要性

每个人的日常作息时间不同，决定了其一天内不同时间对热能和营养素的要求也不同，所以根据食用者的具体情况，规定适合其生理需要的膳食制度是很重要的。一旦膳食制度确定，食用者形成相对固定的膳食习惯，就形成了条件反射。只要接近或到了进餐时间，机体就会产生良好的食欲，并预先分泌消化液，保证食物的充分消化、吸收和利用。

合理膳食制度的原则是：

（1）使食用者在吃饭前不发生剧烈的饥饿感但有正常的食欲；

（2）使所摄取的营养素能被机体充分地消化、吸收和利用；

（3）能满足食用者生理和劳动的需要，保证健康的生活和工作；

（4）尽量适应食用者的工作制度，以利于生产、工作和学习。

2. 合理的膳食制度

（1）两餐间隔的时间　两餐间隔的时间要适宜，间隔时间过长可引起明显的饥饿感甚至胃痛，血糖下降，工作能力也随之下降，长期的长时间空腹还可导致胃炎或胃溃疡。间隔时间太短则无良好的食欲，会使进食和消化液分泌都减少，影响食物的消化与吸收。

通常两餐间隔以4~5h为宜，一日进食四餐比三餐好。按我国人民通常的作息制度和习惯，一日进食三餐，两餐间隔5~6h，也比较合理。

（2）食物的分配　一日食物的分配应与作息时间相适应。中国民间流传"早餐要吃好，中餐要饱，晚餐要吃少"，西方国家流传"早餐吃得像皇帝，中餐吃得像伯爵，晚餐吃得像乞丐"，都生动浅显地提示了这个道理。三餐热能的合理分配是：

①早餐：占全天总摄入量的30%，以蛋白质、脂肪食物为主，辅以维生素，以满足上午工作的需要。我国部分地区的早餐以清淡的白粥加咸菜为主，热能分配偏低，有的仅占全日总热能的10%~15%，这与上午长达4~5h的工作消耗是很不适应的。而西式早餐以牛奶、面包为主，辅以煎鸡蛋、新鲜水果或鲜榨果汁，含较高的热能营养素和维生素，值得我们借鉴。

②午餐：占全天总摄入量的40%，糖、蛋白质和脂肪的供给均应增加。因为中餐在三餐中的作用是承上启下，既要补偿饭前的热能消耗，又要贮备饭后工作之需要，所以在全天各餐中应占热能最多，加之上午工作的消耗，通常食用者进食量较大，食物供给量也要相应增加。

③晚餐：占全天总摄入量的30%，应多供给含糖多的食物及谷类、蔬菜等易消化的食物，而富含蛋白质、脂肪的食物应少吃。因蛋白质和脂肪提供热能多，且较难消化，晚餐后的热能消耗又大大降低，易使热能积累而致肥胖，同时影响睡眠。

3. 进餐环境

良好的进餐环境也是合理营养应具备的条件之一。现代人在进餐的同时也追求高于生存需要的精神享受和审美情趣。优美、舒适的环境可使进食者心情放松，消除疲劳，从而引起食欲，有利于食物的消化吸收。因此，进食环境应远离工作环境，餐厅布置整洁、明亮、优雅、舒适。

（1）整洁　要求餐厅地面和桌椅干净、整齐，台布搭配协调，餐具洁净。

（2）明亮　餐厅要有充足的采光或照明，既使进餐者心情愉快，又能看清食物的外观、摆设，增进食用者的食欲。

（3）优雅　餐厅内颜色搭配不宜花哨，以淡雅为主。墙上可悬挂色彩柔和、使人愉快的图画，陈设碧绿的植物和美丽的花卉，播放轻柔、悦耳的音乐，使进食者能够轻松愉快地进食。

（4）舒适　餐厅内的桌椅高低要协调，椅子过高或过低都会影响进食。同时椅子应柔软、有靠背，利于进食者消除疲劳，增进食欲。

【思考题】

1. 如何做到合理饮食？
2. 平衡膳食包括哪些要素？

第三节 营养素与运动

一、糖与运动

（一）运动中糖营养的特殊生理功能

1. 提供运动所需的能量

短时间大强度运动时的能量绝大部分由糖供给，而长时间小强度运动时，也首先利用糖氧化供给能量，可利用的糖耗竭时，才动用脂肪或蛋白质。运动中肌肉摄取的糖量可为安静的20倍或更多。糖最容易氧化，氧化完全时其代谢终产物为二氧化碳和水，不会增加体液的酸度。糖氧化时耗氧量少。在消耗等量氧的条件下，与脂肪比较，糖的产能效率比脂肪高4.5%，这一优点在氧不足的情况下更为重要，在比赛时有时可成为决定胜负的因素。

2. 运动中通过血脑屏障营养神经细胞

大脑中缺少储存的营养物质，主要依靠糖的氧化获得能量；糖可通过血脑屏障，营养神经细胞。血糖浓度低时，首先影响中枢神经系统，产生疲劳或头晕等现象。近期研究报道，补糖可使血浆自由脂肪酸（FFA）分解减少，因此FFA浓度降低；同时使FFA与色氨酸竞争白蛋白结合位点的作用减弱，从而使血浆中的自由色氨酸（f-Trp）浓度降低，f-Trp/支链氨基酸（BCAA）随之降低，Trp是5-羟色氨（5-HT）的前身物质，5-HT浓度减少可使中枢神经系统疲劳后延。

3. 提供高效营养食品

含糖丰富的食物还提供一些B族维生素、少量矿物质；豆荚类和大豆制品提供天然植物化学物；加味酸奶和牛奶饮料可提供良好的钙、蛋白质和维生素B_2。

糖类食物具有低脂肪特点，这对部分要求形体美、限制热量的运动员很重要。纤维素多的含糖食物，尤其当这些食物与水结合时，其僵硬的结构可使食物体积增大，需要咀嚼的时间长，有时还会引起胃肠道不适。在比赛、大运动量训练前或运动中应选择含纤维素少、需要咀嚼时间短、含糖浓度高和加工精制的食品。

4. 可以稳定免疫力

运动中补糖使血糖浓度保持良好水平，减少应激激素的分泌，有利于稳定免疫力。血糖下降与"下丘脑—垂体—肾上腺"活动有关，而补充糖，可使皮质醇和生长激素减少，粒细胞、单核细胞吞噬作用及抗炎的细胞介质反应等都表明生理应激程度减轻。

5. 构成体质

所有的神经组织及细胞核中，都含有糖。肝脏与肌肉的糖原含量最高，核糖及脱氧核糖是核酸及核蛋白不可缺少的组成成分，细胞间质及结缔组织中含有大量的粘多糖类物质。

6. 调节脂肪酸代谢

因为糖可减少脂肪酸的分解，也是有抵抗酮体生成的作用。

7. 调节蛋白质

机体糖充足时，糖首先被动用，因此对蛋白质有保护作用。

8. 增加饱腹感

摄入含糖食物，容易增加饱腹感，尤其是吸收缓慢和抗消化吸收的糖，更能延长饥饿到来的时间。

（二）运动中糖的代谢

运动中糖的氧化供能分为无氧酵解和有氧氧化两个过程。一分子葡萄糖经糖酵解时产生两分子ATP，而有氧氧化时可生成36~38个分子ATP。ATP是运动中骨骼肌能直接利用的能量物质。但ATP在体内的储存量很少，仅能维持几秒钟，ATP需要不断合成。糖成为剧烈运动中ATP再合成的主要基质。以糖原形式6 000kJ（1 430kcal）和1 500kJ（360kcal）能量分别储存于肌肉和肝脏，与体内甘油三脂储存的能量比较，虽然相对较小，但在高强度运动，氧化磷酸化释放的能量不能满足运动需要时，糖的无氧能量释放是必要的。有氧能量的ATP最大生成率约为2.5mmol/kg干肌肉/s，而无氧能量的释放率可>11mmol/kg干肌肉/s。但无氧能量ATP的释放仅能维持几秒钟；有氧和无氧ATP再合成的功能并非相互独立，当运动时间延长，无氧释放的能量减少，有氧代谢供能增加。当运动达到最大强度时，大部分、甚至或全部能量均由糖供给，这是因为ATP转换率增加使募集的肌纤维和酵解酶活化增加所致。由脂肪氧化的ATP最大生成率比糖低，同样利用1mmol氧，脂肪生成的ATP比糖少。糖进行无氧酵解时会立即生成乳酸。从安静状态转为稳定状态运动以及进行最大强度运动时，糖的无氧利用不可缺少。长时间剧烈运动中，肌肉和肝脏糖原耗竭会影响运动能力。

（三）糖原贮备与运动能力

人体的糖主要储存在肌肉（肌糖原）、肝脏（肝糖原）和血液（血糖）中。安静时，正常人体内血液葡萄糖含量是相对恒定的，唯有肌糖原和肝糖原的含量有较大的波动。肌糖原的浓度按0.5%~1%计算，全身共有约250g，是糖储备的最大部分。肝糖原的平均浓度约为5%（2%~8%），总计75~90g。血糖平均以0.1g/dl计算，全身仅5~6g。其空腹正常值为4.44~6.66mmol/L。用酶免法检测的正常值为3.9~5.8mmol/L（70~105mg/dl）。全身血糖总量约为5g，占全身糖储备量的1%左右。运动应激时，交感神经兴奋，肾上腺素、去甲肾上腺素、甲状腺素、胰高血糖素等分泌增加，使血糖浓度升高，仅有胰岛素分泌受到抑制。摄入糖后胰岛素分泌增加，调节血糖。体内糖储备的总量有300~400g。在大于1h的运动如长跑、长距离游泳、自行车、滑雪、马拉松、铁人三项、足球、冰球、网球等可使体内糖储备耗竭。肌糖原、肝糖原耗竭和低血糖均可影响运动的能力，特别是耐久力，使运动员感到疲劳。

（四）低血糖的表现及防止

当血糖浓度下降至低于60~70mg/dL（3.3~3.9 mmol/L）称为低血糖。低血糖时的症状有：饥饿、无力感觉；行为突然改变，如行为古怪、易激动或不适当的发怒、不恰当的哭或笑、不顾教练员的命令、注意力不集中及身体发抖、腿软、苍白、多汗、脉快而弱、定向能力丧失、嗜眠、惊厥和昏迷。以上较严重的症状是血糖浓度降至

50mg/dL（2.78mmol/L）以下时才发生。

运动员在马拉松或长时间运动训练或比赛前不进食；或糖尿病患者在运动强度加大、饮食不规则、不进餐或运动时间安排在注射胰岛素后的血糖下降时间以内，均有发生低血糖的危险。如发现运动员有低血糖可疑症状，应立即采取措施：先让运动员停止运动，密切观察并给一些单糖（如果汁）口服。医生的急救箱中应备有糖。一般情况下，120～180ml 的含糖饮料或 10～30g 糖即可校正低血糖的情况，但已昏迷或失去知觉者，需急救并给以静脉点滴。预防低血糖应加强对运动员的教育，并应在长时间剧烈的比赛或训练前，针对可能发生的原因采取措施。

（五）补糖的意义和方法

1. 补糖目的和意义

运动前补糖是增加体内肌糖原、肝糖原储备和血糖的来源。运动中补糖可提高血糖水平、节约肌糖原、减少肌糖原耗损以延长耐力时间。运动后补糖是为了加速肌糖原的恢复。运动前体内肌糖原含量高、运动到衰竭的时间（即耐久力）延长。

2. 补糖的时间和数量

（1）运动前 可在大运动量前数日内增加膳食中糖至总能量的 60%～70%（或 10g/kg）；也可采用改良的糖原负荷法（即在赛前一周内逐渐减少运动量、直至赛前一天休息，同时逐渐增加膳食中的含量至总热量的 70%）；或在赛前 1～4h 补糖 1～5g/kg（赛前 1h 补糖时宜采用液态糖），一次补糖的总量应控制在 60g 之内。

（2）运动中 每隔 30～60min 补充含糖饮料或容易吸收的含糖食物，补糖量一般不大于 60g/h 或 1g/min，多数采用饮用含糖饮料的方法，少量多次饮用；也可以在运动中使用易消化的含糖食物（如面包、蛋糕）等。

（3）运动后 开始补糖的时间越早越好。理想的是在运动后即刻、头 2h 以及每隔 1～2h 连续补糖，运动后 6h 以内，肌肉中糖原合成酶含量高，可使存入肌肉的糖达到最大量，补糖效果佳。运动后补糖量为 0.75～1.0g/kg，24h 内补糖总量达到 9～16g/kg。

3. 补糖类型

葡萄糖吸收最快，最有利于合成肌糖原；果糖的吸收也快，且主要为肝脏利用，其合成肝糖原的量约为葡萄糖的 3.7 倍，果糖引起胰岛素分泌的作用较小，因此不抑制脂肪酸的动员，但使用量大时，可引起胃肠道紊乱，果糖的使用量不宜超过 35g/L，并应可通过补充低聚糖联合使用。低聚糖甜度小，其渗透压低（为葡萄糖的 1/4），吸收也快，因此可通过补充低聚糖使运动员获得较多的糖。淀粉类食物含糖量为 70%～80%，但释放慢，因此不会引起血糖或胰岛素的突然增加，淀粉类食物除了含有复合糖外，还含有维生素、无机盐和纤维素，可在赛后稍微靠后的饭食中加强。个体对摄取糖的反应变异很大。建议应当先让运动员试用以上不同类型的、不同浓度及口感的饮料，以选择赛前、赛中使用的糖饮料。

（六）运动员的糖需要量

运动员摄取平衡的混合膳食中糖的供给量按其发热量计算为总能量的 60% 左右；

西方国家一般推荐至少应摄取50%～55%总能量的糖，有些权威建议进行长时间运动时应增加糖的摄入量至总能量的65%，大强度耐力训练运动员的糖供给量应为总能量的60%～70%，中等强度运动时为50%～60%，缺氧运动项目为65%～70%。

二、脂肪与运动

(一) 运动中脂肪营养的作用

1. 脂肪是运动的能量来源

人体能量需要来源有糖、脂肪和蛋白质。其中主要是糖，占总能量的55%～60%，其次是脂肪，占25%～30%，蛋白质最少，占12%～15%。作为能源物质，与糖相比，脂肪具有重量轻、能量密度高，发热量大的特点。1g脂肪在体内氧化可产生37.5kJ (9kcal) 能量，1g葡萄糖可产生16.9kJ (4kcal) 能量，因此同等能量的脂肪在体内储存的体积小于葡萄糖。1分子脂肪酸在体内氧化产生的ATP (147) 显著多于葡萄糖 (38)。这对于能量消耗较大的运动员可起到缩小食物体积、减轻食物重量的作用。

脂肪在体内的储存量很大。一个没有经过体育训练的正常健康男性体内脂肪的储存量可达到20kg，其中主要是脂肪组织；一个肥胖的人，体内脂肪的储存量可超过100kg。甚至一个经过高度运动训练的运动员，体脂很低，其脂肪储存量仍然超过所有运动所需要的量。

肌肉中脂肪量为200～300g。红肌中脂肪酸含量约为207mmol/kg湿肌肉，白肌中含脂肪酸74mmol/kg湿肌肉，在长时间滑雪后降低50%左右。肌肉细胞外自由脂肪酸含量为60～160mg/L，周转率很快。安静状态下半衰期为4min，较大强度运动时为0.9min。极限强度运动时，自由脂肪酸氧化不显著。而70% VO_{2max} 强度下运动90min，骨骼肌中FFA浓度由10.4mmol/kg降至7.8mmol/kg湿肌肉。

另一方面，每克糖以糖原的形式储存，同时大约有2g水也被储存。因此，一般人体内肌糖原和肝糖原的总储存量大约只有450g。即使训练有素的运动员，肌肉占体重的40%，在休息状态下，肌肉利用糖也很少。

2. 脂肪为长时间低强度运动如超长距离马拉松和铁人三项等项目提供能量

在运动强度小于最大吸氧量55%条件下进行运动，呼出气中25%～50%的CO_2来自脂肪酸的氧化，而高强度运动则主要由糖的有氧氧化或无氧酵解供能。但脂肪酸氧化时的耗氧量高，产生相等能量时脂肪氧化的耗氧量比糖高11%。

3. 脂肪供能增加时可节约糖原的消耗，从而提高耐久力

经高度训练的运动员对脂肪氧化分解的能力高。

4. 运动前或比赛前应以低脂、高糖食物为主

运动前或比赛前不主张摄取高脂肪食物是因为脂肪的消化吸收慢，影响胃排空；脂肪在体内氧化时耗氧量高，动员利用慢；代谢物会增加肝脏和肾脏负担。

(二) 运动中的脂肪代谢

1. 运动中脂肪代谢的过程

运动中，人体组织内的甘油三酯被动员后，游离脂肪酸 (FFA) 出现在血液中可分

为三期。①循环期：在运动开始的前10min，血浆中的FFA和甘油为肌肉利用而浓度下降；②代谢期：血浆中FFA和甘油水平逐渐恢复正常或超出正常；③恢复期：运动结束后，血浆FFA和甘油水平上升至最高水平，然后再逐渐恢复到正常值。

脂肪代谢的过程说明脂肪酸的氧化利用受肌肉氧化脂肪酸的能力及由血浆向肌细胞转运脂肪的过程快慢的影响。在脂肪代谢的恢复期，肌肉利用脂肪酸迅速减少，但脂肪的分解仍在继续，因此出现甘油和FFA水平增高。运动使体内甘油三脂水平降低，与运动消耗甘油三脂、内源性合成甘油三脂减少及运动使脂蛋白酶活性提高促进了甘油三脂的清除等因素有关。由运动中脂肪代谢过程可见，脂肪组织动用的脂肪分解较慢，常在运动2~4h后，身体内糖原储备降低的情况下，FFA才成为收缩肌的主要能源，此时血浆FFA达到最高水平。如果单独依靠脂肪作为能源，则只能支持快速步行及慢跑等中小强度以下（能量消耗<3.7kcal/h/kg）运动的需要。

2. 影响运动中脂肪代谢有因素

脂肪组织内的脂肪在脂肪酶的作用下分解为甘油和脂肪酸。人的骨骼肌不能利用甘油，但甘油是糖原异生的重要原料。脂肪组织在运动中被动员分解可提供大量的FFA，FFA经血液转运到骨骼肌细胞液内，然后在线粒体内氧化分解产生能量ATP。

（1）运动强度和运动持续的时间对脂肪代谢的影响 剧烈运动后血乳酸水平增高，抑制脂肪组织的分解，脂肪组织分解减少使肌肉摄取FFA减少时，肌肉中甘油三脂分解对提供收缩肌的能量有重要意义。在高强度骑自行车和抗阻力力量运动中观察到肌肉甘油三脂分解，但与糖或糖原比较，由脂代谢输出最大做功能力仍相对较低。

在低强度运动（25% VO_{2max}）中，脂肪组织的分解受到强烈刺激，而肌肉内TG的脂解很少；CHO氧化主要由血糖供应，而肌糖原的利用很少或不动用。在25% VO_{2max}强度运动时，FA进入血浆并氧化供能是最多的。随着运动强度的增加，逐渐下降。肌肉TG不是低强度运动时的主要来源，但脂肪在65% VO_{2max}的运动强度时氧化率最高。在65% VO_{2max}运动时，脂肪组织和肌肉TG的脂肪分解都是最多的。随着运动强度增加到85% VO_{2max}，总的脂肪氧化减少。这主要是由于血浆畸内儿茶酚胺浓度增加，刺激肌糖原分解和葡萄糖摄入FA进入血浆的速度减慢。肌肉TG的分解不随着运动强度（从65% VO_{2max}增加到85% VO_{2max}）的增加而增加，说明脂肪组织的动用与肌肉TG的动员的调节机制不同。如果人为地使血浆FA维持在1mmol以上，也只能部分地将脂肪氧化率恢复到较高水平，相当于65% VO_{2max}运动强度时脂肪氧化的水平。

关于运动持续时间对脂肪代谢的影响，在25% VO_{2max}低强度运动后2h与开始30min总脂肪和总CHO的氧化几乎没有变化。然而，在65% VO_{2max}运动时，FA进入血浆的速度和葡萄糖的利用随着时间的延长逐渐加快。2h后总脂肪和总葡萄糖的利用率与运动开始30min时的情况一样，没有变化。这可能是肌肉内物质（TG和糖原）随着中强度运动持续时间延长（>90min）供能减少的结果。

（2）限制肌肉细胞摄取脂肪酸因素 脂肪组织的分解产物FA的代谢是氧化供能的主要物质，尤其在低强度长时间运动时。长链脂肪酸的代谢是一个复杂过程，涉及许多因素：脂肪动员，FA在血浆中的转运，从血管进入肌细胞时的转运，膜转运，胞浆内的转运以及细胞内的代谢。无论是在休息还是运动，脂肪动员是影响代谢过程中的一个重要因素。

血浆FFA浓度有限，而且转运的速度慢，其原因有：①细胞内线粒体氧化脂肪酸的能力受限；②FFA从毛细血管渗入肌纤维的速率慢；③脂肪储存的动用受限，脂肪酸动用时先有脂肪酶水解脂肪为甘油和脂肪酸；④血浆白蛋白与脂肪酸结合过多时形成微团，会对细胞膜和氧化磷酸化造成损害，并使血小板凝聚率增加，抑制酶活性。这些情况均限制了在缺氧条件下脂肪的动用。

(3) 限制肌肉脂肪酸氧化因素　休息和低强度运动时，能量来源于FA的比例相对较多。随着运动强度的增加，特别是高于70%~80% VO_{2max}时，脂肪氧化供能逐渐转向CHO，表明FA的氧化受到限制。这种由脂肪供能转向CHO的原因可能有几种：①血液循环中儿茶酚胺浓度升高，刺激肌糖原和肝糖原分解；糖原分解时，乳酸的形成增加，伴有氢离子浓度的增加，以及糖分解过程增加本身也抑制脂肪分解。结果是血浆FA浓度下降，供应肌细胞的FA减少。最终是CHO氧化增加补偿FA氧化减少。②脂肪产生能量需要的氧高于CHO，单位时间内由脂肪产生的ATP少于CHO。③高强度运动时，FA从血液进入线粒体受限。这个过程取决于血FA的浓度、毛细血管密度、通过血管和肌细胞膜的转运能力、线粒体密度和线粒体摄取和氧化FA的能力。FA通过线粒体膜受肉碱转运体系的作用，肉碱转运体系受丙酰CoA的调节。运动时，丙酰CoA的形成减少，FA跨过线粒体内膜的转运加快。

(4) 肉碱　FFA从骨骼肌细胞质进入线粒体分解需要肉碱的转运系统。肉碱可以促进FFA转移进入线粒体进行氧化代谢。从增加肉碱可加强FFA这一理论出发，近年来有不少使用肉碱提高运动能力的研究报道，但其效果尚无一致的结论。有的报道提出补充肉碱后，运动中血乳酸水平降低，从而改进最大运动能力；但有的报道未观察到补充肉碱对人体休息或运动时能源物质利用有任何改进作用，并提出细胞自身十分容易制造肉碱，人体内不缺少肉碱，因此额外补充没有作用。

(5) 糖代谢水平　糖代谢水平利用增加时，脂肪分解受抑制。糖代谢障碍，生成的草酰乙酸量不足时，则脂肪酸氧化生成的乙酰CoA即不能与草酰乙酸缩合成柠檬酸进入三羧酸循环氧化，结果就会限制脂肪酸在线粒体氧化供能。

(6) 氧供应量　肌肉中氧供应量充分时，可利用FFA浓度增高，会抑制肌肉摄取葡萄糖。

(7) 脂肪酶活性　脂肪分解需要脂肪酶，因此脂肪酶的活性是影响脂肪利用的又一重要因素。

(8) 运动训练程度　运动训练是提高人体氧化利用脂肪酸能力最有效的措施。系统的体育训练会使骨骼肌线粒体数量、体积、单位肌肉毛细血管密度、线粒体酶和脂蛋白酶的活性增加。因此，训练水平高的运动员氧化利用脂肪酸的能力强。研究报道，高强度训练的马拉松运动员在70% VO_{2max}的强度运动1h，其75%的能量来自脂肪。脂代谢加强后，可节约糖原的消耗，从而提高耐力。训练有素的运动员肌肉氧化酮体的能力也比无训练者强。

(三) 运动对脂肪需要的影响

与体内CHO的储存相反，脂肪在人体内的储存量很大，是运动肌肉的主要能量来源。脂肪酸主要储存在脂肪组织和肌肉细胞内，是运动代谢的重要来源。在低强度运动时，从脂肪组织释放进入血浆的 FA 是肌肉收缩的主要能量来源。中等强度运动时脂肪代谢最旺盛，脂肪组织和肌肉内 TG 均分解供能增加。在高强度运动时，FA 进入血浆的速度显著减慢，肌肉内的 TG 利用不再增加。此时，肌糖原分解，乳酸形成增加，抑制身体所有脂肪的动员。

运动中促进脂肪分解的主要激素是儿茶酚胺的增加和胰岛素水平的下降，两者均促进脂蛋白酶的活性。FA 氧化的速度也间接受工作肌肉氧化能力和肌肉内丙酰 CoA 浓度的影响。肌肉内丙酰 CoA 的浓度取决于血浆葡萄糖和胰岛素的水平，这两种物质血浆水平升高，丙酰 CoA 也升高。因此，任何增加糖分解的作用都可能直接抑制长链脂肪酸的氧化，其机制可能是通过抑制脂肪酸的线粒体转运。

（四）运动员对脂肪的需要量

运动员膳食中适宜的脂肪量应为总能量的 25%～30%。饱和脂肪酸：单不饱和脂肪酸：多不饱和脂肪酸＝1∶1∶1。由于脂肪代谢产物蓄积会降低耐力并引起疲劳，过多摄入脂肪会降低蛋白质和铁等一些营养素的吸收率；还常会带入外源性的胆固醇引起高血脂症，因此应适当限制在运动员膳食中过多使用脂肪。然而，如果脂肪不足，食物的质量和色香味受影响，造成运动员的食物摄取量减少，而且运动员的膳食要求量少质精，发热量高，所以又不可过多减少脂肪的供给量。

三、蛋白质与运动

（一）运动对蛋白质和氨基酸代谢的影响

1. 氨基酸氧化提供运动中一部分能量

在三大产能营养素中，蛋白质在运动中供能的比例相对较小。近期研究报道氨基酸氧化可提供运动中 5%～15% 的能量。在体内肌糖原储备充足时，蛋白质供能仅占总能量需要的 5% 左右；大部分运动情况下，蛋白质供给 6%～7% 的能量。在体内肌糖原储备耗竭时氨基酸供能可上升至 10%～15%，这取决于运动的类型、强度和持续时间。氨基酸主要通过丙氨酸—葡萄糖循环的代谢过程提供运动中的能量。

2. 肌肉运动促进支链氨基酸代谢

在 50% 最大吸氧量的强度下运动 2h，亮氨酸的氧化率增加两倍，而在 2h 运动中亮氨酸升高的绝对值相当于该氨基酸 90% 的需要。静脉插管技术也表明运动刺激肌肉组织丙氨酸的释放；长时间剧烈运动伴随着蛋白质代谢的增加，根据血浆中氨基酸浓度的变化，亮氨酸与赖氨酸均为运动中需要的氨基酸，在运动中可直接氧化。一次性剧烈有氧运动后，亮氨酸氧化显著增加几倍，肌肉释放氨基酸及氨增加约 40%，血尿素水平和运动后尿氮增加。这些变化提示长时间耐力运动中氨基酸代谢的增加。

虽然多数运动员认为高蛋白饮食对获得肌肉组织有效，但关于力量训练情况对氨基酸代谢的影响尚不十分清楚。事实表明肌肉组织仅在一段时间进行力量训练后，并在适量蛋白质营养支持下才增加；然而进行力量训练者，尿氮排出减少，提示摄入的蛋白质部分存留作为组建身体蛋白质用。采用高蛋白质饮食（2.89/kg）者在进行有氧和力量训练 40d，与食用等能量中等蛋白饮食（1.399/kg）比较，高蛋白饮食者体蛋白质增加更为明显。

3. 运动对蛋白质合成与分解的影响

在运动中肌肉组织大部分蛋白质的合成被抑制，尚无事实说明运动肌肉中收缩蛋白分解，蛋白质的适应性合成仅在肝脏内发生。肌肉中蛋白合成抑制的结果使不被利用的氨基酸留存在代谢内。此外，其他一些不同组织的蛋白质的分解代谢也可能增加。代谢池中可利用的自由氨基酸增加。氨基酸代谢与提供肌肉运动中能量的增加有关。运动肌肉中丙氨酸排出增加，丙氨酸在肝中氧化，氧化分解后的碳架用于合成糖原，氨基酸则用于生成尿素，运动中代谢池内游离氨基酸浓度及丙氨酸—葡萄糖循环率增加与运动引起的糖皮质激素水平增加与运动引起的糖皮质激素水平增加及胰岛素水平降低的刺激有关。在运动后的恢复期，氨基酸用于适应性蛋白质合成的增加，蛋白质分解率的持续增加构成了蛋白质转换率的提高。恢复期内，运动肌肉生成的3-甲基组氨酸增加使尿中3-甲基组氨酸的排出增多。3-甲基组氨酸排出量增加被认为是收缩蛋白质转换增加的一种指征。

4. 血浆色氨酸、支链氨基酸与5-羟色氨（5-HT）对中枢神经疲劳关系的假说

支链氨基酸（亮氨酸、异亮氨酸和缬氨酸）与其他氨基酸不同，大部分为肌肉和脂肪组织摄取。色氨酸与大部分氨基酸相似，由肝脏摄取和代谢，但有少量为脑摄取，并在脑中转变为5-羟色胺（5-HT），一旦此神经介质由一些神经元突触释放，可影响一系列行为，包括疲劳、睡眠、情绪和精神疲劳，提示神经元5-HT增加会使精神方面在维持跑步和骑车速度的困难。

（1）支链氨基酸和色氨酸（包括其他芳香族氨基酸）是以相同的载体进入脑，因此，这两组氨基酸与载体的结合存在竞争。

（2）色氨酸在脑内2个酶的作用转化为5-HT 因此，脑中色氨酸增加即可使脑某些区域5-HT提高。

（3）5-HT水平 可在神经元加热时突触释放的神经介质增加，从而导致某些5-HT神经元突触后的刺激增加，因此与疲劳有关。

（4）色氨酸 是唯一与白蛋白结合的氨基酸，以结合型或自由型存在于血浆和组织间隙，并保持平衡。但血浆脂肪酸也与白蛋白结合。因此，当血浆脂肪酸（rh）增加时使色氨酸和白蛋白的亲和力降低，自由色氨酸增加。

（5）血浆自由脂肪酸 支配并与支链氨基酸竞争入脑的速率，从而影响脑色氨酸和5-HT水平。

以上基本提示增加血浆脂肪酸水平和或减少支链氨基酸水平将会增加自由色氨酸/支链氨基酸比值，有利于色氨酸进入脑，5-HT水平增加，导致运动冲动降低，做功能力下降。由此可见血浆脂肪酸水平显著增加时，可通过血浆自由色氨酸水平的变化，导致疲劳。此种情况发生于中、长距离和马拉松跑运动员的肌肉和肝脏糖原耗竭时，脂肪酸由脂肪组织动用，血浆FA浓度增加会使色氨酸增加，进而使人在长时间衰竭性运动后血浆自由色氨酸/支链氨基酸比值增加。

(二) 过量补充氨基酸和蛋白质的副作用

部分运动员错误地认为增加蛋白质营养会促进肌肉组织的增长，但事实已证明必须在渐进性的力量训练前提下，并有适宜的蛋白营养支持才能使肌肉增长。而且过量补充氨基酸或蛋白质会引起一系列的副作用：如蛋白质的酸性代谢产物会使肝、肾负担增加，导致肝、肾的肥大并容易疲劳，大量蛋白会导致机体脱水、脱钙、痛风。高蛋白对水和无机盐代谢不利，有可能引起泌尿系统结石和便秘；高蛋白食物常伴随高脂肪摄入，会增加中年后形成动脉粥样硬化和高血脂症的危险性。

(三) 运动员对蛋白质的需要量及影响因素

运动是否增加蛋白质的需要量，研究结论尚不完全一致。近期研究的注意力又集中于增加蛋白质营养是否可增加肌肉力量或加强蛋白质的合成，至今尚无结论性的实验根据。氮平衡的实验研究报道了运动员的蛋白质需要量比一般人高。日本及东欧一些国家提出运动员每千克体重应获得2g以上，而西欧一些报道提出每千克体重1.4g（1.2~1.8g/kg）即可满足运动员的需要。国内根据估测氮平衡的实验结果，提出运动蛋白质的供应量应为总能量的12%~15%，为1.2~2.0/kg体重。

运动员在减轻或控制体重阶段，由于膳食总能量不足，需要注意加强蛋白质营养，选择蛋白质密度高的食品。由于增加热能摄入量将改善氮在体内存留，也即当能量摄入量增加时，蛋白质的需要量减少。此外，蛋白的需要量还受糖原储备的影响。

1. 训练状态

运动员在开始进行剧烈运动训练的初期，由于细胞破坏的增加、肌蛋白和红细胞再生等合成代谢亢进以及应激时激素和神经调节等反应，常发生负氮平衡甚至运动性贫血，而经过一段时间适应后氮平衡改善，因此在大运动量训练的初期应适当加强蛋白质营养。据日本学者报道蛋白质摄入量达2g/kg以上，即可防止运动性贫血的发生。

2. 训练的类型、强度及频率

长时间剧烈耐力训练使蛋白质代谢加强，会增加蛋白质需要量，力量训练因使肌肉组织增加也需要略微增加蛋白质的摄入量。运动强度大，训练次数多则因为蛋白质代谢也可使需要量增加。

(1) 能量短缺和糖原储备量不足 将增加蛋白质的需要量，能量摄入不足时，蛋白质的需要量可增加10%。膳食中糖量充足不仅使肝脏和肌肉糖原维持于较高的水平，并会提供蛋白质节约效应。

(2) 控制体重项目运动员 需适当选择蛋白质营养密度高的食物以满足需要，蛋白食物的能量可达到总热量的18%。

(3) 素食者 应考虑膳食中有足量优质蛋白质。

(4) 生长发育期的儿童青少年 参加运动训练时应增加一部分蛋白质营养（10%~15%），以满足生长发育的需要，根据氮平衡实验的结果，提示每千克体重的蛋白质需要量为2~3g/kg。

(5) 运动员在训练中失汗量较多时 特别是高温季节、汗氮的丢失可占氮排出量的10%~14%，使蛋白质需要量增加。

运动员的蛋白质营养不仅应满足数量的要求，在质量上至少应有 1/3 以上必需氨基酸齐全的优质蛋白质。蛋白质营养不足会延缓剧烈运动后的恢复。解决运动员的蛋白质营养也可利用大豆类和谷类食物的互补作用，采用谷类主食和豆类食物混合食用，以提高蛋白质的生物价值。

四、维生素与运动

维生素作为能量代谢辅助因子，适量供应会有利于产生能量并改善神经系统功能。维生素摄入量与人体功能输出的相关呈 S 形曲线，关键是当维生素的摄入量达到最大功能能力的最小需要量后，再增加维生素的摄入量，功能不会再增加。运动量加大时，维生素需要量增加的幅度超过按能量比例计算的数值。早年的研究已证实，肌肉活动可加速维生素不足症的发生并使其症状加重。维生素营养充足时，有利于机体吸收能量和构成体质，在细胞中引起如酶或激素样的作用，刺激生理机能、代谢和能量的转换过程。维生素缺乏时，机体的活动能力减弱，抵抗力下降，代谢紊乱，酶活力降低，氧化过程延迟，运动效率降低，儿童青少年运动员的生长发育受阻碍。

运动员维生素需要量比静态生活的人群增加是由于：①运动训练使胃肠道对维生素吸收功能下降；②汗液、尿液及粪便中排出量增加；③体内维生素的周转率加速；④高强度运动训练的初期适应和，或急性运动训练使能量代谢突然增加等情况。

（一）维生素 A 与运动

维生素 A 又名抗干眼病维生素。在动物性食物中被称为维生素 A，在植物性食物中被称为胡萝卜素。胡萝卜素在体内可以转变成维生素 A。

1. 运动员维生素 A 的状况

国外报道在耐力或多次性重复运动后维生素 A 和胡萝卜素的浓度表现出一时性的改变，血清维生素 A 浓度升高 18%~24%，而胡萝卜素降低约 10%，但不清楚维生素 A 浓度的升高是否与血液浓缩或视黄醇由肝中动员有关。补充大剂量 β-胡萝卜素据研究报道无毒害，但补充 β-胡萝卜素对减轻抗氧化损伤和应激激素生成的作用，尚有待研究。

对运动员调查观察到 10%~25% 的人群维生素 A 摄入量低于 RDA，但优秀运动员膳食维生素 A 的摄入量通常是充足的，参加摔跤、芭蕾舞和体操等训练的青少年和青年成人趋向于摄入少于 2/3 维生素 A RDA，可能与这些运动员限制饮食和食物不当有关。

2. 运动员对维生素 A 需要量

维生素 A 的需要量随机体运动强度、生理病理情况及视力的紧张程度而变化。对于那些要求视力高度集中的运动项目，如击剑、射击、摩托车、乒乓球、游泳的运动员，维生素 A 的需要量为 8 000IU/d。而一般运动员需要量为 5 000IU/d。在大运动量训练时，维生素 A 需要量每日可增到 10 000~12 000IU。

由于维生素 A 在体内的排泄作用不强，故维生素 A 的摄入量应严格按规定标准服用，切勿过量吞服，以防蓄积中毒。

(二) 维生素 D 与运动

维生素 D 又名抗佝偻病维生素。膳食中维生素 D 可分为维生素 D_2 (麦角固醇) 和维生素 D_3 (胆钙化醇)。维生素 D 的主要成分是 D_3。人体皮下的 7-脱氢胆固醇经紫外线照射后,也可合成维生素 D_3。维生素 D_2 多存在于麦角和酵母中。

未见到有关运动员维生素 D 缺乏的报道,也未见到有关维生素 D 与运动能力方面的研究或报道。室内训练的运动员应注意适量的维生素 D 摄入。

(三) 维生素 E 与运动

维生素 E 又名生育酚。在麦胚油、大豆油等植物油中含量丰富。膳食中维生素 E 主要是 α 和 γ 生育酚。

限制饮食的运动员摄入的维生素 E 量不足。运动员与正常人相似,维生素 E 的缺乏少见。一般运动训练情况下不鼓励补充维生素 E,尤其是大剂量补充,因为大剂量补充可减弱蛋白质分解,降低白细胞杀菌能力,还可使维生素 K 的需要量增加,当补充量达到 200~1 000mg 时,有些人可有胃功能紊乱、软弱无力等出现。

(四) 维生素 B_1 与运动

维生素 B_1,又名硫胺素,主要以焦磷酸硫胺素 (TPP) 形式存在。易溶于水,在空气和酸性环境中较稳定,在中性和碱性环境中遇热容易被破坏。维生素 B_1 在人体内不能被大量储存。在机体发烧、疲劳、妊娠、哺乳等情况下容易缺乏维生素 B_1,如过多地摄入,多余部分将随尿排出体外。

1. 运动员维生素 B_1 的状况

运动训练时,维生素 B_1 的排出量下降。排出量减少被认为是机体的消耗量增加。苏联学者曾报道:参加系统训练者尿中亚硫酸氢物质排泄减少,也表明维生素 B_1 的代谢增加,当食物中维生素 B_1 的摄入量为 2~3mg/d 时,运动员中丙酮酸量比一般人高 30%~40%,为使运动员血中丙酮酸含量保持正常范围,建议维生素 B1 的供给量应增加到 5~10mg/d。耐久力和神经系统负担较重的运动项目如游泳、马拉松、体操、乒乓球等都需要较多的维生素 B_1 营养。国外有人报道维生素 B_1 的供给为 5mg/d 时,可使游泳的速度耐久力增加;马拉松运动员每日维生素 B_1 供给达到 10mg 时,才能保持机能正常当每日供给量为 4mg 时,乒乓球运动员的尿排出量才能达到正常水平。我国优秀运动员营养调查的结果表明约 1/2 被调查运动员的低于推荐的供给量。当运动员在进行剧烈运动训练情况下的维生素 B_1 摄入量为 0.37~0.48mg/4 184kJ 时,有 25% 的运动员 TPP 效应高于正常值。对运动员进行系统营养调查的结果表明近年来维生素 B_1 的摄入量有减少趋势,分析与谷类食物加工过细、摄入量减少有关。

2. 运动员对维生素 B_1 的需要量

维生素 B_1 的需要量与机体运动强度、运动负荷量、食物中含量及气温条件等因素有关。国内运动员的维生素 B_1,适宜摄入量曾暂规定为训练期:3~5mg/d,比赛时 5~10mg/d。最近公布的推荐的运动员维生素 B_1,适宜摄入量是 3~5mg/d (1mg/4 184kJ),因运动增加的维生素 B_1 需要应尽量从食物消耗中取得,必要时可采用维生素 B_1 制剂。

(五) 维生素 B_2 与运动

维生素 B_2 又名核黄素,为黄色结晶,易溶于水,耐热,但易被光和放射线分解。

1. 运动员维生素 B_2 的状况

采用红细胞谷胱甘肽还原酶为指标,注意到青年女运动员在核黄素的摄入量为 0.6mg/4 184kJ 时,进行慢跑训练出现核黄素缺乏,然而补充核黄素对有氧能力和运动能力没有影响。维生素 B_2 供应的变化被推论可影响肌肉代谢和神经功能。我国近期的营养调查研究表明:优秀运动员维生素 B_2 的缺乏或不足相对低于维生素 B_2 的检出率,但有 20%~30% 的不足或边缘性缺乏情况,尤其对于生长发育期的儿童青少年能量消耗大,一些控体重、减体重以及素食或不吃动物蛋白的运动员,应更加关注他们的维生素 B_2 营养状况。

2. 运动员对维生素 B_2 的需要量

我国近期推荐的维生素 B_2 适宜摄入量是 2~2.5mg/d。训练能增加维生素 B_2 的需要量,特别是耐力运动员、大运动量训练时每日应增加维生素 B_2 需要量到 4mg。

(六) 维生素 C 与运动

维生素 C 又名抗坏血酸,呈酸性,易溶于水,易被氧化,遇碱和热会被破坏。维生素 C 会与铜、铁等金属离子发生反应而失效。

1. 运动员维生素 C 的状况

一次运动可使机体血液中维生素 C 含量增加,同时,脏器中维生素 C 含量减少。研究还观察运动引起皮质醇释放的同时,可使肾上腺或其他器官中维生素 C 释放到血循环。对营养不良儿童补充 B 族维生素和维生素 C,可增加最大吸氧能力,单独补充维生素 C 的效果不清楚。对营养状况良好者,未见到补充维生素 C 对最大吸氧量、乳酸阈值和运动引起的心率增加等方面的效果。维生素 C 摄入量处于边缘性不足时,也不影响最大有氧能力或乳酸阈值。有报道补充维生素 C ≥ 250mg/d,可能减少对热不适应个体的热应激,理论上提示补充对某些特殊情况有加强运动能力的作用。

2. 运动员对维生素 C 需要量

运动员在训练的 RDA 曾推荐为 140mg/d,比赛期为 200mg/d。苏联有资料提出运动员的维生素 C 供给量应为 150~200mg,并提出可采用热能消耗量计算维生素 C 供给量。正常人每日消耗 4.184kJ(1 000kcal)能量,需要维生素 C 15~18mg。进行极限或次极限强度运动时,每消耗 4.184kJ 能量,需供给维生素 C 22~25mg。在进行长时间中等强度的运动负荷时、运动时间超过 2h 以上(如长跑、马拉松等)耐久力项目,每消耗 4.184kJ 热能,需供给维生素 C 30mg。近期国内专家推荐的运动员维生素 C 适宜摄入量:一般训练期 140mg/d,比赛期 200mg/d。

五、矿物质与运动

(一) 钙与运动

1. 运动员钙代谢的特点

运动员在钙代谢上与普通人不同。运动员在运动训练和比赛中要从汗液中丢失大量的钙。汗液中钙含量约为2.55mmol/L（102.2mg/L），按此推算，如果运动员每日出汗3L，则有约300mg的钙从汗液中丢失；如果运动员在高温环境下训练和比赛，每日的出汗量可达5~6L，那么从汗液中丢失的钙就可达500~600mg。

由于钙在维持神经和肌肉细胞的兴奋性、骨骼肌的收缩、细胞内第二信使等方面具有重要功能，钙营养的平衡对保持运动能力的作用非常重要。钙缺乏可引起肌肉抽搐，长期钙摄入不足可导致骨密度降低。运动具有增加钙丢失的作用，但同时，运动具有促进钙在骨的沉积、增加骨密度的作用。只有在钙的摄入量满足运动机体需要时，运动才有增加骨密度的作用。

对绝经后妇女的研究表明，在增加钙摄入量的同时进行运动锻炼，才能使骨密度有所提高，没有运动锻炼只补钙，对骨密度无增加作用。而且，至少每日摄入1 000mg的钙，才能保证运动锻炼增加骨密度的作用。对处于生长发育中女子骨骼发育的研究表明，在青春期前加强体育锻炼，非常有利于骨密度的增加，效果远比在青春期后才开始体育锻炼的好。

调查研究显示，许多女运动员，特别是少年女子运动员的钙摄入量低于推荐的供给量，这将影响她们骨骼的生长发育，增加运动性骨折的危险。

研究发现，钙不足与女子运动员的闭经有一定关系。目前认为雌性激素与闭经关系最为密切。闭经者雌激素水平显著低于正常月经者。雌激素水平下降，致使钙吸收减少，溶骨增加，尿钙排出增多，长期发展下去，将出现骨质疏松。而钙摄入不足，则加速了这一过程。

有专家认为青春期前即未来月经的儿童少女运动员也应注意钙的摄入量。因为她们的雌激素水平较低，保存钙的能力较低，如果运动中大量丢失钙，容易造成钙的缺乏。

减体重和控体重的运动员，如体操、举重、摔跤等项目，常常因为食物包括钙摄入的不足，引起身体钙的不足或缺乏。因此在减体重或控体重期，要额外补充钙。

2. 运动员钙的供给量

运动员钙的需要量高于普通人，因此钙的推荐供给量也高于普通人。我国运动员（不分年龄）每日钙的推荐食物供给量为1 000~1 200mg，目前尚无以年龄组计的膳食钙推荐量。由于运动项目的不同，运动员对钙的需求也不同。对于不同年龄组运动员的钙膳食推荐量，可以考虑在普通推荐量的基础上，确立同龄组运动员膳食钙摄入推荐量范围，即范围下限为普通人的推荐量，加200mg为上限。

基于目前膳食外补钙的情况比较普遍，为防止补钙过量，中国营养学会在提出钙膳食推荐量的同时，还提出普通人钙可耐受的最大摄入量。运动员可耐受的钙最大摄入量应与普通人相同。运动员补钙时只需补足需要的量即可，应避免长期过量补钙。长期过量补钙，可引起高钙尿，增加肾结石的危险。长期过量补钙，还影响铁、锌、镁、磷等元素的吸收。

（二）铁与运动

1. 运动员铁代谢的特点

研究表明，运动可加快铁在机体的代谢。长期运动训练使组织内储存铁的含量明显下降。有人连续测定了进行大强度训练和比赛的曲棍球运动员的血清铁蛋白，发现其含量明显下降，其下降幅度在第二和第三赛季尤其明显，分别达37%和30%，这表明运动员的铁储备发生明显的下降。

运动使红细胞的代谢周转率也加快。有人观察到高强度短时间全速跑（100m）后，运动员的红细胞渗透脆性增加，滤过率下降。这些结果表明，运动对红细胞有破坏作用。红细胞的代谢加快运动机体对铁的需要量增加。运动可使肌肉增大，肌肉中含铁酶的含量增加，都表明运动使铁的需要量加大。

汗液中含有一定量的铁，运动员从汗液中丢失的铁也较普通人多。一般运动员从汗液丢失的铁量每天为0.24~0.47mg，如果按运动员在高温环境下出汗4L推算，从汗液丢失的铁可达1.54~3.70mg。

国内的研究表明，运动员膳食铁的吸收率较低。运动员膳食中较多的脂肪和较少维生素C，是导致铁吸收率低的原因之一。另外，运动员膳食中的血红素铁吸收率的下降。人体研究发现，运动员在训练期膳食铁的吸收率为8.77%±2.90%，是显著低于停训练期的11.90%±4.74%。

以上研究说明，运动引起铁代谢的加快，使铁的吸收受到影响，并使铁的排出增多。这些都增加了运动员对铁的需要量。

大部分调查研究显示，女子运动员的铁储备状况差于男子运动员。一般认为，由于女子运动员从月经丢失铁，尤其是处于青春期的女运动员又加上生长发育对铁的需要，更容易发生铁缺乏。成年妇女平均每天从月经中丢失的铁量约为0.6mg，大约25%的成年妇女每天可丢失0.9mg。

研究还发现，许多女运动员，特别是少年女子运动员和女子长跑运动员的铁摄入量低于推荐的供给量，导致机体铁处于缺乏的状态。但是，缺铁性贫血（血红蛋白<120g/L）的情况并不多见。此外，还有些需要控体重和保持体形的运动项目如体操、花样滑冰等，女运动员在减体重期间膳食总摄入较少，也容易造成铁的缺乏。

素食运动员由于摄入植物性食物较多，而这类食物中膳食纤维和植酸等物质较多，对铁吸收可能有较大的影响。

在高原进行训练的运动员对铁的需要量增加。因为从低海拔来到高海拔运动训练，作为对低氧环境的习服，血液红细胞的含量将提高，铁是合成血红蛋白的原料，需要量也提高。因此在高原训练的运动员，要特别注意铁的营养状况，摄入足够的铁。

2. 运动员铁的需要量和供给量

普通成年男子平均每日损失铁约1.0mg，非经期妇女平均每日丢失0.8mg，个体之间的差异约±15%。其中从肠道损失铁约0.6mg/d，铁主要来自胆汁、脱落的肠黏膜和少量的血；从汗液和脱落的皮肤细胞损失0.2~0.3mg/d，从尿液丢失的铁少0.1mg/d。

如果加上在月经失血排出的铁，妇女平均每日损失铁约1.36mg，但因月经量的差异，有的女子可损失3.12mg/d。妇女怀孕中期和后期平均每日吸收5mg的铁，妊娠最后6周可高达10mg/d。哺乳期从奶汁排出的铁每日约为0.3mg，因此乳母每日损失1.1mg，如果月经恢复，则损失1.69mg/d。在生长发育期对铁的需要也较大。

一般来说，成年男子运动员每天从肠道丢失的铁为0.5~1.1mg，从尿道排出0.1~1.8mg，从汗液丢失的铁为0.24~0.47mg，如果不考虑在高温下运动因出汗丢失的

1.54~3.7mg 铁，丢失的铁量为 0.85~3.37mg，平均 1.75mg。女子运动员月经期每日从月经丢失的铁为 0.6mg，其总铁的丢失量为每日 1.7mg（非月经期）或 2.3mg（月经期）。

根据运动员的需要量和膳食铁 10% 左右的吸收率，我国对运动员（不分年龄）每日膳食铁推荐的摄入量为：男运动员在常温下训练或比赛为 20mg，在高温下训练或比赛为 25mg；女运动员在常温下训练或比赛为 25mg，高温下训练或比赛为 30mg。

研究显示，当运动员的铁营养处于缺乏的状态或已经发生缺铁性贫血，补充铁剂对改善铁营养状况、提高运动能力的效果非常明显。如果膳食铁的摄入量达到推荐的供给量，人体铁营养状态正常，补充铁则对运动能力的提高效果不明显。铁属于活跃金属，在体内可引起自由基反应。如果过量补充铁，有可能造成铁的毒性反应，对运动能力产生影响。铁的无毒副作用的摄入量水平为每日 65mg。一般膳食铁不可能超过可耐受最大摄入量，运动员膳食外补铁时，应以同龄普通人铁可耐受最大摄入量为界，不可超出。膳食外补铁量加上膳食中铁量达到推荐量即可。

(三) 锌与运动

1. 运动员锌代谢的特点

运动可明显影响锌的代谢，可引起机体锌的重新分布。运动可使血清锌含量发生变化，变化与运动的类型、强度、时间等多种因素有关。一般来说，短时间、大强度的无氧或缺氧运动，可使血清锌升高；而长时间有氧疲劳性运动后血清锌下降，但也有相反的研究结果。

剧烈运动后血清锌升高的原因可能是运动导致肌肉出现损伤，锌从肌肉细胞中溢出入血，或是机体在运动中调节各组织器官的锌水平，将锌通过从血液向需要的组织器官转移，使锌出现重新分布。如果是前一原因，机体在运动后恢复期有可能通过重新分布机制，或通过尿的排泄增强，使血清锌水平回落到正常范围。

运动训练可使红细胞锌含量升高。长期进行大运动量训练可使运动员血清锌处于较低水平。我国学者研究发现：进行过系统运动训练的优秀运动员安静时血清锌的水平，尽管他们的膳食摄入量达到 30mg/d，超过推荐供给量（20~25mg/d），但是，血清锌水平处于缺乏状态（<11.5 umol/L 或 <750ug/L）的运动员占 8.3%，低水平者（13.8umol/L 或 900ug/L）占 32.7%，在冬季低水平者高达 40%~50%。

运动员血清锌的低下与运动员的锌代谢较快、排出增多、吸收率下降等因素有关。与普通人不同的是，许多项目的运动员在训练比赛中出汗较多，特别是在高温环境下，汗液中的锌含量为 12.24umol/L（800ug/L）左右。高温环境中运动训练，运动员每天可从体表丢失的锌达 5mg。而且，研究显示，运动员的尿锌排出量，运动日比非运动日高。急性、剧烈的短时间运动可使锌从尿液中排出增多，运动后恢复期从尿液排除的锌减少。可见，运动引起锌消耗的增多，运动员的锌需要量大于普通人。

运动员的膳食锌吸收率较低。有学者对运动员肠道的锌吸收率进行了测定，发现训练期的锌吸收率为 33.5%±24.1%，停训期为 45.64%±23.3%，前者显著低于后者。肠道锌吸收率的明显降低，可能是运动员低锌血症发生的重要原因之一。训练期肠道锌吸收率的降低可能与运动时肠道供血量减少有关。

2. 运动员锌的需要量和供给量

由于运动员可从汗液中丢失大量的锌，同时运动对锌代谢和消耗增大，故运动员膳食锌的供给量超过普通人。在常温环境下训练或比赛，锌的膳食供给量为每日 20mg，在高温环境中训练比赛或大运动量训练比赛，供给量为 25mg。

如果运动员膳食中的锌含量较低，也可膳食外补充。锌为毒性较弱的金属元素，一般膳食中的锌含量不可能引起中毒。但是，如果以药物剂量补充过多，则可能发生中毒。研究显示，长期补充大量的锌（100mg/d），可竞争性抑制铜和铁的吸收，引起贫血，免疫功能下降，并降低血清高密度脂蛋白胆固醇的浓度。普通成年人可耐受的锌的最高摄入量为 45mg/d。各年龄组运动员锌的可耐受最大摄入量可按普通人的作为参照。运动员膳食中锌和膳食外补锌量总和不超过可耐受最大摄入量。

（四）硒与运动

1. 运动员硒代谢的特点

到目前为止，国内外对硒运动关系的研究基本集中在硒与自由基的代谢方面，几乎没有资料显示运动员或动物模型硒代谢的特点，包括硒的吸收率、转运、调控和排泄。还没有研究明确地显示硒可以提高运动能力，但绝大多数资料证明，硒作为抗氧化因子，在运动机体自由基的产生和清除中发挥积极的作用。

有人曾对我国优秀运动员的血浆硒水平进行测定，发现有 18.3% 的运动员血浆硒含量处于低血浆水平（<70μg/L）。

机体运动时，代谢增强，能量消耗增加，耗氧量增加，活性氧产生也随之增加，致使自由基代谢增强。由此同时，机体抗氧化酶系统的活性也增高，以清除自由基，保护机体免遭自由基的攻击。但硒缺乏导致运动后谷胱甘肽过氧化物酶活性升高的程度降低，致使自由基含量升高，对组织的侵害程度加大。

硒是抗氧化酶——谷胱甘肽过氧化物酶（GPX）和膦脂氢谷甘肽过氧化物酶（PH-GPX）的活性中心，能清除细胞浆和细胞膜上的过氧化物。运动员血浆谷胱甘肽过氧化物酶活性与血浆硒含量呈正相关。硒缺乏导致红细胞流动性降低，同时红细胞中的自由基代谢产物丙二醛（MDA）增多，表明红细胞流动性的降低与硒缺乏引起的红细胞自由基活动增强有关。在马进行奔跑训练的 70d 中，补充硒和维生素 E，可提高淋巴细胞中 GPX 的活性和降低血浆 MDA 的含量。

缺硒状态下进行急性运动和长期训练，均可显著降低红细胞膜 Na^+-K^+-ATP 酶的活性，心肌线粒体中的心膦脂含量也降低，而心膦脂是细胞色素 C 氧化酶发挥正常功能的必需物质。这提示，硒缺乏可影响心肌线粒体能量代谢酶的活性。硒缺乏情况下进行运动会加重生物膜的损伤程度。

2. 运动员硒的需要量和供给量

运动员每日硒有膳食推荐量为 50～150μg，运动员硒的可耐受最大摄入量可参照普通人群。膳食中和膳食外补硒总量不可超过可耐受最大摄入量，计算膳食外补硒量时，要加上膳食中的硒量，总量达到推荐量即可。硒酸盐和亚硒酸盐是常用的硒补剂。

六、水/电解质与运动

一个人不睡觉可以活10昼夜，没有食物，人的生命尚能维持数日，但如果没有水人类很快就会死亡，故有"不可一日无水"之说。如果运动员体内缺水，不仅影响运动能力的发挥和运动成绩的提高，而且体内新陈代谢、血液循环、体温调节和各种器官的功能活动将受到严重影响，无法进行运动。据研究，当体内失水量达到体重的4%～5%时，肌力下降20%～30%。这说明在运动过程中，运动员如不重视饮水问题，就难以提高运动成绩。

(一) 运动员水代谢的特点

水的重要功能之一是维持体温。正常体温的维持，是机体产热和散热两个过程平衡的结果。机体热产生的来源是组织细胞的各种代谢活动，安静时产热的部位是深部脏器，运动时产热的部位主要是肌肉。机体有多种散热方式，当外界温度低于体温时，机体有辐射、传导和对流三种方式；当外界温度高于或等于体温时，机体的散热方式只有蒸发，即以出汗的形式从体内散热，在此过程中，机体就会不同程度的丢失水分。每蒸发1L汗水，可排出2.4MJ（575kcal）的热量。机体的产热过程受到下丘脑的体温中枢和外周感受器的调控，引起代谢变化的各种神经体液因素也可对调控过程产生影响。

日常性的、大量的运动训练和比赛使运动员的水代谢与普通人不同，水代谢速率高于常人。剧烈或大量运动，可使运动员因排出体热而大量出汗，因通气量增加而从呼吸道丢失大量水分。

人在剧烈或大量运动时，体内能量产生增加，所产生的能量只有少部分（25%）用于机械做功，而大部分（75%）则转化为热的形式。这些运动中产生的热需要排出体外，以保持体温的恒定。

运动员经常进行大运动量的训练和比赛，并且经常在高温度和高湿度环境下进行训练和比赛。因此，运动员在水代谢上具有以下特点。

1. 出汗速率大，出汗量大

当运动员经常在高温高湿环境下进行大强度训练或比赛时，为排出体内产生的热会大量出汗。运动强度是影响出汗率的主要因素，运动员的出汗率与运动强度呈正比，运动强度越大，出汗率越大。出汗率还与运动的持续时间、运动环境的温湿度和热辐射强度、运动员的适应程度等因素有关，环境的温度、湿度和热辐射强度越大，出汗率越高。

高强度大运动量的训练可使运动员的出汗量大大增加。有人测量，一次高强度大运动量的训练可丢失汗液2～7L。在25～35℃温度下，进行4h长跑训练，平均出汗量达到4.5L±0.30L。在温度37.9℃，相对湿度80%～100%的环境下踢足球70min，出汗量高达6.4L。出汗量达到体重的6%～10%。运动员在马拉松比赛中的出汗量可达5L，如果运动员体重为70kg，则失水量为体重的7.14%。

2. 排尿量少

高强度、大运动量的训练，特别是在高温高湿环境下的训练，会引起大量出汗，致使机体失水增多，加上运动时肾血流量和肾小球滤过率都减少，常常导致少尿或无尿。

3. 呼吸道排水量大

人在休息时的耗氧量为 250ml/min，运动时耗氧量大大增加，例如马拉松跑步时的耗氧量可达 4L/min。运动引起机体组织代谢速率增加，对氧的需求和对二氧化碳的排出都增大，因此呼吸的频率加快和幅度加深。这就致使呼吸道丢失水分增加，可达平时的 10~20 倍。

4. 代谢水产生增多

由于运动的需要，为提供足够的能量，组织细胞的代谢过程加速，因糖、脂肪和蛋白质分解代谢产生的代谢水的量也增多。

（二）运动员电解质代谢的特点

运动中机体电解质的代谢过程加快，血液电解质的浓度随运动负荷的性质、强度、持续时间、运动员体内电解质基础水平、出汗状况等多种因素的不同而变化，可出现显著升高、降低或无变化。运动中和运动后评价血液电解质浓度的变化时，要注意血容量的改变，对血容量进行校正，以避免因血容量浓缩或稀释而导致对电解质浓度变化的错误评定。血液电解质的浓度与机体的营养状况、机能状态和疲劳程度也有关系。

运动员与普通人在水、电解质代谢上最大的不同是出汗多。由于汗液中含有一定量的电解质，因此，与普通人相比，运动员电解质代谢的特点是：有相当量的电解质从汗液中丢失。

汗液中的电解质成分和浓度随个体在运动时的出汗率、出汗量、收集汗液标本的方法、皮肤细胞污染情况、训练状态、机体机能状态和热适应程度的不同而有变化。

1. 运动员钠、氯代谢的特点

运动员钠和氯除了从汗液中丢失量较大外，其代谢与普通人基本相同。汗液的平均浓度为 1~4g/L。一般情况下，汗液中钠和氯的排出量是平行的。运动员在高温、高湿度环境下运动训练，汗液中氯化钠的平均浓度可达到 (5.7±1.5) g/L，运动中氯化钠的丢失量可达 (24.8±2.3) g。与安静状态相比，运动中血浆钠的浓度明显升高，并可延续至运动结束。运动后血浆水平显著降低，可出现低钠血症。

大量出汗的运动中和运动后，应该适当补充钠盐。大多数运动饮料含有低渗量的钠盐，一般为 10~25mmol/L。当运动训练时间持续 3~4h 以上伴有大量出汗时，其间应适量补充运动饮料，以补充从汗液丢失的钠盐，还可预防运动后的低钠血症。伴有大量汗的运动后，也应该适量补充含钠盐的运动饮料，以使水分保持在体内，防止脱水。

在高温、高湿度环境下运动，补充钠盐的多少可根据出汗量估算，出汗量 1~2L，一般不需要补充钠盐。但是，初练者和对热不耐受的运动员可适当补充。

在高温、高湿度的环境下运动，如果不注意适当补充钠盐。运动员可发生钠缺乏症状。轻度缺乏时表现有食欲降低、消化不良、肌肉软弱无力等症状。严重缺乏时，可表现有恶心、呕吐、多尿、体温高、心率快、血压低、眩晕、头痛、体能低下、易疲劳、肌肉疼痛、肌肉痉挛及抽搐等。

考虑到钠盐对心脑疾病的作用，世界卫生组织建议普通人每日食盐（NaCl）的用量不宜超过 6g（含 Na 约为 2.36g）。除了食盐的钠外，人们还可从摄入的食物和饮料中获得非食盐的钠。由于运动员对钠的需要量较高，他们的钠供给量应高于普通人。推荐的每日运动员钠的供给量为：常温下训练<5g，高温下训练<8g。

2. 运动员钾代谢的特点

运动员与普通人在钾代谢上的主要不同是运动员可因大量出汗而丢失大量的钾。汗钾的浓度为4~8mmol/L。陈吉棣等学者观察到，运动员在高温环境中训练，汗钾的丢失量明显增加。长跑和马拉松运动员在气温22~32℃下进行训练时，总钾日排出量为4~4.5g，汗钾的日排出量占总钾日排出量的46%~49%，是尿钾的1.4~1.5倍。还有国外学者观察到，运动员在温度29~30℃，相对湿度40%~48%的环境下跑步，钾的一日丢失量可高达6g以上。

与安静时相比，运动中血钾的浓度会有升高，这与运动中糖原分解，钾释放入血有关。运动后血钾水平逐步回降至安静时的水平。但大运动量运动后，血钾水平会显著低于安静时。这是因为大量运动后糖原和蛋白质的合成使血钾进入细胞，造成血钾较低。另外，也可能与运动中大量出汗致使钾从汗中丢失，导致血浆钾水平下降有关。

钾对肌肉收缩和神经传导有重要作用。钾轻度缺乏时，肌肉出现软弱无力，这将导致运动能力下降，并可引起肌肉的运动性损伤。钾严重缺乏时，神经传导功能受损害，神经反射减弱或缺失，脉搏微弱，血压下降，心传导阻滞，心电图改变，可能性出现T波平、Q-T间期延长等。运动员钾缺乏是导致中暑的一个重要原因。

水果、蔬菜、鱼肉、牛猪肉等食物含钾较多，可通过增加这些食物的摄入来补充钾。运动饮料一般都含有一定量的钾盐，可适当饮用运动饮料以补充体内钾。另外，也可补充含钾的无机盐片剂。补钾盐时应注意，尽管大量补钾在肾功能正常时未见有副作用和危险，运动员在运动后无尿或少尿的情况下，应该先补充水分，等尿量恢复正常后，再补充钾盐。

3. 运动员镁代谢的特点

由于运动训练，运动员的出汗量远远大于正常人。汗液中也含有镁，因此对于运动员来说，镁的代谢要考虑汗液中损失的镁。汗液中镁的浓度一般低于2mmol/L。有人计算，如果汗液中全部电解质的丢失量为4~34mg/L，而镁在消化道的吸收率为35%，那么，要补充1L汗液丢失的镁，则需要补充10~100mg的镁。

镁是调节酶活性、维持骨骼肌和心肌正常收缩、保持神经功能的必需元素。镁是体内300余种酶的激动剂和辅助因子，并在维持酶的活性方面起作用。镁在维持神经信号的传递、细胞膜电位和跨膜转运的过程中起重要作用。镁对维持肌肉的兴奋性也有重要作用。镁作为细胞内仅次于钾离子的正离子，对细胞内外的离子平衡、渗透平衡和膜的通透性都有影响。镁还可与钾一起，调节细胞内外的pH值，在维持机体酸碱平衡中起作用。如果机体镁的平衡失调，可引起神经肌肉激动性的改变，血浆镁浓度低下可使神经肌肉电位改变，肌肉兴奋性升高，可出现肌肉的震颤和痉挛。血清镁浓度的检测有助于发现镁缺乏。镁的这些功能作用与运动能力密不可分。

血清镁的浓度可随运动情况的不同而发生变化。运动员在常温下运动，由于细胞内镁释放出细胞，导致血清镁浓度增高。中等强度运动后1h，血清镁浓度与安静时相比，无明显变化。运动员在高温下运动，运动后血清镁浓度明显下降，马拉松运动后也明显下降。

血清镁的浓度低于 0.5mmol/L 为低镁血症。体内镁不足可引起食欲减退、恶心、肌肉震颤、情绪多变等症状。低血镁常伴有低血钾。

一般食物中都含有较为丰富的镁，因此镁缺乏的情况较为少见。蔬菜、水果、鱼肉、牛奶等食物中含镁较多。摄入大量的脂肪、磷酸盐和草酸，可影响镁的吸收。食物镁摄入不足、吸收差以及排出增加，是引起镁缺乏的常见原因。由于运动员从汗液中丢失镁的情况较多，而且适量的镁对神经传导的肌肉收缩具有重要的功能，因此运动员镁的每日推荐膳食供给量大于正常人，为 400~500g。

(三) 酸碱平衡与运动

运动员在高强度运动中可产生大量乳酸，引起体液 pH 值下降，如果运动时间较长，可造成乳酸堆积，使体液趋向于酸中毒。能引起这种情况的运动项目有 800m、1 500m 跑，200m、400m 游泳等。

研究表明，体液偏酸可引起运动能力下降。预防的办法有：

（1）训练和比赛前服用碱性药物。常用的碱性药物有碳酸氢钠、柠檬酸钠、柠檬酸钾等。

（2）可适量饮用含有钠、钾的碱性运动饮料。

（3）训练和比赛前多选择碱性食物，提高碱性电解质的储备。

根据食物经过消化吸收在组织器官代谢后的产物的酸碱性可将食物分为酸性食物和碱性食物。含蛋白质丰富的食物因含磷、硫、氯等元素较多，在体内代谢后的产物中这些元素也较多，所生成的酸性代谢产物也较多，故将这些食物称为酸性食物。酸性食物有肉类（牛肉、鸡肉、羊肉、猪肉等）、鱼类（鲤鱼、青鱼、鲫鱼、带鱼、墨鱼、章鱼等）、谷类（大米、白面、玉米、小米等）、其他（啤酒等）。含钠、钾、钙、镁等元素较多的食物代谢后，由这些碱性元素生成的碱性代谢产物也较多，故将这些食物称为碱性食物。碱性食物有奶类（牛奶、奶酪等）、蔬菜（黄瓜、萝卜、青菜、茄子、菠菜等）、水果（橘子、菠萝等）、其他（豆腐、海带、虾皮等）。由于蔬菜、水果体积较大，摄入后造成胃肠道负担加大，对训练比赛不利，可适量摄入水果或蔬菜的浓缩汁，预防性补充碱性电解质。此外，有些食物代谢产物的酸碱性持平，这些食品称为中性食物。如蛋类（鸡蛋、鸭蛋等）、水果（苹果、香蕉、桃等）、蔬菜（西红柿、柿子椒、豆芽、藕等）、其他（粉条、大豆等）。

(四) 运动性脱水和预防

1. 运动性脱水的原因

运动性脱水是指人们由于运动而引起体内水分和电解质（特别是钠离子）丢失过多。运动性脱水的常见原因是由于在高温高湿下训练比赛大量出汗而未及时补充所造成。也可见于某些运动项目如举重、摔跤等运动员为参加低体重级别的比赛而采取快速减体重措施，造成机体严重脱水。运动员在低温环境下运动，比如，登山运动，虽无大量汗液丢失，但因寒冷导致交感-肾上腺系统兴奋，尿液增多，从呼吸道呼出的水分和从皮肤蒸发的非显形出汗也较多，也可能造成机体的脱水。

2. 运动性脱水的表现

根据丢失水分的多少，可将运动性脱水分为轻度脱水、中度脱水和重度脱水。

当失水量为体重的2%左右时为轻度脱水。轻度脱水以细胞外液即血液和细胞间液的丢失为主。由于血容量减少，造成运动时心脏负担加重，因此运动能力受到影响。轻度脱水时，人会感到口渴，出现尿少，尿钾丢失增多。

失水量为体重的4%左右时为中度脱水。不仅有细胞外液的丢失，还有细胞内液的丢失，两者的丢失量大致相等。此时可表现有脱水综合征：严重的口渴感，心率加快，体温升高，血压下降，容易疲劳，运动能力下降。

失水量达到体重的6%以上时为重度脱水。此时，细胞内液化的丢失量大于细胞外液的丢失量。除了有中度脱水的表现外，还可以出现呼吸频率增加，恶心厌食，容易激怒，肌肉抽搐，严重是出现幻觉、谵妄，甚至昏迷。

运动员重度脱水时可发生中暑，表现有体温升高、面色潮红、肌肉痛性痉挛、头痛、脉搏加快、虚弱、晕厥等症状。中暑极严重时可引起死亡。

发生脱水时，除了有心血管负担加重和体温升高表现外，还可导致肾缺血及肾脏损害，可出现少尿、无尿、血尿，还可引起泌尿道结石的形成。脱水对呼吸系统的影响可导致最大吸氧量减少，维持最大吸氧量的时间缩短。

3. 运动性脱水的预防

（1）提高对运动性脱水的耐受力　运动员经常在各种环境中进行各种强度和运动量的训练和比赛，脱水量经常达到体重的4%以上，但是，出现中度脱水或中度脱水症状的情况在优秀运动员身上并不多见。这除了与运动员及时补充水分有关外，还与运动员对脱水的适应性有关。

运动长期处于热环境下运动，对高温和脱水可产生一定的适应性或耐受性。研究显示，一般训练水平的运动员当失水量为体重的2%~3%即轻度脱水时，其机体的循环机能、体温调节能力、最大吸氧量和运动能力都受到明显影响。而已有适应性高训练水平运动员失水量达体重的5%即中度脱水时，对各种机能和运动能力仍无明显的影响。有耐受性的运动员受热后，体温变动较小，心血管的紧张性较低，机体代谢率和酶及激素的反应性也较低。而运动员的出汗排热能力加强，汗液中电解质的含量也减少，过多换气的状况有所改善。研究表明，接受过系统高强度训练的运动员可以较好地耐受运动时间大于2h、产热率为80kJ/min的运动训练。耐力性运动训练可使细胞内液和血容量增加，血容量的增加可能与运动训练提高血浆蛋白质含量即提高胶体渗透压有关。血容量的扩充可能是运动训练促进机体对运动性脱水适应的机制之一。

（2）进行补液防止和纠正脱水　防止运动产生脱水的关键是及时补充水分，使机体水分达到平衡。应根据运动员的个体情况和运动特点，在运动前、运动中和运动后补充水。补水的原则是少量多次。由于运动员脱水的原因主要是因为大量的汗液丢失所致，而汗液中含有一定量的电解质，因此补水或纠正脱水的同时还应适量地补充无机盐。

（五）运动补液

1. 补液的指征

一般来说，口渴感是运动员确定其是否出现脱水最早的和最有效的主观指标。但必须指出，当运动员感到口渴时，已有3%体重的水丢失，即机体已处于轻度脱水的状态。因此理论上讲，口渴感仅可作为确定轻度脱水并防止中度和重度脱水的一种自我指标，不能依靠其作为防止轻度脱水进行补液的指征。但是一旦脱水症状出现，则脱水程度已达中度以上，可能对运动员的运动能力和身体健康已带来影响。因此，根据脱水症状和体征出现后再补液，已达不到预防脱水的目的。但如果运动员已出现脱水，则必须及时补液以尽快纠正脱水。所以，要根据运动员个体体质、运动训练或比赛的情况和环境因素以及以往的经验，及时补液，甚至在训练前或赛前预防性补液，避免运动性脱水的发生。儿童少年运动员发生脱水时，易引起体温快速升高，因此要及时补充体液。

2. 补液的方法

补液应该遵循预防性补充的原则和少量多次的原则。预防性补充可以避免脱水的发生，防止运动能力的下降。少量多次可能避免一次性大量补液对胃肠道和心血管系统造成有负担加重。为保持最大的运动能力和最迅速地恢复体力，补液的总量一定要大于失水的总量，特别是补钠的量一定要大于丢失的量。

（1）运动前补液 综合运动员、运动项目和天气环境的具体情况，在运动前适量补液是非常必要的，可以避免脱水发生后再补充纠正的马后炮行为。许多运动员往往不注意运动前补液，主要是对运动前补液对保持运动能力的重要性认识不足。有的人则担心运动前补液会加重胃肠道负担，引起胃痉挛。大量科研和实践已证明，只要采取正确方法，运动前补液不会造成任何副作用。补充的饮料中可含有一定量的电解质和糖。补充的量应根据具体情况而定。例如，专家建议在运动前2h饮用400～600ml的含电解质和糖的运动饮料。也可于运动前15～20min补液400～700ml，要少量多次摄入，每次100～200ml，分2～4次饮入。不要在短时间内大量饮水，否则会造成恶心和排尿，对运动训练或比赛不利。

（2）运动中补液 如果运动中出汗大运动前的补液不能满足体液的平衡，为预防脱水的发生，有必要在运动中补液。补液的量根据出汗量的多少而定。在一般情况下，补液的总量不超过800ml/h。运动中补液必须少量多次地进行，可以每隔15～20min，补液150～300ml，或每跑2～3kin，补液100～200ml。在高温下进行较高强度的运动，补液量如果低于300ml/h，往往不能满足运动员的需要，但如果补液过多，又可造成运动员恶心和呕吐。大多数运动员当补液量达到失汗量的75%～80%以上时，就会感到胃部不适。因此，运动中的补液量一般为失汗量的50%～70%。这样，运动后仍然需要继续补液，使液体的进出达到平衡。一种确定失水量的简单方法是称体重，根据体重的量，确定补液的量，并找出自己所能耐受的补液量。

一般情况下，如果运动时间不超过60min，补充纯水即可。如果长于60min，则应补充电介质和糖的运动饮料。

（3）运动后补液 由于运动员在运动中补充的液体往往小于丢失的体液量，因此运动后也要进行补液，使进出机体的液体达到平衡。补液量的多少可根据体重的丢失情况确定。运动后补液也要遵循少量多次的原则，切忌暴饮。应补充含电解质的运动饮料，饮料中还可以含糖，以促进血容量的恢复。不可只饮用白开水。饮用白开水虽然一时解渴，但可造成血浆渗透压的降低，增加排尿量，延缓机体的复水过程。暴饮白开水还能稀释胃液，影响食欲和消化。运动中丢失的体液应该在次日晨得到基本恢复，监测运动员的体重可了解复水的程度。

【思考题】

1. 运动对营养素的影响有哪些？
2. 运动中如何把握营养的监控机制？

第四章 运动心理学基础

【导读】运动体能包括生理能力和心理能力，心理能力包括心理调适与控制能力。不管是运动健身，还是竞技运动，都需要维护心理健康。本章重点介绍身体训练、技战术训练的心理特点，为健康运动、运动损伤预防奠定心理学基础。

第一节 身体训练的心理学基础

一、速度素质训练与心理

(一) 速度素质与心理素质

速度素质是指人体对各种刺激发生快速反应并以最短时间完成各种运动活动的能力。换句话说，也就是机体快速运动的能力。它表现为动作的持续性、频率、节奏等全部时间特征的总和。

在体育运动中，运动技术动作的结构是极复杂的，速度素质的表现形式也是多种多样的，主要包括以下3个方面。

1. 反应速度

反应速度是指有机体对各种信号刺激的应答速度。是从刺激物对人发生影响到应答动作开始之间所经历的时间长度，这段时间长度是被消耗在中枢神经系统所发生的神经过程上的，亦即信号通过反射弧所经历的那段时间。在运动场上，有的运动员跑得很快，有的运动员完成技术动作迅速、敏捷，但其反应速度并不一定是快的。

不同运动项目对反应速度的要求是不同的。如集体直接对抗项目、一对一的直接对抗项目，因外界条件不断发生变化，要求运动员必须对外界变化具有迅速的判断反应能力，大脑皮层神经过程必须具有较高的灵活性，才能实现快速、准确的运动反应。而另一些运动项目（如短跑），由于运动环境中条件比较单纯，运动员的反应是按照既定的信号（发令枪声），通过中枢神经系统以定型的活动方式支配运动器官实现的。

2. 动作速度

动作速度是指非周期性练习中完成单个动作的进度。如跳远运动员的踏跳速度，投掷运动员的器械出手速度，身体旋转速度，体操运动员完成某一动作的速度等，都属于动作速度。

动作速度的快慢，取决于肌肉的收缩速度，而肌肉的收缩速度主要依赖于神经细胞和神经肌肉机能活动性的提高以及神经过程灵活性的提高来实现的。如果兴奋冲动强度大，传递速度快，灵活性、协调性好，其动作速度必然是快的。因此。动作速度的快慢，与运动员的情绪状态、注意状态与思维的敏捷性是息息相关的。

3. 位移速度

这是指在周期性练习中动作重复交替的速度。亦即在单位时间内机体快速移动的能力，如以最短时间通过某一距离的能力。

运动中动作重复交替的速度，取决于肌肉的收缩与放松的交替速度。因此，大脑皮层兴奋过程与抑制过程的迅速转换，乃是完成快速运动的基础。兴奋过程与抑制过程的灵活性越高，转换能力越强，运动员两腿的交换率就越高，移动的速度也就越快。

因此，它与运动员的智能特点和情绪状态有密切关系。一般说来，运动员在跑速下降时，其步幅变化并不很大，而步频降低却是较明显的，这说明了神经过程在位移速度中所起的重要作用。当然，位移速度也离不开动作速度、力量、耐力、技术等因素在其中所起的重要作用。

（二）发展速度素质的心理特点

从速度素质与心理素质的关系分析得知，训练中提高运动员速度素质的关键问题，在于训练提高中枢神经过程的灵活性和协调性。因此，它与提高下列心理因素有着密切关系。

1. 提高判断反应能力

从反应过程的心理结构来看，它是由感知客观信息、意识客观信息和完成相应动作三种因素构成的。提高判断反应速度对球类运动和一对一的直接对抗运动项目特别重要，因为这些运动项目是在双方相互对抗的条件下进行的，运动员必须能够在不断交他的环境条件下进行活动，这就要求运动员必须对瞬息万变的复杂情况迅速、准确地作出判断，并能及时给予策略性的应答行动。

在对运动员进行复杂的判断反应训练中，所采用的条件信号不能是单一的固定信号，应该是两个以上有变化的信号，运动员的应答动作应该是有选择的，不应该是事先已经准备好了的定型动作。只有根据不同的信号做出不同的应答动作，才能提高运动员的判断反应能力。运动员反应速度的快慢，与当时的注意状态和情绪状态密切相关。

2. 提高时间间隔的知觉能力

速度的发挥，离不开运动技术动作在特定的时间间隔内完成，运动员学会精确区分微小的时间间隔，对提高速度素质具有重要意义。运动员对微小的时间间隔知觉越精细，准确辨别这种时间差的能力越强，就可以把这种准确的时间差别知觉转移到反应速度上来。

3. 形成一定的心理定向

所谓心理定向，是指心理活动的准备状态和注意的指向性。心理定向与速度训练也是密切相关的，心理定向不同，可以加速或减慢运动定向的进程。

二、力量素质训练与心理

(一) 力量素质与心理素质

力量素质是指肌肉紧张或收缩时所表现出来的克服内外阻力的能力。

运动员力量素质的发展水平，是运动员身体训练水平的重要标志。因为力量素质与其他素质有着极为密切的关系，它影响运动员肌肉耐力的增长，灵敏素质的发展和速度素质的提高。因此，力量素质被称为运动员基本的运动素质，运动员任何运动素质的表现，都是通过肌肉工作来实现的，都是以力量素质为基础的。

运动员所具有的力量素质水平如何，不仅直接影响到运动技术的掌握和运动成绩的提高，而且也影响到运动员的心理状态和心理素质。

力量一般可分为静力性力量和动力性力量两种。若肌肉主要以等长形式收缩所产生的力量，可以实现某些静力性工作，如承担某种重量、维持身体某种姿势、对抗地心引力等，这种力量称为静力性力量。若肌肉主要是以等张形式收缩，并借肌肉收缩与放松的交替来实现身体的运动，使之发生位移或使另一物体产生运动，这种力量称为动力性力量。在动力性力量中，又可分为重量性力量和速度性力量两种。爆发力是属于速度性力量的一种。

运动中根据用力程度的不同，可分为三种情况：一是要求运动员充分发挥出自己的最大力量，这时并不要求运动员用意识来控制肌肉的用力限度；二是要求运动员只反映他力量的一部分，如 3/4、2/3、1/2、1/4 的力量去完成动作；三是严格要求运动员分配自己的力量，如为保证掷球的准确性，用力必须加以严格控制。

(二) 发展力量素质的心理特点

运动中力量的发挥，取决于中枢神经系统发出神经冲动的强度与频率，中枢神经系统的机能状态，可以直接影响肌肉的力量。如果中枢神经系统传出的神经冲动强度大、频率高，则肌肉所产生的力量也大。因此，它与下列心理因素有密切关系。

1. 坚强的意志

在力量训练中，肌肉活动的强度很大，有时需要工作的耐久力和爆发力，练习也比较单调乏味，运动员接受力量训练，必须具有顽强的意志品质。在力量训练中，即使克服神经肌肉的惰性，使其迅速进入兴奋状态，也必须做出一定程度的意志努力才能实现。自觉性、自制性、顽强性等意志品质较差的运动员，往往因在关键时刻不能使肌肉紧张达到要求而失败。

此外，与疲劳作斗争，这也是在力量训练中经常遇到的困难。疲劳时如果不作意志努力，便会全身松软，如果能作意志努力，即使已经疲劳不堪，运动员仍然能坚持到底。

2. 高涨的情绪

运动员的情绪状态与力量的发挥有着密切的联系，因为由情绪状态所引起的机体生理过程的变化，直接影响着机体力量的发挥。

3. 充分的信心

充分的信心也是影响力量得以充分发挥的重要心理因素之一，在力量训练中，运动员只有具备了充分的信心，才会有战胜困难的态度和勇气，促使运动员面对一定的阻力而奋力拼搏。

4. 练习的兴趣

在进行力量性练习中，运动员对练习感兴趣和不感兴趣，其练习效果是截然不同的。因为影响力量的主要因素，是中枢神经系统向效应器官发射较强的神经冲动，其向效应器官发射的神经冲动强度越大，肌纤维参与工作的数量就越多，冲动越集中，运动单位工作的同步化程度也就越高，从而使力量得到发展。

三、耐力素质训练与心理

（一）耐力素质与心理素质

耐力素质是指机体长时间活动与疲劳作斗争的能力。耐力训练的明显特点就是与疲劳进行斗争，在耐力训练中，没有疲劳，就不会有训练效果。运动员克服疲劳的能力越强坚持工作的时间就越长，所表现出来的耐力素质水平就越高。

耐力素质的结构没有明确的表现形式，它是以肌肉用力大小和时间长短的综合表现为依据的。因此，通常把耐力分为力量耐力、速度耐力和速度—力量耐力。每一种耐力又都有许多力量和速度及其相互作用的特点。

耐力素质既然是在克服疲劳的练习过程中发展起来的，要提高运动员抵抗疲劳的能力，与运动员的个性特征、情绪状态和意志品质有着密切关系。训练中如果运动员的态度积极，情绪良好，可以延缓疲劳现象的发生。尤其运动员的意志品质在耐力训练中起着重要作用，意志坚强者比意志薄弱者的耐力表现要好得多。在训练中温度过高或气压过低，都会给耐力训练带来不利的影响，而抵抗这些不利因素，也需要坚强的意志品质。所以，在耐力训练中应注意加强对运动员的意志培养。

（二）发展耐力素质的心理特点

运动实践和研究表明，要提高运动员的抗疲劳能力，调动下列心理因素运用到耐力素质的训练中去，可以使耐力训练取得明显的效果。

1. 高度的自觉性

耐力训练的手段大多采用长期的、多次重复的周期性练习，进行这种练习，运动员最容易感到枯燥无味，中枢神经过程容易产生保护性抑制，因而在耐力训练中运动员应该有高度的自觉性。

2. 完成训练任务的心理定向

在耐力训练中，自觉地接受耐力训练计划，形成在任何条件下都能坚决实现既定目标的心理定向，有助于克服疲劳，完成预定任务。如果运动员的心理定向是必须完成规定的各种练习，在练习中就比较容易克服疲劳，较好地完成训练任务，如果运动员的心理定向是假设性的，运动员完成任务的概率可下降70%。

3. 控制自己的注意力

即在耐力训练中当产生疲劳而感到痛苦或不愉快时，运动员要善于把注意力转移到具有积极作用的事物上去，注意那些有意义、感兴趣的事物，或者回忆自己以前所经历过的最愉快的事情。

4. 持久的意志努力

在耐力训练中，经常要求运动员在长时间内既能有力地进行动作，又能合理地进行自我调整，这就要求运动员必须具有进行持久性意志努力的能力。

5. 自我暗示和自我鼓励

自我暗示和自我鼓励，是一种强有力的内部刺激，应用内部言语进行自我暗示和自我鼓励，能最充分地动员机体的内在潜力，以适应外部环境的要求，并能达到对身体素质的随意调节，这有助于克服困难和战胜疲劳。

四、灵敏素质训练与心理

（一）灵敏素质与心理素质

灵敏素质是指在突然变换的环境条件下，运动员能够迅速、准确、协调地改变自己身体活动的能力。

所谓迅速，就是在变换条件的情况下，运动员能及时地做出某种相应动作。要做到这一点，运动员必须具有良好的判断能力和反应速度。

所谓准确，就是表现在所做动作在空间、时间、用力等特征上的最佳配合，要做到这一点，运动员必须具有对动作精确的空间知觉、时间知觉和运动知觉。

所谓协调，就是表现在完成动作时身体各部分之间在时间上、用力上、节奏上以及空间变化上的合理配合。要做到达一点，运动员除应具有上述三种复杂的分化知觉外，尤其在运动知觉中，应具有高度分化的节奏知觉。

（二）发展灵敏素质的心理特点

灵敏素质的发展，取决于大脑皮层神经过程的灵活性。运动员大脑皮层神经过程灵活性高，对肌肉运动的指挥能力强，就能使肌肉迅速收缩，及时放松，使肌纤维同步化，使身体各部分肌肉群协调化。这样，运动员便能轻松、自然、节奏鲜明、协调一致、迅速准确地完成某种相应动作，从而表现出高度的灵活性。

需要指出的是，灵敏素质的发展是人体综合能力的运用。它依赖于其他运动素质的发展，特别是反应速度、动作速度、爆发力等，皆与灵敏素质有密切关系。运动员的其他运动素质发展了，能促进灵敏素质的发展。因此，在发展灵敏素质的训练中，应从培养运动员的各种能力入手，如培养他们掌控动作的能力、反应能力、平衡能力、观察能力、空间定向能力、时间判断能力、节奏感等。

此外，灵敏素质的表现与发展，与运动员当时的心理状态有很大关系。如果运动员的心理状态不佳，遇事胆怯、犹豫徘徊、情绪不良、注意力分散等，就会使肌肉处于不良的运动状态，这自然就会影响到灵敏素质的表现与发展。

总之，不仅灵敏素质依赖于其他运动素质的发展，各种身体素质都不是孤立存在和发展的，它们之间是相互影响、相互促进和相互制约的。每种身体素质所具有心理因素既有共同性，也有特殊性。各种运动素质都是在中枢神经系统的控制下，通过肌肉活动表现出来的，在发展某种运动素质的同时，都或多或少、或直接或间接地引起另一运动素质的发展和变化。

【思考题】
1. 身体素质训练时如何把握其心理特点？
2. 试举例分析身体素质训练心理在运动防护中的应用。

第二节　技术训练的心理学基础

一、运动知觉

(一) 运动知觉概述

运动知觉是人脑对外界事物和人体自身运动状态的反映。人脑对外界事物运动状态的反映叫做客体运动知觉；人脑对自身运动状态的反映叫做主体运动知觉。这两种运动知觉在运动技术训练中各有其独特作用。

分辨客体是否运动及速度快慢，往往与客体运动的速度、客体与主体的距离以及主体自身的静止或运动状态有关。

在体育运动中，由于运动对象的大小或运动空间广度的不同，往往对客体运动速度的知觉产生差异。

人们对自身运动的主体运动知觉，是以机体的骨骼和肌肉活动所引起的动作为对象的。组成这种主体运动知觉的主要感觉成分是肌肉运动觉、平衡觉等内部感觉，其他视、听、触等外部感觉也参与了主体运动知觉的形成。因为运动员在从事运动时，总是要根据这些感觉器官传来的信息来知觉自己的动作。运动中要做到正确知觉自己的动作，并非易事。

对自身主体运动知觉的分类，可以从身体动作的肌肉、骨骼活动部位划分：如关于上肢、下肢、手、脚、胸、背、头，以及全身姿势等运动知觉。

1. 按照动作的活动形态、幅度及时间、空间等特点进行分类
①运动形态知觉；②运动幅度知觉；③身体的方位知觉；④自身运动的时间知觉。

2. 根据运动时所提供的感觉信息特点进行分类
①主动运动时的用力感觉；②运动器官各部分发生改变时的感觉；③分辨运动器官活动开始与终结时的方位感觉；④运动器官提升到一定高度时的重力感觉；⑤身体运动的速度感觉；⑥身体表面接触物体时的触摸感觉；⑦身体和运动器官变化时的各种平衡感觉；⑧来自内脏器官的各种机体感觉等。

(二) 运动知觉在运动技术训练中的作用

众所周知，运动技术是以运动操作为基础实现的。而准确、协调的运动操作，则是以高度分化的运动知觉为基础而实现的。

所以，精确分化的运动知觉在运动技术训练中具有重要作用，运动知觉的发展对运

动技术训练具有特殊的意义，正确的运动知觉是掌握各种技术动作的重要心理因素。运动技术训练是在心理活动控制下所进行的随意运动，运动知觉及其在头脑中留下的运动表象，是支配各种动作最直接的心理过程。

在学习掌握运动技术动作时，一般多以理想的合理技术动作为范例，但由于运动知觉最初具有模糊的特点，往往会碰到知觉自身动作的阻碍。造成这种错觉的原因，主要是对自身运动知觉的模糊特点所致。其次，是教练员指导语的诱导作用，使运动员形成了错误的运动知觉。据此，在指导运动员进行练习时，教练员一方面应了解技术动作的结构特点，另一方面也要把握住意识的支配点，把意识控制在关键性的动作上去，以促进运动知觉的明确化。如果指导用语不当，使动作焦点和意识焦点错位，那就会帮倒忙，使其对自身动作的运动知觉更加模糊。

二、空间定向和时间判定

运动员在进行运动技术训练时，必须把自身运动的空间和时间正确而清楚地反映在自己的头脑中，正确理解自身运动的空间和时间关系，才能准确而合理地完成技术动作。

（一）运动技术训练中的空间定向

所谓空间定向，就是运动员对外界物体或现象的空间位置的正确估计及其对自身运动的空间位量的正确估计。

人们在感知周围各种物体时，能够辨别出它们的大小、形状和位置，如果所看到的物体是运动着的，会知其运动的方向，即物体与周围环境的位置关系的变化及与人们自身的位置关系的变化。

1. 视觉在空间定向中的作用

视觉在空间定向中起着很重要的作用，凭借视觉能够很快地辨认出方向不同、远近不同的各种各样的物体。它能用眼肌把视线转向所要看的物体上面去，由于跟球向上、下、左、右转动所产生的神经兴奋传入大脑皮层，这时便会发现物体的空间位置的信号，使其辨认出物体运动的状态或方向。

但须指出，当用视觉对高度和宽度作比较测定时，常会发生一定的错觉。此外，外界环境的变化，也往往会引起目测情况的变化。

目测的准确性能使运动员的行动与外界条件相适应，而运动员的目测技巧是在运动技术训练过程中逐渐提高的，训练中应有意识地培养运动员的目测能力。

2. 肌肉运动感觉在空间定向中的作用

在空间定向时，视觉总是与肌肉运动感觉紧密联系在一起的。人在观看物体时，不仅在视网膜上产生物体的造像，而且眼球还需借相应的肌肉活动才能完成一定的动作。

对空间的视觉定向，不仅与来自眼肌的刺激有关，而且还与来自许多其他肌肉群的刺激有关。人们之所以能够准确地估计出某物体距离人们有多么远，估计出两物体之间的距离有多么长，都是由于人们对自身在空间的转动有了经验的缘故。

在用视觉判定距离发生困难时，肌肉运动感觉便起着巨大的作用。在没有视觉参与活动的条件下，利用肌肉运动感觉和表象也能够判断出一定的方向。

3. 平衡觉在空间定向中的作用

人们对自身在空间的位置和移动的判定，除了视觉和肌肉运动感觉外，平衡觉也起着巨大的作用，平衡觉能发出关于人体在空间的位置和转移的信号。

如上所述，人是依靠各种不同分析器（主要是视分析器、肌肉运动分析器和平衡分析器）来进行空间定向的。这些分析器的活动是相互配合的，空间定向的准确程度，一方面取决于这些分析器的充分活动，另一方面取决于这些分析器的皮层中枢所形成和巩固起来的条件反射联系。因此，人的空间定向能力可以通过训练而逐步得到提高，尤其可以通过专项运动技术训练得到高度发展。

（二）运动技术训练中的时间判定

在运动技术训练中，精确地估计和合理地分配完成动作的时间，掌握动作变动的持续性、连贯性和速度，是成功地完成运动技术训练不可缺少的重要条件。

运动员判定时间的准确性，是通过经验积累和专门训练不断提高的。在运动技术训练中，对动作的间隔、速度和节奏的知觉，对时间判定具有重要作用。

各项运动技术动作都要求在特定的时间间隔内完成，有些技术动作要求必须具有敏捷、准确的时间间隔知觉。

运动员之所以能够在一定的速度内完成一定的动作，是与他能够知觉和操纵完成运动的快慢及动作在空间位移的速度分不开的。在一定的速率内以一定的速度完成练习，在运动技术训练中具有重要意义。动作的速率是指动作连续交替的速度或动作的频率。动作的节奏就是指连续不断出现的各种动作或一连串动作在时间关系上的一种恒定性。在节奏知觉中，刺激物的呈现速度不宜太快或太慢。也就是说，刺激物之间的时间间隔不宜太短或太长。需要指出的是，在运动技术训练中，对动作的节奏知觉总是和身体的肌肉动作节奏反应相联系的。因此，必须区分节奏知觉和节奏反应这两个不同的概念。节奏知觉是人脑对时间节奏的反应；节奏反应则是指身体对时间节奏的反应。前者是认识，后者是动作，二者不同。正因为二者不同，有些节奏认识灵敏的人，并不一定是节奏反应也灵活的人。对于节奏知觉，可以通过视觉、听觉形成，而对于节奏反应的行动，则必须有本体感觉的作用。

总之，在运动技术训练中，必须使运动员养成准确地判断自己的行动，形成动作持续性和连贯性的技巧。

三、反应

运动员能否成功地掌握和运用运动技术，在很多情况下决定于他的反应能力。

（一）反应的概念

运动员的反应是一种有意识地应答行动。运动员在有意识地做出应答行动时，事先就知道信号的意义，并晓得怎样去回答。

反应过程在时间上是一个极其短暂的过程，但从心理结构上来看，可区分为三种因素：①感知条件刺激物（反应的感觉因素）；②意识条件刺激物（反应的中枢因素）；③完成应答动作（反应的运动因素）。

根据上述心理结构，相应地把反应过程区分为三个时期：①反应的预备期；②反应的中心期；③反应的结束期。

反应的预备期是指从预备信号到执行信号之间的一段时间，它包括等待信号和准备应答动作。

反应的中心期（潜伏期）是指从执行信号到应答动作开始之间的一段时间。这段时间是极其短促的，但在反应结构中却起着重要作用。在这段时间里，运动员虽然是不活动的，而在大脑中却进行着强烈的神经活动过程，并准备完成起动动作。所以，它包含着感知信号的刺激阶段、联想阶段和运动反应阶段。

反应的结束期（效应期）是指从应答动作开始到效应动作结束为止。这个时期所实现的应答动作，是由前两个时期所准备出来的，它受前两个时期中大脑皮层所进行的神经过程的性质和强度所制约。

需要指出的是，运动员的反应不仅与神经过程有关，而且也与完成应答动作时的能量消耗有关。运动员完成应答动作时能量消耗的大小，取决于运动员完成动作所得要消耗的肌内力量所产生的表象。

（二）反应的类型和种类

1. 反应的类型

根据运动员在反应时的感知、注意及大脑皮层兴奋和抑制过程相互关系的不同特点，可以把反应区分为三种类型：

（1）反应的感觉型　这种类型的特点是：在反应的预备期中，运动员的注意力是集中在感知执行信号上，听觉中枢强烈兴奋，运动中枢则处于相对抑制状态。此时，运动员的意向是想不失时机地感知信号刺激，对起动动作的准备则不充分，其反应速度比其他类型要慢。

（2）反应的运动型　这种类型的特点是：在反应的预备期中，运动员的注意力是集中在准备应答动作上，大脑皮层运动中枢强烈兴奋，听觉中枢则处于相对抑制状态。此时，运动员的意向是想更快地起动，感知信号刺激则放在注意边缘。所以，运动型的反应速度最快，反应潜伏期只有 100~125ms，但反应的运动型因大脑皮层运动中枢的强烈兴奋，容易错把一些无关的偶然刺激当作信号刺激来回答，发生所谓"抢跑"现象。

（3）反应的中间型　这种类型的特点是：在反应的预备期中，感知和注意的特点，是以大致相同的强度同时指向和集中于等待信号和准备应答动作上，大脑皮层的感觉中枢和运动中枢的兴奋强度大体上是平衡的。这种类型的反应速度优于感觉型，次于运动型，反应潜伏期平均持续时间为 140~150ms。

2. 反应的种类

根据反应条件的不同，可将反应分为简单反应和复杂反应两种：

（1）简单反应　简单反应的基本条件是：事先有一个已知的条件刺激物，等待这个条件刺激物一出现，便立即给予相应的应答性动作。

（2）复杂反应　在复杂反应的条件下，同时有几个可能的刺激物出现，而且是作为各种不同的应答性动作的信号，运动员必须选择一种必要的应答性动作。

复杂反应的心理结构具有特点不同而又相互联系的不同阶段。即：①感受刺激的感觉阶段；②从其他同时起作用的刺激物中将所感知到的刺激物加以区分阶段；③再认阶段；④选择最有利的应答动作阶段；⑤反应潜伏期的运动阶段。

由于复杂反应的条件比较复杂，反应过程的速度比较缓慢。

（三）提高反应速度的条件

反应过程的速度是由中枢神经过程的灵活性决定的，即中枢神经系统相应部分的神经细胞由抑制状态转为兴奋状态越快，反应速度也就越快。此外，各种各样的反应条件，对反应速度的变化也有影响。据此，在提高运动员反应速度的技术训练中，应注意做到下列各点：

（1）充分做好准备活动　运动员做好充分的准备活动，使肌肉具有待发的紧张状态，能提高反应过程的速度。根据赛跑运动员起跑反应时间的测试数据，证明运动员做过准备活动后的反应时间比未做准备活动的反应时间要快。

（2）适宜的情绪状态　运动员的情绪状态对反应速度也有很大影响。适宜的情绪兴奋状态，能提高运动员的反应速度，情绪不佳则会使反应速度降低。

（3）丰富的运动实践经验。

（4）防止过度疲劳和长期中断训练　过度疲劳和长期中断训练，都会使运动员中枢神经过程的灵活性降低，使反应速度减慢，给应答动作造成不良影响。

（5）采用突然变化的应答性动作进行练习。

总之，一切简单的和复杂的反应速度，都是在运动技术训练过程中通过适合于该项运动的专门练习来提高的，但无论训练任何专项运动员的反应速度，都必须与动作的准确性相结合，只有在完成正确技术的基础上来提高反应速度才是正确的。

四、思维活动

（一）思维在运动技术训练中的作用

思维在运动技术训练中起着重要作用，任何运动项目的技术训练，都离不开积极的思维活动，即离不开脑的分析综合活动。

运动员掌握运动技术的过程，从思维活动的发展来看，就是从动作的生动形象开始发展到转变为动作概念的过程，因而思维活动可分为运动形象思维和运动抽象思维两级水平。

在运动技术训练中，要求动作迅速、准确、协调，很多运动项目都与提高动作的速度、准确性和协调性有关。要做到这一点，除对运动员的知觉过程提出很高的要求外，对运动员的思维过程也提出了很高的要求。运动员必须善于对客观情况进行分析综合，必要时还需进行瞬时判断与正确选择，才能做出迅速、准确、协调的动作来。

（二）运动技术发展中思维的评定与调节

运动员掌握技术动作的过程，是从不熟练到熟练逐步提高的过程。按照技术动作发展的规律，当技术动作尚未达到熟练程度时，通过思维的分析综合对技术动作进行直接调节起着重要作用，随着熟练程度的提高，思维对技术动作的直接控制便会逐渐降低，所起作用的性质改变，即由直接控制转为间接控制，由对全部动作的调节转为重点调节。当技术动作形成以后，在一般情况下勿需思维的直接调节，当练习发生故障或遇到干扰时，则又需要思维的直接调节，这时，思维的调节主要表现在两个方面：一是对技术动作的检查和评定（即对技术动作中的优劣特点作出客观评定，找出事故和动作质量不高的原因）；二是修正技术动作结构（即设计补充新的动作成分，在思维的直接控制下进行练习，使其达到更高水平的熟练程度）。

（三）运动技术训练中的思维预测

当技术动作基本形成之后，为了达到预定的训练效果，必须进行思维预测。训练中的思维预测包括对运动客体的思维预测和对自身动作的思维预测。

这一预测过程包括相互联系的三个阶段：①注视追踪运动客体的知觉阶段；②分析客体和动作的思维阶段；③采取行动回答阶段。

（四）想象在运动技术训练中的作用

想象作为思维活动的一种特殊形式，它在运动技术训练中起着一种强化技术动作的作用。运用心理想象，通过语词的作用唤起记忆表象，就能够保持对过去经历过事物的反映，进而对过去的事物和当前的事物进行分析、比较、判断、推理，形成更高水平的思维，从而掌握动作的科学概念。这样，运动员在练习时就不是机械地去模仿动作，而是自觉地进行练习，这就有助于加快掌握技术动作。因此，在运动技术训练中，既要通过实际训练的反复操作练习，使头脑中形成巩固的暂时神经联系，建立起技术动作的合理动力定型结构，也应注意利用语词的作用，运用想象作为辅助手段，加速掌握技术动作。

运动技术教学与训练中贯穿想象练习，应注意以下两点：

1. 想象训练程序

①抓住技术难点进行想象；②联系动作内部节奏进行想象；③加强正确技术想象；④进行正误技术对比想象。

2. 想象训练时机

①结合课堂提问时机；②抓住模仿练习时机；③利用技术讲解时机；④抓住技术鉴别时机。

【思考题】

1. 运动技术训练中的心理调控途径有哪些？
2. 试举例分析运动技术训练心理在运动防护中的应用。

第三节　战术训练的心理学基础

一、战术意识

(一) 战术意识的概念

运动战术是指运动员在比赛中扬长避短和遏制对方所采取的计策与行动。在战术训练中，虽然诸多心理因素在起作用，但培养战术意识具有重要意义，运动员在比赛中所选择和采取的战术行动，是受战术意识支配的。

所谓战术意识，是指运动员在比赛中按照一定的战术目的正确合理地运用技术和战术的自觉心理活动。它表现为运动员能根据临场情况的变化，随机应变地决定自己的行动方案，并能与同伴默契配合，充分发挥技战术特长，以便克敌制胜。战术意识是运动员技术与战术水平的综合体现，它常常表现为运动员在紧张、激烈、复杂的战斗中迅速选择战术和合理运用技术时的"瞬时决断"能力。战术意识表现在比赛的全过程之中，如果运动员的战术意识不强，便不能做到与同伴默契配合，个人也容易造成失误。

战术思维是战术意识的主要成分。运动员战术思维的灵活性、敏捷性、预见性和创造性等，必然影响着运动员的战术意识水平。

在运动竞赛中，战术意识与战术思维各有其独特性。战术思维经常与运动操作行动相联系，战术意识则经常与概念模式相联系。

(二) 战术思维的特点

1. 直观形象性

运动竞赛中的情况千变万化，瞬息即逝，运动员对于对手的行动常常不能作出口头评价就更难完成应答行动，这就必须依靠直观形象和实践经验来解决战术任务，这种现象在战术思维中所占的比重是很大的。除此之外，在解决战术任务的思绪过程中，还要运用想像形象。这主要表现为运动员创造性地计划自己的行动，改变预先制定的战术计划，以及选择新的、使对方出其不意地解决战术任务的方法或手段。

2. 敏捷性

运动员在执行战术任务的思维过程中，客观形势要求他们必须迅速地做出反应，很少有可能或者根本不允许作出智力上的验证。也就是说，运动员在比赛的每个时刻应该做什么和怎样做的问题，很少可能或者根本不可能提出各种方案，并对某一方案的优缺点给予评定后再从中选择某种方案。

3. 灵活性与批判性

战术思维的灵活性，主要表现在制订战术计划要根据实际情况（对方、自己、本队队员等）选择较为合理的战术手段，以及能根据临场情况的变化，机智、灵活地运用战术，而不是刻板地、机械地去执行战术方案。

战术思维的批判性是指运动员善于严格地评价自己的行动计划，检查自己所提出的假设，在没有确认正确之前，不把它当做最后结论。

4. 行动性

战术思维的行动性，是指运动员所采取的决定和对双方战术能力、战术意图、战术特点的预见和判断，都是在行动中进行和校正的。

5. 情绪性

运动员的战术思维活动，总是与强烈的情绪体验相联系着。运动员在执行战术任务时，是在强烈的情绪体验中进行的。

(三) 战术意识的内容

按照实施战术行动的心理状态和对战术基本观点的理解以及运用技术的目的性，战术意识的内容主要包括以下八个方面：技术的目的性；行动的预见性；判断的准确性；进攻的主动性；防守的积极性；战术的灵活性；动作的隐蔽性；配合的协同性。

八个要素是密切联系、互相区别而又缺一不可的。然而，对于不同技战术的运用，战术意识的八个要素并不是等量齐观、平均对待的。各项不同技战术的运用，有不同的内容和要求。有些战术意识的内容带有普通性，是运用各种技战术都必须具备的，如技术的目的性，行动的预见性，判断的准确性等，任何一项技战术的运用，都离不开这些特殊性，一般则应用于某些相应的技术和战术，如进攻的主动性适合于进攻技战术的运用；防守的积极性适合于防守技战术的运用；战术的灵活性和配合的协同性适合于各种攻防战术的运用；动作的隐蔽性则只适合于短兵相接的情况下运用。

(四) 战术意识的培养

培养战术意识的途径，应从六个方面入手，抓住两个实施环节。

1. 注意六个方面

①发展注意品质，提高观察能力；②加强技术、战术规范训练；③重视战术思维训练；④贯穿心理训练，培养意志品质，提高自控能力；⑤建立独特的战术风格；⑥加强专项理论学习。

2. 抓住两个实施环节

(1) 技战术训练要重视战术意识的渗透　要在基本的技战术训练中贯穿战术意识的因素，施以战术意识的内容，把技战术训练与培养战术意识有机地结合起来，不断提高技战术的运用能力，有助于加快战术意识的培养。把战术意识渗透到运动技战术的训练之中，主要体现在技战术运用的目的性、时机性、突发性、方向性、果断性、主动性、灵活性和协同性八个方面。

(2) 激发战术思维，培养战术意识　激发战术思维，是培养战术意识的核心；战术思维的敏捷性和灵活性，是培养战术意识的中心环节；想练结合，是激发战术思维最重要的训练手段。

二、战术心理手段

(一) 战术心理手段的运用

所谓战术心理手段，就是运用身体和技术的能力去战胜对手的方法。因为一场比赛的胜负，取决于运动员的身体、技术、战术、心理素质情况等多方面的因素，其中心理战术的运用是不可忽视的重要方面。从身体、技术和心理战术之间的关系来看，身体和技术是人体本身的能力，这种能力是心理战术的基础，心理战术就是运用这种能力去战胜对手的方法。这就是说，心理战术是建立在身体和技术基础之上的，而心理战术的运用，又能促进身体和技术水平的发挥，如果不合理地运用战术心理手段，则会限制或束缚身体和技术的发挥。

运动竞赛中具体运用战术心理手段的事例很多，现将主要手段分述如下：

1. 知己知彼，以己之长，攻彼之短

所谓"知己知彼"，就是通过多方面的调查研究，全面了解敌我双方的具体情况，分析双方的长处和短处，以便在比赛中发挥自己的特长，力避自己的弱点，遏制对方的特长，攻击对方的弱点。

所谓"先胜而后求战"，即指在了解双方情况的基础上，研究出取胜的可靠办法，然后再去比赛。

所谓"避实而击虚"，就是力避对方的坚实之处，攻击对方的虚弱之点，达到攻而取之，战而胜之。

所谓"因敌而制胜"，就是根据对手的不同情况，采用不同的心理战术，以便掌握比赛的主动权，从而达到出奇制胜的目的。

2. 出其不意，攻其不备，先发制人

这是指对手还没有做好充分准备的情况下，把攻击矛头指向对方无法急救的地方、防守不严的地方、力量薄弱的地方等，通过先发制人的攻击，破坏对方的行动计划，使对方在一瞬间来不及调整自己的行动，从而把握住比赛的主动权，以取得压倒优势，达到出师有利，士气高涨的目的。

但须指出，即使先发制人获得成功，也不能忘乎所以，失去警惕，因为比赛中胜败的地位是在不时地转化着与斗争着的，必须在先发制人成功后，继续寻找战机，不给对方以喘息之机，不失时机地连续攻击对方的暴露部分和虚弱之点，坚持进攻到底，才能获得最后胜利。

3. 诱使对方麻痹大意，给对方以心理负担

"利而诱之，乱而取之"，这是比赛中经常使用的心理战术。用厚利诱骗对手，使对手盲目相信自己的有利地位，看不到自己的缺点和不利方面，产生轻敌思想，造成对手疏忽大意，各有行其是，在战术上不能协同配合，然后再发起强烈的攻击，使对方不适应这种突然变化，从而造成精神过分紧张，招致挫其锐气，使对方在慌乱中战胜对方。

向对方施加精神压力，给对方以心理负担，这也是比赛中经常使用的心理战术。

4. 消耗对方精力，保持我方稳定的情绪

如果参加比赛者双方实力相当，比分交替上升，形成拉锯战形势，这时保持自己的稳定情绪，消耗对方的精力，就是最重要的战术心理手段之一。

5. 通过暗示给我方队员以鼓励和信心

暗示对稳定运动员的情绪和增强信心起首重要作用。恰当的暗示能稳定运动员的情绪和增强信心，不恰当的暗示会使运动员情绪过分紧张和失去信心。

总之，比赛中战术心理手段的运用，是根据临场情况的变化而灵活运用的，而比赛中的具体情况又是不断交化的，为了掌握比赛的时机，有效地运用战术心理手段，必须研究比赛中战术心理变化的对策。

（二）战术心理变化的对策

1. 在先发制人出现意外情况时

先发制人虽然是比赛中常用的一种战术心理手段，但有时也会出现意外的情况，使战术行动不能奏效，当出现这种意外情况时，就应及时改变战术方案，向运动员渗透新的战术行动计划。

2. 当比赛进程向对方节奏发展时

在比赛进程中，有时有利于向对方的节奏发展，比如我方战斗力强，比赛进程十分缓慢、松弛，这种情况可能会适应于对方的节奏。相反，如果我方战斗力差，比赛进程速度很快，也有可能向有利于对方的节奏发展。在这种情况下，也应迅速改变比赛的战术方案，调整阵容，使比赛进程向着有利于我方的节奏发展。

3. 当我方精力遭到消耗时

如果比赛长期相持，我方又处于守势，精力必然消耗很大，长此下去，会削弱我方运动员的信心和斗志。在这种情况下，一方面需要根据临场情况的变化不断变更比赛方案；另一方面，则应鼓舞运动员的信心，激励斗志，发扬勇敢顽强的战斗作风，想方设法变被动为主动。

4. 当我方拿不定主意而变得拘束时

有时尽管赛场形势对我方有利，但运动员对战术的选择和运用却拿不定主意，胜负难以断定，这时比赛的进程极为单调，运动员也很拘束，不能巧妙地运用技术和战术。遇到达种情况，教练员要当机立断，设法改变比赛的进程，适时向运动员渗透比赛的新方案，提高运动员战术意识的积极性。

5. 当纪律混乱、打乱了协调性时

由于临场纪律混乱，运动员的行动不能协调一致，则很容易招致失败，这就要求平时训练要注意建立起严明的组织纪律性和协调一致的战术配合。

在采取战术心理变化的对策中，教练员起着极为重要的作用。在比赛中因指挥有方而获得胜利或因指挥失宜而招致失败的事例是屡见不鲜的。教练员是比赛的指挥者，比赛中战术心理手段的运用和战术心理变化的对策，教练员的临场指导起着主导作用。及于此，教练员作为临场指导，必须对比赛情况的变化，比赛的发展趋势，时间的掌握，战术的运用及每个运动员的临场表现等，进行认真细致的观察与分析，作出正确的判断，及时作出相应的对策。比赛中运动员的判断，往往常有一定的片面性，有些运动员常以自己为核心，要教育运动员跟从教练员的判断。

三、战术意图的预见和战术行为的反射控制

（一）战术意图的预见

比赛中对战术意图的预见，对预测赛场形势的变化、选择解决战术任务的方法和手

段，以及在高度心理紧张和生理疲劳的影响下，巧妙地利用战术方法和手段皆具有重要意义。运动员在同一时刻，既要预见到对手可能怎样行动，又要预见到同伴可能怎样行动，以便确定和选择自己的行动方式，掌握比赛的主动权。

对战术意图的预见，不仅与一系列的认识过程有关，而且也与情感和意志过程有关。同时还与运动员的神经类型特点有着密切的关系。

（二）战术行动的反射控制

所谓战术行动的反射控制，就是有意识地把一定的信息传给对手，以达到提前计划好的自己所需要的行动结果。换句话说，就是用以给对手造成"假象"的方法，来实现自己的战术行动，在反射控制过程中，常采用假动作、假威胁去迷惑对方。

在反射控制过程中利用"假动作"或"假威胁"迷惑对方，必须具备三方面基本的心理因素：要有先于对手进行思维、想像的能力；要有观察、判断对手何时已受到假动作引诱的能力；要有使对方失去身体平衡而自己却能保持身体平衡的能力。

在执行战术任务的行动中，运动员完成战术动作的快速、准确性，是凭直觉地解决问题进行的。直觉是意识的极端尖锐状态，在此状态下迅速做出决定和准确应答动作都是在"一瞬间"进行的，解决问题的过程就好像是"突然的"。当然，这种直觉地解决问题是运动员经过几十次甚至几百次遇到相似的情况，积累了多方面的经验，在缩短推论的基础上实现的。

在执行战术任务过程中，语言占有特殊地位，具有重要作用。早在预先制订战术方案时，语言就开始起作用了。

运动员在执行战术任务的行动过程中，语言具有下述三方面的作用：

第一，定向作用。语言的定向作用在于及时估计情况，帮助运动员更准确地理解赛场形势的变化，以便找出其中最主要的因素。

第二，调节作用。语言的调节作用表现在战术情况不断变化时，运动员对所采取的决定作出修正，以调节自己的行动和保持适宜的心理状态。

第三，评价作用。语言的评价作用可以使运动员对战术情况的变化作出推测，对同伴的行动作出评价和表达自己的情感倾向。

四、赛前的战术心理准备

运动员赛前的战术心理准备，对创造优异成绩具有重要作用，只有充分做好赛前的战术心理准备，才能在比赛中灵活机动地运用战术，争取比赛的胜利。否则，赛前无准备，赛中必然乱冲乱撞，造成混乱局面，这就不可避免地要导致失败的后果。

赛前具体战术准备的事项很多，但从运用战术的心理准备来看，最关键的是使运动员既要有夺取比赛胜利的强烈愿望，从而以认真的态度对待比赛，又要能控制住自己的情绪，使之保持最适宜的兴奋状态。赛前要使运动员坚信自己的技战术能力，临场要使注意力集中在思考如何更好地在比赛中发挥水平，认真仔细地考虑自己和对方的特长和弱点，规划好相应的战术措施和遇到困难情况下的应变措施，为此，应做好如下的战术心理准备：

(一) 知己知彼，掌握客观情况，提高应变能力

运动员参加比赛，时刻要有清醒的战术头脑，要深知自己的思路，明确自己的心理状态和技术上的特长和弱点，比赛中如何有效地扬长避短，必须在比赛前做好充分准备。此外，能预先准确而详细地掌握对方的情况，就可以事先准备好对策。同时还要准备应付那些可能发生的变化，包括对方和赛场上的复杂情况，在任何情况下，赛前情报只能作为参考，在不顺利的条件下，要尽力发挥所长，克服所短，临场要尽力捕捉对方的弱点，有时甚至能用自己的短处或生疏的技术去战胜对方，就是临场所采用的战术策略限制了对方特长的发挥，赛前要注意加强这方面的战术心理准备训练。

(二) 对容易引起临场紧张的因素进行预防训练

战术心理准备的另一个重要方面，就是针对比赛中容易引起运动员情绪紧张的因素进行预防训练，使运动员临场能保持稳定的心理状态。

(三) 明确比赛任务，端正比赛动机

运动员只有明确比赛任务的深远意义，才会加强责任感，由此动员自己的一切力量投身到比赛中去，发挥勇猛顽强的拼搏精神，才有可能战胜困难，战胜强手。反之，对比赛任务不明确，缺乏应有的责任感，便会信心不足，斗志不强，遇到困难畏缩害怕，心神不安，比赛起来紧张失常，手足不灵，技术不能充分发挥。

动机是进行活动的心理动因，是活动积极性的核心要素，端正运动员的比赛动机，是赛前做好战术心理准备的重要内容之一。运动员参加比赛时动机的性质不同，往往会随着比赛中胜败地位的转化而引起不同的情绪变化。

(四) 形成最佳的情绪状态

赛前运动员的情绪变化，是直接影响运动成绩的重要心理因素。因为由于情绪变化而起的生理反应，直接影响运动员身体潜力的发挥。运动员临场的情绪变化，可以受比赛的外部条件和主观因素的影响，是可以通过主观意识进行控制和调节的。在赛前的战术心理准备中，使运动员学会控制和调节自己的情绪，乃是十分必要的。

(五) 树立必胜信心

信心是运动潜力得以充分发挥的重要心理因素，因为信心是一种相信自己的愿望或预料一定能够实现的心理状态。

运动员参加比赛时缺乏信心的原因是多方面的。例如，身体或技战术水平不高，或缺乏比赛经验，没有把握取胜，因而缺乏信心；或者由于过去的失败而造成的心障；或者对于对方估计过高；或者运动员对教练员不信任；或者对教练员训练的某些方面有怀疑等，都可能成为运动员临场缺乏信心的原因。

(六) 激励战斗意志

运动员的战斗意志，是主观能动性的集中体现，它不仅是构成实力水平的内部条件，而且是决定比赛胜负的重要心理因素。意志本身虽不能代替技术和战术，但它是技术和战术在困难条件下得到充分发挥的重要心理条件，它能使运动员在遇到困难和阻力的情况下，充分施展技术和战术。运动员的意志力越强，就越能经得住困难的考验，不

为那些暂时现象和客观环境所左右，从而把自己的技战术能力发挥到最高水平，这就克制了对方的长处，弥补了自己的短处，从而掌握比赛的主动权。

（1）激励运动员的战斗意志，首先要使运动员树立高度的政治责任感和集体荣誉感。

（2）学会在战略上藐视困难，战术上重视困难。

（3）重视发挥运动员的主观能动精神，把竞赛计划、方案交给运动员讨论，这不仅是集中智慧的好办法，而且能使计划变为运动员的自觉行动。

【思考题】

1. 运动战术训练中的心理调控手段包括哪些？
2. 试举例分析运动战术训练心理在运动防护中的应用。

第五章 训练学基础

【导读】没有负荷不称之为训练，没有恢复的训练是危险的训练。科学的训练以运动康复为前提，执行合理的、个性化的运动训练掌控。本章重点介绍训练负荷、训练原则、训练计划和训练过程管理，为科学化训练和运动伤害防护奠定训练学基础。

第一节 训练负荷

一、概述

训练负荷是指在运动训练活动中，各种练习施加于运动员机体生理的和心理的训练刺激。在生活、劳动、工作、运动训练等各种活动中，人体都要承接这些活动所施加的不同刺激。其中，在运动训练活动中，以发展运动员竞技能力、提高运动员运动成绩为目的所施加的刺激即称为运动训练负荷。在没有训练刺激的情况下，人体的生长、发育、衰老、死亡过程是按照其固有规律进行的，而通过训练刺激，可以影响人体自然的发展过程，可以导致人体的机能发生定向的变化。

练习的内容不同，练习的量度不同，练习的方法不同，会对运动员机体产生不同的刺激。这些刺激，既可能使得运动员的机体产生有利于竞技能力发展和提高的变化，也有可能使得运动员的机体产生不利于竞技能力发展和提高的变化。

二、训练负荷构成

（一）训练负荷的基本单元

在不同计量单位的训练中，运动员承受着不同的训练负荷。有一次练习的负荷、一组练习的负荷、一堂训练课的负荷、一天、一周、一个月、一年、多年的训练负荷等。

各个不同计量单位的训练负荷都是由一次次练习的负荷集合而组成的，一次练习的训练负荷是构成各种计量单位训练负荷的基本单元。

训练负荷的一个基本单元，即持续进行的一次练习的训练负荷，由负荷强度与负荷量所构成。负荷强度是指负荷对于运动员机体刺激的深度，负荷量则是指负荷对于运动员机体刺激的量度。负荷强度反映着训练负荷的质的特征，是运动负荷的核心要素；负荷量反映着训练负荷的数量特征，负荷量的施加与变化是负荷强度变化的基础。

（二）负荷强度

1. 负荷强度是运动负荷的核心要素

负荷强度的核心价值，取决于负荷强度与比赛强度的密切的联系。

2. 运动负荷强度的评定指标

按评定指标的学科特征，可把负荷强度评定指标分为训练学指标和生物学指标两大类。

（1）训练学指标　　不同运动项目比赛中，运动竞技强度的表现各有不同，在运动训练中，则需要各自建立相应的训练负荷强度的评定指标。

（2）生物学指标　　运动员承受训练负荷，必然引起机体的生理生化反应，因此，通过生理生化指标的监测，可以客观地判定训练负荷的强度，常用的指标有心率、尿蛋白、血乳酸等。体能主导类项目训练中，对生理生化指标的应用最为普遍。

（三）负荷量

1. 负荷量是运动负荷的基础要素

（1）负荷量的施加与变化是负荷强度变化的基础　　负荷量是指负荷对于运动员机体刺激的量度，反映着训练负荷的数量特征。在一定的负荷强度下，运动员能够承受的负荷量的大小，反映着其负荷承受能力的大小。负荷量是运动负荷的基础要素，负荷量的施加与变化是负荷强度变化的基础，训练负荷量度变化的最终目的是促进和实现负荷强度的变化。

（2）负荷量的施加与变化需要渐进与累积　　人体在一个训练单元内所能够承受的训练负荷是有限度的，机体对于任一特定强度负荷的刺激，每次只能连续接受一定的次数或时间。然后，在休息状态中等待机体的自然恢复或采取人为措施促进恢复，待恢复至特定程度时再次给予负荷，继续启动机体的适应性发展过程。如此多次重复，经历一个渐进与累积的过程，逐步地实现人体竞技能力的提高。

2. 运动负荷量的评定指标

负荷量的评定指标同样可分为训练学指标和生物学指标两大类。

（1）训练学指标

①运动训练负荷量的多种表现形态：运动负荷的数量特征有四种基本的表现形态，即练习时间、练习次数（组、套数）、位移距离和负荷重量。

②不同项目专项负荷量的不同评价指标：一般来说，练习次数、练习时间是所有项目负荷计量的通用指标。但不同项目专项训练的手段不同，所以统计训练负荷量的指标也各不相同。体能主导类的运动项目可用具体的公里、公斤等距离、重量等度量单位来计量和评价；技能主导类、技心能主导类、技战能主导类的运动项目则可计量不同类型练习的次数。

（2）生物学指标　　训练负荷量对机体的影响同样可以通过生理生化指标得到反映。训练负荷量的变化能够引起心血管系统、免疫系统、内分泌系统、神经系统、氧代谢系统、肌肉系统以及物质能量代谢系统产生相应的变化。

三、训练负荷控制

(一) 训练负荷控制的必要性

运动训练活动时离不开训练负荷,我们要牢牢记住,对运动员施加运动训练负荷绝对不是行为的目的,它只是服务于运动员竞技能力的改善与提高这一目的的措施与手段。

运动训练负荷有着双向的效应,即适应与劣变。在适宜的运动训练负荷影响下,经过适时的休息与恢复,运动员机体产生适应性变化,竞技能力能够得到改善和提高;但如果运动训练负荷过大,超过了运动员所能够承受的限度,或者负荷后机体在生理、心理诸方面没有得到适时的必要的恢复的情况下,又再次承受训练负荷时,运动员的机体则会发生劣变,出现机能恶化,运动能力明显下降的现象。因此,要想使训练得到理想的结果,就必须对运动训练负荷实施科学的有效的控制。把训练负荷控制在适宜的范围内,在负荷之后,科学做出恢复安排,及时地、有效地消除运动员承受训练负荷带来的疲劳,积极地促进超量恢复机制的运行,实现改善和提高运动员竞技能力的目的。

(二) 运动训练负荷控制的基本理念

1. 确立适宜的负荷增长目标
2. 运动训练负荷应循序渐进地增长
3. 把握发展不同竞技能力训练负荷的不同特点
4. 掌握不同训练阶段运动员训练负荷安排的不同要求
5. 对运动训练负荷实施科学监测

(三) 运动训练方法的多维分类体系

1. 运动训练方法分类

(1) 依运动项目分类 不同的运动项目对运动员的竞技能力构成有着不同的要求,运动员承受的训练负荷也有着不同的特点。因此,各个运动项目的教练员、运动员都会研究和发展适合自己项目需要的训练方法。如体操训练法、篮球训练法、田径训练法、射击训练法等,有些运动项目又包含着许多小项目,如田径包含着100m跑、马拉松跑、撑竿跳高、掷标枪等40多个小项目,男子体操包含着跳马、自由体操、单杠等6个小项目,相应地也就分别拥有各个小项目的训练法。

(2) 依所发展的竞技能力分类 运动员的竞技能力包括体能、技能、战术能力、心理能力及知识能力5种子能力,每种子能力各有特定的竞技表现和训练要求,相应地就可以把有关训练方法划分为体能训练方法、技能训练方法、战术能力训练方法、心理能力训练方法、知识能力训练方法。

(3) 依训练负荷内容的不同特征分类 依训练负荷内容的安排与组合划分的训练方法有完整训练法、分解训练法、变换训练法、循环训练法、程序训练法、意念训练法等;依训练负荷时机体能量代谢的不同特点划分的有氧训练法、无氧训练法、混合训练法等;依训练负荷与间歇的不同关系划分的有持续训练法、间歇训练法、重复训练法等。

（4）依不同的外部训练条件分类　任何运动训练活动都要在一定的外部环境中进行，于是，依不同的外部训练条件就可以划分出示范训练法、语言训练法、助力训练法、加难训练法、模拟训练法、高原训练法、沙地训练法等。

2. 常用运动训练方法

（1）系统控制性训练方法

①模式训练法；②程序训练法。

（2）具体操作性训练方法

①完整训练法；②分解训练法；③持续训练法；④重复训练法；⑤间歇训练法；⑥比赛训练法；⑦变换训练法；⑧循环训练法。

【思考题】

1. 训练负荷的构成有哪些？
2. 如何控制训练负荷？其基本原则是什么？

第二节　训练基本原则

一、概述

人们在运动训练活动中所遵循的基本准则称为运动训练原则。运动训练原则对于运动训练活动的方式方法予以指导和规范，告诉人们在运动训练活动中如何思考，如何操作，能够取得理想的训练效果。

原则是人为确定的。在科学的工作原则指导下，工作就会有进展；确定的工作原则不科学，甚至作了错误的选择，就难以把工作做好，可能还会造成严重的失误。科学、正确的运动训练原则应该是运动训练活动客观规律的反映，应该是运动训练普遍经验的概括和科学研究成果的结晶。为了科学地确立能够反映运动训练活动客观规律的训练原则，首先要正确认识和把握运动训练活动中，人体运动竞技能力的变化、提高与表现的规律。这些规律包括如下内容：

（1）人体的运动竞技能力是创造运动成绩的核心要素；

（2）人体的运动竞技能力是不断变化的；

（3）人体运动竞技能力的变化主要受着遗传、环境和运动训练三方面因素的影响，运动训练可使人体运动竞技能力产生明显的改变；

（4）外部施加的运动负荷可引起人体生理与心理系统产生积极的或消极的应激反应，人体有关系统的结构与功能相应地得到提高或者下降；

（5）在适宜的比赛环境中，运动员可高度动员其生理与心理系统，充分发挥和表现出在训练中已经获得的运动竞技能力；

（6）人体心理与生理系统在高度动员后，机体需要在必要的条件下进行调整与恢复。

运动训练规律是指运动训练系统内部各构成因素之间，以及它们与系统外部各相关因素之间在结构与功能上的本质联系和发展的必然趋势。这些本质联系在运动训练活动中不断重复出现，在一定条件下影响或者决定着运动训练的进程。运动训练规律是不依人们的主观意志而转移的客观存在。运动训练活动的组织者与参与者应该深刻认识训练规律，严格遵循运动训练规律去组织自己的训练活动，才有可能取得训练工作的成功；而任何违背运动训练规律的认识和做法，都必然会受到运动训练规律的惩罚，甚至付出巨大的代价。依据运动训练规律确定运动训练的基本原则，用以指导我们的运动训练活动，就能够更好地对运动员的机体进行有效的改造，改进和提高运动员的竞技能力，并通过运动竞赛创造理想的运动成绩。

二、种类

（一）导向激励与健康保障训练原则

1. 概念

导向激励与健康保障训练原则是指，以实现预设目标为导向，激励运动员积极参与，并在为运动员身心健康提供有力保障的条件下组织运动训练活动的训练原则。

2. 导向激励与健康保障训练原则的科学基础

（1）健康的身体是保持系统训练并取得优异成绩的重要基础　有了健康的身体，运动员才能坚持严密计划的系统训练，才能承受高质量的训练负荷，才能一步步地提高和完善自己的竞技能力水平，才能在各种条件的比赛中表现出自己具有的竞技水平。

（2）健康的体魄是创造美满人生的重要条件　要坚持科学训练、适度负荷、有效恢复，积极治疗运动性伤病，坚定地拒绝和反对服用违禁药品。运动训练团队的每一个成员都应该把保护运动员的健康作为训练工作的一项基本原则。

3. 导向激励与健康保障训练原则的训练要点

（1）树立正确的参训动机，协调兼顾国家与个人的利益　运动员从事竞技体育是有目的的行为，参训目的的定位对于运动员参训的积极性与自觉性程度有着重要的影响。需通过多种途径和方法，加强训练的目的性教育和正确的人生观、价值观教育，使运动员认识到参加竞技运动训练、获得优秀运动成绩对国家、民族、家庭及个人的重要性及其巨大的社会价值，从中得到鼓舞和激励，逐步树立起积极自觉的训练态度。同时，要注意协调兼顾国家与个人的利益，使运动员把为国家、为集体争光的责任感和荣誉感与体现个人人生价值、创建高质量的家庭与个人生活紧密地结合起来，从而激发强烈的目标动机，勇于克服困难，坚持实现训练目标。

（2）以人为本，加强医务保障　关注运动员身体健康是以人为本的现代管理理念在训练工作中的重要体现。同时，作为运动训练活动的主体，运动员的健康状况对于训练活动的组织进行以及训练成果的好坏有着重要的影响，应得到高度的重视。因此，需要建立完整的健康保障体系，包括日常的医务监督、定期的健康体检、及时的医药治疗和发生意外伤病时的应急处理机制。

运动员发生运动创伤后，须及时诊断。

（3）做好目标控制、信息反馈、及时调节　对运动员运动训练过程实施目标控制、加强信息反馈、及时进行调节是顺利贯彻导向激励与健康保障原则的重要前提。运动员一切训练活动都是为了训练目标的实现而设计、组织的，训练周期的安排、训练内容的确定、训练方法的选择、训练负荷的把握都应服务于这一目标，而不应盲目地去硬性地完成某一负荷量度的要求，不应强制性地去参加干扰运动员完成主要训练任务的商业性比赛活动。

要对运动训练过程进行科学有效的监控，准确把握运动员体能发展状况与负荷后的机体反应，准确把握运动员技术战术掌握的质量与存在的问题，准确把握运动员心理活动的状态与变化，准确了解运动员的专项认知水平与专业知识水平，并及时地反馈给教练员和运动员，对运动训练计划、对训练的实施与要求作出科学的合理的调节。以求做到既不断地激励运动员刻苦训练、又切实关心并保障运动员的身心健康。

（二）竞技需要与区别对待训练原则

1. 概念

竞技需要与区别对待训练原则是指，根据项目比赛的特点和运动员在比赛中获取期待运动成绩的需要，从实战出发，科学安排训练过程的周期、阶段划分及训练的内容、方法、手段和负荷等要素的训练原则。

运动项目的竞技需要与特定时间空间条件下运动员的个体特征是既有矛盾又紧密联系的两个方面，科学地认识它们之间的辩证关系，并充分发挥二者之间的协同效应，是我们应该遵循的重要训练原则。

2. 竞技需要与区别对待训练原则的科学基础

（1）竞技比赛对于训练活动的导向性　目标是人们行为的终点，对于人们的行为起着重要的导向作用。人们的一切行为都应该服务于既定目标的实现，训练活动也是一样。运动训练的最终目标是成功地参加比赛，实现预期的比赛结果。因此，一切训练的内容、方法和手段的选择及训练负荷与节奏的安排都应该围绕着成功参赛的需要而组织实施。

人们根据所设定的运动训练目标去选择运动训练的内容，训练的内容都是服务于特定的任务和目标的。选择安排不同的训练内容，就会发展不同的运动能力，只有按照专项竞技的需要去选择训练的内容，才有可能使得运动员的专项竞技能力得到迅速的提高，才能为成功参赛做好准备。

（2）运动专项竞技的特异性　不同的运动项目有着不同的竞技特点，要求运动员具有不同的竞技能力结构。构成运动员竞技能力的体能、技能、战术能力、心理能力和知识能力，在不同项目竞技能力结构中的重要程度又有所不同，这就要求我们全面、准确地认识和了解自己所从事的运动项目竞技能力结构的特点，进而选择与专项竞技需要相符合的训练内容、手段及制订相对应的运动负荷方案，有效地组织运动训练活动。

（3）运动员竞技能力结构的个体性与变异性　运动训练实践具有鲜明的多样化的特点，而且，又处于不断的变化之中。不同项目、不同运动员，以及在不同状态下所表现出的特点，包括决定竞技能力的各个因素，教练员的业务水平，对训练的战略部署和战术安排，训练所处的阶段和具体要求，以及气候、场地、器材等外界环境等，都各有不同，又无时不处于不断的运动和变化之中。同一名运动员的训练状态在不同阶段、不同时刻的表现，不同训练环境和训练条件，也都对训练的内容和组织实施提出明显的不同要求。这些因素的不断运动及变化，都要求教练员及时根据训练对象的具体情况有区别地组织训练。

3. 贯彻竞技需要与区别对待训练原则的训练学要点

（1）认真研究项目特点与专项竞技的需要　不同竞技项目有着不同的竞技特点和不同的训练要求。贯彻竞技需要原则首先要明确专项的竞技需要是什么，也就是说，要明白怎样能够在这个专项的比赛中获胜。

运动员的比赛结果取决于自己具备的竞技能力及其在比赛中的表现、对手具备的竞技能力及其在比赛中的表现、比赛结果的评定行为共三个要素。

每个运动项目专项竞技的不同特点，决定了其竞技能力构成因素的差异性。

训练负荷的强度和数量的安排都要考虑到专项比赛的特点和需要。

（2）科学诊断运动员个人特点，针对性地组织训练　运动训练中的区别对待，应该体现在整个训练活动的全过程和全方位之中。面对运动员不同的个人特点、面对不同训练阶段的时相特点，都需要认真贯彻区别对待的训练原则。

在贯彻区别对待原则的训练中，要注意与运动员的个性发展相结合。同一项目同一水平的优秀运动选手的训练负荷也会有明显的区别，同一名运动员在其生长发育与训练的不同阶段，也有着不同即时状态，有着不同的发展目标和不同的训练要求，应该密切关注运动员竞技能力状态的变化，及时调整修订训练计划。

（三）系统持续与周期安排训练原则

1. 概念

系统持续与周期安排训练原则是指，运动员应该系统持续地从事运动训练，并应分阶段作出周期性安排的训练原则。

2. 系统持续与周期安排训练原则的科学基础

（1）人体运动生物适应的长期性　系统的持续训练是取得理想训练效应的必要条件，人体对训练负荷的生物适应必须通过有机体自身的各个系统、各个器官、各条肌肉乃至各个细胞的变化，一点一点地去实现。运动员的竞技能力是多种能力的综合表现，它不仅涉及生理、心理等各个方面的因素，同时又受先天、后天因素的影响。因此人体机能的适应性改造（包括中枢神经系统功能的改造），不是在短期内所能奏效的。而训练对提高运动员竞技能力的影响，必须通过人体内部的适应性改造才能实现。因此，从人体生物适应的角度来看，运动员应持续地承受负荷，进行系统的训练。

（2）运动训练效应的不稳定性　运动员在负荷作用下所提高的竞技能力，无论是体能、技能、战术能力、知识能力，还是心理能力的变化，都具有不稳定的特点。因此，要想获得理想的训练效应，有效地发展运动员的体能、技能、战术能力、知识能力及心理能力，就必须注意保持训练过程的持续性，系统地、不间断地参加训练。

（3）人体生物适应过程的周期性　人体在训练负荷下的生物适应过程，不仅是长期的，同时也是分阶段实现的。机体对一次适宜训练负荷的反应，可分为工作、适应、恢复和训练效应消失等几个阶段。

3. 贯彻系统持续与周期安排训练原则的训练学要点

（1）健全多级训练体制

①制定各项目运动员在不同年龄阶段系列的训练大纲；②建立与多年训练各阶段基本任务相适应的竞赛制度；③建立相应的奖励制度，鼓励中小学、业余体校及运动学校的教练员认真完成基础训练和初级专项训练的任务。

（2）分段组织系统训练过程的实施　运动训练过程的组织实施，必须遵循其阶段性的特点，有步骤、有秩序地进行。而这一步骤则是按固有的程序排列的。训练过程的程序性表现在训练的各个方面。要注意两个周期之间的衔接工作，协调各个周期之间的关系。在结束一个周期的训练与竞赛、实施下一周期的训练工作前，进行科学测评，针对前一周期在身体、技术、战术、心理等方面所产生的变化及存在的问题，认真总结经验和教训，作为制订和实施下一周期训练计划的依据，以便使各周期的训练工作有机地衔接起来。

（3）处理好训练安排的固定因素与变异因素的组合　周期安排原则的依据是人体竞技能力变化的周期性特征和适宜比赛条件出现的周期性特征，其中，后者是决定训练周期时间的固定因素，而前者则是变异因素。

（四）适宜负荷与适时恢复训练原则

1. 概念

适宜负荷与适时恢复训练原则是指，根据运动员的现实可能和人体机能的训练适应规律，以及提高运动员竞技能力的需要，在训练中给予相应量度的负荷，负荷后及时消除运动员在训练中所产生的疲劳，通过机体适应过程，提高运动员竞技能力和取得理想训练效果的训练原则。

2. 适宜负荷与适时恢复训练原则的科学基础

（1）人体机能对适宜负荷的适应性机制　在负荷保持在一定程度的条件下，机体的应激以及随之产生的一系列变化，都会保持在一个适度的范围内。这时负荷的量度越大，对机体的刺激越深，所引起的应激也越强烈，机体产生的相应变化也就越明显，人体竞技能力提高得也就越快。

（2）机体在过度负荷影响下的劣变性　运动员机体承受训练负荷时，会产生应激性的反应。当负荷过大，超过运动员机体所能承受的阈值时，运动员机体则会出现劣变反应—过度训练。

过度负荷有时表现在生理方面，也有时表现在心理方面。过度负荷的直接结果，首先是机体出现不适应的症候。

3. 适宜负荷与适时恢复训练原则的训练学要点

（1）准确把握运动训练负荷的适宜量度　适宜训练负荷应该能够完成下列任务：在运动员机体能够承受的前提下，有助于达到高水平的专项运动成绩，能够完成预定的训练任务，能够促使运动员各种能力产生定向变化；负荷强度与负荷量有适宜的组合；负荷安排的节奏要保证课与课之间的衔接，能产生良性的后续效应，保证运动员有机体的生物学改造能够顺利进行。

负荷的适宜度主要通过施加负荷产生的后果来予以评价，包括：机体疲劳的程度及恢复与超量恢复所需的时间、技战术训练的效果、是否引发运动性伤病、以及是否引发心理疾病和心理障碍等方面。

通过生理生化指标的监测可以比较客观地诊断运动员机体的生理疲劳程度。如血色素、尿蛋白、血睾酮等都是常用的监测指标。建立义务监督制度，定期与不定期地进行健康检查，可以及时地发现运动性伤病；总结在不同阶段、不同情境下学习、掌握、熟练以及运用技战术时对训练负荷的要求，借以把握好技战术训练时的运动训练负荷。

（2）科学地探求负荷量度的临界值　多年以来，人们已经清楚地认识到，负荷量度的增加会带来更好的训练效果，而且越接近运动员承受能力的极限，效果就越明显。

运动员负荷量度临界值的大小既随其发育程度、竞技水平等较为稳定的状态的变化而变化，又受着运动员健康状况、日常休息、心理状态因素的影响，因此对它的测定和评价必须要有充分的科学依据，要用科学的诊断方法力求准确地掌握负荷量度的临界值。在当前，人们对负荷极限的认识还不具备完全把握的时候，通常应注意留有余地，以避免过度训练的出现。

（3）积极采取加速机体恢复的适宜措施
①训练学恢复手段；②医学、生物学恢复手段；③营养学恢复手段；④心理学恢复手段。

【思考题】

1. 试述常用训练原则的科学依据。
2. 训练中如何合理贯彻常用训练原则？

第三节　训练计划与组织

训练计划包括训练内容的选择与安排、课程结构组成、训练手段与方法的实施程序、训练负荷的大小及恢复手段等方面。

一、训练的不同类型及要求

根据训练的主要任务和内容，可以把训练分为不同的类型。构成运动员总体竞技能力的体能、技能、战术能力、心理能力和知识能力都需要在具体的训练中培养。大多数训练都以某一种或两种能力的培养作为重点安排训练，还有一些训练课则综合发展多种竞技能力。要提高训练的质量，必须根据每种类型的训练自身的特点和要求去组织进行。

（一）训练的种类和特点

1. 体能训练

主要安排体能训练的内容。其主要特点是，通过多种多样的训练方法和手段，发展运动员的一般和专项运动素质，提高和保持体能训练水平。在大多数情况下，这类课的负荷较大。体能训练课常安排在大周期中的准备期第一阶段内。这类训练课除用做提高和巩固运动员体能训练水平外，其他训练时期内有时也将其作为调节运动员训练负荷节奏的课来安排。

2. 技战术训练

主要进行各类技术与战术的训练，以及各种为专项技战术训练服务的辅助性练习。其主要特点是，目的明确，内容训练手段与方法较为集中。训练负荷视课的目的及在训练过程中所处的位置而定。

3. 综合训练

根据运动员发展多种竞技能力的需要，运用包含体能、技能、战术能力、心理能力及知识能力等紧密结合实战需要的综合性训练方法与手段进行训练。

4. 测验、检查和比赛

主要是对运动员的训练效果进行检查，或直接参加比赛。内容、测试的手段则根据计划中的要求予以安排。负荷量可能较小，但一般来说负荷强度较大或者很大。在某些时候，这种负荷对运动员身体的刺激相当强烈。

（二）不同任务训练的要求

1. 体能训练的要求

体能训练的主要任务是发展各种运动素质，提高运动员体能。要注意安排好不同素质训练的先后顺序及训练的负荷。

一次课中常常会安排两种以上运动素质的训练。正确安排好练习顺序有助于提高训练的效果。一般来说，快速力量练习、速度练习应安排在课的前半部分进行，以保证练习的质量，保证取得理想的效果；当运动员感到有一定程度的疲劳时，可安排发展耐力素质或力量耐力素质的练习。

负荷量度的把握和训练节奏的安排对体能训练课训练的效果有着重要的影响。随着运动员体能训练水平的提高，应逐步加大训练的负荷，以给运动员机体更为深刻的刺激，引起运动员体能更为明显的适应性变化。但在训练时一定要注意训练负荷并不是越大越好，超过运动员所能承受的限度，就会引致劣变性反应。因此，要注意把握好负荷的"度"，安排好不同课次训练负荷的节奏。

2. 技战术训练的要求

技战术训练的基本任务是学习、掌握和熟练专项运动技术和战术，提高技战术质量，及时纠正技战术错误，二人及集体项目运动员要加强协调配合，提高集团竞技能力。要注意安排好技战术训练程序，选择有效的技战术训练手段。

3. 综合训练的要求

综合训练的任务是全面地或综合地发展运动员所需要的专项竞技能力。安排时要注意不同训练内容的合理组合。通常在一次训练课中，先进行技战术训练，后安排运动素质的训练。还要注意负荷的合理分配，以便运动员能依次完成全部训练内容，达到预期的训练目的。

4. 测验、检查和比赛的要求

训练过程中的测验、检查和比赛是检查训练成果的手段。要注意采用符合计划要求的测验、检查的练习、手段及方式、方法，以便准确、客观地反映运动员的训练状态。

另外，测验、检查和比赛课应根据比赛的目的进行安排，但比赛应该按照正式比赛的要求进行，以确保运动员能够排除一切干扰，全身心投入到比赛中。

二、训练课的结构

训练课的结构是指训练课的各组成部分及其进行的顺序。一般训练课通常依次由准备部分、基本部分和结束部分三个部分组成。

（一）准备部分

准备部分的任务是使运动员调整心理状态、调动各种生理机能，准备承受基本部分训练负荷及完成所安排的训练内容，以获得理想的训练效益。

准备活动可分为一般性准备活动和专门性的准备活动两个部分。

（1）一般性准备活动的主要任务是全面调动有机体的各种器官、系统，提高这些器官、系统的活动性。此时，有机体各器官、系统从日常生活状态开始逐步活跃起来。通常，一般性准备活动以有氧性活动开始，逐步提高工作强度，可使心率达到130～140次/分。一般性准备活动所采用的练习较广泛，所用时间也因人、因基本部分内容而异，通常采用慢跑和徒手操，或其他强度不高的练习。

（2）专门性准备活动可结合基本部分所安排的内容设计，也可采用专项基本练习。专门性准备活动的任务是直接为基本部分的内容服务，使机体适应特定的训练要求，并从技术上做好必要的准备，以保证基本部分主要内容的良好完成。虽然专门性准备活动仅仅是预备性的，但为了适应将要进行的工作并获得较好的训练效果，工作强度有时可接近于基本部分主要内容的要求。

（二）基本部分

基本部分是训练课的主要训练内容。基本部分的结构和持续时间依项目不同而异，即使是同一项目的训练，在不同的训练时期内，这种差别有时也是很大的。造成这种现象的主要原因在于，每次训练课都必须纳入总体的训练计划，必须使每次课的训练效果能承上启下，使前次课的效果得以延续，本课的效果得到累积，课的内容、练习手段和负荷等各项指标必须符合训练过程的发展趋势，这就必须根据运动员训练水平发展的需要而决定本课基本部分的训练安排。单一内容训练课与综合内容训练课的基本部分有着各自不同的组织特点。

1. 单一内容训练课的基本部分

单一内容训练课基本部分的特点是，内容单一、任务明确、时间集中，适于完成需时较多的训练任务，如基本技术训练、各种运动素质的训练等，也可施加较大的训练负荷，以促进运动员有机体产生深刻的生物学改造。

在技能主导类、技巧性项目中，如一次课中采用单一训练内容，常会出现身体局部疲劳，影响运动员神经系统的兴奋程度。因此，在安排时应采用多种形式、不同的练习密度和间歇，以适时调整运动员的体力状态，保证训练获得良好的效果。

2. 综合内容训练课的基本部分

由于综合内容训练课由各种内容的练习组成，基本部分的变化较为丰富，因此，这类训练课基本部分的安排较为复杂。组织这类课的基本部分时，应该考虑以下方面：

（1）各种内容练习之间的顺序　各种训练内容对运动员所产生的刺激会在运动员的有机体留下相应的痕迹，这种痕迹产生的后效作用对后续训练内容的影响可能是良好的，也可能不是良好的。

一般来说，应将要求神经系统较为兴奋、能量供应充沛的练习安排在前面，将容易产生疲劳或需要在疲劳状态下进行的练习安排在后面；将技术性强的练习安排在前面，素质性练习安排在后面；将对其他练习产生良好影响的练习放在前面，不产生影响或有不良影响的练习放在后面。

（2）改变训练内容时必须做适应性的专项准备活动　若在综合内容的训练课基本部分中安排相互联系不紧密的内容，那么，在更换内容时应做一些专项性的准备活动。

（3）注意不同训练内容负荷的累积效应　练习产生的负荷作用于有机体的同一系统，有机体的这一系统可能因负荷的累积而受到较为深刻的刺激。

在对负荷性质进行判别的基础上，应考虑产生负荷的练习作用于有机体的何种机能系统，应尽量安排不同的机能系统交替进行工作。

（4）安排作用于同一机能系统的练习时，负荷应有波浪形的变化　如在基本部分安排作用于同一机能系统的练习时，为使该系统有适时的休整，那就应采用间歇、改变练习密度等方式，使负荷产生波浪形的变化。

（三）结束部分

各种训练课结束部分的任务主要是解除训练课基本部分所造成的心理、生理上的紧张状态。现代运动训练把恢复作为训练的组成成分。当然，作为训练课的结束部分并不可能完全消除因紧张训练工作所带来的疲劳，训练课的结束也就意味着运动员有机体全面恢复过程的开始。因此，有组织地进行课的结束部分对恢复过程的积极进行有着重要的作用。

三、训练课的负荷量

确定训练课负荷的量度是安排组织好课训练过程的重要工作，这里，首先要明确负荷的属性，进而对负荷的量度做出等级划分。

（一）明确负荷属性是度量负荷大小的重要前提

训练过程中安排一定量度的负荷并不是目的，而是为了完成某一种训练任务。因此，安排训练的负荷并不是单纯地追求负荷的数量，而是要为达到某一目的而服务。

训练负荷与客观世界中所有的事物一样，有其自身的属性。训练负荷存在着结构属性、机能属性、个体属性和专项属性。

1. 训练负荷的结构属性

训练负荷量度的确定应该服从于训练任务的完成。课的训练任务决定着应该安排何种量度的训练负荷。教练员不应追求负荷量度的高绝对值，能够保证训练任务完成的负荷量度就是适宜的负荷量度。每一堂课在不同时间跨度的训练过程结构中都占有自己适当的位置，明确了训练课及负荷安排的结构属性，合理安排负荷量度就有了明确的依据。

2. 训练负荷的机能属性

任何训练负荷都作用于不同的机能系统，而各个机能系统在一定的时间段内，对于训练负荷具有一定的承受能力，但不可能承受无限度的负荷。某一机能系统在一定时间段内所能承受的最大值，应是我们训练安排中的最大负荷。过度或极度地超越这一最大负荷的界限，必然会使机体产生非正常的生理现象，甚至导致严重的病理变化。

3. 训练负荷的个体属性

对每个运动员适宜的训练负荷是各不相同的，这一个体属性是安排训练课负荷量度时必须予以考虑的重要因素。只有针对个体的特点、个体所能承受的能力安排训练课的负荷，才能使训练过程顺利进行，使运动员健康地参加训练，不断提高其竞技水平。

4. 训练负荷的专项属性

每个运动专项都有着自身独特的规律，对于本项目优秀选手所必须承受的训练负荷也都有着不同的要求，在安排运动员训练课负荷量度时必须认真考虑这些特点。

综上所述，在确定训练课的负荷量度时，必须考虑如下四个方面：

（1）训练课所要完成的任务的需要；
（2）运动员个体所能承受负荷的水平；
（3）完成训练课任务时，运动员有机体的主导机能系统所能承受负荷的水平；
（4）运动专项的特定需要。

（二）训练课负荷量度等级的划分

1. 依主要训练手段的训练量确定训练课负荷量度的大、小等级

在一次预定时间界限的训练课中，完成主要训练手段的最大训练量可作为大负荷训练课的判定标准，运动员所能承受最大负荷的 80% 以上为大负荷，50%～80% 为中等负荷，50% 以下为小负荷。

2. 根据训练课后恢复的状态确定训练课负荷量度的大、小等级

有机体在训练负荷刺激下产生疲劳，负荷越大，疲劳越深，需要恢复的时间也就越长。据此，可从恢复时间的长短推断出负荷的大小。恢复时间短，则负荷小；恢复时间越长，则负荷越大。

比较同一时间长度的训练课结束后，有机体疲劳后恢复时间的长短，即可判断训练课负荷的大、小等级。

【思考题】

1. 训练计划的类型和结构有哪些？
2. 试述常用训练方法的分类。

第四节 训练过程管理

一、概述

(一) 概念

训练过程是运动训练活动在时间维度上的表现,是运动训练活动进行的步骤和程序。

运动训练过程是客观存在的现实。人们明确运动训练过程的存在,了解运动训练过程的结构,认识运动训练过程的特征,对于准确把握运动训练活动的客观规律,制订科学的运动训练计划,提高运动训练活动的效益,有着重要的意义。

尽管不同的运动项目各有特色且对训练有着特定的要求,不同时间跨度的运动训练过程也各有自己不同的组织形式和具体内容,完整的运动训练过程总是有着普适的规律,总是按照一定的结构形式组织起来的。

(二) 运动训练过程的基本结构

完整的、科学组织的运动训练过程应该包括以下 6 个基本环节,即运动员现实状态诊断、训练目标设立、制订训练计划、实施训练计划、进行检查评定、实现训练目标。

二、训练过程的组织实施

(一) 训练起始状态的诊断

1. 状态诊断在训练中的重要作用
(1) 为运动训练过程确立一个客观、准确的出发点。
(2) 对训练工作效果及时的检查评价。
(3) 实施有效训练控制的重要前提。

2. 起始状态诊断的基本内容
(1) 运动成绩诊断。
(2) 竞技能力诊断。
(3) 训练负荷诊断。

(二) 训练目标的设立

目标状态则标识着一个完整的训练过程的终点,目标状态与起始状态都是训练阶段的划分、训练内容的确定、训练方法与手段的选择、恢复措施的选用、检查评定的设计等重要内容的基本依据。

1. 训练目标在训练过程中的重要作用
(1) 运动训练目标的激励作用。
(2) 运动训练目标的导向作用。
(3) 运动训练目标的标尺作用。

2. 训练目标的基本内容
(1) 运动成绩指标。
(2) 竞技能力指标。
(3) 训练负荷指标。
3. 运动训练目标的适宜度
(1) 适宜的训练目标　从实际可能出发，科学地预测运动员在面临的运动训练过程中经过艰苦努力可能提高的程度，所确立的训练目标是适宜的训练目标。适宜的训练目标对运动员有着积极的激励作用。运动员相信在教练员的指导和带领下，经过自己的艰苦努力，有可能实现预定的目标，就会激发出巨大的动力，主动地投入训练。遇到挫折时会克服困难，坚持训练；面对比赛中暂时的失败，也会认真地总结教训，改进缺点，发扬优势，以更饱满的斗志去参加下一次比赛。
(2) 过高的训练目标　超出运动员的实际可能，只根据完成某项任务的需要，提出不切实际的期望，所设立的过高的训练目标，常常会使训练工作造成严重的失误。
(3) 过低的训练目标　训练目标过低，轻松可以完成，运动员则常常会缺乏拼搏的动力，训练中也会降低对自己的要求。

(三) 运动训练计划的制定与实施
1. 运动训练计划的制定
制定计划应以运动员的起始状态、训练目标、运动训练的普遍规律和专项训练的特殊规律以及训练活动所具有的客观条件等因素为依据，以保证训练计划的科学性与可操作性。
2. 运动训练计划的组织实施与检查评定
(1) 准备性部分　训练计划的准备性部分主要包括对运动员起始状态的诊断和建立训练目标。这两项工作既是运动训练过程中与训练计划的制订并列的两个独立的重要环节，其内容又是训练计划中不可缺少的重要组成部分，为训练计划的制订提供必需的信息和依据。
(2) 指导性部分　在训练计划的总体中，指导性部分属于全局性的整体决策，是与训练目标具有同等重要意义的内容。
训练计划的指导性部分首先包括训练阶段的划分及各阶段训练任务的确定，这一工作勾画出了训练过程的基本轮廓。由于比赛既是检验训练效果的有效途径，又是组织训练活动的重要杠杆，所以第三项内容就是安排比赛的序列。继而，根据不同阶段的训练任务和比赛安排的特点，规划训练负荷动态变化的基本趋势，从而完成了对整个训练活动的整体配置。
(3) 实施性部分　实施性部分涉及训练的具体手段和各种手段负荷量度的大小，用于训练活动的具体组织，需要更多的考虑运动项目的竞技特性和运动员的个人特点。
(4) 控制性部分　近年来，运动训练的控制问题日益受到教练员们高度的重视。要想对运动训练过程实施有效的控制，首先必须通过有计划的检查评定，通过客观而可靠的训练诊断，及时、准确地全面收集运动训练过程进行情况的有关信息。
对运动训练过程控制行为的整个链条中，检查评定起着特别重要的作用。检查评定会得出不同的结果，这一结果正是对于该训练过程设计、组织与实施情况进行分析和评价的重要依据。如果检查的结果与起始的期望吻合，则意味着预定的训练目标很可能得到实现；而如果检查的结果与起始的期望不相吻合，则意味着预定的目标不可能或很难得到实现，此时就要提出调节期望，发出修订指令，并及时反馈到有问题的相应环节。该环节的训练工作改进后，再在适宜的时刻进行检查评定。如此检查、调节、反馈、修订、实施，直至出现满意的检查结果，训练目标得以实现，圆满地组织实施了一个运动训练过程。

【思考题】

1. 试述运动训练过程的基本结构。
2. 试述运动训练过程的组织管理与实施评价。

第六章 中医学基础

【导读】中医理论博大精深,在运动康复界得到广泛应用,基本形成了中医体育及中医康复学体系。运动防护涉及运动损伤预防、运动伤害后应急处理,以及运动损伤后的康复治疗和功能恢复等。由此,本章重点介绍阴阳五行学说、脏腑理论、经络学,为运动防护奠定中医康复学基础。

第一节 阴阳五行学说

一、阴阳学说

(一)阴阳的概念

阴阳是中国古代哲学的一对范畴。阴阳的最初涵义很朴素,是指日光的向背。向日为阳,背日为阴,后来引伸为气候的冷暖,方位的上下、左右、内外,运动状态的躁动和宁静等。古代思想家看到一切现象都有正反两个方面,就用阴阳这个概念来解释自然界两种对立和消长的物质势力。一般来说,凡是剧烈运动着的、外向的、上升的、温热的、明亮的,都属于阳;相对静止的、内守的、下降的、寒冷的、晦暗的,都属于阴。人体脏腑组织的阴阳属性,就大体部位来说,上部为阳,下部为阴;体表属阳,体内属阴。就其背腹四肢内外侧来说,背为阳,腹为阴;四肢外侧为阳,内侧为阴。以脏腑而言,五脏属里为阴,六腑属表为阳。事物的阴阳属性并不是绝对的,而是相对的。这种相对性,一方面表现为在一定条件下,阴和阳之间可以发生相互转化,即阴可以转化为阳,阳为可以转化为阴。另一方面,体现于事物的无限可分性。例如,昼为阳,夜为阴,而上午与下午相对而言,则上午为阳中之阳,下午为阳中之阴;前半夜与后半夜相对而言,则前半夜为阴中之阴,后半夜为阴中之阳。

(二)阴阳学说内涵

阴阳学说的基本内容包括以下4个方面(图6-1)。

1. 对立制约

阴阳学说认为自然界一切事物或现象都存在着相互对立的阴阳两个方面,如上下、天地、静动、冷热等。阴阳既是对立的又是统一的,统一是对立的结果。阴阳两个方面的相互对立,主要表现为它们之间的相互制约和相互斗争。制约与斗争的结果,取得了统一,即取得了动态平衡。人体之所以能进行正常的生命活动,就是阴与阳相互对立与制约而取得统一的结果。如果说这种动态平衡遭到破坏，即形成疾病。

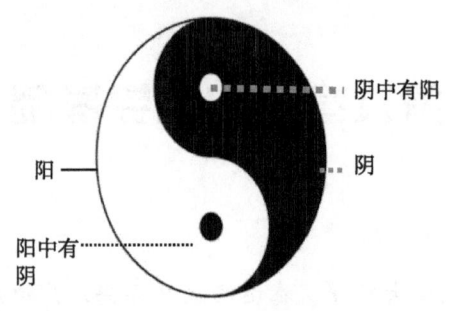

图 6-1　阴阳图

2. 阴阳互根

阴阳两个方面既是相互对立的又是相互依存、相互为用的，阴依存于阳，阳依存于阴，任何一方都不能脱离另一方面而单独存在，每一方都是以对方的存在作为自己存在的条件。阴阳的这种相互依存的关系，称之为阴阳互根。

3. 阴阳消长

阴和阳之间的对立制约、互根互用不是处于静止不变的状态，而是处于"阴消阳长"或"阳消阴长"的运动变化之中。在一定限度内，阴阳之间不断地互为消长，保持着阴阳的动态平衡，维持着事物正常的发展变化。

4. 阴阳转化

阴阳转化是指阴阳对立的双方，在一定的条件下，可以各自向其相反的方向转化，即阴可以转化为阳，阳也可以转化为阴，阴阳互相转化，一般都表现在事物变化的"物极"阶段，即"物极必反"。如果说"阴阳消长"是一个量变的过程，则阴阳转化便是在量变基础上的质变。

阴阳学说被广泛应用于中医学的各个领域，用以阐明人体的生理功能、病理变化，并指导临床的诊断和治疗，是中医学重要的理论基础，亦是推拿康复学重要的理论基础。

（三）阴阳学说的应用

1. 说明人体的组织结构
2. 解释人体的生理活动
3. 解释人体的病理变化
4. 指导疾病的诊断
5. 指导疾病的防治

二、五行学说

（一）五行的概念

中国古代对五行的认识，有两层含义：一是常识性概念，是指自然界的五种最基本物质，金、木、水、火、土；二是哲学的范畴，指五行是构成万物的五种元素，相生相克。

五行的属性：金曰从革，木曰曲直，水曰润下，火曰炎上，土爰稼穑。凡具有相似特性的物质分别归属五行。

（二）五行学说的内涵

五行学说的基本内容包括以下4个方面（图6-2）。

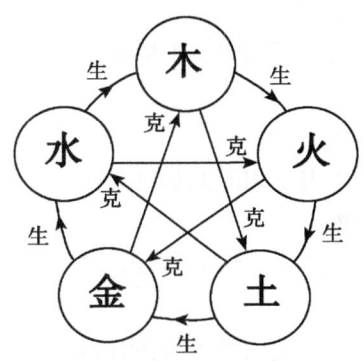

图6-2 五行图

1. 五行相生

相生即相互滋生、助长、促进。

木生火、火生土、土生金、金生水、水生木、木生火，即母子关系。

2. 五行相克

相克即相互制约、克制、抑制。

木克土、土克水、水克火、火克金、金克木、木克土。

3. 五行制化

五行的制化关系，是五行生克关系的结合，相生与相克是不可分割的两个方面，没有生，就没有事物的发生和成长，没有克，就不能维持正常协调关系下的变化与发展。因此，必须生中有克（化中有制），克中有生（制中有化），相辅相成，才能维持和促进事物相对平衡协调和发展变化。

木克土，土生金，金克木；火克金，金生水，水克火；土克水，水生木，木克土；金克木，木生火，火克金；水克火，火生土，土克水。

4. 五行相乘

相乘，即乘虚侵袭之意，相乘即相克太过，超过正常制约的程度，使事物之间失去了正常的协调关系。

木乘土、土乘水、水乘火、火乘金、金乘木、木乘土。

5. 五行相侮

相侮，即欺侮、恃强凌弱之意。相侮是五行中的任何一行本身太过，使原来克它的一行，不仅不能去制约它，反而被它所克制，即反克，又称反侮。

木侮金，金侮火，火侮水，水侮土，土侮木。

6. 五行胜复

胜复指胜气和复气的关系，五行学说把由于太过或不及引起的"己所胜"的过度克制，称为"胜气"，而这种胜气在五行系统内必然招一种相反的力量（报复之气），将其压抑下去，这种能报复"胜气"之气，称为"复气"。"胜气"重，"复气"也重；"胜气"轻，"复气"也轻。

（三）五行学说的应用

1. 说明脏腑的生理及相互关系

①解释人体的组织结构；②说明脏腑的生理功能；③说明脏腑之间的相互关系；④说明人体与自然环境的统一性。

2. 解释五脏系统疾病的传变规律

①母子相及的病理传变；②相乘相侮的病理传变。

3. 指导五脏系统疾病的诊断

①指导疾病的定位诊断；②判断疾病的传变趋势；③推测疾病的预后转归。

4. 指导五脏系统疾病的治疗

①控制五脏疾病的传变；②确定五脏疾病的治疗原则；③制订五脏疾病的具体治法；④指导针刺推拿选穴；⑤指导脏腑用药。

【思考题】

1. 阴阳五行学说内涵。
2. 试举例分析阴阳五行学说在运动防护中的应用。

第二节　脏腑理论

脏腑理论是中医基础理论之一，在临床医学中占有重要地位。脏腑是人体内脏的总称。其内容包括五脏与六腑，此外还有奇恒之府。

五脏、六腑、奇恒之府是构成人体的三种不同的组织结构。这三种组织结构是一个有机的整体，五脏六腑与肢体组织（肌肉、皮肤、脉管、筋膜、骨骼等）、外部器官（眼、耳、口、鼻、舌、前后阴等）都是有机联系着的整体。

一、五脏

五脏包括心、肝、脾、肺、肾，五脏之外还有心包络，实际是六脏。但因心包络是心的外围，有保护心的作用，其病理变化大致与心一致，所以习惯上仍称五脏。

（一）心（附心包络）

心在五脏中占首位。它的主要功能是主持血脉，即主管血液在脉管内的循环运行，向各组织器官输送养料，以维持其正常的生理功能活动。同时心又主神明（即精神、意识、思维活动），因此中医学所说的心，不仅是解剖学里所指的心脏，而且还包含大脑皮质的活动，所以说心是脏腑中最重要的器官。

1. 主血脉，其华在面、开窍于舌

心是主持血液运行的动力，脉管是血液运行的通道，面部和舌质是反应血液运行功能的外部表现。如果脉跳不快不慢，柔和有力，面色润泽，舌质红润，即可认为是心脏功能正常的表现。

2. 主神明

人的精神、意识及思维活动是心的又一重要功能，故有"心者，精神之所舍也"的说法。因此精神充沛，意识清楚，思维不乱，即可视为心功能正常的一种表现。

3. 汗为心液

汗是津液之一，与心有密切关系。异常的出汗往往与心有关。

附：心包络心包络是心的外围组织，有保护心脏的作用。邪气侵犯人体，一般都是由外至内，由表入里的。心包络是心的外围，故邪气侵犯心脏时，常常先侵犯心包络。

(二) 肝

肝是贮藏血液的主要器官，有调节血量的功能。同时肝脏还有耐受疲劳和抵御外邪的能力，以及有疏泄调达的作用。

1. 主藏血，为罢极之本

肝藏血，是指肝脏有贮藏、调节全身血量的作用。血液在脉管内的流通量，是随着人体的活动情况而有所增减的。在全身活动量较大的时候，肝即把血液输送到所需要的各部分去，在休息或睡眠时，全身各部分所需要的血量相应减少，有一部分血液又归藏在肝脏，所以有"人卧血归肝"之说。

肝为罢（疲）极之本，即耐受疲劳的意思。人体在劳作时，肝脏把贮藏的血液供应到全身，使机体和大脑发挥其力量和作用，而不致有疲劳的感觉。反之，肝调节血量功能失常，人体就容易出现疲劳的感觉。

2. 在体为筋，其华在指甲，开窍于目

筋附着于骨节，在正常情况下，筋膜既不应松弛，也不能拘急，而维持筋膜这种生理功能的营养来源是肝脏提供的。

指甲是筋膜的外候，筋膜是否强健，可以以指甲色的枯泽和甲质的坚脆来判断。如果指甲红润和坚韧，即是筋膜健壮的表现。眼睛也是肝的外候。视力的强弱，与肝有直接关系。一般说来，眼睛视物清楚、没有目眩发黑的现象，即是肝血调节正常的表现之一。除此之外，古人尚有"泪为肝液"之说法。

3. 主疏泄调达

疏泄调达，就是畅达无拘束的意思。人的精神状态、情绪表现，除由心主宰外，还与肝有密切关系。一般说来，人的情绪既不抑郁也不躁怒，是肝主条达疏泄正常的表现。反之，情绪抑郁或躁怒，就是肝失条达的现象。疏泄的另一含意是帮助脾胃消化、吸收和输送营养。

(三) 脾

脾的主要功能是帮助胃肠消化水谷，吸收和输布营养精微，为营血生化之源。脏腑肢体各部的营养物质亦来源于脾的运化，所以说脾胃是"后天之本"。

1. 主运化、升清

脾主运化（即运输转化）的功能，包括两个方面，一是把胃所消化的食物中的精微部分，吸收、输送到心肺，通过心肺而营养全身；二是运化水液，调节水液代谢，把饮入于胃的水液中的精微，上输到肺，再输入到全身。这两种运化都是上升的。所以说是脾主升清（清指精微物质）。若脾气不能升举而下陷，即可导致泄泻或内脏下垂诸症。

2. 主肌肉、四肢，其华在唇，开窍于口

人体肌肉、四肢、唇、口都是脾的外候。人体肌肉丰满，四肢活动捷健，口唇红润，食欲良好，都是脾运化功能正常的一种表现。

3. 主统血

脾具有摄血液的作用，即维持血液在脉管内的正常运行，而不至溢渗到脉外，这就是说血脉管壁是否致密，与脾有关。脾气旺盛，脉管致密，就能控制血液按照脉道正常运行，使其不致流溢脉外，反之，脾气虚弱，脉管松弛，就会出现各种出血性疾患。

（四）肺

肺的主要功能是主气，司呼吸，为体内外气体交换的通道。主治节、朝百脉，辅助心脏维持血液的正常循环。主肃降，通调水道，与脾肾共同完成水液代谢的生理功能。

1. 主气、司呼吸，朝百脉

肺主气，就是说人体之气皆由肺所主。肺中的气来源于两个方面，一是饮食物之精微（来源于脾），一是从体外吸入的气（即新鲜空气）。这两方面的气，会于肺中，即产生"宗气"。宗气是促进和维持人体功能活动的动力，它一方面维持肺的呼吸功能，进一步吐故纳新，使体内外气体得到交换，另一方面由肺入心，推动血液循环而宣发到全身各部，以维持各脏腑组织的功能活动。也就是说，血液运行，虽然由心所主，但必须有肺气的辅助才能保持其正常的运行。肺主治节，肺朝百脉，说的就是这个意思。

2. 主肃降，通调水道

肃，是清润肃静的意思；降，是下降。由于肺在体内所起的作用（主气、司呼吸、主治节、朝百脉、通调水道等）和所居部位（居于胸中，为五脏之华盖），决定了肺气必须是在清润肃静和下降的情况下，才能保持其正常的生理功能。

人体内的水液代谢，不但与脾的运化有关，与肺气的肃降也有密切关系。肺在水液代谢中的作用有二：一是将脾上输来的水液中的精微，通过肺气的宣发作用，使津液温润于皮肤；二是通过肺气的肃降作用，来通调水道，使其不致发生潴留的现象。因此，小便的通利与否，常与肺气肃降功能有关。

3. 外合皮毛，开窍于鼻，主声音

皮毛、汗孔具有调节呼吸的作用，鼻窍是呼吸出入的门户，因此，皮毛与鼻都是肺的外候。皮毛润泽，鼻窍呼吸通利，嗅觉正常，即是肺气功能调和的一种表现。反之，皮毛干枯，汗孔当开不开、当闭不闭，鼻窍不利，则是肺功能失调的一种表现。

肺又是发声音的器官，喉咙与肺相通，是声音之门户。如果肺部有了病变，往往会引起喉咙的疾病，而影响到声音的变化，甚至声音嘶哑。

(五) 肾

肾是人体生命的根源,所以有"肾为先天之本"之说。它的主要功能,一是有促进人体生长发育的作用,推动这一作用的动力叫做"命门",又称"肾阳",或称"元阳"。因此,有肾主命门火和肾藏精的说法;二是主水液,对体内水液代谢平衡起着主要作用。

1. 藏精,主发育生殖

精是人体生命的物质基础。肾藏精的含义有两个:一是后天之精,是指由五脏六腑化生出来的精气,它包括着能够滋养脏腑、肢体、五官等各部组织的精微物质,这种精气,来源于饮食物里的精华部分,是维持人的生命,营养人体各部组织器官,并促进其生长发育的基本物质。二是先天之精,它又分两部分,一部分是指人体生命活动在生长发育过程中的物质根源,即所谓的"先天之本";另一部分是指人类生育繁殖的基本物质,这部分精的生成、贮藏和排泄也是由肾主管。

先天之精与后天之精是相互为用的,先天之精需要后天之精的营养,才能继续维持其生命的活动力,后天之精有赖于先天之精的蒸化。两者是共处在一个统一体中,一方衰竭,必定影响另一方的功能。存则共存,亡则共亡。

2. 主水液代谢的平衡

人体中的水液必须保持一定的平衡,既不能太过(太过会引起水肿),也不能不及(不及会出现脱水)。水液的调节主要是依靠肾气的开合作用。开即是指输出、消耗与排泄;合就是关闭,以保持一定的贮藏量。在整个水液代谢过程中,脾是主纳入(通过胃)和转输的,肺是主宣发水液中的精微和通调水道的,肾是主开合以调节水量的。这三部分功能的总和叫做"三焦气化"。所谓气化,就是通过一定的热能使之发生变化,这一热能的发源地,就是肾的阳气,所以说,肾主水。

3. 生髓、通脑、主骨,其华在发,开窍于耳,通于二阴

髓,是由肾精所化生,髓能养骨,骨能藏髓,髓又通于脑(脑为髓之海),所以说脑、髓、骨均属肾所主。同时,这三者与头发、两耳和前后阴又都是肾的外候。肾气充沛,肾精盈满,人的记忆力就强,身体也轻劲多力,能胜任较繁重的工作,同时牙齿坚固。牙齿的坚固与松动是骨质再生能力强弱的外候。头发的光泽、生机,根源于肾,所以说发是肾的外华。此外,发的营养,来源于血,故又有"发为血之余"之说。耳的听觉灵敏,大小便排泄正常,都说明肾气充足。反之,记忆力衰退,腰肢萎软,牙齿松动,头发枯落,耳鸣耳聋,性功能衰弱,大小便失禁等,即是肾之精气虚衰的表现。

4. 命门的作用

命门是肾脏生理功能的动力,即人体热能的发源地,又称"元阳""元气"或称"真火"。肾所藏的精都需要一定的温度,才能发挥其营养全身各部组织、器官和衍生后代的作用。这两种精气中的温度和动力,就是命门之火的表现,如果命门火衰,一方面在男子可以出现阳痿或精冷无子;在女子可以出现胞宫虚寒、白带多或不孕等病症。另一方面也可以出现脾胃消化功能低下,而造成泄泻或下利清谷。

上面已经谈过,在水液代谢方面,三焦气化的功能,也是依赖命门火的作用。如果命门火衰,就会引起水肿或大小便失禁等病症。

此外，命门之原气与胸中之宗气，也是相辅相成相互为用的。宗气以原气为根，下达纳入于命门，故有"肾为气之根"和"肾主纳气"的说法。元气亦以宗气为养，以保存元气的持续力。

二、六腑

胆、胃、小肠、大肠、膀胱、三焦其总的生理功能，是受纳和消化食物，输出营养和排泄糟粕，运化水津和疏通水道等有关饮食消化方面新陈代谢的。

（一）胆

胆有两种功能：一是藏精汁（即胆汁），是指输出胆汁，以助消化。胆虽属六腑之一，但不与外界直接相通，也不像胃肠容纳食物那样时入时出，输泻而不藏，所以又把它列为"奇恒之府"。胆的病理特点是易生热象。二是主决断，即指精神意识方面判断事物，作出决定的能力。如俗话说"胆大""胆怯"等。

（二）胃

胃的主要功能就是受纳和腐熟（即消化）饮食物，故有"胃为水谷之海"之称。胃的功能称为胃气，由于胃需要把消化后的饮食物下输到小肠，所以，胃气的特点是以下降为顺。如果胃气不降而上逆，就会引起恶心、呕吐、嗳气、呃逆等症状。

（三）小肠

小肠的主要功能是受盛化物，分泌清浊。凡经胃腐熟的饮食物，由小肠承受下来，进一步加以消化，把其中精的部分（从饮食物中提炼出来的精华）吸收后，通过脾的运转到全身各部；浊的部分（指消化后的糟粕）下注到大肠或渗入膀胱，变成大小便排出体外。所以饮食物的消化、吸收和大小便的排泄，都和小肠有直接关系。

（四）大肠

大肠的主要功能是接受小肠下注的东西，吸收其中剩余的水分和养分，使之变化为成形的粪便，然后由肛门排出体外。所以说，大肠是传导糟粕的通道。如果大肠的传导功能失常，就会出现泄泻或痢疾、便秘、便血等病症。

（五）膀胱

膀胱的主要功能是"化气行水"、贮尿、排尿。尿是人体水液代谢的产物，贮存在膀胱，到一定量后排出体外。贮存与排出，都是通过气化这一功能来完成的。气化（即化气行水）就是通过体内的热能，从水液中蒸发出一定量的气体来控制体内水液的出入量。因此，气化功能失调，就会导致小便不利，或尿闭或小便频数、失禁等病症。

（六）三焦

三焦分上、中、下三部分。相当中脘部位（包括脾胃）为中焦，中脘以上至胸腔部位（包括心肺）为上焦，中脘以下至小腹部位（包括肝肾等诸器官）为下焦。焦就是热的意思，这种热能的表现称为气，所以三焦总的功能是主持诸气，疏通水道，是水谷出入的道路。但上、中、下三部的功能又各有所长。

上焦的主要功能是宣发积于胸中的宗气，将其输送到全身，供给体内各组织器官的功能活动（主要是心肺的功能）。

中焦的主要功能是消化和转输饮食物（包括脾胃等功能在内），蒸发津液，把营养物质化生营气（即血液的组成部分）。

下焦的主要功能是把人体内消化后的残余物质，加以分清别浊，食物的残渣通过大肠排出体外。水液代谢过程中的剩余水分，经过气化由肾通过膀胱排出体外。

综上所述，三焦总的生理功能是体腔内几个脏腑在饮食物消化吸收营养、排泄等功能方面的总和。而这一总的作用，又是元气（命门）、中气（脾胃之气）、宗气三者相辅相成的集合体。因此三焦的病变也就大都表现在胸腹体腔内有关输送饮食物中的精华和排泄糟粕等几个方面。一般说来，表现在心肺的称为上焦病，表现在脾胃的称为中焦病，表现在肝肾的称为下焦病。

三、奇恒之腑

脑、髓、骨、脉、胆、女子胞，总称为奇恒之腑。奇恒之腑的形态似腑，多为中空的管腔性器官，而功能似脏，主藏阴精。奇恒之腑中除胆外，都没有表里配合的关系，也没有五行配属，但与奇经八脉联系密切，这是其不同于五脏六腑之处。脑、髓、骨、脉、胆、女子胞六者之中，胆既是六腑之一，又属奇恒之腑。

（一）脑

脑由髓汇集而成，故名"髓海"。脑是精髓和神明高度汇集之处，有"元神之府"之称。

1. 主宰生命活动

脑为元神之府，是生命的枢机，主宰人体的生命活动。人在出生以前，形体皆具，形具而神生，此神即为元神。元神来自先天，称为先天之神。元神藏于脑中，是生命的枢机，主宰人体的生命活动，元神存则有生命，元神败则人即死，故脑是人体内最重要的器官，是生命活动的要害之所在。

2. 主藏元神

人的精神活动，包括思维意识和情志活动等，都是客观外界事物反映于脑的结果。脑主精神意识的功能正常，则精神饱满，意识清楚，语言清晰，思维灵敏，记忆力强，情志活动正常。反之，则出现精神萎靡，反应迟钝，记忆力下降，狂躁易怒或神识错乱，或意识不清，甚则昏迷、或晕厥等症。

3. 主感觉运动

眼、耳、口、鼻、舌为五脏外窍，皆位于头面，与脑相通。人的视、听、言、动等，皆与脑有密切关系。此外，脑为元神之府，能统领肢体，与肢体运动紧密相关。脑髓充盈，则肢体轻劲有力；脑海空虚，则胫酸乏力，懈怠安卧。

（二）髓

髓是骨腔中的一种膏样物质，有骨髓、脊髓和脑髓之分。髓由先天之精所化生，又为后天之精所充养。髓有养脑、充骨和化生血液的功能。

1. 养脑

髓以先天之精为主要物质基础，赖后天之精的不断充养，分布于骨腔之中，由脊髓而上引入脑，成为脑髓，故称脑为髓之海。

2. 充骨

髓藏于骨中，骨赖髓的充养。

3. 生血

精生髓，髓可以化血，精髓为血液生成的重要物质基础。

（三）女子胞（附：精室）

女子胞，又称胞宫（即子宫、卵巢、输卵管的总称），具有通调月经和生育胎儿的功能。女子胞的生理功能和肾脏及经络中的冲、任二脉（冲脉为血海，任脉生胞胎）的关系最密切。胞宫能否正常排经和孕育胎儿，决定于冲、任二脉的盛衰，而冲任二脉的盛衰又决定于肾脏，肾精充沛，功能（命门）旺盛，则冲任脉盛，女子就能正常地通行月经和生育子女。反之，肾精虚亏和命门火衰，则冲任脉虚，就会引起月经不调或闭经而不能生育子女。由于月经与怀孕都和血液运行有关，而心是主血液循环的，肝是调节血量的，脾是统摄血行的，所以子宫的生理活动和心、肝、脾也有一定的关系。当肝气不能正常疏泄，或心、脾生理功能失调时，也都能影响冲任二脉而发生月经失调等病症。

附：精室，亦名精脏、精宫、精房。外与前阴之精窍相通。其主要生理功能是：化生和贮藏精液，主司生育繁衍，故精室是男子生殖器官之一。精室的生理功能与肾中精气的盛衰密切相关，与奇经八脉中的督脉、任脉和冲脉关系密切。

（四）骨

骨，泛指人体的骨骼。骨具有贮藏骨髓、支持形体和保护内脏等功能。

1. 支撑人体

骨是支撑躯体、维持形体的总支架。

2. 保护内脏

重要器官，如心、肺、大脑等外部均有相应的骨骼连接成廓或壳，加以保护，避免外力损伤。

3. 协同运动

肌肉和筋膜的收缩弛张，产生动力，进而促使骨节的屈伸或旋转等，表现出各种躯体的运动。因此，在机体运动过程中，骨与骨组成的关节，起着支点支撑和具体实施动作等的重要作用。

（五）脉

脉，即血脉，也称脉管、脉道，为血气运行的通道，故又称"血府"，属"五体"之一。在中医学中，脉尚有其他含义，如指脉象、脉搏。

1. 运行血气

脉是运行血气的管道，主司输送血气，使其流布于周身而循环不息。

2. 约束血行

脉既可防止血液逸出而避免出血，又可规定血流方向，使之能输布所需之处。

3. 反映全身信息

脉为血府，与心连贯，心脏推动血液在脉中流动时产生的搏动，谓之脉搏。脉搏是生命活动的标志，也是形成脉象的动力。脉象，即脉动应指的形象。中医切脉之处，又是手太阴肺经所过部位，肺经起于中焦。心主一身之血，肺主一身之气，中焦脾胃又为五脏六腑之大源。因此，脉象能反映全身脏腑、气血、阴阳的综合状况。

（六）胆

四、脏腑组织间的关系

人的生命活动，是靠脏腑间的密切联系构成人体生理功能的整体性进行的。这些脏器虽然各有其不同的生理作用，但彼此之间又是相互联系、相互依存、相互制约、相互促进的。

（一）脏与脏之间的联系

1. 心与肺

心主血、肺主气。心与肺之间主要是气与血的关系。血液的运行要靠气的推动，气也只有贯注于血脉之中，才能通达全身。故有"气为血海，血为气母，气行则血行，气滞则血瘀"的说法。

2. 心与肝

心与肝之间主要是血液循环与血量调节的关系。若心血不足，可以影响肝的调节而引起失眠多梦、眩晕等症，肝血不足也可影响心的功能而出现心悸、怔忡等症。另一方面，心主精神意识，肝主疏泄条达。精神与情绪也是相互影响的，如精神不足，就会影响情绪的愉快，情绪抑郁不畅也会影响精神的充沛。

3. 心与脾

脾的运化功能，需要心阳的帮助，心血的再生又必须依靠脾的转化为其来源。此外，心与脾还有循环与统摄的关系，如果脾虚不能统摄血液，就会引起各种出血的疾患。

4. 心与肾

心与肾之间的关系有二，一是阴与阳（又称水与火）的互济，二是精与神的互根。心居上焦，其性主动，故以阳（火）为主，肾居下焦，其性主静（藏精气而不泄），故以阴（水）为主，心阳下降，温暖肾阴，肾阴上济，滋养心阳，上下相交，动静结合，形成一对矛盾的统一体，始终使人体保持在一个相对的平衡状态。

心主藏神，肾主藏精，精与神也是一对矛盾的统一体，精是神的物质基础，神是精的外在表现，先天之精是神的物质基础，后天之精是神的给养，精气充沛是神志活动正常的条件。精神旺盛是使精气再生的条件（又称互根），所以，对于人体的健康状况，一般都以精神二字来形容。

5. 肝与肺

肝与肺主要是治节与调节的关系。肺主治节，肝主调节全身的血量，而肝向全身输送血液，必须依赖于气，如果肺气虚弱，即影响肝的调节与疏泄功能，而出现乏力少气、情绪抑郁等症。反之，肝气壅滞，也会影响肺的治节与肃降，而出现咳痰、咽痛或咯血等病症。

6. 肝与脾

肝与脾之间主要是疏泄与运化的关系。脾的运化，必须通过肝的疏泄。若肝气郁滞失常，会影响脾的运化，就会出现腹胀、胁痛等症，并伴有食欲不振、腹泻等病症。反之如果脾失健运，也会影响肝的疏泄，引起腹胀胁痛、黄疸等病症。

7. 肝与肾

肝与肾主要是互相滋养的关系。肝脏疏泄条达与调节血量的功能，必须依赖肾阴的滋助，肾阴再生的物质来源，又需通过肝的疏泄而入藏于肾。因此有肝肾同源之说。

8. 脾与肺

脾与肺主要是益气与主气的关系。脾所转输的饮食之精气，上输于肺，与肺吸入的气结合变化而形成宗气，这就是脾助肺益气的作用。另一方面，脾运化水湿的功能，又需借助肺气的肃降。

9. 脾与肾

肾为先天之本，脾为后天之本。脾的运化功能，必须得到命门火的温煦蒸化才能完成，反之，命门火又赖于后天之精气滋养。因此，两者之间是相互依存、相互促进的。

10. 肺与肾

在水液代谢上，肺主通调水道，肾主开合，故有"肾主一身之水"、"肺为水之上源"的说法。在呼吸方面，肺与肾之间又有着呼气与纳气的关系。肺的呼吸功能，要靠肾的纳气，所以有肺主呼气、肾主纳气之说。若肾虚不能纳气，就会造成呼吸浅表的病态，一些慢性气喘病，往往与肾不纳气有关。

（二）腑与腑之间的关系

六腑的生理功能虽然不同，但它们都是化水谷、行津液的器官。饮食物的消化、吸收、津液的输布、废物的排泄等一系列的过程，就是在六腑既分工又合作的情况下，共同来完成的。胃、胆、小肠、大肠密切协作，共同完成饮食物的消化与吸收，并将其糟粕传入大肠，经过大肠的再吸收，将废物排出体外。膀胱的贮尿、排尿与三焦的气化也是相互关联的。三焦则是概括了它参与的消化、吸收、排泄等各方面的功能。因此，六腑之间，必须相互协调，才能维持其正常的出入升降的生理状态。

（三）脏与腑之间的关系

五脏主藏精气，为阴，主里；六腑主传化物，为阳，主表。脏腑间的关系，就是一脏一腑，一表一里，一阴一阳相互配合的关系。脏腑表里相合，主要是通过经脉来实现的。

1. 肺与大肠相表里

大肠的传导功能，有赖于肺气肃降。若肺失肃降，往往会影响大肠的传导，出现大便异常，反之，大肠传导通畅，肺气才能和利。若大肠壅滞不畅，也会影响肺的肃降功能，而引起气逆咳嗽。

2. 心与小肠相表里

心气正常，小肠才能发挥其分清别浊的功能，小肠的分清别浊正常，有助于心气的正常活动。

3. 肝与胆相表里

胆汁来源于肝，肝疏泄失常，则影响胆汁的正常分泌，而胆汁分泌失常，反过来又影响肝的功能，造成黄疸（消化不良等症）。

4. 脾与胃相表里

胃主受纳，脾主运化。脾气主升，胃气主降，脾性恶湿喜燥，胃性恶燥喜润。两者一纳一化，一升一降，共同完成运化饮食物的全过程。

5. 肾与膀胱相表里

肾主水液，膀胱具有排泄小便的功能，共同完成水液代谢。

6. 心包络与三焦相表里

心包络与三焦也是在络脉上存在络属关系，一内一外，互为表里。

五、脏腑功能活动的物质基础及其表现

人体生命主要是依靠脏腑功能活动，而脏腑功能活动又是以精、气、血、津、液为其物质基础。在人体生理活动的过程中，这些物质由于脏腑的活动而不断地被消耗，又不断地得到补充和滋生。人的精神、意识、思维、知觉、运动等是脏腑功能活动的表现的总称，称作神。概括地说，精、气、血、津、液是脏腑功能活动的物质基础，神是脏腑功能活动的表现。

（一）精

精是构成人体和维持生命活动的基本物质。构成人体之精的精称为生殖之精；维持生命之精，称为水谷之精。生殖之精是指繁衍人类，具有生殖能力的物质，也是人体生命的原始物质，当男女两性之精相结合后，就在母体中孕育构成身形，所以也称先天之精。

水谷之精是指饮食物中的营养物质，是经过脾胃消化、吸收的作用而获得的，所以也称后天之精。

人体生命的维持，必须依靠后天之精来滋养，平时五脏六腑的精气充盈，则归藏于肾，当生殖功能发育成熟时，它又能化生为生殖之精。在人体整个生命过程中，精不断地消耗，也不断得到水谷之精的滋生和补充。

精是富有生命力的，它不但具有生殖和生长发育的能力，并能抵抗不良因素的刺激而免于疾病。因此，精的盛衰是人体生老病死的最基本的内在根据。

（二）血

血本源于先天之精，但其再生则是来源于饮食物的精华，也就是营气。营气是化生血液的物质，血是营气的依附所在，血液的来源旺盛，则身体强健，若来源不足或消耗过多，则百脉空虚而身体虚弱。如肌肤得不到足够的血液，就会麻木不仁；四肢得不到足够的血液，就会手足不温，甚至痿废不用。总之，内在的组织器官和外在的皮毛筋骨，都必须在血液运行不息的状态下，才能得到充分的营养，以维持其生理功能。

（三）津液

津液是人体体液之一，因其液质和分布部位以及具体功能的不同，有津与液之分。津：质稀而清，随着三焦的气化，渗透浸润于肌肤腠理之间，以温养肌肉，充润皮肤；液：质稠而浊，也是由三焦布散，而流行浸润到关节、脑髓、空窍以滑润关节，补益精髓，润泽耳、口、目、鼻等空窍。概括地说，津液本属一体，都是由饮食物化生，分布在表的是津，分布在里的是液。津与液在环流周身的过程中，是互相影响、互相转化的，故在临床上常常津液并称，不予严格区分。

津液的生成、布散、环流和排泄，皆与三焦的气化功能有关，也就是与肺、脾、肾三脏有着不可分割的联系。例如汗、尿的排泄，就是津液环流代谢的表现。假使腠理闭塞，汗孔不畅，是属上焦不宣，责之于肺；膀胱不利，小便癃闭，是属下焦不通，责之于肾；若胃脘不和，水饮停蓄，是属中焦失运，责之在于脾。

由此可见，津液的代谢，是维持体内液体平衡的重要环节。倘若津液生成不足，或大汗、大吐、大泻、大出血之后，或持续高热、耗伤津液过多，就会产生皮肤干皱、口唇燥裂、舌面无津、口渴咽燥、目涩、鼻干、大便秘结、小便短少等一系列燥症。反之，津液环流障碍，造成潴留，也会发生水肿或痰饮内蓄的病态。

（四）气

气的含意涉及面较为广泛，总的来说可归纳为两个方面：一是指体内流动着的、富有营养的微细的精密物质（如营气、卫气等）；二是指脏腑功能活动的能力。

在人体各部均分布着流动着的精微物质，由于分布的部位不同，而有不同的名称，如聚在上焦的叫宗气，聚在下焦的叫元气（或原气），宣发在肌肤腠理的叫卫气，运行在血脉之中的叫营气，现分述如下。

1. 元气

发源于肾，包括元阴、元阳之气。因其由先天之精化生，所以叫元气。元气是人体生化的原动力，它的作用是激发和推动五脏六腑的功能活动，元气的持续有赖于后天营养的不断滋生。

2. 宗气

积于胸中，它是饮食所化生的精微之气与口吸入的自然空气相结合的产物。因其是内在之气与外在之气的综合体，又是贯注于全身之气的起点，故叫宗气。宗气的作用，一是助肺司呼吸，凡语言、声音、呼吸的强弱，均与宗气的盛衰有关；二是把水谷之精的慓悍部分，宣发于脉外，把水谷之精的精华部分贯注于脉中，以营养全身，凡是气血的运行以及肢体的寒温和活动能力，多与宗气有关。

3. 营气

营气是由水谷之精气所化生，营气运行在脉中，属于血液的组成部分，它的作用是以血脉为轨道，昼夜不息运行于周身上下表里各部分，五脏六腑、四肢百骸皆以此为营养。

4. 卫气

卫气是由水谷之悍气所化生，由宗气宣发于脉外，它是人体阳气的一部分，因其具有保卫肌表抗御外邪的作用。所以叫卫气。卫气在内有温养五脏六腑的功能，在外有温养肌肉、润泽皮肤、滋养腠理、启闭汗孔等作用。因此，人体的脏腑活动，特别是肌表皮肤的功能是否正常，与卫气的强弱有密切关系。若卫气不足，外邪就会乘虚而入。

营气与卫气都是由饮食中化生出来的。营气是饮食中的精气，卫气是饮食中的悍气，营气运行于脉中，具有化生血液的作用，卫气运行在脉外，具有温养肌腠、保卫体表的作用。

综上所述元气为先天之精所化生，营气、卫气由中气（脾胃之气）所生，营气、卫气与自然之气相合即是宗气。元气、宗气、营卫之气与各脏器功能（又名脏气）的总和，称为正气，或称真气。

总之，精气是维持脏腑正常生理和功能活动的物质基础，但它们的生成与转化，又是脏腑生理功能综合活动的结果，这两个方面（即物质与功能）是互为消长、相互促进的。

（五）神

神是脏腑功能活动的外在表现，也就是人的精神状态。它包括人的感觉、听觉、视觉、动作、思维等一系列的精神活动。

精、气、血、津、液充足，脏腑功能活动正常，人的精神、意识、知觉、运动就旺盛。反之，物质缺乏，功能活动衰退，人的精神就会表现为痿靡不振。因此，精、气、神三者可视为人体生命活动的根本，三者之间又具有相互资生的关系。精充、气足、神全是健康的保证，精亏、气虚、神耗是衰老的原因。

【思考题】

1. 脏腑理论内涵。
2. 试举例分析中医脏腑理论在运动防护中的应用。

第三节 经络腧穴

一、经络概述

（一）经络的概念

经络，是经脉和络脉的总称。"经"即经脉，有路径的含义，犹如途径，贯串上下，沟通内外，是经络系统中纵行的主干；"络"为络脉，有网络的含义，为经脉别出的分支，较经脉细小，纵横交替，遍布全身，是经络系统中的分支。因此，经络内属于脏腑，外络于肢节，贯串上下，沟通内外，将人体联系成一个有机的整体。

（二）经络的组成与分布规律

经络系统是由经脉和络脉组成的。经脉包括十二经脉和奇经八脉，以及附属于十二经脉的十二经别、十二经筋、十二皮部。络脉有十五别络、孙络、浮络等。

1. 十二经脉

十二经脉包括手太阴肺经、手少阴心经、手厥阴心包经；手太阳小肠经、手少阳三焦经、手阳明大肠经；足太阴脾经、足少阴肾经、足厥阴肝经；足太阳膀胱经、足少阳胆经、足阳明胃经。

（1）十二经脉在体表的分布规律　均左右对称地分布于头面、躯干和四肢，纵贯全身。循行分布规律基本上按阳明、太阴在前，少阳、厥阴居中，太阳、少阴在后排列，但要注意的是足三阴经在下肢部内踝上八寸以下处，足厥阴肝经在前，足太阴脾经居中，足少阴肾经在后。

（2）十二经脉的表里属络关系　十二经脉内属于脏腑，脏与腑有表里相合的关系，阴经与阳经有表里属络关系。即手太阴肺经与手阳明大肠经相表里，足阳明胃经与足太阴脾经相表里，手少阴心经与手太阳小肠经相表里，足太阳膀胱经与足少阴肾经相表里，手厥阴心包经与手少阳三焦经相表里，足少阳胆经与足厥阴肝经相表里。互为表里的阴经与阳经在体内有属络关系，即阴经属脏络腑，阳经属腑络脏，如手太阴肺经属肺络大肠，手阳明大肠经属大肠络肺。

（3）十二经脉循行走向、交接与流注　循行走向是手三阴经从胸走手，手三阳经从手走头，足三阳经从头走足，足三阴经从足走腹（胸）。十二经脉的交接规律为：①阴经与阳经多在四肢末端衔接，如手太阴肺经在示（食）指旁与手阳明大肠经交接。②阳经与阳经（指同名经）在头面部衔接，如手阳明大肠经在鼻旁与足阳明胃经交接。③阴经与阴经在胸部衔接，如足太阴脾经在心中与手少阴心经交接。由于十二经脉通过手足阴阳表里经的联接而逐经相传，所以就构成了一个周而复始、如环无端的流注系统，气血通过经脉，内行于脏腑器官，外达肌表，营养全身。其流注次序如下：

手太阴肺经—（食指）—手阳明大肠经—（鼻旁）—足阳明胃经—（大趾内侧）—足太阴脾经—（心中）—手少阴心经—（小指）—手太阳小肠经—（目内眦）—足太阳膀胱经—（小趾）—足少阴肾经—（胸中）—手厥阴心包经—（环指）—手少阳三焦经—（目外眦）—足少阳胆经—（大趾背）—足厥阴肝经—（肺内）—手太阴肺经。

2. 奇经八脉

是十二经脉之外具有特殊作用的督脉、任脉、冲脉、带脉、阴维脉、阳维脉、阴跷脉、阳跷脉的总称，是经络系统中重要的组成部分。

"奇"有"离奇""奇异"的意思。八脉与十二经脉不同，既不直接隶属于脏腑，但又与肝、肾、心、脑、女子胞等密切联系，并无表里配合关系，不拘于正经而"别道奇行"的经脉，故称"奇经"。

奇经八脉交错地循行分布于十二经脉之间，其作用主要体现在：沟通了十二经脉之间的联系；奇经八脉将部位相近、功能相似的经脉联系起来，起到统率经脉气血、协调阴阳的作用；奇经八脉对十二经气血有溢蓄、渗灌的调节作用，十二经脉及脏腑气血旺盛时，奇经八脉能加以蓄积；当人体功能活动需要时，奇经八脉又能渗灌供应。

奇经八脉除任、督两脉外，其余六脉之腧穴都寄附于十二经脉之中，唯任、督两脉各有其所属腧穴，故与十二经相提并论，合称为"十四经"。

3. 十五别络

十二经脉和任、督两脉各自别出一络,加脾经别络(脾之大络),合称为"十五别络",分别以十五别络发出的腧穴命名。

十五别络是络脉中比较主要的部分,对全身无数细小的络脉起主导作用。从别络分出的细小的络脉称为"孙络";分布于皮肤浅表,浮而可见的络脉为"浮络"。

4. 十二经别

是十二正经离入出合的别行部分,是正经别行深入体腔的支脉,它加强了脏腑之间的联系,扩大了经穴的主治范围。

5. 十二经筋

是十二经脉之气结、聚、散、络于筋肉关节的体系,是十二经脉在肢体外周的连属部分,具有约束骨骼、利于关节屈伸活动,保持人体的正常运动功能的作用。

6. 十二皮部

是十二经脉功能活动反映于体表的部位,也是络脉之气散布所在。皮肤在生理上有抗御外邪、保卫机体的功能,是机体卫外的屏障。

(三) 经络的生理功能与临床应用

1. 经络的生理功能

①联络脏腑,沟通肢节;②运行气血,濡养周身;③抗御外邪,保卫机体。

2. 经络临床应用

①说明病理变化;②指导辩证归经;③指导临床治疗。

(四) 经脉循行

在经络系统中,具有本经腧穴的只有十二正经和任、督二奇经,故这十四条经脉是经络的主要内容。经脉内属于脏腑,外络于肢节,是沟通机体内外的通道,故其循行分两部分:外络于肢节指经络的体表部分,是经脉的主要路线,一般经穴和经穴模型所表示的就是指它的体表循行线;内行部分主要是深入和内在脏腑联系的。十四经的体表循行线有一定规律,十二经中一般是太阴、阳明在前;厥阴、少阳在中,少阴、太阳在后。手三阴经均起于胸部,沿上肢内侧前缘、中线、后缘循行的依次是手太阴肺经、手厥阴心包经和手少阴心经,即所谓"手之三阴,从胸走手"。手三阳均起于上肢末端,沿上肢外侧前缘、中线、后缘循行依次是手阳明大肠经、手少阳三焦经和手太阳小肠经,均止于头部,即所谓"手之三阳,从手走头"。足三阴经均起于下肢末端,在内踝8寸下,厥阴走在前,太阴走在中,在内踝8寸上,恢复太阴在前,厥阴在中,少阴在后的位置;足三阴经均止于胸腹部,即所谓"足之三阴,从足走腹"。足三阳经均起于头部,其中足阳明胃经行于身体外侧前缘,足少阳胆经行于身体的侧部,足太阳膀胱经行于背部,并分别走向下肢外侧前缘、中缘、后缘,即所谓"足之三阳,从头走足"。

1. 手太阴肺经循行

内行线:起于中焦,下络大肠,还循胃口,上膈属肺。

体表循行线主干:从肺系,横出上胸外侧,出腋下,沿上肢内侧前缘,循少阴、心主之前,下肘中,循臂内,过腕,上鱼际,止拇指桡侧。

分支：从腕后分出，走向食指桡侧端。

2. 手阳明大肠经循行

主干：起于食指桡侧端（商阳），循指上廉，出合谷两骨之间，上入两筋之中，循臂上廉，入肘外廉，入上肢外侧前缘，过肩，上颈入缺盆，络肺，属大肠。

分支：从缺盆经颈至面颊，入上齿，交于人中，止于鼻旁。

3. 足阳明胃经循行

主干：起于鼻，交鼻根部，旁约太阳之脉，下循鼻外，入上齿中，还出挟口，环唇，下交承浆，却循下颌后下廉，出大迎，循颊车，上耳前，循发际，至额颅；

分支1：从大迎前，下人迎，循喉咙，入缺盆，下膈，属胃，络脾；

分支2：从缺盆下乳内廉，下挟脐，入气街中；

分支3：起于胃口，下循腹里，下至气街中而合，以下髀关，抵伏兔，下膝髌中，下循胫外廉，下足跗，入中指内间；

分支4：下膝三寸而别，下入中指外间，其支者，别跗上，入大指间，出其端。

4. 足太阴脾经循行

主干：起于大趾之端，循趾内侧白肉际，过核骨后，上内踝前廉，上踹内，循胫骨后，交出厥阴之前，上膝股内前廉，入腹，属脾，络胃，上膈，挟咽，连舌本，散舌下。

分支：复从胃，别上膈，注心中（脾之大络，名曰大包，出渊腋下三寸，布胸胁）。

5. 手少阴心经循行

内行线：起于心中，出属心系，下膈，络小肠。

分支：从心系，上挟咽，系目系；

体表线：复从心系，却上肺，下出腋下，下循臑内后廉，行太阴、心主之后，下肘内，循臂内后廉，抵掌后锐骨之端，入掌内后廉，循小指之内，出其端。

6. 手太阳小肠经循行

主干：起于小指之端，循手外侧上腕，出踝中，直上循臂骨下廉，出肘内侧两骨之间，上循臑外后廉，出肩解，绕肩胛，交肩上，入缺盆，络心，循咽下膈，抵胃。属小肠。

分支1：从缺盆循颈，上颊，至目锐眦，却入耳中。

分支2：别颊，抵鼻，至目内眦（斜络于颧）。

7. 足太阳膀胱经循行

起于目内眦，上额，交巅。

分支1：从巅至耳上角。

直行线：从巅入络脑，还出别下项，循肩膊内挟脊抵腰中，入循膂，络肾，属膀胱。

分支2：从腰中，下挟脊，贯臀入腘中。

分支3：从膊内左右别下贯胛，挟脊内，过髀枢循髀外后廉下合腘中，以下贯踹内，出外踝之后，循京骨至小趾外侧。

8. 足少阴肾经循行

主干：起于小趾之下，斜走足心，出于然谷之下，循内踝之后，别入跟中，以上踹内，出腘内廉，上股内后廉，贯脊属肾，络膀胱。

内行线：从肾上贯肝、膈，入肺中，循喉咙，挟舌本。

分支：从肺出，络心，注胸中。

9. 手厥阴心包经循行

内行线：起于胸中，出属心包络，下膈，历络三焦。

主干：循胸出胁，下腋三寸，上抵腋下，循臑内，行太阴、少阴之间，入肘中，下臂，行两筋之间，入掌中，循中指，出其端。

分支：别掌中，循小指次指出其端。

10. 手少阳三焦经循行

主干：起于小指次指之端，上出两指之间，循手表腕，出臂外两骨之间，上贯肘，循臑外上肩，而交出足少阳之后，入缺盆，布膻中，散络心包，下膈，遍属三焦。

分支1：从膻中，上出缺盆，上项，系耳后，直上出耳上角，以屈下颊。

分支2：从耳后入耳中，出走耳前，过客主人，前交颊，至目锐眦。

11. 足少阳胆经循行

主干：起于目锐眦，上抵头角，下耳后，循颈，行手少阳之前，至肩上，却交出手少阳之后，入缺盆。

分支1：从耳后入耳中，出走耳前，至目锐眦后。

分支2：别锐眦，下大迎，合于手少阳，下挟颊车，下颈，合缺盆——以下胸中，贯膈，络肝，属胆，循胁里，出气街，绕毛际，横入髀厌中。

直行线：从缺盆下腋，循胸，过季胁，下合髀厌中，——以下循髀阳，出膝外廉，下外辅骨之前，直下抵绝骨之端，下出外踝之前，循足跗上，入小趾次趾之间。

分支3：别跗上，入大趾之间，循大趾歧骨内，出其端，还贯爪甲，出三毛。

12. 足厥阴肝经循行

起于大趾丛毛之际，上循足跗上廉，去内踝一寸，上踝八寸，交出太阴之后，上腘内廉，循股阴，入毛中，环阴器，抵小腹，挟胃，属肝，络胆，上贯膈，布胁肋，循喉咙之后，上入颃颡，连目系，上出额。与督脉会于巅。

分支1：从目系下颊里，环唇内。

分支2：复从肝别贯膈，上注肺。

13. 任脉循行

起于中极之下，以上毛际，循腹里，上关元，至咽喉，上颐循面入目。

起于胞中，上循脊里，为经络之海，其浮而外者，循腹右上行，会于咽喉，别而络唇口。

起于中极之下，以上毛际，循腹里，上关元，至咽喉。

任脉之别，名曰尾翳，下鸠尾，散于腹，实则腹皮痛，虚则痒瘙，取之所别也。

14. 督脉循行

起于少腹以下骨中央，女子入系廷孔。其孔，溺孔之端也，其络循阴器，合篡间，绕篡后，别绕臀至少阴，与巨阳中络者合，少阴上股内后廉，贯脊属肾，与太阳起于目内眦，上额交巅上，入络脑，还出别下项，循肩膊内，侠脊抵腰中，入循膂络肾，其男子循茎下至篡，与女子等，其少腹直上者，贯脐中央，上贯心，入喉，上颐，环唇，上系两目之下中央。

起于下极之俞，并于脊里，上至风府，入属于脑。

督脉之别，名曰长强，挟膂上项，散头上，下当肩胛左右，别走太阳，入贯膂。

二、腧穴概述

（一）腧穴的概念

"腧""输""俞"三字相通，应用时各有所指。所谓"腧穴"是指穴位的统称；"输穴"是指井、荥、输、经、合五输穴的第三个穴位；"俞穴"是指脏腑之气输注于背部的穴位，即五脏和六腑的背俞穴。

腧穴与经络有密切关系，而腧穴和经络又归属于脏腑。也就是说腧穴各归属于某一条经，而每一条经又各隶属于某一脏腑。腧穴、经络、脏腑之间存在密切的联系。脏腑的某些病症能在相应的腧穴上有所反应，如果在体表的穴位上施以针灸推拿，就能够治疗所属脏腑的某些疾病。

（二）腧穴的分类

人体的腧穴很多，依照传统分类法可分为经穴、奇穴和阿是穴三类。

1. 经穴

凡归属于十二经脉和任、督二脉的腧穴，称"十四经穴"，简称"经穴"。经穴的特点是有具体腧穴名称，有固定的部位，又因其分布在十四经循行路线上，所以与经脉关系密切。不仅具有主治本经病症的作用，而且能反映十四经及其所属脏腑的病症。

2. 奇穴

凡未纳入十四经穴范围，但具有固定名称、位置和主治等内容的穴称为经外奇穴，简称奇穴。奇穴是在阿是穴的基础上发展起来的，这类腧穴的主治范围比较单纯，多数对某些病症有特殊疗效，如百劳穴治瘰疬，四缝穴治小儿疳积等。

3. 阿是穴

凡以病痛局部或与病痛有关的压痛（敏感）点作为腧穴，称为阿是穴。这类腧穴既无具体名称，也无固定部位，而是以痛处为穴进行针刺推拿或艾灸。

（三）腧穴的作用

腧穴作为脏腑经络气血转输出入的特殊部位，其作用与脏腑、经络有着密切关系，主要反映在诊断和治疗两方面。

1. 诊断方面

腧穴有反映病症以协助诊断的作用。如胃肠疾患的人常在足三里、地机等穴出现压痛过敏，有时并可在第五至第八胸椎附近触到软性异物；患有肺脏疾患的人，常可见肺俞、中府穴有压痛、过敏及皮下结节。因此，临床上常用指压背俞穴、募穴、郄穴、原穴的方法，察其腧穴的压痛、过敏、肿胀、硬结、凉、热，以及局部肌肉的坚实虚软程度，并审其皮肤的色泽、瘀点、丘疹、脱屑、肌肉的隆起、凹陷等来协助诊断。

2. 治疗方面

腧穴有接受刺激、防治疾病的治疗作用。腧穴不仅是气血输注的部位，也是邪气所客之处所，又是针灸推拿防治疾病的刺激点。通过针灸推拿等对腧穴的刺激以通其经脉，调其气血，使阴阳归于平衡，脏腑趋于和调，从而达到扶正祛邪的目的。腧穴的防治作用主要有以下三个方面。

（1）近治作用 这是一切腧穴主治作用所具有的共同特点。这些腧穴均能治疗该穴所在部位及邻近部位及邻近组织、器官的病症。如眼区的睛明、承泣、四白、球后各穴，均能治眼病；耳区的听宫、听会、翳风、耳门诸穴，均能治疗耳病；胃部的中脘、建里、梁门诸穴，均能治疗胃病等。

（2）远治作用 这是十四经腧穴主治作用的基本规律。在十四经腧穴中，尤其是十二经脉在四肢肘、膝关节以下的腧穴，不仅能治局部病症，而且能治本经循行所涉及的远隔部位的组织、器官、脏腑的病症，有的甚至具有影响全身的作用。如合谷穴，不仅能治上肢病症，而且能治颈部和头面部病症，同时能治外感病的发热；足三里穴不但能治疗下肢病症，而且对调整消化系统的功能，甚至对人体防御、免疫反应方面都具有很大的作用。

（3）特殊作用 临床实践证明，刺激某些腧穴，对机体的不同状态，可起着双重性的良性调整作用。如泄泻时，刺激天枢能止泻；便秘时，刺激天枢又能通便。心动过速时，刺激内关能减慢心率；心动过缓时，刺激内关又可使之恢复正常。此外，腧穴治疗作用还具有相对的特异性，如大椎退热，至阴矫正胎位等，均具有特殊的治疗作用。

（四）腧穴的主治规律

每个腧穴都有较广泛的主治范围，这与其所属经络和所在部位的不同有直接关系。无论腧穴的局部治疗作用，还是远隔部位的治疗作用，都是以经络学说为依据的，一句话就是"经络所通，主治所及"。如要掌握腧穴的主治规律，一般可以从腧穴的分经、分部两方面来归纳。

1. 分经主治规律

十四经腧穴的分经主治既有其特性，又有其共性。各类经脉上的腧穴既能主治本经的病症，又能主治二经或多经相同的病症。

2. 分部主治规律

十四经腧穴的分部主治各有特点：如头、面、颈项部的腧穴，除个别能治全身性疾患或四肢疾患外，绝大多数均治局部病症；胸腹部腧穴，大多可治脏腑及急性疾患；背腰部腧穴，除少数能治下肢病外，大多可治局部病症、脏腑和慢性疾患；少腹部腧穴，除能主治脏腑疾患外，还能治全身性疾患；四肢部肘膝部以上的腧穴，以治局部病症为主；肘膝以下至腕、踝部的腧穴，除能治局部病症外，还能治脏腑疾患；腕、踝以下的腧穴，除能治局部病症外，还能治头面、五官病症，以及发热、神志病等全身疾患。

（五）腧穴的定位方法

常用的腧穴定位方法，可分体表标志定位法、骨度分寸定位法、手指同身寸取穴法和简便取穴法。

1. 根据体表标志定位法

体表标志定位法又称自然标志定位法，它是以人体解剖标志作定位的依据。常用的有以下两种：

（1）固定标志　指标志不受活动影响者，如五官、毛发、指（趾）甲、乳头、肚脐等以及各部骨节的突起和缝隙、肌肉的隆起和凹陷。其中主要是指"骨性标志"和"肌性标志"。

（2）活动标志　指关节、肌肉、皮肤随着适当的活动而出现的标志，包括关节的间隙、肌肉和肌腱的隆起或凹陷、皮肤的皱纹等。

2. 骨度分寸定位法

将人体各部，按比例分别规定为一定的折算长度，作为量取腧穴的标准，这种假定的长度叫"骨度"。如肘横纹到腕横纹为12寸，即是将这段距离划分为12个等分。不论年龄、体形、男女、老幼都按照这种标准测量。此法是腧穴定位的基本方法。目前常用的人体各部骨度分寸见表6-1。

表6-1　常用骨度分寸法

分部	起止点	骨度分寸	度量法	说明
头部	前发际至后发际	12寸	直寸	如前后发际不明者，即从眉心至前发际作3寸，大椎至后发际作3寸，从眉心到大椎作18寸
	前额两发角之间	9寸	横寸	用于量头部的横寸
	耳后两乳突之间	9寸		
胸腹部	胸剑联合至脐中	8寸	直寸	胸部与胁肋部取穴直寸，一般根据肋骨计算，每一肋骨折作1.6寸
	脐中至耻骨联合上缘	5寸		
	两乳头之间	8寸	横寸	女性可用锁骨中线代替
背腰部	大椎以下至尾骶	21寸	直寸	背腰部以脊椎棘突作为定穴的依据。一般肩胛骨下角相当第七胸椎，髂嵴相当第四腰椎
	两肩胛骨脊柱缘之间	6寸	横寸	
侧胸部	腋下至季胁	12寸	直寸	季胁指第11肋端
上肢部	腋前皱襞至肘横纹	9寸	直寸	用于手三阴、手阳经
	肘横纹至腕横纹	12寸		
下肢部	横骨上至股骨内侧髁	18寸	直寸	用于足三阴经
	胫骨内侧髁下缘至内踝高点	13寸		
	髀枢至膝中	19寸	直寸	1. 用于足三阳经； 2. 髀枢指股骨大转子； 3. 膝中的水平线：前面相当犊鼻穴，后面相当委中穴
	臀横纹至膝中	14寸		
	膝中至外踝高点	16寸		
	外踝高点至足底	3寸		

3. 手指同身寸取穴法

以受术者的手指为标准，来定取穴位的方法，称为"手指同身寸取穴法"，简称"指寸法"。术者根据病人身材高矮和手指的长短粗细情况，适当作出增减比例，也可用自己的手指来测定穴位。此类方法较多，临床常用的有以下3种：

（1）中指同身寸法是以受术者的中指中节屈曲时，内侧两端纹头之间作为1寸，可用于四肢部取穴的直寸和背部穴的横寸。

（2）拇指同身寸法是以受术者拇指指关节的横度作为1寸，适用于四肢部的直寸取穴。

（3）横指同身寸法又名"一夫"法，是令受术者将食指、中指、无名指和小指并拢，以中指中节横纹处为准，四指横量作为3寸，适用于四肢的直寸及胸腹部直寸和横寸取穴。

4. 简便取穴法　简便取穴法是一种简便易行的定位方法，此法只适用于少数腧穴的量取。如两耳尖直上连线中点定百会；两手虎口自然平直交叉，食指端处取列缺；直立垂手时中指的尖端到达处定风市；两髂嵴上缘连线中点定腰阳关等。

（六）常用腧穴定位与主治

1. 中府
定位：前正中线旁开6寸，平第一肋间隙处。
经属：手太阴肺经。
主治：咳嗽、气喘、肺胀满、胸痛、肩背痛。

2. 尺泽
定位：肘横纹中，肱二头肌腱桡侧凹陷处。
经属：手太阴肺经。
主治：咳嗽、咯血、潮热、气喘、咽喉肿痛。

3. 列缺
定位：桡骨茎突上方，腕横纹上1.5寸。
经属：手太阴肺经。
主治：头痛、项强、咳喘、咽喉肿痛、齿痛。

4. 商阳
定位：食指桡侧指甲角旁约0.1寸。
经属：手阳明大肠经。
主治：耳聋、齿痛、咽喉肿痛、颌痛、手指麻木。

5. 合谷
定位：手背第一、第二掌骨之间，约平第二掌骨中点处。
经属：手阳明大肠经。
主治：头痛、目赤肿痛、耳聋、齿痛、咽喉肿痛。

6. 肩髃
定位：三角肌上部，肩峰与肱骨大结节之间，上臂外展平举时肩前出现凹陷处。
经属：手阳明大肠经。

主治：肩臂挛痛不遂、齿痛、风热瘾疹。

7. 曲池

定位：屈肘，在肘横纹桡侧端凹陷处。

经属：手阳明大肠经。

主治：热痛、上肢不遂、月经不调、目赤肿痛、高血压、胸中烦满等。

8. 迎香

定位：鼻翼外缘中点旁开 0.5 寸。

经属：手阳明大肠经。

主治：鼻塞、口歪、面痒。

9. 承泣

定位：双目直视，瞳孔直下 0.7 寸。

经属：足阳明胃经。

主治：眼睑颤动、目赤肿痛、迎风流泪、口眼歪斜、夜盲。

10. 四白

定位：双目直视，瞳孔直下 1 寸。

经属：足阳明胃经。

主治：目赤肿痛、迎风流泪、口眼歪斜、眩晕。

11. 地仓

定位：口角旁 0.4 寸。

经属：足阳明胃经。

主治：口角歪斜、流涎、眼睑颤动。

12. 颊车

定位：开口取穴，在下颌角前上方一横指凹陷中。上下齿咬紧时，在隆起的咬肌高点处。

经属：足阳明胃经。

主治：口眼歪斜、颊肿、齿痛、口噤不语。

13. 梁门

定位：脐上 4 寸，旁开 2 寸。

经属：足阳明胃经。

主治：胃痛、呕吐、食欲不振、腹胀、泄泻。

14. 天枢

定位：肚脐旁开 2 寸。

经属：足阳明胃经。

主治：腹痛、呕吐、腹胀、泄泻、便秘、痛经、水肿。

15. 梁丘

定位：髂前上棘与髌骨外上缘连线上，髌骨外上缘上 2 寸的凹陷处。

经属：足阳明胃经。

主治：膝胫痹痛、胃痛、乳痈。

16. 犊鼻

定位：髌骨下方，髌韧带外侧凹陷中。

经属：足阳明胃经。

主治：膝关节痛。

17. 足三里

定位：犊鼻穴下3寸，胫骨前嵴外一横指处。

经属：足阳明胃经。

主治：胃痛、腹胀、呕吐、噎膈、泄泻、痢疾。

18. 丰隆

定位：外踝高点上8寸。

经属：足阳明胃经。

主治：痰多、哮喘、咳嗽、胸痛、下肢痿痹、咽喉肿痛。

19. 内庭

定位：足背第二、三趾间的趾缝端，约在跖趾关节与趾蹼缘间的中点处。

经属：足阳明胃经。

主治：齿痛、鼻衄、腹痛、腹胀、泄泻、热病。

20. 隐白

定位：拇指内侧趾甲旁约0.1寸。

经属：足太阴脾经。

主治：腹胀、便血、尿血、月经过多、崩漏。

21. 公孙

定位：足内侧缘，第一趾骨基底部前下缘，当赤白肉际处。

经属：足太阴脾经。

主治：胃疼、呕吐、饮食不化、腹胀腹痛、泄泻、水肿、心烦失眠、嗜睡。

22. 太白

定位：第一跖骨小头后缘，当赤白肉际处。

经属：足太阴脾经。

主治：胃痛、腹胀、身重、肠鸣、泄泻、便秘。

23. 三阴交

定位：内踝高点上3寸，当胫骨内侧面的后缘处。

经属：足太阴脾经。

主治：脾胃虚弱、消化不良、月经不调、崩漏、经闭、遗精、水肿、小便不利、遗尿、失眠、高血压等。

24. 地机

定位：阴陵泉下3寸，当胫骨后缘处。

经属：足太阴脾经。

主治：腹胀、腹痛、食欲不振、月经不调、痛经、遗精、腰痛、小便不利、水肿。

25. 阴陵泉

定位：胫骨内侧髁下缘与腓肠肌之间的凹陷处。

经属：足太阴脾经。

主治：腹胀、喘逆、水肿、小便不利或失禁、遗精、膝痛。

26. 血海

定位：髌骨内上缘上方2寸，股四头肌内侧头的隆起处。

经属：足太阴脾经。

主治：月经不调、崩漏、经闭、湿疹、股内侧痛。

27. 大横

定位：脐中旁开4寸。

经属：足太阴脾经。

主治：泄泻、大便秘结、腹痛。

28. 极泉

定位：在腋窝正中，当腋动脉前缘。

经属：手少阴心经。

主治：心痛、胸闷、心悸、气短、咽干烦渴、肘臂冷痛不举。

29. 少海

定位：屈肘，在肘横纹尺侧端凹陷处。

经属：手少阴心经。

主治：心痛、手臂挛痛、头项痛、腋胁痛。

30. 通里

定位：仰掌，在尺侧腕屈肌腱的桡侧缘，神门穴上1寸。

经属：手少阴心经。

主治：暴喑、舌强不语、心悸怔忡、头痛目眩、崩漏、腕臂痛。

31. 少冲

定位：小指桡侧指甲旁约0.1寸。

经属：手少阴心经。

主治：心痛、心烦、胸胁痛、癫狂、昏迷。

32. 少泽

定位：小指尺侧甲角旁约0.1寸。

经属：手太阳小肠经。

主治：头痛、寒热、咽喉肿痛、乳肿、乳汁少。

33. 后溪

定位：握拳，第五掌指关节尺侧后方，横纹头赤白肉际。

经属：手太阳小肠经。

主治：头项强痛、耳聋、咽喉肿痛、齿痛、肘臂挛痛。

34. 小海

定位：屈肘，当尺骨鹰嘴与肱骨内上髁之间凹陷中。

经属：手太阳小肠经。

主治：头痛、肩肘臂痛、癫痫。

35. 天宗

定位：肩胛骨岗下窝的中央，约在肩胛岗下缘与肩胛骨下角连线的上1/3折点处。

经属：手太阳小肠经。

主治：肩重、肘臂痛、肩胛痛。

36. 肩外俞

定位：第一胸椎棘突下旁开3寸。

经属：手太阳小肠经。

主治：肩背酸痛、颈项强痛、肘臂冷痛。

37. 听宫

定位：耳屏前，下颌关节髁状突的后缘，张口呈凹陷处。

经属：手太阳小肠经。

主治：耳聋、耳鸣、齿痛。

38. 睛明

定位：目内眦上方0.1寸。

经属：足太阳膀胱经。

主治：目赤肿痛、内眦痒痛、流泪、雀目。

39、攒竹

定位：眉毛内侧端，当眶上切迹处。

经属：足太阳膀胱经。

主治：头痛、目眩、眉棱骨痛、视物不明。

40. 大杼

定位：第一胸椎棘突下，旁开1.5寸。

经属：足太阳膀胱经。

主治：头痛、项背痛、咳嗽、发热、脊强。

41. 风门

定位：第二胸椎棘突下，旁开1.5寸。

经属：足太阳膀胱经。

主治：伤风咳嗽，发热头痛、项强、腰背痛。

42. 肺俞

定位：第三胸椎棘突下，旁开1.5寸。

经属：足太阳膀胱经。

主治：咳嗽、气喘、咯血、骨蒸潮热、盗汗。

43. 心俞

定位：第五胸椎棘突下，旁开1.5寸。

经属：足太阳膀胱经。

主治：心痛，健忘、心烦、咳嗽、咯血、盗汗。

44. 膈俞

定位：第七胸椎棘突下，旁开1.5寸。

经属：足太阳膀胱经。

主治：胃脘胀痛、呕吐、气喘、潮热、盗汗、背痛、脊强。

45. 肝俞

定位：第九胸椎棘突下，旁开1.5寸。

经属：足太阳膀胱经。

主治：黄疸、胁痛、吐血、目赤、目眩、脊背痛。

46. 胆俞

定位：第十胸椎棘突下，旁开1.5寸。

经属：足太阳膀胱经。

主治：黄疸、胁痛、吐血、目赤、目眩、脊背痛。

47. 脾俞

定位：第十一胸椎棘突下，旁开1.5寸。

经属：足太阳膀胱经。

主治：腹胀、黄疸、呕吐、泄泻、痢疾。

48. 胃俞

定位：第十二胸椎棘突下，旁开1.5寸。

经属：足太阳膀胱经。

主治：胸胁痛、胃脘痛、腹胀、肠鸣、恶心、呕吐。

49. 三焦俞

定位：第一腰椎棘突下，旁开1.5寸。

经属：足太阳膀胱经。

主治：肠鸣腹胀、水谷不化、呕吐、泄泻、水肿、腰背强痛。

50. 肾俞

定位：第二腰椎棘突下，旁开1.5寸。

经属：足太阳膀胱经。

主治：遗精、阳痿、遗尿、月经不调、肾虚腰痛、目昏、耳聋、水肿。

51. 大肠俞

定位：第四腰椎棘突下，旁开1.5寸。

经属：足太阳膀胱经。

主治：腰痛、肠鸣腹胀、泄泻、便秘。

52. 小肠俞

定位：第一骶椎棘突下，旁开1.5寸。

经属：足太阳膀胱经。

主治：小腹胀痛、痢疾、遗精、尿血、遗尿。

53. 膀胱俞

定位：第二骶椎棘突下，旁开1.5寸。

经属：足太阳膀胱经。

主治：小便不通、遗尿、泄泻、便秘、腰脊强痛。

54. 次髎

定位：第二骶后孔中，约当髂后上棘与督脉的中点。

经属：足太阳膀胱经。

主治：腰痛、疝气、月经不调、赤白带下、痛经、下肢痿痹。

55. 委中

定位：腘窝横纹中央。

经属：足太阳膀胱经。

主治：腰痛、髋关节活动不利、下肢痿痹、腹痛、吐泻、丹毒。

56. 志室

定位：第二腰椎棘突下，旁开3寸。

经属：足太阳膀胱经。

主治：遗精、阳痿、小便不利、水肿、腰脊强痛。

57. 承山

定位：腓肠肌两肌腹之间凹陷的顶端。

经属：足太阳膀胱经。

主治：腰痛、腿痛转筋、痔疾、便秘、脚气。

58. 昆仑

定位：外踝与跟腱之间的凹陷中。

经属：足太阳膀胱经。

主治：头痛、项强、目眩、肩背腰痛、脚跟肿痛、小儿痫症、难产胞衣不下。

59. 申脉

定位：外踝下缘凹陷中。

经属：足太阳膀胱经。

主治：头痛、眩晕、腰腿酸痛。

60. 至阴

定位：足小趾外侧趾甲旁约0.1寸。

经属：足太阳膀胱经。

主治：头痛、眩晕、腰腿酸痛。

61. 涌泉

定位：去足底（去趾）前1/3与后2/3交界处，当足趾跖屈时呈凹陷处。

经属：足少阴肾经。

主治：头痛、目眩、头昏、咽痛、便秘。

62. 然谷

定位：足舟骨粗隆下缘凹陷中。

经属：足少阴肾经。

主治：阴痒、月经不调、遗精、咳血、黄疸。

63. 太溪

定位：足内踝与跟腱之间的凹陷中，平内踝高点。

经属：足少阴肾经。

主治：头痛目眩、咽喉肿痛、耳聋、耳鸣、气喘、消渴、月经不调、失眠、遗精、小便频数。

64. 照海

定位：内踝下缘凹陷中。

经属：足少阴肾经。

主治：咽喉干燥、失眠、嗜卧、目赤肿痛、痛经、疝气、小便频数。

65. 复溜

定位：太溪穴直上2寸，跟腱前缘处。

经属：足少阴肾经。

主治：泄泻、腹胀、水肿、盗汗、身热无汗。

66. 曲泽

定位：肘横纹中，肱二头肌腱尺侧缘。

经属：手厥阴心包经。

主治：心痛、心悸、烦热、口干、胃痛、呕吐、肘臂酸痛。

67. 内关

定位：腕横纹上2寸，掌长肌腱与桡侧腕屈肌腱之间。

经属：手厥阴心包经。

主治：心痛、心悸、胃痛、呕吐、热病、肘臂挛痛。

68. 关冲

定位：第四指尺侧指甲旁约0.1寸。

经属：手少阳三焦经。

主治：头痛、目赤、咽喉肿痛、舌强、心烦。

69. 中渚

定位：握拳、第四、五掌骨小头后缘之间凹陷中。

经属：手少阳三焦经。

主治：头痛、目赤、耳聋、耳鸣、肘臂痛。

70. 阳池

定位：腕背横纹上，指总伸肌腱尺侧缘凹陷中。

经属：手少阳三焦经。

主治：肩臂痛、腕痛、耳聋、消渴。

71. 外关

定位：腕背横纹上2寸，桡骨与尺骨之间。

经属：手少阳三焦经。

主治：热病、头痛、耳鸣、肘臂屈伸不利、手指疼痛。

72. 天井

定位：屈肘、尺骨鹰嘴上1寸凹陷中。

经属：手少阳三焦经。

主治：偏头痛、耳聋、颈项肩臂痛、瘰疬。

73. 角孙

定位：耳尖端，入发际处。

经属：手少阳三焦经。

主治：耳部肿痛、目赤肿痛、头痛、项强。

74. 耳门

定位：耳屏上切迹前，下颌骨髁状突后缘凹陷中。

经属：手少阳三焦经。

主治：耳鸣、耳聋、齿痛。

75. 丝竹空

定位：眉梢旁凹陷处。

经属：手少阳三焦经。

主治：头痛、目赤痛、昏花、齿痛。

76. 瞳子髎

定位：目外眦旁0.5寸。

经属：足少阳胆经。

主治：头痛、目赤肿痛、目翳、青盲、口眼歪斜。

77. 听会

定位：耳屏间切迹前，下颌髁状突的后缘，张口有凹陷处。

经属：足少阳胆经。

主治：耳聋、耳鸣、齿痛、口歪、腮肿。

78. 风池

定位：胸锁乳突肌与斜方肌之间上端凹陷处，平风府穴处。

经属：足少阳胆经。

主治：头项强痛、目赤痛、耳鸣。

79. 肩井

定位：在大椎穴与肩峰连线的中点。

经属：足少阳胆经。

主治：肩背痹痛、手臂不举、颈项强痛、中风。

80. 环跳

定位：侧卧屈股，在股骨大转子最高点与骶管裂孔连线的外1/3与内2/3交界处。

经属：足少阳胆经。

主治：风湿痹痛、下肢瘫痪、腰胯痛、膝胫痛。

81. 风市

定位：大腿外侧中间，腘横纹水平线上7寸。

经属：足少阳胆经。

主治：腰腿酸痛、下肢痿痹、脚气。

82. 阳陵泉

定位：腓骨小头前下方凹陷中。

经属：足少阳胆经。

主治：下肢痿痹、脚气、口苦、呕吐、胁痛。

83. 光明

定位：外踝高点上5寸，腓骨前缘。

经属：足少阳胆经。

主治：膝痛、下肢痿痹、目痛、夜盲、乳胀痛。

84. 悬钟

定位：外踝高点上3寸，腓骨后缘。

经属：足少阳胆经。

主治：胁痛、足胫挛痛、脚气。

85. 丘墟

定位：外踝前下方，趾长伸肌腱外侧凹陷中。

经属：足少阳胆经。

主治：胸满胁痛、下肢痿痹、疟疾。

86. 大敦

定位：拇趾外侧趾甲旁约0.1寸。

经属：足厥阴肝经。

主治：疝气、遗尿、阴挺、经闭、崩漏。

87. 行间

定位：足背，第一、第二趾间的缝纹端。

经属：足厥阴肝经。

主治：胁痛、腹泻、头痛、目眩、小便不利。

88. 太冲

定位：在足第一、第二跖骨结合部之间凹陷中。

经属：足厥阴肝经。

主治：头痛、眩晕、月经不调、癃闭、遗尿、胁痛、腹胀、呕逆、目赤肿痛、下肢痿痹。

89. 章门

定位：第十一肋端下缘。

经属：足厥阴肝经。

主治：腹胀、肠鸣、胁痛、痞块、呕吐、泄泻。

90. 期门

定位：乳头直下，第六肋间隙。

经属：足厥阴肝经。

主治：胸满腹胀、呃逆吐酸、胁下积聚。

91. 中极

定位：前正中线上，脐下4寸。

经属：任脉。

主治：遗尿、遗精、阳痿、疝气、癃闭、崩漏、月经不调、带下、不孕、产后恶露不止。

92. 关元

定位：脐下3寸。

经属：任脉。

主治：遗尿、遗精、小便频数、疝气、月经不调、带下、不孕、产后恶露不止、中风脱证。

93. 气海

定位：脐下1.5寸。

经属：任脉。

主治：小腹痛、遗尿、遗精、疝气、崩漏、月经不调、产后恶露不止、中风脱证。

94. 神阙

定位：肚脐正中。

经属：任脉。

主治：腹痛肠鸣、水肿腹胀、泄泻脱肛、中风脱证。

95. 建里

定位：脐上3寸。

经属：任脉。

主治：胃痛、呕吐、腹胀、水肿、食欲不振。

96. 中脘

定位：脐上4寸。

经属：任脉。

主治：胃痛、腹胀、肠鸣、呕吐、泄泻、黄症。

97. 膻中

定位：两乳头之间，胸骨中线上，平第四肋间隙。

经属：任脉。

主治：咳嗽、气喘、胸痹心痛、心悸、心烦。

98. 承浆

定位：颏唇沟的中点。

经属：任脉。

主治：口歪、面肿、眼肿、齿痛、流涎、癫狂。

99. 长强

定位：尾骨尖与肛门的中间。

经属：督脉。

主治：泄泻、便血、痔疾、脱肛、便秘、腰脊痛。

100. 腰阳关

定位：第四腰椎棘突下。

经属：督脉。

主治：月经不调、遗精、阳痿、腰痛、下肢痿痹。

101. 命门

定位：第二腰椎棘突下。

经属：督脉。

主治：脊强、腰痛、阳痿、遗精、泄泻、带下。

102. 至阳

定位：第七胸椎棘突下。

经属：督脉。

主治：黄疸、喘咳、四肢重痛、脊强。

103. 身柱

定位：第三胸椎棘突下。

经属：督泳。

主治：咳嗽、气喘、腰脊强痛。

104. 大椎

定位：第七颈椎棘突下。

经属：督脉。

主治：头项强痛、骨蒸盗汗、咳嗽、气喘、热病。

105. 风府

定位：后发际正中直上1寸。

经属：督脉。

主治：头痛、项强、目眩、咽喉肿痛、中风不语、半身不遂。

106. 百会

定位：后发际直上7寸。

经属：督脉。

主治：头痛、目眩、鼻塞、耳鸣、中风失语、脱肛。

107. 水沟

定位：人中沟中央近鼻孔处。

经属：督脉。

主治：癫狂、中风昏迷、牙关紧闭、口眼歪斜、面肿、腰脊强痛。

108. 四神聪

定位：百会穴前后左右各1寸处。

经属：经外奇穴。

主治：头痛、眩晕、癫痫、精神病。

109. 印堂

定位：两眉头连线之中点。

经属：经外奇穴。

主治：头痛、眩晕、鼻眼病、高血压、小儿惊风。

110. 鱼腰

定位：眼平视，瞳孔直上眉中心凹陷处。

经属：经外奇穴。

主治：眼疾、面神经麻痹、眼肌麻痹。

111. 太阳

定位：眉梢与目外眦之间向后1寸许凹陷中。

经属：经外奇穴。

主治：头痛、眼病。

112. 金津、玉液

定位：舌系带两侧静脉上。

经属：经外奇穴。

主治：口腔炎、舌肿、呕吐。

113. 止泻

定位：脐下2.5寸。

经属：经外奇穴。

主治：痢疾、肠炎。

114. 提托

定位：关元穴旁开4寸。

经属：经外奇穴。

主治：子宫脱垂、下腹痛、疝痛。

115. 定喘

定位：大椎穴旁开5分。

经属：经外奇穴。

主治：哮喘、支气管炎、上肢瘫痪。

116. 腰眼

定位：第四腰椎棘突旁开3.5~4寸之间的凹陷中。

经属：经外奇穴。

主治：腰痛、睾丸炎、妇科病。

117. 夹脊

定位：第一胸椎至第五腰椎各椎棘突下旁开5分处，左右共34穴。

经属：经外奇穴。

主治：内脏病、神经衰弱、腰背痛。

118. 十宣

定位：两手十指尖端，距指甲1分许。

经属：经外奇穴。

主治：中暑、昏迷、惊风、癔病、癫痫。

119. 四缝

定位：二至五指掌面，近端指关节横纹中点。

经属：经外奇穴。

主治：疳积、百日咳。

120. 落枕

定位：手背第二、三掌骨掌指关节后5分。

经属：经外奇穴。

主治：落枕、肩臂痛、胃痛、咽喉痛。

121. 腰痛

定位：手背指总伸肌腱两侧，腕背横纹下1寸处，一手两穴。

经属：经外奇穴。

主治：急性腰肌扭伤。

122. 膝眼

定位：髌骨尖两旁凹陷处（外侧为犊鼻）。

经属：经外奇穴。

主治：膝关节炎。

123. 阑尾

定位：足三里穴下2寸处。

经属：经外奇穴。

主治：急、慢性阑尾炎。

124. 胆囊

定位：阳陵泉穴下一横指。

经属：经外奇穴。

主治：急、慢性胆囊炎、胆石症等。

125. 百虫窝

定位：血海穴上1寸处。

经属：经外奇穴。

主治：湿疹、下肢生疮、蛔虫病。

【思考题】

1. 试举例分析经络腧穴在运动防护中的应用。
2. 十四经脉循行路线。
3. 常用腧穴定位方法及主治。

第七章 诊疗学基础

【导读】运动防护的目的是为提高运动者体质和运动水平,有效防止在运动过程中发生意外伤害。在排除复杂的骨折、脏器损伤、肿瘤等严重疾病的前提下,侧重肌肉、韧带、软骨、关节囊、脂肪垫等软组织损伤的防护、应急处理和物理性治疗。但有些运动,有可能发生各种不可预见的运动伤害。借助诊疗学理论基础将有利于运动防护的合理实施,确保物理性治疗解决不了的问题,尽可能考虑就医拿药。本章重点介绍诊断学与治疗学基础。

第一节 诊断学基础

一、部位损伤检查

正确合理地预防、治疗及伤后训练康复安排,都源于正确的诊断。要对运动创伤作出正确的诊断,医生必须仔细询问运动者的病史(包括受伤动作、伤后症状、是否继续训练和比赛、治疗史及目前伤部功能情况等),系统地进行物理检查。本节主要介绍望诊、切诊(触诊)、动诊内容。

(一)头面部

1. 望诊

在运动防护过程中主要是望形态。应检查鼻骨有无歪斜或塌陷,鼻部血肿及瘀斑,呼吸道是否有堵塞现象(鼻骨骨折时,局部压痛明显,可触到下陷鼻骨),两眼有无充血,眶周有无瘀斑及肿胀,视物是否清楚,瞳孔有无散大、缩小或变形,两侧是否对称,对光反射是否存在,若耳漏、鼻漏或咽喉血肿常提示有颅底骨折发生,下颌关节脱位的病人,口呈半开状,咬合困难。

2. 触诊

对头部外伤患者,如外观无明显改变,要重点摸清颅骨有无塌陷,特别要注意有皮下血肿者深层是否有骨折存在,有无头皮开放创口,或头皮撕脱伤,有无头皮出血或皮下血肿,颅骨有无凹陷畸形。

下颌关节脱位—关节窝空虚,其前方可触到隆起的髁状突。

（二）颈部

1. 望诊

（1）颈椎生理前凸是否正常，有无平直或局限性后凸、侧弯、扭转等畸形，如颈椎结核、骨折的患者常出现角状后凸畸形。

颈部肌肉有无痉挛或短缩。

（2）颈部有无畸形，颜面是否对称。

①肌性斜颈：头部向一侧倾斜，颜面多不对称，一侧胸锁乳突肌明显隆起。

②落枕、颈椎病：头轻度前倾位，姿势牵强。

③颈椎关节紊乱或脱位：下颌偏向一侧，头部不能转动，感觉沉重，需用手扶持头部，加以保护。

④强直性脊柱炎：垂头驼背，头部旋转不灵，视侧方之物困难，必全身随之转动。

2. 触诊

注意检查棘突是否偏歪，压痛是在棘突的中央区还是在两侧，并由轻而重地测定压痛点是位于浅层还是深部。

棘间韧带、棘上韧带或皮下筋膜疾患—浅层压痛。

（1）关节突关节紊乱　颈椎横突压痛。

（2）颈椎病　颈椎棘突旁以及肩胛骨内角处压痛，同时向一侧上肢放射性疼痛，颈项部肌肉强硬痉挛。

（3）落枕　棘间韧带或项肌压痛，颈项部肌肉强硬痉挛。

3. 动诊

（1）挤压试验　患者坐位，检查者双手交迭置于患者头顶并控制颈椎，在不同的角度下（如使头部后伸并向患侧倾斜）进行挤压。如出现颈部疼痛或上肢放射痛，即为阳性反应。

挤压试验的机理在于使椎间孔缩小，加重对颈神经根的刺激，故出现疼痛或放射痛。

（2）分离试验　患者正坐位，检查者两手分别托住患者下颌和枕部，向上牵拉。如患者能感到颈部和上肢疼痛减轻，即为阳性。

分离试验的机理是拉开并扩大狭窄的椎间孔，舒展小关节囊，减轻对神经根的挤压和刺激，使疼痛减轻。

（3）臂丛神经牵拉试验　患者坐位，头微屈，检查者立于患侧，一手置患侧头部，另一手握患腕做反向牵引，此时牵拉臂丛神经，若患肢出现窜痛麻木，则为阳性，提示臂丛神经受压，临床多见于神经根型颈椎病。

（4）超外展试验　患者站立或坐位，将患肢被动地从侧方外展高举过肩过头，若桡动脉脉搏减弱或消失，即为阳性。用于检查锁骨动脉是否被喙突及胸小肌压迫，如有压迫，即为超外展综合征。

（5）深呼吸试验　患者端坐，两手置于膝部，先比较两侧桡动脉搏动力量，然后让患者尽力后伸颈部做深吸气，并将头转向患侧，同时下压肩部，再比较两侧脉搏或血压，往往患侧脉搏减弱或消失、疼痛加重，相反，抬高肩部，头面转向前方，则脉搏恢复，疼痛缓解，主要用于检查有无颈肋和前斜角肌综合征。

(三) 胸部

1. 望诊

应注意胸式呼吸是否存在，胸部创伤患者为减轻疼痛，多采用腹式呼吸。此外，多发性双侧肋骨骨折患者，胸部可明显塌陷，形成练枷胸而出现反常呼吸。

2. 触诊

胸壁有皮下气肿时，用手按压可有握雪感或捻发音，多由于胸部外伤后，致肺或气管破裂，气体逸至皮下所致。检查肋骨骨折时，检查者用食指和中指分别置于肋骨两侧，顺着肋骨的走行方向，从后向前下方滑移并仔细触摸，骨折如有移位，能触及骨折断端和压痛，骨折移位不明显时，则可能仅有压痛。

3. 动诊

胸廓挤压试验用于诊断肋骨骨折和胸肋关节脱位。检查分两步，先进行前后挤压，检查者一手扶住后背部，另一手从前面推压胸骨部，使之产生前后挤压力，如有肋骨骨折时，则骨折处有明显疼痛感或出现骨擦音，再行侧方挤压，用两手分别放置胸廓两侧，向中间用力挤压，如有骨折或胸肋关节脱位，则在损伤处出现疼痛反应。

(四) 腰背部

1. 望诊

(1) 骨性标志及生理弯曲

①骨性标志：从后面观察，肩、肩胛骨、胸椎棘突、腰椎棘突、髂嵴等。

②生理弯曲：从侧面观察，青年人胸椎生理后曲较小，腰椎生理前曲较大，老年人则胸椎后曲度较大，腰椎生理前曲较小。

(2) 异常弯曲

①后突畸形：弧形后凸（圆背畸形）——由于多个椎体病变所形成，如青年性椎软骨病、类风湿性脊柱炎、老年性骨质疏松等；角状后凸（驼背畸形）——由单个椎体或2~3个椎体病变所形成，如椎体压缩性骨折、脱位、椎体结核和肿瘤骨质破坏等；塌腰（刀背样畸形）——腰椎生理前凸增大，表现为臀部明显向后凸起，躯干向后仰。

②侧弯畸形：从后面观察，脊柱在额状面上应为一条直线，若有左右侧弯，称为侧弯畸形，检查时应注意原发性侧弯是发生在胸部或腰部，侧弯凸向何侧，该侧之胸廓有无畸形，是否有隆突，若侧弯畸形不明显时，可让患者向前弯腰，两上肢交叉置于胸前，双手放于对侧肩上，以充分显露侧弯畸形。功能性侧弯—卧位时侧弯消失；令患者双手悬垂于单杠之上，侧弯消失；脊柱前屈80°侧弯消失均为功能性侧弯。结构性侧弯—侧弯在以上情况均存在。结构性侧弯由于椎骨、韧带、椎间盘、神经或肌肉等组织结构产生病变，为不可逆性，不能用改变姿势体位的办法纠正，此类侧弯较重，曲度皆较固定，侧弯凸侧脊柱旋转突出，脊柱前屈时更加明显，严重的侧弯往往伴有胸廓畸形。

2. 触诊

(1) 棘突触摸 检查者将中指置于棘突尖上，食指、无名指放于棘突两侧，自上而下滑行触摸，注意棘突有无异常隆起或凹陷，棘突间隙是否相等，棘突、棘上韧带及棘间韧带有无增厚肿胀及压痛，棘突的排列是否在一条直线上，有无侧弯或棘突偏歪。

（2）压痛点　棘上、棘间韧带、筋膜、肌肉损伤——浅表压痛。

椎体或附件病变——深层压痛。

第三腰椎横突综合征——横突尖部明显深压痛，并有时沿臀上皮神经向臀部放射。

L_{4-5}椎间盘突出——L_{4-5}椎板间线的部位有明显的深压痛并向患侧下肢放射可至足。

椎体结核或椎体骨折——中线部位深压痛。

（3）肌肉痉挛　检查时患者俯卧位，放松全身肌肉，触摸椎旁肌肉有无痉挛，肌肉痉挛者往往提示局部软组织损伤或有骨折、脱位等，但亦可继发于他处病损出现保护性痉挛。

（4）叩击检查　患者俯卧位，检查者用手指或叩诊锤，以适当的力量，从第7颈椎至骶椎依次叩击各个棘突，注意有无深部叩击痛及其叩痛部位。

3. 动诊

（1）腰骶关节试验（骨盆回旋试验）　主要用于检查腰骶部疾患。患者仰卧，双腿并拢，令其尽量屈膝、屈髋，检查者双手扶住膝部用力按压，使大腿贴近腹壁，这时腰骶部呈被动屈曲状态，如有病变则腰骶部出现疼痛反应即为阳性。

（2）直腿抬高试验及加强试验　患者仰卧，检查者一手握患者足部，另一手保持膝关节在伸直位，将两下肢分别做直腿抬高动作。正常时两下肢同样能抬高80°以上，除腘窝部有紧张感外，并无疼痛或其他不适。若一侧下肢或双下肢抬高幅度降低，不能继续抬高，同时伴有下肢放射性疼痛则为直腿抬高试验阳性，应记录抬高的度数。当直腿抬高到最大限度的角度时将足踝背伸，如引起患肢放射性疼痛加剧者，即为加强试验阳性，借此可区别由于髂胫束、腘绳肌或膝关节后关节囊紧张所造成的直腿抬高受限。

（3）健腿直腿抬高试验　检查健侧腿直腿抬高试验时，如引发患肢坐骨神经放射性疼痛者，为阳性，见于较大的腰椎间盘突出症，或中央型腰椎间盘突出症。

（4）坐位屈颈试验　患者取坐位或半坐位，两腿伸直，使坐骨神经处于紧张状态，然后被动或自动向前屈颈，如出现患肢疼痛即为阳性。

（5）股神经紧张试验　患者俯卧位，检查者一手固定患者骨盆，另一手握患肢小腿下端，膝关节伸直或屈曲，将大腿强力后伸，如出现大腿前方放射样疼痛，即为阳性，表示可能有股神经受压。

（6）屈膝试验　患者俯卧位，两下肢伸直。检查者一手按住其骶髂部，另一手握患侧踝部，并将小腿抬起使膝关节逐渐屈曲，使足跟接近臀部，若出现腰部和大腿前侧放射性痛，即为阳性，提示股神经损害，并可根据疼痛的起始位置判断其受损的部位。

（五）骨盆部

1. 望诊

检查时一般采取立位，先观察前面，两侧髂前上棘是否在同一水平线上，有无骨盆倾斜，腰椎侧弯、骨盆骨折移位、髋关节疼痛、以及双下肢不等长均可造成骨盆倾斜，必须仔细观察。此外骨盆环骨折还可出现严重血肿和瘀斑。从后面观察，注意两髂后下棘是否在同一高度，如果向上移位或向后突出，则多是骶髂关节错位。

2. 触诊

（1）骨性标志　临床多采取卧位检查，先触及两侧髂前上棘，用来作为触摸其他部位的骨性标志，尤其对肥胖人要认真摸清楚。

（2）压痛及意义　耻骨部位如有压痛，外伤患者多有骨折存在，否则应注意骨肿瘤等骨病的存在；外伤后耻骨联合部压痛，且间隙增宽，可能为耻骨联合分离；若无外伤史，见于耻骨联合软骨炎，后耻骨联合结核；髂嵴外缘压痛，多数是臀筋膜炎或臀上皮神经痕；如骶骨背面有广泛压痛，多为骶棘肌起始部筋膜损伤；骶髂关节部压痛，临床多见于骶髂关节炎、骶髂关节扭伤、结核、松动症或早期类风湿；在臀大肌触到纤维条索，则是臀大肌纤维挛缩，或是臀筋膜炎；坐骨结节部压痛常是坐骨结节滑囊炎或坐骨结节结核；骶尾关节部压痛，则是骶尾部挫伤，骶骨下端骨折或尾骨骨折、脱位。

3. 动诊

（1）骨盆挤压试验　用于诊断骨盆骨折和骶髂关节病变。患者仰卧位，检查者两手分别放于髂骨翼两侧，两手同时向中线挤压，如有骨折则会发生疼痛，为骨盆挤压试验阳性，或嘱患者采取侧卧位，检查者双手放于上侧髂骨部，向下挤压，后法多用于检查骶髂关节病变。

（2）骨盆分离试验　多用于检查骨盆骨折和骶髂关节病变，患者仰卧位，检查者两手分别置于两侧髂前上棘部，两手同时向外推按髂骨翼，使之向两侧分开，如有骨盆骨折或骶髂关节病变，则局部发生疼痛反应，称为骨盆分离试验阳性。

（3）斜扳试验　用于诊断骶髂关节病变，患者取仰卧位，健侧腿伸直，患侧腿屈髋、屈膝各90°，检查者一手扶住膝部，一手按住同侧肩部，然后用力使大腿内收，向下按住膝部，如骶髂关节发生疼痛为阳性。

（4）床边试验　用于检查骶髂关节病变，患者平卧，患侧臀部置于床边，健侧腿尽量屈膝、屈髋，检查者用手按住膝部，使大腿靠近腹壁，另一手将患腿移至床边外，用力向下按压使之过度后伸，使骨盆沿着横轴旋转，如骶髂关节发生疼痛则为试验阳性。

（5）单髋后伸试验　用于检查骶髂关节病变，患者取俯卧位，两下肢并拢伸直，检查者一手按住骶骨中央部，另一手肘部托住患侧大腿下部，用力向上抬起患肢，使之过度后伸，如骶髂关节疼痛则为阳性。

（六）肩部

临床上有些内脏疾病，可以通过神经反射表现为体表某些区域疼痛，因此遇到肩部疼痛的病人，首先要排除因内脏疾病而引起的疼痛。如左肩疼痛要排除心脏疾病；右肩疼痛要排除肝胆疾病。另外有些肩病是出于颈椎病而引起的，因此对肩部疼病进行整体检查是十分必要的。

1. 望诊

肩部望诊时两肩要裸露，以便对比检查。首先对比两肩是否等高，皮肤颜色情况，对比两侧三角肌的发育及锁骨上、下窝的深浅是否对称，肌肉有否萎缩，有无畸形、肿胀、窦道、肿块及静脉曲张；背面检查，要对比两肩胛骨高低是否一致，肩胛骨内缘与脊椎距离是否相等，肩胛冈的上下肌肉有无萎缩。并通过肩关节主动或被动运动来观察其肌肉及关节的形态和功能状况,如果发现两侧不对称,则应进一步检查。

(1) 肿胀　观察肩部肿胀时,要注意其皮肤颜色情况,肩部有无窦道、肿块及静脉曲张,对比两侧三角肌的形态,判断有无萎缩。

(2) 畸形　观察双肩部是否对称,是否在同一水平,两侧肩胛骨内缘与中线的距离是否相等。

锁骨骨折、肩关节脱位等损伤时,患者为缓解肌肉牵拉性疼痛,肩部往往向患侧倾斜。

①垂肩：臂丛神经损伤或偏瘫。

②方肩：肩关节脱位。

③耸肩：先天性高位肩胛症。

④翼状肩：前锯肌麻痹,肩胛胸壁关节松动,肩胛骨向后凸起。

(3) 肩部肌肉萎缩　多出现在疾病的晚期,肩部骨折长期固定,肌肉可出现废用性肌萎缩。

如有神经损伤而肌肉麻痹,失去运动功能,则出现神经性肌萎缩。

肩关节化脓性炎症、结核、肩关节周围炎、肩部肿瘤等,肩关节受限,也往往出现肌肉萎缩,检查时要认真对比。

2. 触诊

肩部触诊时,用拇指详细地按压检查。寻找有无压痛点,并注意关节结构是否正常、活动时有无异常状态及弹响、摩擦感等,并应注意排除骨折。对肩部压痛点,须和肩关节功能检查结合,来判断病变的部位。

(1) 骨性标志　肩三角。

(2) 压痛点

①肩关节周围炎：肱骨大结节、小结节间沟、喙突和冈上窝部,后期形成广泛性粘连而功能发生障碍。

②肱二头肌长头肌腱炎：压痛点局限于结节间沟,且可触及增粗的长头腱。

③肱二头肌短头肌腱炎：压痛局限于喙突。

④三角肌下滑囊炎：压痛广泛,主要位于三角肌区。

⑤冈上肌腱炎或冈上肌腱断裂：压痛位于肱骨大结节尖顶部。

⑥肩背部肌膜炎：背部肩胛骨周围,触及多个压痛点和结节。

(3) 外伤诊断

①锁骨骨折：断端及骨擦音和异常活动。

②肩关节脱位：肩三角关系改变,并可在肩峰下方触到明显凹陷和空虚感,在腋窝部或肩前方能触到肱骨头。

③肩锁关节脱位：锁骨外端触到突起的骨端,向下按压时,有琴键样弹跳感,并有明显压痛。

3. 动诊

(1) 搭肩试验　患者屈肘,如手能搭到对侧肩部的同时,肘部能贴近胸壁为正常,若患者不能完成上述动作,或仅能完成两动作之一者为阳性,提示肩关节有脱位的可能。

(2) 落臂试验　患者站立，先将患肢被动外展90°，然后令其缓慢地向下放，如果不能慢慢放下，出现突然直落到体侧则为阳性，说明有肩袖破裂存在。

(3) 叶加森氏试验　又称肱二头肌抗阻力试验。患者屈肘90°，检查者一手扶其肘部，一手扶其腕部，嘱患者用力作屈肘及前臂旋后动作，检查者给予阻力，如出现肱二头肌腱滑出，或结节间沟处产生疼痛为阳性，前者为肱二头肌长腱滑脱，后者为肱二头肌长头肌腱炎。

(4) 直尺试验　正常人肩峰位于肱骨外上髁与肱骨大结节连线之内侧，检查者用直尺边缘贴于患者上臂外侧，一端贴肱骨外上髁，另一端能与肩峰接触者为阳性，说明肩关节脱位。

(5) 疼痛弧试验　嘱患者肩外展或被动外展患肢，当外展到60°~120°时，冈上肌腱在肩峰下摩擦，肩部出现疼痛为阳性。

(6) 冈上肌断裂试验　嘱患者肩外展，当外展在30°~60°时可以看到患侧三角肌用力收缩，但不能外展上举上肢，越用力越耸肩，若检查者被动外展患肢越过60°，则患者又能主动上举上肢，说明有冈上肌腱的断裂或撕裂。

(七) 肘部

1. 望诊

肘部望诊需两肘裸出，两侧对比检查，首先观察肘关节有无肿胀和变形。

(1) 肿胀　对肘关节有明显肿胀外观的患者，检查时必须认真区分是关节内肿胀还是关节外肿胀，是全关节肿胀还是局限性肿胀。对肿胀性质也必须仔细分析，是外伤性肿胀还是病理性肿胀。关节内有积液时，早期表现为尺骨鹰嘴突两侧正常的凹陷消失，而变得饱满，当有大量积液时，关节肿胀明显，且呈半屈曲状态。

外伤患者如出现局限性肿胀，常提示某一局部的损伤。

①肱骨内上髁骨折：肘内侧肿胀为甚。

②肱骨外上髁或桡骨小头骨折：肘外侧肿胀为甚。

③尺骨鹰嘴突骨折：肘后肿胀为主。

(2) 畸形

①肘外翻：正常的肘关节伸直时，上臂与前臂之间形成一生理性外偏角（即携带角），男性为5°~10°，女性为10°~15°，携带角大于15°即为肘外翻畸形。

②肘内翻：携带角小于5°，临床常见的原因是尺偏型肱骨上髁骨折，因复位不良或骨骺损伤造成生长发育障碍所致。

③肘反张（链枷肘）：肘关节过伸超过10°以上，多由于肱骨下端骨折复位不良，髁干角过小所致。

④靴形肘：临床见于肘关节脱位或伸直型肱骨髁上骨折，由于肱骨下端与尺桡骨上端的关系改变，于侧面观察肘部时，状如靴形。

⑤矿工肘：尺骨鹰嘴突滑囊炎患者，其肘后形成像乒乓球样的囊性肿物，因多发于矿工，故而得名。

2. 触诊

(1) 肘三角及意义　肘关节屈曲90°时，肱骨外上髁、内上髁和尺骨鹰嘴突三点连线构成等腰三角形，当肘关节伸直时，则三点在一条直线上。临床通过检查三点关系的变化判断肘部骨折或脱位，肱骨髁上骨折时，三点关系保持正常，而脱位则此三角关系破坏。

（2）压痛
①肱骨外上髁炎：肱骨外上髁压痛。
②肱骨内上髁炎：肱骨内上髁压痛。
③小儿桡骨头半脱位：桡骨小头前方。
④成人桡骨小头骨折：肘前外侧。

3. 动诊

（1）网球肘试验　前臂稍弯曲，手呈半握拳，腕关节尽量屈曲，然后将前臂完全旋前，再将肘伸直，如在肘伸直时，肱桡关节的外侧发生疼痛，即为阳性。

（2）腕伸、屈肌紧张试验　令患者握拳、屈腕，检查者按压患肢手背，患者抗阻力伸腕，如肘外侧疼痛则为阳性，提示肱骨外上髁有炎性病灶；反之如令患者伸手指和背伸腕关节，检查者以手按压患者手掌，患者抗阻力屈腕，肘内侧痛为阳性，提示肱骨内上髁炎或病变。

（3）前臂收展试验　本试验用于判断是否有肘关节侧副韧带损伤。检查时患者与检查者对面坐，上肢向前伸直，检查者一手握住肘部，一手握腕部并使前臂内收，握肘部的手推肘关节向外，如有外侧副韧带断裂，则前臂可出现内收运动，如握腕部的手使前臂外展，而拉肘关节向内，出现前臂有外展运动，则为内侧副韧带损伤。

（八）腕和手部

望诊

手的自然休息姿势腕轻度背伸（约15°），拇指靠近食指旁边，其余四指屈曲，从第二至第五指各指的屈曲度逐渐增大，而诸指尖端指向舟状骨。

手的功能位腕背伸（约30°），并向尺侧倾斜10°。

（1）肿胀
①全腕肿胀：表明关节内损伤或关节内病变。
②风湿性关节炎：肿胀发展迅速，时肿时消，且往往是对称性肿胀。
③舟骨骨折：鼻咽窝部肿胀明显，正常生理凹陷消失。
④类风湿性关节炎：第2~5指指间关节梭形肿胀。
⑤腱鞘炎：沿肌腱肿胀。
⑥腱鞘囊肿：局限包块。

（2）畸形
①餐叉样：见于伸直型桡骨远端典型移位骨折，系骨折远端向背侧、桡侧移位，致使侧观时手腕部外观呈餐叉样。
②爪形手：畸形若由前臂缺血性肌挛缩形成，手的掌指关节过伸，而近位指间关节屈曲，形似鸟爪；若由尺神经损伤或臂丛神经损伤形成，则表现为指间关节半屈，掌指关节过伸，4、5指不能向中间靠拢，且小鱼际肌萎缩。由烧伤形成爪形手，则有明显瘢痕和并指畸形。
③猿手（扁平手、铲形手）：正中神经和尺神经同时损伤所致，表现为大、小鱼际

肌萎缩，掌部的两个横弓消失，使掌心变为扁平，形如猿手。大鱼际肌萎缩：临床多由正中神经损伤的肌麻痹形成，或腕管综合征正中神经长期受压引起。小鱼际肌萎缩：由于尺神经损伤、肘管综合征或尺神经炎所引起。骨间肌萎缩：常由于尺神经麻痹、损伤或受压引起，掌侧骨间肌萎缩由于解剖位置深，临床表现不明显，而背侧骨间肌因位于手背的掌骨间，萎缩时能够清楚地看到，其中第一、二背侧骨间肌最容易显露。

④腕下垂：由桡神经损伤引起，桡神经损伤后，前臂伸肌麻痹，不能主动伸腕，形成腕下垂畸形，此外，前臂伸肌的外伤性断裂，亦可形成垂腕畸形。

⑤锤状指：因手指末节伸肌腱断裂引起末节指间关节屈曲，不能主动背伸，形似小锤状。

⑥尺骨小头变位：尺骨小头向背侧移位，临床常见于下桡尺关节分离移位、三角软骨损伤等。

（二）触诊

1. 腕和手部肿块

（1）月骨脱位　在腕掌侧中央部能触到向前移位的骨块。

（2）腱鞘囊肿　腕背侧触到形状大小不一，边界清楚的孤立性囊性肿物。

（3）桡骨茎突狭窄性腱鞘炎急性期　可触及局部明显高凸。

2. 腕和手部压痛

桡骨茎突部压痛多系拇长伸肌腱、拇短伸肌腱腱鞘炎。

腕部损伤若自咽窝部压痛，多为腕舟骨骨折。

腕掌侧正中压痛，多为月骨脱位或骨折。

腕背侧正中压痛，多是伸指肌腱鞘炎。

下桡尺关节间和尺骨小头下方压痛，多是腕三角软骨损伤、下桡尺关节脱位。

腕管综合征的压痛点多在腕掌侧横纹正中部大小鱼际之间，且多伴有手指放射痛和麻木感。

掌指关节掌侧面压痛多是屈指肌腱腱鞘炎。

3. 动诊

（1）腕三角软骨挤压试验　判断是否有三角软骨损伤，检查时嘱患者屈肘90°，掌心向下，术者一手握住前下端，另一手握住手掌部，使患手向尺侧被动偏斜，然后伸屈腕关节，使尺腕关节发生挤压和研磨，如有明显疼痛加重即为阳性。

（2）握拳试验　常用于诊断桡骨茎突狭窄性腱鞘炎，检查时嘱患者屈肘90°，前臂中立位握拳，并将拇指握在掌心中，术者一手握住前臂下端，另一手握住患者手部同时使腕关节向尺侧屈腕，如在桡骨茎突部出现剧烈疼痛，则为阳性。

（3）弹手指征　又名霍夫曼氏征，快速弹压被夹住的患者中指指甲，引起诸手指的掌屈反应为阳性，提示中枢神经损伤。

（九）髋部

1. 望诊

（1）前面观察　两侧髂前上棘是否在同一水平线上，即骨盆是否倾斜，腹股沟是否对称，有无高凸饱满或空虚，前者多系髋关节肿胀，后者往往提示股骨头有严重破坏。

（2）侧面观察　如腰生理前凸加大，臀部明显后凸，髋部呈现屈曲位，则是髋关节后脱位；或系小儿先天性髋脱位和髋关节屈曲性强直。

（3）后面观察　应注意有无臀大肌萎缩，慢性髋关节疾病由于长期负重量减少和运动障碍，可出现废用性肌萎缩；小儿麻痹后遗症，则有神经性肌萎缩；对比观察两侧臀横纹是否对称，如有单侧横纹皱褶增多，而且加深，并有升高，为单侧先天性髋关节脱位；若有两侧股骨大转子向外突出，会阴部增宽，为双侧先天性髋关节脱位。单侧髋内翻畸形，临床多有患肢短缩，髋外翻外旋畸形表现患肢外展，不能内收，比腱肢稍长。

2. 触诊

前面检查　以两侧髂前上棘为骨性标志，触摸腹股沟部时，注意淋巴结是否有肿大，局部有无饱满肿胀、压痛等。急性化脓性关节炎、髋关节结核、髋部骨折等，腹股沟部均有肿胀和压痛。

侧面检查　主要是触摸大转子，注意两侧大转子顶部，观察是否大转子向上移位，大转子向上移位多见于股骨颈骨折、粗隆间骨折、髋关节后上方脱位等。大转子部滑囊炎，在局部可触到较大的囊性肿物，质软可移动。"弹响髋"的表现是当髋关节屈伸活动时，可触到在大转子上来回滑动的髂胫束。

后方检查　注意臀大肌肌张力和臀部压痛点，梨状肌下缘是坐骨神经出口，此体表投影部位如有压痛则多涉及坐骨神经的病变。

3. 动诊

（1）川德伦伯氏征　又称髋关节承重机能试验，用于检查有无臀中肌麻痹和髋关节的稳定程度。检查时患者直立位，背向术者，先将患腿屈膝抬起，用健侧单腿站立，然后再患侧单腿站立，注意观察站立时骨盆的升降变化，正常时单腿站立后对侧骨盆上升，患侧单腿站立时，则对侧骨盆下降低落。

（2）托马斯氏征　又称髋关节屈曲挛缩试验，用于检查髋关节有无屈曲挛缩畸形，检查时患者取仰卧位，腰部放平，先将健侧腿伸直，然后再将患腿伸直，注意观察，达到一定角度时，腰部是否离开床面，向上挺起，如腰部挺起则为阳性，当患肢完全伸直后，再将健肢屈髋、屈膝，使大腿贴近腹壁，腰部也下降贴近床面，此时患肢自动离开床面，向上抬起，亦为阳性。

（3）艾利斯氏征　又称下肢短缩试验，用于检查肢体有无短缩，检查时患者仰卧位，两腿并拢屈髋、屈膝，两足并齐，观察两膝高度，如患腿低落为阳性。

（4）髋关节过伸试验　又称腰大肌挛缩试验，患者取俯卧位，患膝屈曲90°，术者一手握踝部将下肢提起，使患髋过伸，若骨盆亦随之抬起，即为阳性。

（5）髂胫束挛缩试验　患者侧卧位，健肢在下，术者立于患者背后，一手固定骨盆，另一手握住患肢踝部，使患膝屈曲90°，患髋先屈曲、外展，再后伸，最后放松握踝的手，让患肢自然落下，正常时落在健肢的后方，若落在健肢的前方或保持上举外展的姿势，即为阳性。

(十) 膝部

1. 望诊

(1) 膝关节肿胀　外伤、感染等。

(2) 膝部周围局限性肿块　囊肿、髌上滑囊炎、膝关节结核、肿瘤、骨软骨瘤等。

(3) 股四头肌萎缩　多见于半月板损伤、腰椎间盘突出症及下肢骨折长期固定。

(4) 膝关节畸形　正常的膝关节有5°~10°生理外翻角，超过15°，则为外翻畸形，单侧称K型腿，双侧称X型腿，反之若生理外翻角消失，而形成小腿内翻畸形，如为双侧称O型腿。正常的膝关节伸直可有0~5°的过伸，如超过15°，则称为膝反张畸形。

2. 触诊

(1) 髌上滑囊炎　在髌骨上方能触到囊性肿块，有波动和轻度压痛。

(2) 髌骨横形骨折　在髌骨前面能触到裂隙和明显沟状凹陷，压痛敏感。半月板损伤——膝关节间隙压痛。

3. 动诊

(1) 浮髌试验　用于检查膝关节腔内积液，检查时患腿伸直，检查者一手压在髌上囊部，向下挤压使积液流入关节腔内，然后用一手拇中指固定髌骨内外缘，食指按压髌骨，这时可感到髌骨有漂浮感，重压时下沉，松指时浮起称浮髌试验阳性。

(2) 侧副韧带损伤试验　用于检查膝关节侧副韧带是否有断裂，检查时患者仰卧位，患腿伸直，检查者一手扶膝侧面，另一手握住踝部，然后使小腿作被动的内收和外展动作，如检查内侧副韧带，则一手置膝外侧推膝部向内，另一手拉小腿外展，这时产生松动感和内侧疼痛，若检查外侧副韧带，则一手置膝内侧推膝部向外，另一手拉小腿内收，此时发生膝外侧疼痛和产生松动感亦为阳性征。

(3) 麦氏征试验　又称回旋挤压试验，是临床诊断半月板损伤最常用的试验方法，检查时患者取仰卧位，双下肢伸直，如检查内侧半月板损伤，检查者一手扶患膝，另一手握住足踝部，先将膝关节屈曲到最大限度时，然后使膝外旋、小腿内收，并逐渐伸直膝关节，这样使膝关节内侧间隙产生挤压力和研磨力，如发生弹响和明显疼痛，即为阳性，如使小腿外展膝内旋，可检查外侧半月板损伤。

(4) 研磨提拉试验　患者俯卧，使患膝屈曲90°，检查者一手按住大腿下端，另一手握住患肢踝部提起小腿，使膝离开床面，作外展、外旋或内收、内旋活动，若出现膝外或内侧疼痛，则为研磨试验阳性，说明有内侧或外侧副韧带损伤，若检查者双手握足踝部，使膝关节在不同角度被动研磨加压，同时作外展外旋或内收内旋活动，如出现膝关节疼痛和弹响为阳性，说明有内侧或外侧半月板损伤。

(5) 抽屉试验　用于检查十字韧带是否发生断裂，检查时患者取坐位或仰卧位，双膝屈曲90°，嘱患者用双手按住大腿下段，检查者双手握住小腿上段，用大腿夹住患肢的足部防止移动，同时作小腿前后推拉动作，如过度向前移动，则说明是膝关节前十字交叉韧带断裂，若向后过度移动，则说明是后十字韧带有断裂，注意在检查移动时必须以解剖位，检查时可以拉向前移动，这是恢复解剖位置的移动，不要误认为是胫骨向前移动，再向后推出现的移动才是异常活动。

(6) 交锁征　患者取坐位或仰卧位，嘱患者作患肢膝关节屈伸活动数次，若突然关节出现疼痛，不能屈伸为阳性，说明膝关节被破裂的半月板交锁，但慢慢旋膝以后，可解开交锁，又能主动屈伸。凡有此试验阳性者，平日上楼下楼或上下坡时有膝关节交锁现象。

（7）挺髌试验　患膝伸直，用拇食二指将髌骨向远端推压，嘱患者用力收缩股四头肌，若引发髌骨部疼痛者为阳性，多提示髌骨劳损（髌骨软化症）。

（十一）踝与足部

1. 望诊

（1）肿胀外伤、关节炎、骨质增生、滑囊炎等。

（2）畸形

①马蹄足：也称尖足或垂足，行走时前足着地负重，踝关节保持在跖屈位，足跟悬起。

②仰趾足：也叫跟足，行走时足跟着地负重，踝关节保持在背屈位，前足仰起。

③内翻足：足底向内翻转，行走时足背侧缘着地。

④外翻足：足底向外翻转，行走时足内侧缘着地。

⑤扁平足：足纵弓塌陷变平，足跟外翻，前足外展，足舟骨低平，严重者触地。

⑥高弓足：足的纵弓异常升高，行走时足跟和跖骨头着地。

2. 触诊

（1）踝关节全关节肿胀　多为关节内严重骨折、脱位、结核、肿瘤。

（2）关节积液　有波动感，关节周围压痛。

（3）局限性肿胀　外伤。

（4）拇长伸肌腱鞘炎　足背部呈长条状肿胀，并有明显触痛。

（5）跖骨骨折　沿跖骨轴线肿胀，并能触到骨折端及压痛。

（6）第二跖骨头无菌性坏死　第二跖趾关节近端压痛。

（7）内踝骨折　内踝前下方及内踝尖端部压痛。

3. 动诊

（1）踝阵挛　检查者一手托住腘窝，一手握足，用力使踝关节突然背屈，然后放松，可以产生踝关节连续交替的伸屈运动，则视为阳性，提示有锥体束损害。

（2）弹趾试验　轻叩足趾基底部或用手将足趾向背面挑动，如引起足趾跖屈为阳性，提示有锥体束损害。

二、肌力检查

肌力检查即测定人在主动运动时相关肌肉或肌群收缩力，它是肌肉功能评定的重要内容。对确定疾病的诊断，制定和修改治疗计划，评定治疗效果等有着重要意义。临床上，肌力检查常与电诊断、肌电图和日常生活活动评定并用，有利于诊断运动系统功能障碍的原因，选择医疗方法。

（一）手法检查

1. 方法

手法检查（manual muscle test，MMT）是 K. W. Lovett 于 1916 年首先提出，后经修

改,但基本原则未变,沿用至今。该方法的优点是:操作简便,不需特殊器械和场地,以受试者各自肢体重力为基准,结果准确、可靠。

检查方法是在特定姿位下令受试者作标准动作,一般是固定关节及其近端肢体,使远程肢体在垂直面上作由下而上的运动,通过触摸肌腹、观察肌肉对抗肢体自身重力及由测试者用手法施加的阻力而完成动作的能力来评定肌力。

Lovett 方法将肌力检查结果分为 0、1、2、3、4、5 级。3 级肌力恰能抵抗该肢体段的重力,完成相应关节正常范围活动,但不能抵抗大于该重力的阻力。临床检查即以 3 级为手法检查中心点。

表 7-1 Lovett 肌力分级标准

级别	名称	标准	相当于正常肌力%
0	零 0 (zero)	测不到肌肉收缩	0
1	微 T (trace)	仅有轻微收缩,不能使相应关节活动	10
2	差 P (poor)	减重情况下可使相应关节全范围活动	25
3	尚可 F (fair)	抗重力,使相应关节全范围活动,但不能抗阻力	50
4	良好 G (good)	抗重力及抗一定阻力	75
5	正常 N (normal)	抗重力及抗充分阻力	100

表 7-1 中 2、3、4、5 级又可细分为 P^-、P^+、F^-、F^+、G^-、G^+、N^- 等,即肌力略大于某级而不能到下一级时,在该级符号右上加"-"或"+"。如可抗重力活动,无困难,若加极轻阻力尚有活动时,可评 P^+。

2. 注意事项

(1) 3 级以下 不能抗重力者,测试时应将被测肢体置减重体位,最好垫以滑板,以减少肢体活动时的阻力。

(2) 4 级和 5 级(N^-) 有时不易区分,必要时可用健肢作对比观察。

(3) 若肌力弱伴有痉挛或挛缩时 应记录 S (spasm) 或 C (contracture),严重者记录 SS 或 CC。

(4) 手法肌力检查 只能测定肌力大小,但对肌肉收缩速度和肌肉耐力,不能做出确切的评定,必要时可参考健侧,做出粗略评价。

(5) 双关节肌的肌力检查时 关节应固定于 0 位。

(6) 注意被检查者的心理状态 力争充分合作,以保证结果正确。

(7) 中枢神经系统疾病出现的痉挛状态不宜手法检查。

(8) 4 级以上肌力 在检查时所加阻力应为持续的,且力的方向与肌力相反,否则由于力的分解,结果失真。

(二) 器械检查

肌力较强,需做定量评定时,可利用特制器械如握力计、捏力计、拉力计以及现代化的等速测试系统,做出定量的测定。利用器械测定单个肌肉的肌力较少,常为 1 组协同动作肌群的合力,临床应用时只能记录握力大小或拉力大小。

1. 握力

以握力计测定，握力计虽有多种型号，但所测结果一致。握力以握力指数评定。

$$握力指数 = \frac{握力}{体重} \times 100$$

大于50者为正常。为观察治疗效果，做治疗前后指数对比，也可以握力大小对比。握力检查时，可测健侧，以做参考。

2. 捏力

用捏力计或握力计测。其值约为握力的30%。

3. 背力

用拉力计测，测时两膝伸直，将把手调节到膝盖高度，然后作伸腰动作上拉把手。按拉力指数评定。

$$拉力指数 = \frac{握力}{体重} \times 100$$

正常标准：男150~200，女100~150。此法易引起腰痛患者症状发作或加重，不宜用于腰痛患者或老年人，而用背肌等长耐力试验代替。

4. 腹、背肌等长耐力试验

俯卧位，两手抱头后，脐以上上身在床缘外，固定两下肢，脊柱使上体凌空成水平位，计测能维持此姿势的最长时间，一般以60s为正常。此法在国外称为Sorensen试验，认为一般人可维持测试姿位数分钟。其负荷约为最大负荷的52%。同样可作腹肌等长耐力测验，即仰卧位两下肢伸直并拢，抬高45°，计测其能维持的最长时间，也以60s为正常值。

5. 四肢肌力

一般多用测定肌群力量。与肌力方向相反的重量，通过牵引绳和滑车作用于肌力，测两者平衡时的最大重量。如测二头肌肌力时，牵引绳固定于腕部，绳的方向与前臂轴向垂直，通过固定滑轮，于其末端加重量，肱二头肌肌力即恰能开始屈肘时的重量。

上述方法均系肌肉等长收缩时测定肌力。

6. 等速测力器

是目前较先进的测定肌力方法。等长收缩不是伴随位移变化的肌肉收缩，生活中较少，而等张收缩只能是肌肉收缩活动范围内最弱点的最大力量，不能反映其他点的力量，两者均有不足的地方。而等速测定，则是预先设定肌肉收缩引起关节活动的速度（即角速度）。测定时肌肉最大限度收缩，仪器即给予相应的阻力，肌力大时阻力大，反之则小，故可反映出关节活动到不同角度时的不同肌力，从而弥补等长和等张收缩测定肌力时的不足。

三、关节活动度测定

关节活动范围（range of motion，ROM）是运动时关节活动的弧度（或转动的角度）。检测ROM是评定运动系统功能状态的重要手段。各关节活动范围大小不同，同一关节在主动运动和被动运动时也有差别，故检查者应熟知各关节的正常活动范围。

(一) 检查方法

1. 通用量角器检查法

(1) 通用量角器 临床上最常用的工具，由金属或塑料制成，虽形式不尽一样，但其结构基本相同。量角器有两臂，其一为活动臂，另一为固定臂附刻度盘。两臂于一端以活动轴固定，轴为量角器中心。轴应有一定阻力，以免测量时两臂滑动，影响读数。各种型号量角器两臂长短宽窄不一，测大关节宜用长臂，反之用短臂。刻度盘为圆形成半圆形，刻度一般为 0~180°或 0~360°（表 7-2）。

(2) 指关节量角器 指关节量角器由两个半圆金属或塑料片制成，在圆心处以轴固定，轴为量角器轴心。底片上刻 0~180°标记，上片随指关节活动而转动，在上片边缘处所见下片之刻度数，即指关节活动度。

表 7-2 通用量角器检查方法

关节	运动	测量姿位	量角器放置标志			0点	正常范围
			中心	固定臂	移动臂		
肩	屈、伸	坐、立	肩峰	垂直线	肱骨纵轴	两臂下垂	屈180°，伸50°
	外展	坐、立	肩峰	垂直线	肱骨纵轴	两臂下垂	180°
	内、外旋	坐、立、仰卧，肩外展90°，肘屈90°	尺骨鹰嘴	垂直线	尺骨纵轴	两臂下垂	内、外旋，各90°
肘	屈、伸	坐、立	肱骨外上髁	桡骨纵轴	肱骨纵轴	两臂成直线	屈145°，伸0°
前臂	内、外旋	坐、立，肘屈90°	中指末节	垂直线	平行于桡、尺骨茎突连线	中立位	旋前、旋后各90°
腕	掌屈、背伸	坐、立、肘屈90°，前臂中立位	腕关节	桡骨纵轴	第二掌骨纵轴	中立位	掌屈 90°，背伸70°
	桡偏、尺偏	同上前臂旋前	腕关节	前臂纵轴	第三掌骨纵轴	中立位	桡偏25°，尺偏55°
髋	屈、伸	仰卧、侧卧	大转子	躯干纵轴	股骨纵轴	中立位	屈125°，伸15°
	内收、外展	仰卧	髂前上棘	左右髂前上棘连线	股骨纵轴	中立位	外展45°，内收20°
	内、外旋	仰卧、俯卧，膝屈90°	髌骨	垂直线	小腿纵轴	中立位	内外旋各45°
膝	屈、伸	仰卧	膝关节	大转子与股骨外髁连线	腓骨头与外踝连线	两臂成一直线	屈130°，伸0°
踝	背伸、跖屈	坐、仰卧	足底	小腿纵轴	第5跖骨	中立位	背伸20，跖屈45°

(续表)

关节	运动	测量姿位	量角器放置标志			0点	正常范围
			中心	固定臂	移动臂		
足	内、外翻	坐、仰卧	无定点	小腿纵轴的垂直线	足跖面	中立位	外翻22°，内翻30°
颈椎	屈、伸	坐	肩峰	垂直线	平行于外耳道与头顶的连线	中立位	屈60°，伸50°
	侧屈	坐	C7棘突	垂直线	头顶与C7连线	中立位	左右各50°
	左右旋	坐、卧	头顶	垂直线	鼻与枕骨连线	中立位	左右各70°
胸腰椎	屈、伸	坐、立	L5棘突	垂直线	C7、L5棘突连线	中立位	屈45°，伸30°
	侧弯	正坐	L5棘突	垂直线	C7、L5棘突连线	中立位	左右各50°
	左右旋	坐	无定点	水平与椅背平行	左右肩胛连线	中立位	左右各40°

2. 方角量角器检查法

用木、金属或塑料制成，边长12cm左右，其后置一与相对两边垂直的把手。以方盘中心为圆心绘大小适度的圆周，相当于把手一端处沿圆周向左右各刻180°，圆心为轴铆接一重垂指针，其长度与圆周直径同。方盘与地面垂直时，指针指于零位（表7-3）。

应用时采取适当体位，关节两端肢体处于同一平面上，固定一端肢体（一般为近心端）于水平或垂直位，然后将方盘之一紧贴另一端肢体。方盘随肢体活动时不可移动。因重力关系，指针重垂始终与地面垂直，指针所指角度随肢体活动而改变，即关节活动度数。

此法优点：①不必触摸关节的骨性标志以确定量角器同心，操作简便；②正确使用误差较小。

表7-3 方盘量角器检查法

关节	运动	测量姿位	量角器放置位置	刻度盘方位	正常值
肩	屈、伸	站，头、背、骶部紧贴立柱	上臂后上方中段	0点指向近端	屈180°，伸50°
	外展	同上	上臂内缘中段	同上	180°
	内、外旋	仰卧，肩外展、肘屈90°	前臂尺侧缘中下段	0点指向远程	内旋80°，外旋90°
肘	屈、伸	坐，上臂平贴桌面	前臂中段尺骨皮下面	0点指向尺骨	屈150°，伸0°

（续表）

关节	运动	测量姿位	量角器放置位置	刻度盘方位	正常值
前臂	内、外旋	立，上臂外侧紧贴立柱，肘屈90°，紧握把手	量角器把手紧贴掌心横纹	0点指向桡侧	内旋65°，外旋135°
腕	屈、伸	前臂贴桌面，掌向下	第三掌骨背面	180°点对向掌骨	屈80°，伸70°
	尺、桡偏	同上，掌心垂直，拇掌屈	第二掌骨桡侧缘	同上	尺偏40°，桡偏20°
髋	屈	仰卧，对侧髋过伸	大腿前缘中段	180°点对向大腿	120°
	伸	仰卧，对侧髋屈曲	同上	同上	15°
	外展、内收	侧卧，垫高腰部使两侧髂前上棘成一垂线	大腿外侧中段	同上	各45°
	内、外旋	仰卧，两腿分开	足掌内侧缘	0点指向远程	内旋50°，外旋65°
膝	屈、伸	坐或仰卧	在股骨前中段、胫骨前中段各测一次，读数相加	180°点指向膝部	屈160°，伸5°
踝	跖屈	站，足掌不离地，小腿尽量后倾	胫前缘中段	0°点指向近侧	40°
	背伸	同上，足跟不离地，小腿尽量前倾	同上	同上	25°
	内、外翻	侧卧，小腿外侧平贴台面，外踝置桌缘上	紧贴足底横弓	0°指向足内侧	内翻45°，外翻20°
颈椎	屈、伸	垂直靠坐，眼与外耳道平	专用量角器固定于头侧	0点指向上方	屈50°，伸70°
	侧弯	同上	专用量角器固定于头后	同上	左右各45°
	旋转	仰卧	专用量角器固定于头顶	0点指向额部	左右各70°
胸腰椎	屈、伸	坐	两个量角器置于肩胛间及腰骶区	0点指向上方	屈50°、伸20°
	侧弯	坐，臀部不动	量角器把手贴C7以下棘突	同上	左右各50°
	旋转	仰卧，固定骨盆旋转上体	量角器横置胸骨角	0点向上	左右各40°

（二）注意事项

1. 检测者应熟悉各关节解剖和正常活动范围，熟练掌握测定技术，以求取得较精确的结果。

2. 说明检测目的及方法，以使受试者充分合作。同时应注意受试者有无影响关节活动的不利因素，如过胖、疼痛等。

3. 测定时不得移动，以免代偿性活动范围增大。

4. 一般在身体侧面进行测定，测旋转动作时以肢体纵轴为轴心，中立位为0位检测。

5. 量角器轴心须与关节活动轴心一致，两臂与关节两端肢体长轴平等。肢体活动时，轴心及两臂不得偏移。

6. 先测受试者主动活动范围，至最大限度时加外力做被动活动，以受试者能耐受为限，分别记录，必要时参考对侧结果。

7. 记录关节活动范围，必须写明起、止度数，不可只记活动的度数，因为活动的度数常常不能说明关节的功能状态。如肘关节活动检查结果为0~50°，其活动范围为50°，而70°~120°时活动范围也是50°，虽然均为50°，后者肘关节功能状态明显优于前者。

四、机能评定

本节主要采用疼痛和功能障碍予以评定，评定方法以大量的等级评定量表、问卷、调查表等非仪器检查为主，适合我国国情，便于临床应用。

（一）肌力的评定

肌力是指在肌肉骨骼系统负荷的情况下，肌肉为维持姿势、启动或控制运动而产生一定张力的能力。肌力评定是在肌力明显减弱或功能活动受到影响时检查相关肌肉或肌群的最大收缩力量，临床常用徒手肌力检查法评定。具体评定方法请参考常规体格检查相关内容。

（二）关节活动度评定

关节活动度或关节活动范围是指一个关节的运动弧度，是衡量一个关节运动量的尺度。关节活动度可分为主动关节活动度和被动关节活动度两类。关节的活动是在神经的协调下由肌肉、肌腱带动关节的活动来完成的，任何一个环节受到损害，都会引起运动功能障碍或异常运动。关节活动的测量是推拿临床的基础检查项目，通过对患者相关关节活动度的评估，可以发现功能障碍所在。尤其是对脊柱关节活动度的评估，注意体会关节运动的终末感，往往对整复手法的定位实施有指导意义。各关节的具体测量方法请参考常规体格检查相关内容。

（三）肌肉骨骼系统的触诊

肌肉骨骼系统的触诊是建立在相应组织解剖基础之上的，应熟知人体各部位组织的解剖结构，同时应熟练触诊技巧。触诊的基本要求同常规体格检查一致，强调患侧、健侧对比检查。着重诊察同临床疾病发生密切相关的局部肌肉骨骼组织，以获得有效的触诊信息，即"手摸心会"，为手法实施奠定基础。皮肤是推拿手法直接接触的部位，触诊时触诊者的手应在被触诊皮肤之间相对缓慢摩擦运动，仔细体会，应注意感知被触诊皮肤的温度、表面状态、弹性、营养状态及皮肤的感觉程度。筋膜层在软组织疼痛性疾病的诊疗中占有重要地位，触诊时要注意触诊者的手与被触诊者的皮肤之间不发生相对摩擦运动。注意明辨局部疼痛、局部高张力、痛性结节和条索状包块。肌肉触诊应注意采用温和的方式接触，避免肌肉由于外力刺激而造成的保护性收缩干扰触诊结果，注意触知肌肉的外形、疼痛和紧张程度。触诊骨关节时应明确定位骨性标志，在关节运动检查中非常重要。注意区别主动运动和被动运动的差异，体会关节运动终末感的变化、抗阻力活动及辅助活动情况。

(四) 疼痛的评定

疼痛是一种与实际或潜在组织损伤有关的不愉快感觉和情感体验。评定时应首先明确疼痛的分类，是急性疼痛还是慢性疼痛，是亚急性疼痛还是再发性急性疼痛。对疼痛的评定应详细询问病史，充分考虑患者情绪、心理等因素的影响。疼痛的性质和强度评定方法有以下几种。

测定现时疼痛强度 (PPI) 它是将选择的词汇与词汇数目结合，作为询问现时疼痛的指标。现已有人将疼痛分为 5 级，又称为五点口述分级评分法。此方法将疼痛分为：①轻微的疼痛 (1分)；②引起不适感的疼痛 (2分)；③具有窘迫感的疼痛 (3分)；④严重的疼痛 (4分)；⑤不可忍受的剧疼 (5分)。但由于使用的词汇较局限，而病人又常常喜欢选择中间的词汇，故使临床上测痛的准确性下降。但由于此方法简便，故常被临床所采用。

疼痛等级指数 (PRI) 它是建立在词汇划级值基础上的一种记分系统，每一个亚类的词汇都有一定的含义：如 0 级为无痛，1 级疼痛较轻，2 级疼痛中等，3 级疼痛较重。然后将病人所选择的词汇的分值相加而得到每种类型的记分，并可得出总分。由于此种方法使用的词汇更局限，故用于临床后测痛误差较大而不被采用。

麦吉尔氏疼痛调查表 (MPQ) 此方法由 Melzack 和 Torgerson 提出，用来评价各种疼痛的治疗效果。早在 1939 年 Dallenbach 收集了 44 个描述疼痛的词汇，主要是从疼痛的时间过程、空间分布及与压迫混合或是结合性疼痛，疼痛的情感性色彩等五个方面来描述疼痛。后来 Melzack 和 Torgerson 在此基础上又搜集了与疼痛有关的其他词汇设计的调查表，共包括 76 个词汇，并把词汇分成三大类 20 个组。第 Ⅰ 类，第 1~10 组按时间、空间、温度、压力和其他性质描述疼痛感觉类的词汇。第 Ⅱ 类，第 11~15 组是按照紧张、恐惧和植物神经系统反应性质描述情感类词汇。第 16 组为描述主观疼痛强度的评定词。第 Ⅲ 类，第 17~20 组为不分类的词汇，由 MPQ 可以得到三种测疼的方法。评定时先向被测者说明调查目的，然后分项进行。进行第 Ⅰ 项时，由检查者逐项提问，并根据患者回答的疼痛程度，将相应的级别作记号，如无该类疼痛，均为 0 级；进行第 Ⅱ 项时，划一长为 10cm 的线段，并按 mm 定出刻度，让患者用笔根据自己的疼痛程度在线段上画上相应的点，不求十分准确，以能反映患者自觉的疼痛程度为准；进行第 Ⅲ 项时，根据患者主观感受，在相应分值上作记号 (PPI、PRI 值)。MPQ 为一种多因素疼痛调查评分方法，它的设计较为精密，重点观察疼痛及其性质、特点、强度和伴随状态和疼痛治疗后病人所经历的各种复合因素及其相互关系。MPQ 在临床使用中可测定有关疼痛的多种信息和因素，使用于临床科研工作或较为详细的疼痛调查工作，但对病人的要求较高，表中的词类比较抽象，相对复杂，所以有时病人难以理解，并且花费时间较多，所以临床应用中具有一定的局限性。

MCGiLL 疼痛调查：①时隐时现、时轻时重、搏动性痛、跳痛、抽击样痛、重击样痛；②跳跃样痛、掠过样痛、弹射样痛；③穿刺样痛、钻痛、锥刺样痛、刀割样痛；④锐痛、切割样痛、撕裂样痛；⑤挤捏样痛、挤压样痛、咬痛、夹痛、压榨样痛；⑥牵拉样痛、重扯样痛、扭痛；⑦热痛、烧灼样痛、滚烫样痛、烧烙样痛；⑧刺痛、痒痛、剧痛、惨痛；⑨钝痛、伤痛、尖刺样痛、创伤样痛、猛烈样痛；⑩触痛、紧张样痛、锉痛、裂开样痛；⑪疲倦、疲惫；⑫厌恶的、窒息样的；⑬恐惧的、可怕的；⑭处罚的、严惩的、残酷的、狠毒的、致死的；⑮沮丧的、不知所措的；⑯恼人的、悲惨的、严重的、难忍的、烦扰的；⑰扩散的、放射的、穿通的、刺骨的；⑱紧束的、麻木的、抽吸的、碾压的、撕碎的；⑲凉的、冷的、冰冷的痛；⑳烦恼的、作呕的、极痛苦的、畏惧的、折磨的痛。此方法可靠、有效、恒定，其最大的优点是能测定疼痛的多种因素，但其局限性在于要求病人具备大学教育水平，能准确理解文字的抽象和复杂性。

【思考题】

1. 运动防护过程中如何进行损伤部位和肌力检查？
2. 关节活动度检测在运动防护中应用。
3. 运动防护过程中如何进行机能评定？

第二节 损伤治疗学基础

一、中医内治法

内治法是指通过内服药物以达到全身性治疗的方法。可按辨证施治原则而分别采用先攻后补、攻补兼施或消补相互配合，灵活应用。

(一) 攻下逐瘀法

攻下逐瘀法适用于损伤早期蓄瘀、大便不通、舌红苔黄、脉数的体实患者。

外力致伤，必伤气血，轻则气滞血瘀，重则蓄血、亡血，阻塞脉道，气血不得畅流，瘀血不去则新血不生，甚或越络而妄行且变症多端。

攻下逐瘀法属下法，常用苦寒泻下以攻逐瘀血，但年老体衰、气血虚弱、内伤重症、失血过多、慢性劳损、妊娠、月经期间、产后荣血不足者忌用。

逐瘀方剂甚多，药效相当峻猛，临床应当慎重，不可滥用。若稍见有瘀血症状，便用攻下之法，是不符合理法的。

(二) 行气活血法

行气活血法适用于气滞血瘀、但无里实热证、不必攻下者。

气滞血瘀，壅阻经脉，局部肿痛者，应用行气活血法，使瘀滞得散，经脉复通而肿消痛止。运用行气活血还可辨证加减。

行气活血法属消法。气为血帅，气行则血行。气滞则血滞，气结则血瘀。

活血祛瘀方剂一般并不峻猛，如须逐瘀，可与攻下配合。

（三）清热解毒法

清热解毒法适用于热毒蕴积在气分，或内攻营血诸症。

热毒蕴结于筋骨，发热口渴引饮、舌红苔黄、脉数、局部红肿热痛者，应清热解毒。

若病势继续发展，邪毒内陷营血，则应以清营凉血法治之；若内伤化热，症见吐衄、舌红绛苔黄、脉弦紧数或细涩而有力，则以清营凉血止血，佐以祛瘀。

止血药应按其归经和出血部位的不同而选用，止血药还要根据其性味功能而辨证应用。

治血不重在止血药，而重在治其出血原因。

（四）通窍安神法

通窍安神法适用于头部损伤。

头部内伤，神志昏迷可分闭证和脱证两种。闭证是实证，治宜通窍，头伤还兼用祛瘀止血药；但脱证属虚证，是元阳衰微、浮阳外脱的表现，治宜固脱，忌用通窍。

通窍药走窜性强，易引起流产、早产，孕妇慎用。针灸疗法对闭证有较好疗效，临证可针药兼施。

（五）接骨续损法

接骨续损法适用于骨折中期肿胀基本消退，断端初步连接而未坚者。

（六）舒筋活络法

舒筋活络法适用于骨折、脱位、扭挫伤后期表现有酸、麻、痛、痹、活动障碍者。

舒筋活络法是温经、通络之法。骨关节伤病后期，气血虚弱，筋络拘挛，或为风寒湿邪侵袭，气血不得通畅，肢节痹痛，故须温行气血、祛风寒湿、舒筋活络，一般用辛温祛邪佐以行气活血药物，有时还须配合行气活血、补益气血、补益肝肾之药。

祛风寒湿药，药性多辛燥，必损伤阴血，故阴虚者慎用，或配合养血滋阴药同用。此外，外治法如针灸、按摩、熏洗、热熨、拔火罐及其他理疗，对筋络挛痛有很好疗效，至于废用性肌肉萎缩，则应加强主动功能活动，不应单纯依赖药物治疗。

（七）补益气血法

补益气血法适用于平素体弱、气血耗损较甚或迟缓愈合，筋骨屡软者。

补益气血法属补法，气虚可致血虚，血亏可致气损，血脱可致气脱；气为阳，血为阴，阳生则阴长，故治疗血虚时，补血之中常兼以补气。且有形之血不可速生，无形之气所当急固，所以对大出血而引起血脱者，采用补血剂时往往以补气药为主。

又因肺主气，脾主中气，故补气多着重肺脾两经，而培补中气尤为重要。

补血药多滋腻，脾胃虚弱易引起食呆、便溏，故补血方内宜用健胃和中之品。阴虚内热，肝阳上亢者忌用偏于辛温的补血药。

跌扑损伤而瘀血未尽、体虚不任攻伐者，于补虚之中仍需酌用祛瘀药，以防留邪损正，积瘀为患。

若补益气血及清热解毒两法并用，以扶助正气、托毒外出，即为托里排脓法。感染化脓而未溃破、或已溃破但排脓不畅、邪盛而正未衰者，以清热解毒为主，补气血为辅，用透脓散加银花公英、地丁；若正虚不能托毒外出者，以补托为主，清热解毒为辅。

（八）补养肝肾法

补养肺肾法适用于骨关节伤病后期。

肝主筋，肾主骨。患者禀赋不足或伤患之后以致肝肾亏损而衰虚、筋骨不强者，应补养肾以壮筋骨。肝为肾之子，虚则补其母，故养肝常兼滋补肾阴；肝虚而肾阴不足，或肝虚久不复原，以养肝为主，滋肾为辅。若损伤后期，症见脾虚、肾虚或脾肾两虚，又常兼以健脾益胃。

二、中医外治法

外治法是指局部治疗的方法，在伤科的治疗中占着相当重要的地位，方法较多。常用的有药物治疗、理伤手法、夹缚固定和练功疗法以及针灸、理疗、磁疗、拔火罐等。外治法应根据伤病发展的不同阶段，辨证选择适应的疗法，常与内治法结合运用。

（一）药物治疗

外治的药物治疗是把药物制成一定剂型放置在病灶或有关部位发挥作用。

外治药物种类很多，按其特点分述于下：

敷贴药

（1）软膏　将药物碾成细末，然后用凡士林、豚脂、羊脂、怡糖、油蜡等作基质，混和调抖煎熬后制成；也可用水、蜜、酒或醋等将药末调拌成厚糊状直接涂敷。根据药物作用可分如下几类：

消瘀退肿止痛：如接骨膏、乌龙膏、定痛膏、双柏膏、膜韧膏等，用于骨伤、筋伤初期肿胀疼痛者。

舒筋活血：如舒筋活络药膏，用于筋肉扭挫伤，肿痛逐步减退者。

接骨续筋：如接骨续筋膏，适用于骨折已整复，位置良好，肿痛消退者。

清热解毒：如金黄膏、四黄膏，用于局部感染，红、肿、热、痛者。

去腐生肌：如象皮膏、生肌玉红膏，用于未愈创口。

温散风寒：如温经通络膏，用于损伤日久，复因风寒湿邪所客。

（2）膏药　将药物碾成细末，配合香油（芝麻油）、黄丹、蜂蜡等基质炼制而成。这是祖国医药学外用药物中的一种特有剂型。

据药物作用可分几类：

祛瘀止痛：如损伤风湿膏，用于损伤肿痛。

祛风湿：如狗皮膏、万灵膏、万应膏等，用于损伤后兼风寒湿痹痛。

活血祛瘀软坚：如化坚膏，用于陈伤气血凝滞、筋膜粘连者。

提腐拔毒：如太乙膏、陀僧膏等，用于创伤而成溃疡者。

（二）撒掺药

撒掺药即外用散剂，是将药物碾研成细小粉末状而成。使用时，把药末直接撒掺在患处上，或掺在膏药或软膏上敷贴在患部，常用的有下列几种：

(1) 止血收口　如桃花散、花蕊石散、金枪铁扇散和如圣金刀散等，用于表浅伤口。

(2) 生肌长肉　如生肌八宝丹粉、珍珠层粉等，用于各种类型而脓性分泌物较少的创面。

(3) 祛腐拔毒　如白降丹、红升丹等，用于创面腐肉未去或肉芽过长。

(4) 温经散寒　如丁桂散、桂麝散等，用于局部寒着夕气血凝滞疼痛者。

(5) 清凉散风　如冰硼散，用于局部焮热而肿。

(6) 散毒止痛　如四生散，用于局部疲毒结聚肿痛。该药可能引起局部皮炎，使用时应注意。

（三）湿敷涂擦药

湿敷涂擦药是把药物制成液状制剂，涂、敷于局部或在施行理伤手法时配合使用的药剂。

其作用有两方面：药效为行气活血、祛风逐寒、通络止痛，用于无伤口者；药效为解毒收敛生肌，用于局部伤口。常用的有三类：

(1) 酒剂　把药物放置在乙醇溶液中浸泡，经一定时间后过滤去渣即可用，如活血酒、茴香酒和红花酒精等，亦有在酒剂中加入适量醋使用。

(2) 油剂　用香油把药物熬煎去渣制成，如伤油膏、跌打万花油等。

(3) 水剂　把药物制成水溶剂，供伤口湿敷用。

（四）熏洗药

将药物放水中煎煮后，产生大量蒸汽，患肢放于其上，再覆盖毛巾数层，熏蒸浸洗患处，但应注意避免烫伤。

按药物作用的不同，熏洗药有如下几类：

(1) 解毒收敛　如苦参汤合矾石汤，用于分泌物稠厚的感染创面。

(2) 行气散鑫　如散瘀血和伤汤、海桐皮汤、骨科外洗一方，用于新伤瘀血积聚肿胀者。

(3) 温经通络　如八仙消遥汤、骨科外洗二方，用于骨关节损伤后期、风寒湿痹症。

（五）热熨药

选用温经、祛寒、行气、止痛的药物，经加热后，借助其热力作用于局部，按其剂型及使用情况不同有这几类：

(1) 临时加热选择具有温经祛寒，行气止痛作用的现成粗粉状散剂或颗粒状的种子药物如吴茱萸等，放锅里炒热，或用布袋裹好蒸热后使用。可用治各种风寒湿型筋骨痹痛、腹胀痛、尿潴留等。

(2) 备用制剂把药物制成一定剂型，如用来治腰腿痛、风湿关节痛的成药—坎离砂，用时加适量的醋，便自然发热即可以应用。

（3）电热贴熨 把药物做成细屑，加上适量的酒或醋，敷贴在患处，接上低压电流加热，而对患处发挥治疗作用。

（六）药条

一般用桑皮纱纸或棉纱捻成线条状，涂上拔毒去腐药粉，如红升丹、白降丹等制成，其作用是腐蚀瘘管壁和引流，用于附骨痈疽或骨痨形成瘘管者，插入瘘管内，2～3天更换一次。

三、西医急救

急救是对意外或突然发生的伤病事故，在现场进行紧急的临时性医疗。其目的在于保护和挽救伤病员生命、避免再度伤害、尽量减轻伤病员痛苦、预防并发症，并为伤病员的转运和进一步治疗提供有利条件。

（一）急救原则

急救时必须抓主要矛盾，救命在先，做好休克的防治。要做到：

1. 先排险后救治

在进行救护前，先保证病人脱离危险的环境，如触电者需要先切断电源等。

2. 先复苏后固定

伤员既有心跳呼吸骤停又有骨折时，应首先进行口对口人工呼吸和胸外心脏按压，再进行骨折固定。

3. 先重伤后轻伤

大批伤员出现时，在有限的时间、人力、物力的状况下，应优先抢救危重者，后抢救较轻的伤病员。

4. 先止血后包扎

有大出血、大创伤者，先用指压、止血带等方法止血，然后再对创伤进行消毒包扎等处理。

5. 先救治后运送

对于重伤病员，先进行紧急的救治，最大可能的保证病人的生命体征在暂时稳定的前提下再进行转运。

6. 急救与呼救并重

有大量伤病员时，要及时呼救，以便尽快得到外援。

7. 呼救时应大致包括的内容（主要指与急救服务中心联系）

（1）报告发生伤害的地点。

（2）说明联系方式如呼救人姓名、年龄、现用呼救电话号码，以便联系。

（3）简单报告伤害种类及伤害人数，以便急救中心做出充分的准备。

（4）说明已施行的急救情况。

（5）再次呼救：呼救 20min 后仍不见救护车到时，可再次向急救中心询问。在呼救急救中心时应让对方先挂断，然后你再挂断电话。

（二）急救注意事项

1. 急救者的态度要和蔼，语言要亲切、婉转。
2. 急救者要有高度的责任感。
3. 急救者要保持镇静，切不可惊惶失措或顾此失彼，即使出现危急情况，也应镇静地进行有条不紊的抢救工作。
4. 急救者的急救技术要力求熟练、敏捷。
5. 经急救处理后，急救者应陪伴伤员送到医院，并向医生介绍发病情况和急救过程。

（三）常用急救方法

1. 心肺复苏
(1) 判断
①判断神志（轻摇/轻拍并呼叫姓名），呼救求协助。
②放置体位（仰卧位）。
③开放气道，清理口腔异物。
④判断呼吸（一看二听三感觉）。
⑤人工呼吸（无呼吸，给予2次人工呼吸）。
⑥判断循环（触摸颈动脉5~10s，有脉则每5~6s吹气1次）。
⑦无脉立即进行胸外心脏按压（5个周期，成人/儿童100次/min，成人单/双人按压与呼吸比为30∶2；儿童/婴儿单人30∶2，双人15∶2）。
⑧检查心律，确定是否电击（是，1次电击后继续心肺复苏，5个周期；否，则心肺复苏5个周期后检查心律，再看是否电击）。

(2) 方法
①口对口人工呼吸法：患者仰卧，头部尽量后仰，把口打开，有条件的在口上盖一块纱布。救护者一手托其下颌；另一手捏住其鼻孔，深吸气，对口吹入，后松手让其出气。重复前面的动作，中间不要间断，每分钟对口吹气16~18次，每次吹入气体约为500~600ml。
②胸外心脏按压：使病人仰卧于硬板床或木板上，下肢稍抬高；救护者于病人一侧，一手掌根部置于病人胸骨中、下1/3交界处，掌根部与病人胸骨纵轴方向一致，另一手掌根部重叠在该手背上面；两臂伸直，利用上身重量垂直下压，使胸骨下陷3.5~4cm；随即放松，使胸骨自行恢复原位，但手掌根部不要抬离胸壁；如此有节律反复进行，频率为80~100次/min。
③双人心肺复苏：由两个救护者分别进行口对口人工呼吸与胸外心脏按压。其中一人位于病人头侧，另一人位于胸侧，按压频率为80~100次/min，按压和人工呼吸的比值为5∶1，即5次胸外心脏按压给1次人工呼吸。每5s完成一轮动作。位于病人头侧的救护者承担着监测脉搏和呼吸的任务，以确保复苏效果；位于胸侧的救护者负责胸外心脏按压。

2. 止血
血液从血管或心脏内流出至组织间隙或体腔内时称内出血；血液从血管内流向体表

时称外出血。外出血的种类有：动脉出血、静脉出血和毛细血管出血。常用的止血方法有：

（1）绷带加压止血法（一般止血法）　适用于小动脉、小静脉和毛细血管出血的止血。用生理盐水或消毒液消毒后，用无菌纱布覆盖伤口，再用绷带加压包扎，以压住出血的血管而达到止血的效果。

（2）指压法　适应于动脉出血的一种临时性的急救止血，压迫时间不宜太久。指压法的要领是：在出血部位的近心端，在相应压迫点上手指把该动脉血管压迫在邻近的骨面上，以阻断血液流动达到止血的效果。

①颞浅动脉压迫止血法：适应于同侧颞部出血。一手扶住伤者头并固定，另一手拇指在耳屏前上方一指宽处摸到搏动后，将该动脉压迫在颞骨上（即压住"太阳穴"）。

②颌外动脉压迫止血法：适应于同侧面部出血。在下颌角前约1.5cm处摸到搏动后，用拇指将该动脉压迫在下颌骨上。

③锁骨下动脉压迫止血法：适应于肩部、腋窝及上臂出血。在锁骨上窝内1/3处摸到搏动后，用拇指把该血管压迫在第一肋骨上。

④肱动脉压迫止血法：适应于前臂及手部出血。将伤臂稍外展、外旋，在肱二头肌内缘中点处摸到搏动后，用拇指或食、中、环三指将该动脉压迫在肱骨上。

⑤桡动脉压迫止血法：适应于手掌和手背出血。用两手拇指分别压迫手腕的尺动脉和桡动脉。

⑥指动脉压迫止血法：适应于手指出血，用健侧手的拇指、食指压迫患指两侧指根部，并抬高患肢。

⑦股动脉压迫止血法：适应于大腿和小腿出血。伤者仰卧，患腿稍外展、外旋，在腹股沟中点稍下方摸搏动后，用双手拇指重叠（或掌根）把该动脉压迫在耻骨上。

⑧胫前、胫后动脉压迫止血法：适应于足部出血。在踝关节背侧，于胫骨远端摸到搏动后，把该动脉压迫在胫骨上；在内踝后上方，将胫后动脉压迫在胫骨上。

（3）止血带止血法　主要用于其他方法控制不住的四肢大血管损伤性出血；一般不宜轻易使用。方法：上止血带前，先将受伤肢体抬高两分钟，使血液尽量回流，然后在结扎止血带的局部，裹上毛巾或其他棉布类的东西，把它放平整，不能有皱褶，将止血带结扎在毛巾上。使用止血带应注意：结扎止血带时间越短越好，一般不超过1h；结扎后要定期放松；缚扎松紧度要适宜，以出血停止、远端摸不到动脉搏动为准。

3. 包扎

（1）包扎的目的和意义　保护伤口，避免污染；限制伤肢运动，避免加重伤性；支持伤肢，使之保持舒适的位置，起到止血、止痛作用；并为伤口愈合创造条件。

（2）包扎时的要求　应做到动作轻巧、熟练，不要碰撞伤口，以免增加出血量和疼痛；应将敷料全面覆盖伤口，包扎稳妥，并遵守无菌操作原则，以免增加减染；包扎有松紧度应适中，过紧会妨碍血液循环，过松则起不到包扎的作用；绷带包扎要从伤部远端开始；包扎结束时，绷带末端要用胶布粘合固定或将绷带末端留下一段，纵形剪开缚结固定，但缚结不要在伤口处。

（3）包扎常用材料　绷带、三角巾和四头带等。也可就地取材用干净的衣裤、手帕、毛巾、布块等代替。

(4) 包扎方法

①绷带包扎法：一般用于四肢、头部伤。包扎时要掌握好"三点一走行"，即绷带的起点、止点、着力点（多在伤处）和行走方向的顺序，以达到既牢固又不能太紧。先在创口覆盖无菌纱布，然后从伤口低处向上，左右缠绕。

环形包扎法：用于包扎肢体粗细均匀的部位。如手腕，小腿下部和额部等。包扎时，先张开绷带，把带头斜放在伤肢上并用拇指压住，将卷带绕肢体一圈后，再将带头的一个小角反折，然后继续绕圈包扎，每圈都盖住下一圈，包扎 3~4 圈即可，最后在绷带尾端撕开打结固定或用别针，胶布将尾部固定。

螺旋形包扎法：用于包扎肢体粗细相差不大的部位。如上臂、大腿下部等。包扎时，先做 2~3 圈环形包扎，然后将绷带向上斜形缠绕，每圈都盖住前一圈的 1/3~2/3 成螺旋形。

螺旋形反折包扎法：用于包扎肢体粗细相差较大的部位，如：前臂、小腿、大腿等。包扎时，先做 2~3 圈环形包扎后，再做用螺旋形包扎，待到渐粗处，一手拇指压住绷带上缘，另一手拇指将绷带自此点向下反折，此时绷带的上缘变成了下缘。然后向后绕并拉紧绷带，每反折一次，后一圈压住前一圈的 1/3~2/3。反折处不要在创口或骨突上。

"8"字形包扎法：多用于包扎肘、膝、踝等关节处。先在关节处做几圈环形包扎后将绷带斜形环绕，一圈在关节上方缠绕，一圈在关节下方缠绕，两圈在关节凹面相交，反复进行，逐渐离开关节，每圈压住前一圈的 1/3~2/3，最后在关节上方或下方作环形包扎结束。

②三角巾包扎法：三角巾制作简单、方便，包扎时操作简捷，且几乎能适应全身各个部位。

三角巾风帽式包扎法：适用于包扎头顶部和两侧面部、枕部的外伤。先将消毒纱布覆盖在伤口上，将三角巾顶角打结放在前额正中，在底边的中点打结放于枕部，然后两手拉住两底角向下颌包住并交叉，再绕到颈后的枕部打结。

三角巾帽式包扎法：先将消毒纱布覆盖在伤口上，然后把三角巾底边的正中点放在伤员眉间上部，顶角经头顶拉到脑后枕部，再将两底角在枕部交叉返回到额部中央打结，最后拉紧顶角并反折塞在枕部交叉处。

胸背部三角巾包扎法：三角巾底边向下，绕过胸部以后在背部打结，其顶角放在伤侧肩上，系带穿过三角巾底边并打结固定。

上肢大悬臂带：常用于除锁骨和肱骨骨折以外的其他上肢损伤。先将三角巾平铺于伤者胸前，顶角对着肘关节稍外侧，与肘部平行，屈曲伤肢，并压住三角巾，然后将三角巾下端提起，两端绕到颈后打结。顶角反折用别针或胶带扣住。

上肢小悬臂带：常用于锁骨或肱骨骨折。先将三角巾折叠成约四指宽的宽带，也可用宽绷带或软布带代替。将宽带的中间置于前臂的下 1/3 处，屈肘 90°，宽带的两端在颈后打结。

腹部内脏脱出：腹部外伤有内脏脱出时，不要还纳，用等渗盐水浸湿的大块无菌敷料覆盖后，再用无菌换药碗或无菌的盛物盆扣住，以阻止肠管等内脏的进一步脱出，然后再进行包扎固定。注意一定要将直接覆盖在内脏上的敷料用等渗盐水浸透，以免粘连，生成肠浆膜或其他内脏损伤，发生肠梗阻或其他远期并发症。

4. 骨折的夹板固定

（1）夹板适宜　夹板长短、宽窄要适宜，使骨折处上下两个关节都固定，若无夹板时，可用杉木皮、树枝、竹片等代替。

（2）保护　固定时，夹板要用绷带或软布包垫，夹板两端、骨突部和空隙处用棉花等填塞，防止压迫性损伤。

（3）妥善固定　缚扎夹板的绷带应缚在骨折处的上下段，固定要牢靠，松紧度要适中。

（4）畸形矫正后固定　骨折肢体有明显畸形时，应将伤肢沿纵轴稍加牵引和初步矫正畸形，然后将伤肢固定在适当位置。

（5）开放性骨折时　不可把刺出的骨端送回伤口，以免造成伤口内感染。

5. 搬运

现场搬运的目的是为了及时、迅速、安全地转运伤者到安全地带，避免再次受伤。使用正确的搬运方法是急救成功的重要环节。搬运转送不当，轻者延误伤者的及时检查和治疗时间；重者，则在此过程中使伤情恶化，甚至发生死亡，使现场急救工作前功尽弃。现场搬运多为徒手搬运，也可用搬运工具。

（1）搬运转送的要求　搬运伤者时，要根据伤者的具体情况选择合适的搬运方法和搬运工具。在搬运伤者时，动作要轻巧、敏捷、一致；如对腰部、骨盆骨折的伤者要选择平整的硬担架。在抬送中，尽量减少震动，以免增加伤者的痛苦。在转运途中，最好有医护人员陪送，在路途上严密观察伤情，必要时作急救处理。伤者送目的地后，陪送者要向接应人员作伤情交待，并介绍急救处理过程。

（2）搬运的方法

①徒手搬运法：指在搬运过程中凭人力和技巧，不使用任何器械的一种搬运方法。适应于现场找不到担架或担架无法通过的狭窄通道或楼阁等地方。常用方法有单人搬运法、双人搬运法等。

单人搬运法：a. 扶持法：适应于伤势较轻，能够站立行走的受伤者。方法：救护者靠近伤者一侧站立，要伤者的手臂揽住救护者的头颈，然后救护者外侧手牵着伤者的手腕，另一手伸过伤者背部扶持伤者的腰部，使其身体略靠着救者。b. 抱持法：伤者能够站立，救护者站于伤者一侧，一手托其背部、一手托其大腿，将其抱起。c. 背负法：救护者站立在伤者前面，于同一方向，微弯背部将伤者背起。但对胸部创伤的伤者不能用此方法。

双人搬运法：a. 椅托式坐抬法：甲乙救护者在伤者两侧对立。甲以右膝、乙以左膝跪地，各以一手伸入伤者大腿下而互相紧握，其余手彼此交替搭于肩上，作支持伤者背部。伤者两手分别扶持救护者的肩部。b. 拉车法：两救护者，先将伤者仰卧，然后，一个站在伤者的头部，两手伸入腋下，将其抱入怀内；另一个站在伤者的足部，跨在其两腿中间。两人步调一致慢慢抬起，卧式前行。

三人搬运法：三人并排，将伤者抱起，步调一致前行。

②担架搬运法：是最常用的搬运方法。它适应于转运路途较长、伤情较重的伤者。方法：由 3~4 人组成一组，将伤者移上担架；伤者头在后、足在前，这样便于随时观察伤者的变化；抬担架者脚步、行动要一致，平稳前行；向高处抬时，前面放低，后面抬高，使伤者始终保持水平状态。注意事项：a. 对不同的伤者应有不同的体位，一般伤者多采用平卧位；对腹部内脏脱出的伤者应采取双下肢屈曲仰卧位；昏迷或有呕吐窒息危险的伤者应采取侧卧位或仰卧头转向一侧等；b. 注意保暖，扣好安全带，防止担架摇晃时滑脱；c. 搬运时一定要保持平稳。

【思考题】

1. 运动损伤常用的治疗方法有哪些？
2. 运动损伤急救。

第八章 药学基础

【导读】如前所述运动防护侧重物理性处理与治疗，物理性治疗解决不了的问题，尽可能考虑就医拿药。自古有"是药，就有三分毒"之说，只有合理用药才有益于健康，有利于运动防护辅以药物治疗。本章重点介绍中西药物及其应用，以整合运动防护的物理治疗与药物治疗。

第一节 药物的种类

一、中药种类

（一）中药

1. 解表药

发散风寒药：麻黄、桂枝、紫苏、生姜、防风、葱白、胡荽等。

疏散风热药：薄荷、蝉蜕、淡豆豉、桑叶、菊花、柴胡、葛根等。

2. 清热药

清热泻火药：石膏、知母、芦根、淡竹叶、夏枯草、知母等。

清热燥湿药：黄芩、黄连、黄柏、龙胆草、苦参。

清热凉血药：犀牛角、生地黄、玄参、牡丹皮、赤芍药。

清退虚热药：青蒿、白薇、地骨皮、银柴胡、胡黄连。

清热解毒药：金银花、连翘、蒲公英、穿心莲、牛黄、鱼腥草、马齿苋、绿豆、板蓝根、土茯苓等。

3. 截疟药

常山、青蒿、鸦胆子、砒石、铅丹、雄黄等。

4. 化痰、止咳、平喘药

温化寒痰药：半夏、天南星、白芥子、白前等。

清化热痰药：川贝、浙贝、瓜蒌、竹沥、胖大海、海藻等。

止咳平喘药：杏仁、百部、苏子、枇杷叶、白果、罗汉果等。

5. 芳香化湿药：藿香、苍术、厚朴、砂仁等。

6. 行气药

陈皮、木香、玫瑰花、刀豆、柿蒂、薤白等。

7. 止呕吐、呃逆药

伏龙肝、生姜、柿蒂等。

8. 涌吐药

常山、瓜蒂等。

9. 泻下药

攻下药：大黄、番泻叶、芦荟等。

峻下药：巴豆、千金子、甘遂、芫花等。

润下药：火麻仁、郁李仁、松子仁等。

10. 驱虫药

使君子、苦楝皮、槟榔、南瓜子等。

11. 温里药

附子、干姜、肉桂、小茴香、胡椒等。

12. 开窍药

麝香、冰片、石菖蒲等。

13. 安神药

重镇安神药：朱砂、磁石、龙骨、琥珀等。

养心安神药：酸枣仁、远志、合欢皮等。

14. 平肝药

平抑肝阳药：石决明、牡蛎、珍珠、决明子、刺蒺藜等。

息风止痉药：羚羊角、蜈蚣、地龙、天麻、僵蚕等。

15. 利水渗湿药

利水消肿药：茯苓、薏苡仁、泽泻、冬瓜皮、玉米须等。

利尿通淋药：车前子、滑石、通草、灯心草、海金沙等。

利湿退黄药：茵陈、金钱草、地耳草、垂盆草等。

16. 祛风湿药

祛风寒湿药：独知、川乌、木瓜、路路能、伸筋草、乌梢蛇等。

祛风湿热药：防己、桑枝、海桐皮、雷公藤、丝瓜络等。

祛风湿强筋骨药：五加皮、桑寄生、狗脊、雪莲花等。

17. 止血药

凉血止血药：槐花、白茅根、苎麻根、羊蹄、侧柏侧等。

化瘀止血药：三七、茜草、降香等。

收敛止血药：白及、血余炭、藕节等。

温经止血药艾叶、炮姜、灶心土等。

18. 活血化瘀药

活血止痛药：川芎、延胡索、乳香、没药等。

活血调经药：丹参、红花、桃仁、益母草、牛膝、王不留行、月季花等。

活血疗伤药：土鳖虫、马钱子、血竭、刘寄奴等。

破血消瘀药：水蛭、虻虫、穿山甲等。

19. 消食药

山楂、麦芽、谷芽、莱服子、鸡内金等。

20. 补虚药

补气药：人参、西洋参、党参、黄芪、甘草、大枣、蜂蜜等。

补阳药：鹿茸、肉苁蓉、淫羊藿、杜促、胡桃肉、冬虫夏草、锁阳、黄狗肾、韭子、续断等。

补血药：当归、熟地、何首乌、阿胶、龙眼肉等。

补阴药：沙参、麦冬、玉竹、黄精、百合、枸杞、桑椹、龟板等。

21. 收涩药

固表止汗药：麻黄根、糯稻根须等。

敛肺涩肠药：五味子、乌梅、罂粟壳、石榴皮等。

固精缩尿止带药：山茱萸、芡实、金樱子、桑螵蛸、刺猬皮、乌贼骨等。

22. 攻毒杀虫止痒药

雄黄、硫黄、白矾、樟脑、蜂房、大蒜等。

23. 拔毒化腐生肌药

升药、砒石、硼砂等。

(二) 中成药

如六味地黄丸、999 感冒冲剂等。

二、西药种类

药物的种类繁多，根据药物的作用等大致分为：

(一) 抗菌药物

如青霉素钠、先锋霉素、磺胺嘧啶、异烟肼等。

(二) 抗肿瘤药物

如环磷酰胺、呋喃氟脲嘧啶、丙亚胺等。

(三) 抗寄生虫药物

如吡喹酮、奎宁、甲硝唑、肠虫清等。

(四) 中枢神经系统药物

如苯巴比妥、安定、扑炎痛、消炎痛、吗啡、可待因、咖啡因、尼可刹米、新斯的明等。

(五) 心血管系统药物

如洋地黄、异搏定、硝酸甘油、丹参、降压灵、利血平、尼莫地平、肾上腺素、山莨菪碱等。

(六) 呼吸系统药物

如咳必清、舒喘灵、氨茶碱等。

（七）消化系统药物

如胰酶片、甲氰咪胍、硫酸镁、肌苷、消炎利胆片等。

（八）造血系统药物

如硫酸亚铁、止血环酸、肝素、鲨肝醇、马利兰等。

（九）泌尿系统药物

如速尿、甘露醇等。

（十）内分泌系统药物

如促甲状腺素、垂体后叶加压素、甲状系、氢化可的松、甲基睾丸素等。

（十一）抗过敏药物

如异丙嗪、苯海拉明等。

（十二）维生素类药物

如维生素 A、维生素 B 类、维生素 C 等。

（十三）麻醉类药物

乙醚、氯胺酮、普鲁卡因、利多卡因等。

【思考题】

运动防护中的常用药物种类。

第二节　合理用药

药物是一种特殊商品，使用得当可治愈疾病，反之可致病。合理用药的目的是充分发挥药物的预防和治疗作用，减少不良反应。适当联合用药既能使药效增加，又能延缓病原体耐药性产生。不合理用药，非但不能较好发挥药物的原有作用，还会减弱或造成药源性疾病，轻者影响健康，重者危及生命。合理用药还能防止药物资源的浪费，收到良好的经济与社会效益。所谓合理用药，是指依据当代系统的医学、药学、管理学知识，明智地使用药物，以符合用药安全、有效、经济的要求。其主要原则是尽量不用，严禁滥用，因人施治，权衡利弊。

一、药物使用目的明确

使用药物时，首先必须明确是诊断用药、预防用药还是治疗用药。治疗用药建立在对疾病准确诊断基础上，做到有的放矢，以收到预期的效果。同时，必须根据疾病的发展、病情的轻重、个体差异、药物生能等选择应用药物。并根据情况不断调整用药，包括对因治疗，抑制或杀灭病原体；对症治疗，缓解症状，减轻病人痛苦。要防止误诊或只根据一些症状随意用药，防止"撒大网"合用多种药物的不良倾向。

二、药物用法正确

(一) 不要干吞药片

干吞药片对身体有许多害处，会影响疗效、损伤食管或阻塞食管、药片误入气管等，有时可造成生命危险。

(二) 不宜躺着服药

服药时采用的体位对药物的吸收有较大影响。躺着药物不能全部到达胃里，致使药物没有完全发挥作用，有些药物还会刺激食道粘膜，亦会误吸入气管。

(三) 注射药物不宜口服

大多数注射药物是因为在消化液酸性环境中不稳定而制成的，有的对胃肠道粘膜有刺激作用，有的不易在消化道内吸收，还有些药物既可注射给药，也可口服红药，但注射药价远超出口服药，将注射药改口服实属浪费。为科学、安全、合理、经济地使用药物，不宜将注射药改为口服。

(四) 合理的给药途径

有人认为静脉给药比口服给药作用快、疗效好，稍有不适就要求静脉给药。其实绝大多数口服药在服药后 1~2h 都能达到血药高峰，只要药物口服吸收率在 50% 以上，一般情况下，口服和静脉给药疗效一样，并不都需要静脉给药。

(五) 合理应用抗生素

第一，别把抗生素当"预防药"；第二，严格掌握适应症；第三，联合用药应有指征；第四，选择适当给药途径、剂量和疗程。

(六) 正确使用维生素

维生素是维持人体健康和生命不可缺少的重要物质，只有了解各种维生素的作用、用途及维生素缺乏症状特点，才能正确使用维生素，做到对症用药，避免滥用。人体对维生素的需要量并不多，一般每天只需要几十毫克，有的只需要几毫克甚至几微克。因此，不要以维生素当补品，以为越多越好，应按需要掌握用量，病愈后及时停药。如果长期大量服用，亦会出现毒副作用。另外，饮食、蔬菜、水果含有人体需要的各种维生素，正常食用，维生素可得到补充，不需依赖药物补充。

(七) 合理应用妇产科药物

第一，慎用避孕药；第二，不要滥用性激素；第三，不要滥用酸碱液冲洗阴道。

三、药理作用熟悉

药物使用恰当，可以治疗疾病，促进健康。应用不当，轻则延误或加重病情，重则致伤、致残、甚至死亡。同时药物有不同作用，不同药物有同样作用。药物在产生治疗作用的同时可能出现不良反应，为此，在药物应用中不仅要掌握严格的适应症，了解常见的不良反应，还应知道两种或多种药物联合应用时，使这些药物原有作用和效应发生变化的规律。药物联合应用后不良反应发生率随着用药的种数增加而增加，因此，不恰当的联合用药往往由于药物相互作用（药物吸收、药物分布、药物代谢、药物排泄）而使预期疗效降低或出现意外的不良反应。药物相互作用如导致出血、低血糖、休克、心律失常、惊厥、昏迷、低血压等应引起重视；但轻度或迟发的不良反应引起药效下降等影响，则不易被临床观察所发现。联合用药产生的不良反应不可忽视，应尽量避免不必要的联合用药。

四、遵医嘱用药

医生针对病情提出的治疗用药（包括药品名、方法、剂量、疗程、注意事项）通常称为"医嘱"。病人应遵照医嘱用药，以达到治疗目的和减少不良反应。

（一）注意给药途径

给药途径不同，不仅影响药物吸收的量与速度，也影响药效。常用给药途径可分口服、注射、外用。

一般而言，在不影响疗效的情况下，能口服者不肌肉注射，能肌肉注射者不静脉注射或静脉滴注。

（二）注意药物的剂量和疗程

为使药物达到有效的血药浓度，获得治疗效果，又不出现中毒或蓄积，必须仔细弄清每天用药量与用药次数和持续的期限，不能随便加量加时。

（三）注意用药的安全度

应用药物必须达到一定剂量才能出现有效作用。通常把出现疗效最小剂量称为最小有效量，治疗中允许使用的最大剂量称为极量，引起中毒的最小剂量称为最小中毒量，严重中毒以致引起死亡的剂量称为致死量。从最小有效量到最小中毒量之间的距离称为安全有效范围。此距离越大，则安全范围越大，用药越安全。在用药中，一定要注意药物的安全度，选择适当剂量，以使用药后能达到充分有效的治疗作用而又不会出现毒性作用为妥。

五、注意药品的有效期限和保管方法

（一）药品的有效期

抗生素、生物制品等都规定有效期或失效期，常在药品包装外注明。使用药品时，必须核对有效期，尤其是疫苗和生物制品。

（二）药品保管

医疗机构为了保证医疗工作的顺利进行，确保患者用药安全，对各类药品，都有按药品性能及药典或包装上注明的贮存方法进行保管。而家庭、个人保存往往不注意。如用纸袋包装、不密闭、不避光等，使药品易潮解、变质、失效。大部分药品需放在避光干燥环境下，一些生物制品宜在冰箱冷藏室保存，还有些特别指明保存方式的要更加注意。药物使用前还要检查有无发霉、裂开、变色，注射剂有无混浊、有无异物等。尤以静脉注射药物更要求严格。

六、不宜轻信广告或说明书选药

药品说明书或广告中宣传药物的用途，常常说明某些药物适应于哪些病症。由于同一病的病因不同，发病机制不同，用药就不同，必须在了解疾病的具体情况后选择用药。尤其在"广告时代"，不切实际的宣传时有发生，仅仅根据这些宣传会导致严重后果。

【思考题】

1. 合理用药与运动防护的关系。
2. 如何合理用药？

第九章 常见运动损伤康复基础

【导读】运动防护主要针对运动损伤而应运而生，常见运动损伤是运动防护密切关注的主题。运动性疾病终究追求运动性康复治疗。本章将以身体各部分常见运动损伤案例，重点阐述运动损伤症状、诊断及运动康复治疗，为运动防护实施奠定康复学基础。

第一节 颈部损伤

一、损伤种类

（一）颈椎病

颈椎病又称颈椎综合征。它是由于颈椎间盘退化导致椎体骨质增生、颈椎间盘突出以及颈部损伤等原因引起脊柱内、外平衡失调，刺激或压迫颈神经根、脊髓、交感神经及影响椎动脉供血而引起的一组综合征候群。颈椎病在中医学里属于"痹证""项筋急""项肩痛""眩晕"等范畴。其临床表现轻者颈、肩臂酸胀、麻木、疼痛，重者可致肢体疲软无力，甚至大小便失禁，瘫痪。病变累及椎动脉或交感神经时则可出现头晕、心慌等相应的临床表现。

1. 症状及诊断

以病理改变为基础，临床症状和体征为依据，共分为六型：①颈型；②神经根型；③椎动脉型；④交感神经型；⑤脊髓型；⑥混合型。

颈型：此型病情最轻，处于早期（如落枕、颈椎病早期），主要表现为颈枕部疼痛，颈肌僵硬，颈椎活动受限，有相应压痛点。

神经根型：此型发病率最高，主要症状有颈枕部或肩背部呈阵发性或持续性的隐痛或剧痛。受刺激或压迫的颈脊神经其走行方向有烧灼样或刀割样疼痛，伴针刺样或过电样麻感。当颈部活动、腹压增高时，上述症状会加重。颈部活动有不同程度受限或发硬、发僵，或颈呈痛性斜颈畸形。患侧上肢发沉、无力，握力减弱或持物坠落。在病变节段间隙、棘突旁及其神经分布区可出现压痛。X线片有颈椎生理前凸减小或消失，椎室隙狭窄，脊柱侧凸。颈部肌肉张力增高，局部有条索状或结节状反应物。椎间孔挤压试验、压头试验、叩顶试验阳性。臂丛神经牵拉试验阳性。

脊髓型：该型致残率较高。轻者中度残疾，重则完全丧失劳力。主要症状有四肢麻木、酸胀、烧灼感、僵硬无力。头痛、头昏、大小便改变（如排尿、排便障碍，排便无力或便秘等）。重者活动不便，行走不稳，如履沙滩，甚至出现瘫痪。肢体张力增高，肌力减弱，低头1min后症状加重。肱二、三头肌腱及膝、跟腱反射亢进，同时还可出现髌阵挛和踝阵挛。霍夫曼氏征和巴彬斯基征阳性。腹壁反射和提睾反射减弱。压头试验、臂丛神经牵拉试验等可不明显。

椎动脉型：该型的发病年龄多在45岁以上，以50~60岁为多见。以头部的症状为主，主要有：头痛、头晕眩，甚至猝倒。症状与颈部的活动有关，每当头部取过伸位或转向某一方位时，即出现位置性眩晕、恶心、呕吐、耳鸣、耳聋等，猝然摔倒，摔倒时，神志多半清楚（体位性猝倒）。病变节段横突部压痛。颈椎旋转到一定的方位即出现眩晕，改变位置时，症状即可消失。

交感神经型：头痛或偏头痛，头沉或头晕，枕部或颈后痛，眼睑无力，视力模糊，瞳孔扩大，眼窝胀痛，流泪。心跳加快或缓慢，心前区或有疼痛，血压增高。肢体发凉，局部皮温降低，肢体遇冷时刺痒感，继而出现红肿、疼痛加重，也有指端发红、发热、疼痛或痛觉过敏，一侧肢体多汗或少汗等。或有耳鸣耳聋等。颈5椎旁压痛。

混合型：在临床上，以上各型很少单独出现，最为常见的是同时存在两型或两型以上的各种症状，即为混合型颈椎病。

2. 治疗原则

舒筋活血，解痉止痛，理筋整复。

（二）颈部急性软组织损伤

多种暴力作用于颈部，引起颈部肌肉、筋腱损伤，撕裂，瘀血，神经根损伤，颈椎小关节面磨损、错位，出现颈项疼痛，功能活动障碍者称为颈部软组织急性损伤。

1. 症状及诊断

有明显的外伤史和明确的外伤过程。表现为颈部疼痛，可向枕部、肩部、臂部放射。颈部活动受限而僵硬，往往偏向一侧。检查时，有明显的压痛点，可触及肿块、条索状硬结。在颈部挫伤时，患处可见有肿胀或皮下瘀血。

2. 治疗原则

理筋整复、缓急止痛、消肿散瘀。

（三）落枕

落枕又名失枕、失颈、项强、痉挛性斜颈，是指无明显外伤史而出现颈部肌肉痉挛、酸胀、疼痛、转动失灵的病症。轻者数日自愈，重者拖延数周，影响工作、学习和休息。导致本病发生的主要原因有睡卧姿势不当、枕头高低不适、风寒侵袭颈背部、颈部负重或过度扭转等。

1. 症状及诊断

本病的特点是胸锁乳突肌、斜方肌、肩胛提肌等浅层肌肉痉挛（图9-1）。一般以颈项部的一侧或两侧胸锁乳突肌痉挛、僵硬、疼痛为主。头部转动不便，转动则疼痛加剧，尤其是向患侧旋转更为明显。严重的患者其疼痛可牵引并放射至肩背、头、上臂等，使之不舒服或疼痛。患者头部的倾斜有助于诊断损伤的肌群，如胸锁乳突肌痉挛则

第九章 常见运动损伤康复基础

头部向患侧倾斜而下颌偏向健侧，如斜方肌、肩胛提肌痉挛面部转向健侧。

2. 治疗原则

舒筋活血、温经通络。

二、运动康复

颈部的功能恢复主要以可动区域的恢复和肌肉力量的强化为中心。可动区域的恢复不能借助别人的手来进行，一定由自己积极主动来完成。颈部是非常危险的部位，通过自己对疼痛的感觉进行调整是非常必要的。可动区域内不用引拉就能活动时，可开始进行颈部周围肌肉力量的强化训练。这一项也必须自己来完成。用自己手的力量做抵抗运动而没有异常情况发生、达到完全可以用力时，则可以借助同伴和使用器具进行强化训练。

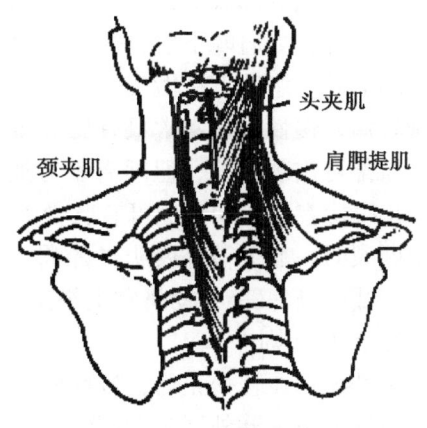

图 9-1 颈部肌群

【思考题】

1. 举例说明颈部损伤临床表现、诊断及运动康复原则。
2. 创编颈部损伤运动疗法。

第二节 肩部损伤

一、损伤种类

（一）肩袖损伤

肩袖损伤是指肩袖肌腱或合并肩峰下滑囊的损伤性炎症病变。

肩袖肌腱由冈上肌、冈下肌、小圆肌和肩胛下肌四个肌腱组成，附着于肱骨大结节和解剖颈边缘，其内面与关节囊相连，外面为三角肌下滑囊（图 9-2）。其功能是把肱骨头与肩胛骨紧密联系在一起，既有稳定肩关节的作用，又有使肩关节旋转和外展的作用。

1. 症状及诊断

疼痛是肩袖损伤的主要症状。急性肩袖损伤后，疼痛多在肩外侧，部分病例疼痛向

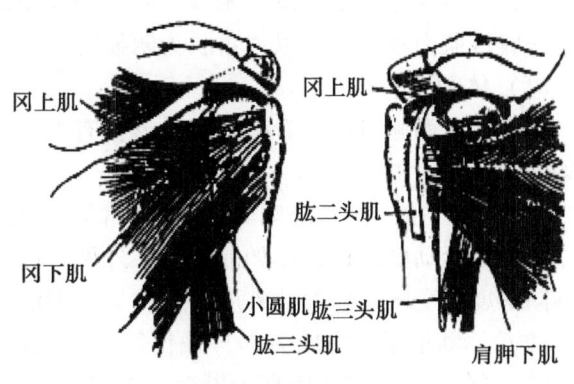

图 9-2 肩袖肌腱结构

三角肌止点或颈部放射，不少患者肩痛夜间加重。肩关节活动受限，出现"疼痛弧"。局部有微肿，如肩峰下滑囊受损发生急性炎症时，肿胀会较明显。压痛多在肩峰下和肱骨大结节处。患肢上举做反弓投掷姿势时出现肩痛（反弓痛），上臂抗阻外展痛，以及内旋转痛。慢性损伤常常只有反弓痛而无其他体征。病程久者，三角肌后部、冈上肌和冈下肌都可出现萎缩，但因有斜方肌和三角肌中部肌肉的覆盖，只有明显萎缩时才发现。X线检查，晚期病例可有肱骨大结节骨质硬化、囊性变或肌腱钙化等。冈上肌肌腱完全断裂时，肩关节外展明显障碍，肩外展60°后出现"耸肩"现象，被动使肩外展90°后，则患肩又能自动将臂上举。

2. 治疗原则

急性期活血化瘀止痛，慢性期舒筋通络。

急性期将上臂外展30°位置固定，这样能使肩袖肌肉松弛，并使其处于适当休息的体位。同时配合理疗、外敷中草药或痛点封闭，有利于损伤组织的修复愈合。肌腱完全断裂者，必须及时进行手术修补。

(二) 肩关节周围炎

肩关节周围炎简称肩周炎，也称粘连性关节囊炎。中医称漏肩风、五十肩、冻结肩、凝肩、露肩风、肩痹。是指肩关节及其周围的肌腱、韧带、腱鞘、滑囊等软组织的急、慢性损伤，或退行性变，致局部产生无菌性炎症，从而引起肩部疼痛和功能障碍为主症的一种疾病。多见于50岁左右的人，女性发病率略高于男性，多见于体力劳动者。多见一侧肩关节，少数患者两肩可同时发病，还有个别患者，两肩关节可先后患病，中医称之为"过肩风"。

1. 症状及诊断

起病缓慢，常无明显损伤史，病程较长。以肩部疼痛、运动功能障碍为主，久可出现废用性肌萎缩。可分为初、中、后三期。初期：病人仅感肩部酸痛或轻度的僵硬感觉。运动功能良好，遇热舒服，遇寒加重。中期：症状加重，不仅肩部疼痛，而且颈部、上肢也可出现疼痛，关节活动不灵活，特别是早晨起来时感僵硬。后期：肩部因广泛粘连，关节功能严重障碍，尤以外展、外旋动作为甚，疼痛难以忍受，夜间更甚。久则出现肩臂肌肉萎缩，尤以三角肌为明显。

(1) 体征

①望诊：两侧对比，看患肩的外形：有无红肿、萎缩或其他畸形。久则出现废用性肌萎缩。

②切诊：肩前、后、外侧均有压痛。常见压痛点：肩髃、肩髎、肩贞、秉风、天宗等。

③关节活动度的检查：如前上举、外展、内收、后伸、内旋、外旋等各方向活动均有不同程度的受限。肩关节外展时，可见典型的"扛肩"现象。

(2) 诊断依据　慢性劳损，外伤筋骨，气血不足复感受风寒湿邪所致。好发年龄在50岁左右，女性发病率高于男性，右肩多于左肩，多见于体力劳动者，多为慢性发病。肩周疼痛，以夜间为甚，常因天气变化及劳累而诱发，肩关节活动功能障碍。肩部肌肉萎缩，肩前、后、外侧均有压痛，外展功能受限明显，出现典型的"扛肩"现象。

2. 治疗

原则：舒筋通络、活血止痛、滑利关节、松解粘连。

（三）肱二头肌长头肌腱鞘炎

肱二头肌长头肌腱鞘炎是指鞘内粘连、肌腱滑动性障碍而致局部疼痛与功能受限的病变，本病又名肱二头肌长头肌腱狭窄性腱鞘炎。

1. 症状与诊断

大多数患者具慢性发病过程，少则几个月，多则数年，且有劳损史。开始表现为肩部酸胀不适，以后逐渐加重，出现疼痛。休息后减轻，活动时可向三角肌放射。急性损伤时，可产生剧痛或牵扯样疼痛，肩关节活动障碍，特别是以上臂屈曲受限最为明显。在结节沟外有明显压痛，少数患者可触及变粗发硬的条索状组织。抗阻力屈肘及前臂旋后时，在肱二头肌长头肌腱处出现疼痛。

2. 治疗

（1）原则　松解粘连、解除狭窄、通经活络、活血止痛。

（2）急性期用三角巾悬吊休息　有出血肿胀明显的病例，可用冷敷及加压包扎。急性期过后，可用热疗，也可外敷新伤药，以消肿止痛。

二、运动康复

肩部的功能恢复是以可动区域和肌肉力量的恢复为目的的。可动区域的恢复主要是采用活性化治疗的方法。使用静力训练方法可以缓解其疼痛。如果已具有相当的力量时，则可以使用皮筋进行活性化肌肉力量强化的训练。尤其对肩部后侧的肌肉力量应有意识地进行强化训练。

【思考题】

1. 举例说明肩部损伤临床表现、诊断及运动康复原则。
2. 创编肩部损伤运动疗法。

第三节　肘关节损伤

一、损伤种类

（一）肱骨外上髁炎

肱骨外上髁炎，因好发于网球运动员，又名网球肘。本病系指腕总伸肌腱在肱骨外上髁附着处的牵拉损伤，或肱桡关节滑囊的慢性劳损。

1. 症状及诊断

起病缓慢，无急性损伤史。急性者以疼痛为主；慢性者以无力为主，且肌力下降，功能低下。

肘外侧酸痛，尤其在旋转、背伸、提拉、端、推等动作中，疼痛更为剧烈，有时疼痛可向前臂外侧放射。

肱骨外上髁到桡骨小头的范围内，有一局限而敏感的压痛点。局部有时呈微肿胀，前臂旋转及握物无力。

伸肌紧张试验阳性，患者做抗阻力伸腕动作时，肱骨外上髁出现疼痛，即可诊断为肱骨外上髁炎。

2. 治疗

原则：舒筋通络、活血化瘀。

（二）肘关节脱位

1. 症状与诊断

肘关节脱位是在肘过度伸展的状态下手臂伸出摔倒而用肘起固定作用时被强烈扭伤所引起的。前臂的桡骨和尺骨向前、后、侧方脱出。最常见的脱位是肘尖的变形，肘尖向后方突出。在这样的状态下，神经和血管也会受到打击而发生损伤（图9-3）。

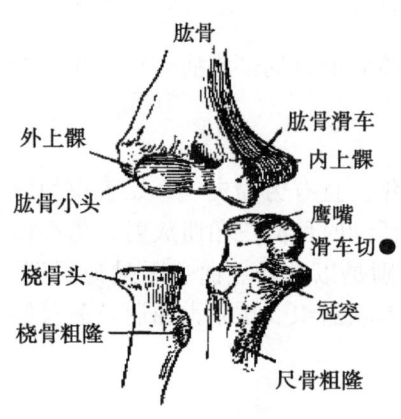

图9-3 肘关节结构

2. 治疗原则

理筋整复。

二、运动康复

肘的功能恢复以可动区域的恢复和肌肉力量的强化为目的。可动区域的恢复主要进行腕关节的屈曲和伸展。肌肉力量的强化主要使用腕关节的屈曲、伸展、尺屈、桡屈、前臂的旋内、旋外动作来进行。其他，还有肘的屈曲和伸展。

肘的活动主要是由前臂和腕关节的复杂动作来完成。因此，进行肌肉力量强化时有必要同时进行前臂的活动及腕关节、手的活动。

【思考题】

1. 举例说明肘关节损伤临床表现、诊断及运动康复原则。
2. 创编肘关节损伤运动疗法。

第四节 手腕部损伤

一、损伤种类

（一）腕关节损伤

腕部因间接或直接外力作用，突然引起腕关节过度运动（如跌倒时手掌着地）所造成的软组织伤害称为腕关节损伤（图9-4）。

1. 症状及诊断

急性创伤后，多表现为疼痛，前臂和腕部活动受限，局部压痛明显，旋转困难；慢性劳损者，常感到腕部发软、无力，并有酸痛感，尤其在提、握、抓物时，受伤的腕关节有乏力和不灵活感，并伴有局部压痛感。

2. 治疗原则

理筋通络。

拔伸腕关节　接上手法。在腕关节被晃开后，顺势缓缓拔伸腕部。如损伤在腕背侧，则拔伸时向腕掌侧屈曲；损伤在掌侧，则拔伸时向背伸；损伤在桡侧，拔伸时向尺侧屈曲；损伤在尺侧，拔伸时向桡侧屈曲。

按压法　术者用双侧拇指指腹轻轻压腕关节背部，并逐渐加力向下推按，使腕部的软组织复位。

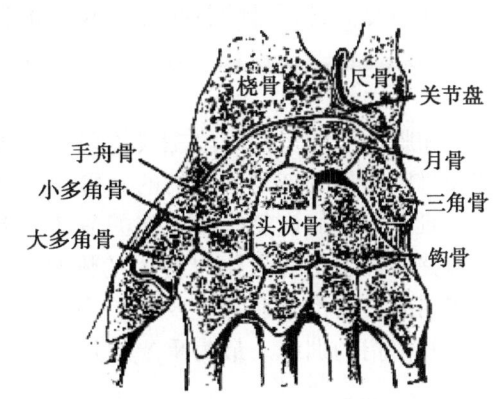

图9-4　手部分骨结构

顺筋法　术者用双侧拇指指腹由上而下顺理腕背部肌腱韧带、筋膜，使腕关节松弛。

揉捏臂、腕部　术者一手握其患肢手掌，另一手用拇指与其余四指相对用力捏住患肢前臂，由上而下揉捏前臂至腕部肌肉，反复5~10遍。

（二）桡骨茎突部腱鞘炎

桡骨茎突部腱鞘是拇短伸肌及拇长展肌所共用的腱鞘。在桡骨茎突的外侧有一窄浅不平的腱沟，沟面覆有腕背侧韧带，两腱被约束在同一狭窄坚硬的腱鞘内行走。所以拇指经常做内收、外展的运动及腕关节活动过速时，都会使肌腱、腱鞘与管腔间产生摩擦，久之即容易被磨损发生腱鞘炎。

1. 症状及诊断

早期仅有桡骨茎突部酸痛、轻压痛，渐渐疼痛加重，疼痛可向肩、肘部和全手放射，引发拇指及腕部运动障碍。检查可见桡骨茎突处有轻度肿胀和压痛，皮下可触及一黄豆大小的软骨样硬块。严重者在拇指伸和外展时，还可有摩擦音、摩擦感，少数有弹响。病程久者，可见大鱼际有轻度萎缩。屈拇握拳尺侧试验阳性。

2. 治疗原则

活血祛瘀、消肿止痛。

（三）指间关节扭伤

指间关节扭伤，指的是各指间关节两侧的副韧带损伤。各指的指间关节的两侧都有副韧带，当手指伸开时，其副韧带处于紧张状态，使手指呈伸直位而不能向两侧运动；关节屈曲时，韧带松弛，手指呈屈曲位和做较小范围的侧屈运动。

1. 症状及诊断

损伤关节部位疼痛剧烈，并有明显压痛。

手指的屈伸活动受到影响，不能屈曲到原有的生理角度，少数患者会出现侧向活动。

关节周围明显肿胀，若侧副韧带断裂可伴有手指偏向一侧畸形。

根据外伤史、体征、X线进行诊断。

2. 治疗原则

理筋整复。必须排除骨折和48h后才能进行推拿治疗。

二、运动康复

手和腕关节的运动康复主要体现在其功能恢复上，手和腕关节的功能恢复是以可动区域和肌肉力量的恢复为目的的。可动区域的恢复主要进行腕关节的伸展体操和掌心的伸张。肌肉力量的恢复主要以腕关节和手指肌力的恢复为中心。

腕关节和手指的强化以握力的恢复为目的，握的方法及腕关节的屈曲、伸展、尺屈、桡屈的方法都是非常必要的。手指的强化以用手指做摘、夹动作为主，同时也应该进行打开手指的训练。最为重要的是握、捻动作的完成。

【思考题】

1. 举例说明手腕部损伤临床表现、诊断及运动康复原则。
2. 创编手腕部损伤运动疗法。

第五节 腰部损伤

一、损伤种类

（一）急性腰部扭伤

急性腰部扭伤又名急性肌筋膜扭伤、闪腰岔气，是指腰部肌肉、筋膜、韧带或椎间关节等，因外力作用而受到的急性损伤。90%以上的腰部急性扭伤发生于腰骶部、两侧骶棘肌和骶髂关节。

1. 症状及诊断

绝大多数患者有明确的外伤史，骤然发病。

肌肉轻度扭伤 患处隐痛，随意运动受限，24~48h后疼痛最为剧烈。受伤后疼痛显著，脊柱不能伸直，因肌肉痉挛而引起脊柱生理曲线改变者为较重的扭伤。腰扭伤者疼痛可牵涉到下肢，但仅局限于臀部，大腿后部和小腿感觉正常。

棘上韧带与棘间韧带扭伤 受伤当时即感到局部突然撕裂样疼痛，腰过度前屈时疼痛加重，后伸时疼痛较轻；棘突上或棘突之间有局限而表浅的明显压痛。若疼痛剧烈，压痛处韧带松弛而凹陷，腰屈时棘突间距离增大，则可能是韧带完全断裂。

筋膜破裂 腰部扭伤可造成腰背筋膜破裂，多发生在竖脊肌部和髂嵴上、下缘，伤处有明显压痛点，弯腰和腰扭转时疼痛较重，腰伸展时疼痛较轻。其余征象与肌肉扭伤相似。

小关节交错 受伤当时有腰部剧烈疼痛，呈保护性强迫体位，不敢做任何活动，亦惧怕任何搬动，特别是不能做腰后伸活动。此时整个腰部肌肉均处于紧张僵直状态，行走时手扶腰,步态迟缓,惧怕触动。疼痛位置较深,不易触到压痛点,但叩击处可引起震动性剧烈疼痛。直腿抬高试验阳性,骨盆旋转试验阳性。

2. 治疗原则

舒筋通络、活血止痛。

急性腰扭伤早期因肌肉、韧带、关节囊等软组织、血管损伤引起出血肿胀,伤后1~2天内应用冷敷,可使受伤的血管收缩,防止继续出血,减轻肿胀,有止痛作用。一般应仰卧于有垫子的木板床进行短期休息,腰部垫一薄枕,使肌肉及韧带放松,以利于修复。

(二) 腰肌劳损

腰肌劳损主要是指腰骶部肌肉、筋膜等软组织慢性损伤(图9-5)。

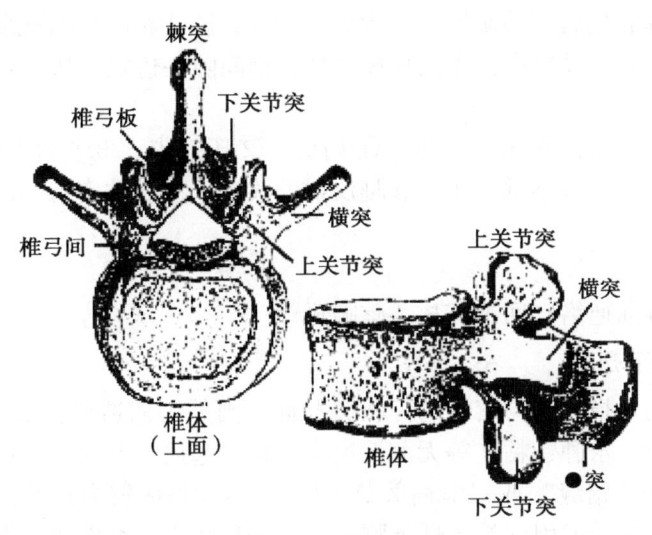

图9-5 腰椎构造

1. 症状及诊断

腰背部酸或胀痛,休息后减轻,劳累则加重,适当活动或改变体位症状减轻,活动过度又加重。常觉弯腰工作困难,弯腰稍久疼痛加剧。腰背外形多无变化,功能活动范围正常。久病者一侧或两侧骶棘肌可触及硬结、压痛。压痛点常在骶髂后部或骶骨后部肌的抵止处或腰椎横突部。腰痛常与天气变化有关,阴雨天气、潮湿环境、感受风寒等其痛加重。慢性腰肌劳损也有急性发作时,凡急性发作则各种症状明显加重,并有肌痉挛、脊柱侧弯、下肢牵涉痛等症。兼受风湿者患处喜热怕冷,局部皮肤粗糙、感觉迟钝。

2. 治疗

原则:舒筋活血、温经通络。

(三) 腰椎间盘突出症

又名腰椎间盘纤维环破裂症,是指腰椎间盘发生退行性病变,加之因较强的外力作用，使腰椎间盘纤维环部分或全部破裂，髓核向外膨出，压迫神经根或脊髓而引起腰痛和一系列神经症状者称为腰椎间盘突出症。

1. 症状及诊断

腰腿疼痛。

腰部活动障碍　急性期，腰部各个方向的活动都明显受限，但随病情缓解，活动幅度渐大；

麻木感　病程较久者，多在小腿外侧、足背、足跟及足趾处有麻木感；

患肢发凉　多数患者有冷感，皮肤温度也比健康肢体低；

体征检查　腰椎生理前凸减小或消失，呈板平状或轻度后凸，也可出现功能性脊柱侧凸；腰部有压痛、叩击痛，并向患侧下肢放射至足底。患侧坐骨神经区有明显压痛；拇指背屈试验为阳性，即患侧拇趾背屈力减弱；直腿抬高试验及直腿抬高加强试验阳性；屈颈试验或仰卧挺腹试验阳性；跟臀试验阳性；膝或跟腱反射减弱，小腿后外侧及足背皮肤感觉减退；X线检查，正位片多表现为椎间隙一边宽一边窄；侧位片显示患处间隙前窄后宽。

腰椎间盘突出症的诊断主要依据：①病史；②压痛点；③直腿抬高试验和加强试验；④跟臀试验；⑤皮肤感觉、肌力和腱反射的改变；⑥脊柱姿态的改变。其中前三项是基本根据。

2. 治疗原则

活血化瘀、舒筋通络、回纳髓核、整畸形。

（四）骶髂关节扭伤

骶髂关节扭伤是指骶骨与髂骨的耳状关节面，因外力而造成该关节及其韧带损伤，以致局部出现充血、水肿、粘连等无菌性炎症，且引起局部疼痛和功能障碍者。近年来有人称为"骶髂关节错缝"或"骶髂关节脱位"。本病临床较为常见，好发于青壮年女性。若耽误治疗，可继发引起持久性下腰痛，病程日久也可继发致密性髂骨炎。

1. 症状与诊断

下腰部疼痛，疼痛呈局限性、持续性钝痛，活动及受寒时疼痛加重，可有一侧下肢牵扯痛。

腰部活动明显受限，躯干微向患侧侧屈，患侧下肢不敢着地，或有跛行。

患侧怕负重而致步履蹒跚，行动缓慢，患侧髋关节外展和外旋受限。

骶髂关节的投影区有明显压痛，并有深在性叩击痛。

"4"字试验阳性；骨盆分离和挤压试验阳性；床边试验阳性；直腿抬高试验轻度受限；足跟叩击试验阳性。

X线片可排除骨关节破坏性疾病，并可发现骶髂关节面模糊或退行性改变。

2. 治疗原则

舒筋通络、活血散瘀、松解粘连、理筋整复。

二、运动康复

腰部的运动康复包括腰部紧张缓和及强化两部分。腰部紧张缓和是恢复腰部功能，强化是增强腰肌力量。

(一) 紧张的缓和

腰部的功能恢复是从缓和背部、腰部、髋关节的紧张及其可动区域的恢复开始的。同腰部的强化相比，紧张的缓和极为重要。在进行背部及体侧的伸展体操的同时，髋关节的伸展体操也需要花费一定的时间，其间大腿部的内收肌的伸展体操也是不可缺少的。伸展体操进行之后才可以做扭腰及活动髋关节的治疗，积极主动地活动肌肉。消除腰部的紧张一定要在没有疼痛感的情况下进行伸展体操及适当的治疗。

(二) 腰部的强化

腰部的紧张有所缓和之后，就要开始进行腰肌力量的强化。腰部的强化不仅仅是背肌的强化，腹肌力量的强化也同样是非常必要的。腰痛的原因多是腹肌与背肌的不均衡致使不能保持正常的姿势而引起的。但不能只停留在腹肌及背肌的强化上，同时也有必要考虑一下躯干的强化。以腹部、体侧部、背部及髋关节的强化为目的进行治疗，但是要注意的是不能使腹肌及背肌其中一方过强，要保持二者的平衡。

【思考题】

1. 举例说明腰部损伤临床表现、诊断及运动康复原则。
2. 创编腰部损伤运动疗法。

第六节 髋部损伤

一、损伤种类

(一) 梨状肌综合征

梨状肌综合征，系指梨状肌损伤引起臀上神经、阴神经、股后皮神经、坐骨神经、臀下神经及臀上、下动脉和静脉受压的一系列症状。

1. 症状及诊断

多数患者有"扭"、"闪"史。个别可因感受风寒引起。

疼痛　臀部疼痛，且向下肢沿坐骨神经走行方向放射腹压增高时疼痛加重。

功能　不能行走或跛行。

梨状肌试验呈阳性：直腿抬高，在60°前疼痛明显，超过60°时，疼痛减轻，直腿抬高，髋内收、内旋时，疼痛出现。

2. 治疗原则

舒筋通络、活血化瘀。

(二) 大腿后部屈肌拉伤

大腿后部屈肌拉伤是指大腿后面的半膜肌、半腱肌或股二头肌拉伤。

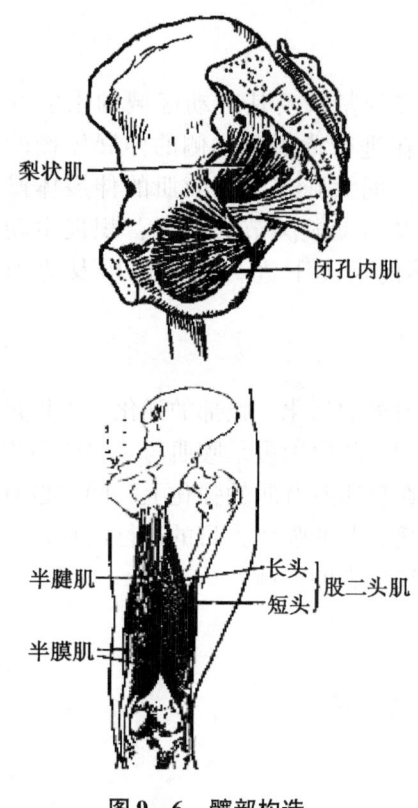

图 9-6 髋部构造

1. 症状及诊断

局部功能障碍，肿胀，压痛，触压时有发硬、紧张感。重复受伤动作时，疼痛加剧。伤腿做抗阻收缩时，疼痛加剧。若肌肉完全断裂，患者当时即可感到肌肉断裂或听到肌肉断裂声，且肿胀明显，皮下瘀血严重，局部还可触到凹陷或一端异常膨大。

2. 治疗原则

剥离粘连、解痉止痛。

二、运动康复

髋关节的运动康复主要体现在其功能恢复上。髋关节的功能恢复主要以可动区域的恢复和肌肉力量的强化为中心内容。可动区域的恢复不能硬性强制地采用伸展体操恢复的方法。肌肉力量的强化以髋关节的屈伸、外展、内收等一些简单的动作开始，如果有了一定程度的改善，可采用内旋和外旋动作组合起来的较为复杂的练习方法进行肌肉力量的恢复。实际中的体育动作都是由踝关节、膝关节、髋关节的动作所组成的，是非常复杂的，包含内旋和外旋的髋关节的屈曲—伸展、外展—内收动作都是不可缺少的。

【思考题】

1. 举例说明髋部损伤临床表现、诊断及运动康复原则。
2. 创编髋部损伤运动疗法。

第七节 膝关节损伤

一、损伤种类

（一）膝关节半月板损伤

膝关节半月板损伤是指膝部因急、慢性损伤，导致半月软骨撕裂，从而引起膝关节肿胀、疼痛、关节交锁等一系列综合征，常由扭伤或外伤所致。膝关节由屈曲位突然改为伸直位，由于动作突然加上体重的压力，则可造成半月板卡于股骨髁与胫骨平台之间，来不及移动，而导致半月板的破裂。

本病青年人多见，常发生在半蹲位工作的矿工、搬运工和运动员等。临床上以外侧半月板损伤最多见（国外报道则相反）。

1. 症状及诊断

（1）症状 ①急性期疼痛较剧烈，多局限于膝关节内、外侧间隙，不能自动伸直；②伤后数小时内膝关节肿胀明显，有时有积血，而慢性期则无肿胀；③膝关节活动受限，行走呈跛行；④弹响音：膝关节伸屈时有弹响音；⑤患者走路时常出现膝关节突然被卡住（交锁现象），既不能伸直又不能屈曲并伴有酸痛感，如将膝关节稍微伸屈活动，有时可发生弹响音，交锁自解。

（2）体征 ①有压痛点，多局限于膝关节内、外侧间隙；②麦氏征阳性；③半月板研磨试验阳性；④如病程长者，可致股四头肌萎缩。

（3）诊断依据 有外伤史；伤后膝关节疼痛，肿胀，有弹响和交锁现象；膝关节内、外侧间隙压痛；麦氏征和膝关节研磨试验阳性；慢性期股四头肌萎缩，以股四头肌内侧尤明显。

2. 治疗原则

舒筋通络，活血祛瘀，消肿止痛。

图9-7 膝关节构造

（二）**膝侧副韧带损伤**

膝关节处于微屈位时突然受到内翻或外翻应力的冲击，使膝关节内外侧副韧带撕裂、断裂等损伤，称之为侧副韧带损伤。

1. 症状及诊断

（1）疼痛 内侧副韧带损伤或不完全断裂者，患者仍可坚持走路，其疼痛限于关节内侧，若完全断裂者，则膝关节丧失稳定性，反射性地引起腘绳肌紧张，致使关节活动受限，强力外展膝关节，可引起剧烈疼痛。

（2）肿胀 副韧带损伤时局部多不显肿胀，副韧带不完全断裂者多为局限性，完全断裂者关节内积血、积液而肿胀，甚至破裂部位出现皮下瘀血青紫，关节内缘可触到凹陷。

（3）功能活动 凡侧副韧带损伤均可引起反射性肌痉挛，影响关节活动，关节内积血引起的疼痛是影响关节活动的主要原因。

（4）侧副韧带紧张试验阳性 当损伤的膝关节伸直时，由于韧带紧张，伤部疼痛明显；当膝关节屈曲时，韧带松弛，疼痛消失。

（5）侧掰试验阳性 患者伸直膝，术者一手抵住膝关节腓侧或胫侧，并向对侧用力推，另一手握住踝部向腓侧或胫侧掰小腿，如果胫侧或腓侧疼痛，即为胫侧或腓侧副韧带损伤。如果两侧同时松动，则为韧带断裂。

2. 治疗原则

活血化瘀、消肿止痛。

（三）**髌骨劳损**

髌骨劳损是指髌骨软骨软化症和髌骨肌腱末端病，是一种慢性损伤。

1. 症状及诊断

（1）膝软和膝痛　早期患者只觉膝关节内不适，酸胀无力，时发时止，与运动量和劳作有一定关系，反应在大运动量后和做半蹲动作时出现髌骨后痛和髌内软骨疼痛，休息后减轻或消失，如继续发展可出现上下坡或上下楼时，膝内有摩擦样疼痛，严重者走路和静坐时也痛，股四头肌可发生轻度萎缩。

（2）髌骨压迫痛　在患膝腘窝下垫一小垫，使膝关节微屈15°，股四头肌放松，检查者用一手掌放于髌骨上，垂直向下或左右错动按压髌骨，髌内疼痛者为阳性。

（3）髌骨边缘指压痛　患膝伸直，放松股四头肌，检查者一手将髌骨向侧方或下方推起，另一手拇指或食指摸压髌骨周缘，疼痛者为阳性。

（4）伸膝抗阻试验　检查者将一手伸入患膝后方，另一手握踝部前方，并给一定阻力，让患者由屈位逐渐伸直与其对抗，如伸膝在110°～150°出现疼痛者为阳性。

（5）髌内软骨摩擦试验　检查者用一手伸入患膝后方，另一手按压住髌骨部，令患者主动收缩股四头肌，疼痛者为阳性。

（6）单足半蹲试验　让患者患肢做蹲起动作，出现膝软、膝痛者为阳性。

（7）X线检查　早期无病变可见，后侧位片和髌骨轴片上可见关节间隙狭窄，髌骨关节面粗糙不平，软骨下骨软化、髌骨周围骨质增生等。

2. 治疗原则

舒筋止痛。

二、运动康复

膝关节损伤的运动防护是一为恢复膝关节的可动区域及强化股四头肌。特别有必要对膝的上方内侧的被称为股内侧肌进行强化，因为这些肌肉会牢固地把膝关节锁住。但是膝关节受到撞击时它们就会萎缩变得软弱无力。与此同时，强化拮抗肌的腘肌腱、小腿部肌肉也是非常必要的。功能恢复的目标为大腿的直径和最大肌力同另一条健康的腿相比必须具有同等或同等以上的水平。二是以恢复股四头肌的柔韧性为中心内容的。由于α角度的被破坏及膝关节经常发生扭伤，因此获取大腿肌肉的平衡、恢复正常的膝关节屈伸是非常必要的。为此在获得踝关节正常活动的同时，强化髋关节的肌肉也是很重要的。三要以获取肌肉的紧张为中心，恢复以臀大肌、中臀肌为首的髋关节周围肌肉的柔韧性的同时，恢复腘肌腱、股四头肌、胫前肌、小腿肌及下肢肌肉的紧张。

【思考题】

1. 举例说明膝关节损伤临床表现、诊断及运动康复原则。
2. 创编膝关节损伤运动疗法。

第八节 小腿损伤

一、损伤种类

（一）小腿肌肉拉伤

小腿肌肉拉伤，又称腓肠肌损伤。

1. 症状及诊断

急性创伤 局部功能障碍、肿胀、压痛，触压时有发硬、紧张感。患者多以足尖着地走路，不敢用全足负重，严重者丧失走路的功能。重复受伤动作时，疼痛加剧，伤腿做抗阻收缩时，疼痛加剧。若肌肉完全断裂，患者当时即可感到肌肉断裂或听到肌肉断裂声，且肿胀明显，皮下瘀血，并可触到凹陷或一端异常膨大，肌腱固有的条索弹性消失。

慢性创伤 多发生于股骨髁附着部、跟腱部，局部疼痛，肌肉酸痛、萎缩，但肿胀不明显，如被动牵拉或主动收缩小腿后部肌肉均感觉损伤部疼痛。触诊可发现筋膜僵硬。

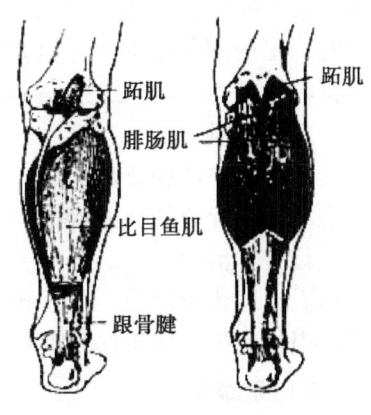

图 9-8 小腿构造

2. 治疗原则

舒筋通络、活血止痛。

（二）小腿肌肉痉挛

肌肉痉挛俗称抽筋，是肌肉不自主的强直收缩。

1. 症状及诊断

痉挛的肌肉僵硬、疼痛难忍、下肢不敢伸直。

2. 治疗原则

舒筋活络。

二、运动康复

其主要目的是获得小腿肌肉的均衡和恢复踝关节的活动范围，即恢复小腿肌肉的弹性及进一步提高其柔韧性。具有弹性的肌肉可以缓冲对小腿的冲撞力，当然这一切必须是在足部获得了三点支撑的基础上进行。减轻对小腿部的外力还必须收紧大腿及臀部的肌肉。为减轻炎症，在练习前后要进行冷敷按摩。

【思考题】

1. 举例说明小腿损伤临床表现、诊断及运动康复原则。
2. 创编小腿损伤运动疗法。

第九节 脚部损伤

一、损伤种类

(一) 踝关节扭伤

1. 症状及诊断

有明显外伤史，行走困难或跛行。外踝前下方或下方有疼痛、肿胀，急性期足背与踝部有皮下瘀斑，局部压痛明显。踝关节被动内翻疼痛加重，外翻则无痛。如韧带部分断裂时，足内翻角度不变，但有剧痛；如韧带完全断裂时，足内翻角度明显增加。合并有骨折时，外踝有明显压痛。X线片可见撕脱骨片。

2. 治疗原则

活血祛瘀、消肿止痛。

推拿对治疗单纯性的韧带损伤或韧带部分断裂者，疗效较好，若有合并骨折，则应及时进行手术治疗；

伤后立即给以冷敷、加压包扎、抬高患肢，并适当固定休息，外敷新伤药，损伤较重者将损伤韧带固定于松弛部位，24小时后可推拿治疗。

(二) 足跟痛

足跟痛是较为常见的病症，以足跟底部站立或行走时疼痛为主要表现。

1. 症状及诊断

跟腱炎型　患者常感到跟腱疼痛，上楼、爬坡、提踵时疼痛加剧，受伤跟腱处有明显压痛。

跟骨骨膜炎型　主要是足跟痛，并伴有足跟压痛及局部肿胀、僵硬等。活动后症状加重，休息后症状减轻。

跟骨骨质增生型　主要症状是足跟疼痛，尤其以站立过久、行走过多疼痛更甚，休息后减轻，X线检查可见骨质增生。

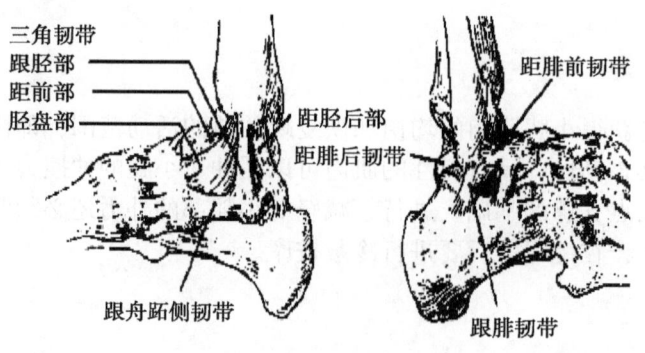

图9-9　踝部构造

2. 治疗原则

舒筋活血。

二、运动康复

主要是恢复踝关节正常的可动区域、三点支撑的作用。正确的着地方法及对疼痛的处理都是不可缺少的。开始跑步就感觉有疼痛时，对其疼痛的处理是最为关键的。开始跑步时所产生的疼痛应视为正常现象，但是比这更为重要的是要控制疼痛的发展。疼痛加重时应降低速度或者停止训练，把当日疼痛的程度恢复到正常范围内是非常重要的。不要忘记训练前应进行热敷，训练结束后则应进行冷敷。

【思考题】

1. 举例说明脚部损伤临床表现、诊断及运动康复原则。
2. 创编脚部损伤运动疗法。

主要参考文献

曹蔚.2007.营养学理论与运动实践［M］.贵阳：贵州人民出版社.
冯连世，冯美云，冯炜权.2003.优秀运动员身体机能评定方法［M］.北京：人民体育出版社.
冯炜权，谢敏豪，王香生，等.2006.运动生物化学研究进展［M］.北京：北京体育大学出版社.
高学敏，钟赣生，等.2006.实用中医学［M］.北京：中国中医药出版社.
李志宏，周振华，等.2006.实用保健按摩教程［M］.北京：中国铁道出版社.
李志宏，周振华，等.2012.推拿康复学［M］.北京：北京体育大学出版社.
陆爱云.2010.运动生物力学［M］.北京：人民体育出版社.
吕晓华.2005.运动营养学［M］.成都：四川大学出版社.
邱军，尹俊玉，等.2006.运动损伤的预防与康复［M］.北京：人民体育出版社.
唐镜波，孙静，等.2007.WHO国家药物政策及合理用药理论和实践［M］.北京：中国科学技术出版社.
许方蕾，等.2011.实用急救护理学［M］.上海：复旦大学出版社.
竺之芬.2000.医药基础（上册）［M］.北京：中国医药科技出版社.